THE ZERO MARGINAL COST SOCIETY

物聯網革命

改寫市場經濟，顛覆產業運行，**你我的生活即將面臨巨**

《第三次工業革命》作者・未來學大師
傑瑞米・里夫金
JEREMY RIFKIN

陳儀 / 陳琇玲 **譯**

目錄

支配資本主義、將它推向成功寶座的那些假設運作模式。事實上，資本主義的核心存在一個明顯的矛盾：讓資本主義掌握絕對支配力量並達到顛峰的那個驅動機制，也正在加速它的凋亡。

資本主義的式微

資本主義的存在理由，就是要將人類生活的所有層面導入經濟場合，在這個場合裡，人類生活裡的一切全被轉化為某種商品，也就是某種可在市場上交易的財產。幾乎人類的一切努力和文明發展，都會經過這個轉化過程。我們吃的食物、喝的飲料、製造與使用的手工製品、參與的社會關係、我們提出的概念、花費的時間，甚至決定我們將成為什麼人的DNA，全都被丟進資本主義的大鍋子裡，經過重組、被指定價格，並運交到市場上。但其實在歷史上的多數時期，市場至多只是扮演一種特殊的會面場合，人們只是偶爾利用這個場合來交換彼此的商品。但如今，幾乎人類日常生活的所有面向，都和商業交易有著某種程度的關連。總之，市場定義了我們每一個人。

但矛盾就在這裡。資本主義運作邏輯的設計，就是要讓它因成功而失敗。請接著看我的解釋。

現代資本主義之父亞當・斯密（Adam Smith）在他的巨著《國富論》（*The Wealth of Nations*）中評斷，市場的運作模式和艾薩克・牛頓（Isaac Newton）所發現的地心引力定律非常類似。他主張，一如大自然的狀態，市場上的每個作用力都有一個相等的反作用力，這是為了讓供給和需求能在一個自我調節（self-regulating）的市場裡達到平衡。如果消費者對商品或服務的需求上升，賣方將會根據這個現象調漲價格。而一旦賣方將價格調漲得過高，需求將會降低，迫使賣方再調降價格。

古典經濟學理論的另一個元老級建構者——法國啟蒙時代的哲學家金恩・巴帝斯特・賽伊（Jean-Baptiste Say）補充了第二個假設，他也依樣畫葫蘆地借用了牛頓物理學裡的一個象徵性定律。賽伊推斷，經濟活動能自行維持生生不息的狀態，所以，一如牛頓的第一定律，一旦經濟動力啟動，除非有外部力量對它產生作用，否則，經濟就會保持恆動狀態。他主張：「當一件產品被製造出來的那一刻，就隨即讓市場有能力負擔和這件產品完全等值的其他產品……一項產品的製造，就立即為其他產品開啟了一個出路。」[1]

後代的新古典經濟學派經濟學家，將賽伊的定律潤飾得更加完善，他們強調，新技術能促使生產力上升，賣方因此得以用更低廉的單位成本製造更多商品。而隨著更廉價商品的供給繼續增加，又會在市場上創造更多對這項產品的需求。在這個過程中，競爭者不得不自行開發其他新技術，期望能藉由提升自身生產力，再以更低的價格出售他們的商品，贏回已流失的消費者，並吸引新的消費者上門，這整個流程的運作就像是一台恆動的機械。更便宜的價格來自新技術和生產力提升，而物價降低意味消費者將剩下更多資金可花到別處，進而觸發賣方之間新一波的競爭。

不過，這當中有一個必須留意的問題。這些運作原則把整個世界假設為一個競爭市場。問題是，如果一個以上的賣方有能力擺脫上述循環的束縛、消除競爭，並在市場上建立一種壟斷或寡斷（oligopoly）的地位，就能將產品價格維持在高點（尤其如果他們的商品或服務是必需品），因為他們清楚買方的替代選擇很有限。在這種情況下，壟斷者就不太有需要或意願為了提升生產力，而引進節省人力的新技術或降低產品價格等，因為它沒有競爭者，不需要維持競爭力。歷史上這樣的情況確實層出不窮，雖然每次延續的時間都不長，但卻經常發生。

但無論如何，長期下來，新的參與者遲早會出現，並在類似或替代商品或服務方面，導入足以提高生產力、降低價格的技術突破，最後打破市場上的壟斷狀態。

現在，假定我們沿著資本主義經濟理論的這些假設，一步步推演出它們的合理結論：讓我們想像一個情境——資本主義體制的運作邏輯出乎所有人的意料，整個競爭流程最後催生了「極高的生產力」，同時形成經濟學家所謂「最高全體福祉」（optimum general welfare）的結局，換言之，激烈的競爭迫使所有參與者不斷導入最精實的技術，最後將生產力推向最高點，在這個點之上，每多生產一單位商品的邊際成本，都已達到近乎零的水準。換言之，額外生產每單位產品的實際成本（若不計算固定成本的話）等於零，產品也因此變得幾乎免費。如果那個情況發生，作為資本主義活血的「利潤」將徹底萎縮。

零邊際成本造就免費商品和服務

在一個市場交易經濟體系裡，買、賣之間有價差，才會有利潤產生。舉個例子，我是個作家，我把自己的智慧研究結晶賣給一個出版商，換取一筆預付款和這本書未來的版稅。接著，這本書在到達最終買家手上以前，會有很多人經手，包括編輯、排版人員、印刷商以及批發商、經銷商和零售商。在這個過程中，每一方都會在交易成本之上加成，好讓自己因參與這個流程，而獲得不算吃虧的合理邊際利潤。

但如果生產與配銷一本書的邊際成本急速降到接近零，又會怎麼樣？事實上，這樣的情況已經發生。愈來愈多作家透過網路（跳過出版商、編輯、印刷商、批發商、配銷商和零售商），以極低的價格銷售書籍，有些甚至免費。透過這個管道，每一本書的行銷及配送成本幾乎是零，唯一的成本就是製造這項產品所消耗的時間，以及電腦和連結網路的成本。因此，生產與配銷一本電子書的邊際成本確實有可能是零。

幾近零邊際成本的現象，已經在出版、通訊和娛樂產業造成極大騷動，數十億人也得以在幾乎免費的情況下，取得愈來愈多資訊。如今，全世界有超過三分之一的人類，經常性地用相對便宜的手機和電腦來製造自己的資訊，同時透過視訊、語音和文字，在幾乎沒有花費任何邊際成本的情況下，將這些創作分享到一個協同共有的網路世界。

而且，這場零邊際成本革命也開始影響到其他商業領域，包括再生能源、製造領域的3D列印，以及網路高等教育。目前世界各地已有數百萬個「產消合一者」（prosumers，自行生產的消費者），以幾近零邊際成本，自行生產綠色電力。另外，據估計，目前大約有十萬名的3D列印迷，在邊際成本接近零的情況下，利用3D列印技術來製造自己的商品。[2]在此同時，有六百萬名學生在邊際成本趨近於零的大規模網路公開課程（Massive Open Online Courses，MOOCs）登記入學，這些課程都是由世界上某些最卓越的教授執教，順利完成課程的學生也能取得正式的大學學分。

以上三個例子的前置成本（up-front costs）雖然相對都很高，但這些領域卻還是呈現指數成長，它們的成長曲線，和過去幾十年來促使運算（computing）的邊際成本急降至趨近於零的指數成長曲線非常類似。未來二十到三十年間，生活在廣大的大陸（continental）及全球網路裡的產消合一者，將在幾近零邊際成本的條件下，製造並分享綠色能源、有形商品及服務，並透過網路虛擬教室學習，而這一切的一切，勢必將引領整個經濟體系，跨入一個近乎免費商品與服務的時代。

資本主義想用「免費」的手段，衍生更多賺錢的商機

面臨這場幾近零邊際成本的革命，很多領導性參與者主張，儘管未來幾乎免費的商品及服務將變得愈來愈普遍，但這些商品和服務同時也會開啟一些新的機會，讓企業得以在獲取足夠邊際利潤的情況下，製造其他商品及服務，從而順利維持成長，而這些新機會甚至可能讓資本主義體制繼續蓬勃發展。

《連線》（*Wired*）雜誌前編輯克里斯·安德森（Chris Anderson）提醒我們，長久以來，商人利用贈品來吸引潛在顧客購買其他商品，他舉世界上第一家大量生產拋棄式刮鬍刀的吉列公司（Gillette）為例。吉列公司贈送刮鬍刀給消費者，目的就是要引誘他們購買適用於這些刮鬍刀的刀片。[3]

相似的情況是，現在也有很多表演藝術家允許網路上數百萬個使用者免費分享他們的音樂，目的就是

希望能培養出一群願意花錢買票，去聽現場演唱會的忠誠粉絲。《紐約時報》（*The New York Times*）和《經濟學人》（*The Economist*）雜誌也提供一些免費的線上文章給數百萬名讀者，當然，這也是期許某個百分比的讀者會為了閱讀更詳細的報導而支付訂閱費。以這個角度來說，「免費」是一種手段，目的是為了建立願意付費的顧客群。

但這些期望都很短視，甚至可以說太天真，因為隨著愈來愈多組成社會經濟生活的商品和服務的邊際成本漸漸趨向於零，甚至幾乎免費，資本主義市場將繼續萎縮，剩下一些較狹隘的利基領域，營利型的企業只能沿著經濟體系的邊緣求生，換言之，它們只能藉由向愈來愈少的顧客群，銷售非常專門化的產品和服務維生。

不願認真面對「幾近零邊際成本」的態度其實很容易理解。很多（甚至全部的）商業界老兵根本無法想像，一旦多數商品及服務幾乎免費、利潤完全消失、財產權失去意義，市場因此而變得多餘時，經濟生活該如何延續下去。畢竟，若到了這樣的境地，接下來的路又該怎麼走？

其中某些人或許相信終有那麼一天，但也都是後知後覺，到現在還處於剛發現問題的階段。早在很久以前，幾個偉大的現代經濟學思想建構者就已發現這個問題，這個事實或許能讓那些後知後覺者稍稍感到慰藉。許久以前，約翰・梅納德・凱因斯（John Maynard Keynes）、羅伯・海爾布朗納（Robert Heilbroner）和瓦希利・列昂季耶夫（Wassily Leontief）等人，就曾細心推敲驅動資本主義向前推進的那個關鍵矛盾。他們想知道新技術是否真的足以在遙遠的未來，大幅推升生產力，並促使價格顯著降低，最後造成那樣的結局。

二十世紀初期，芝加哥大學教授奧斯卡・蘭奇（Oskar Lange）就隱約體察到資本主義趨向成熟後，將遭遇的根本難題：尋求新技術創新來促進生產力並降低價格的同時，將導致整個經濟體系陷入「和自己作戰」的狀態。他在一九三六年大蕭條（Great Depression）的陣痛期寫了一些文章，探討掌握民間生產工具所有權的機構，是否真能永無止盡促進經濟增長，或者相反地，到達某個技術發展階段後，經濟體系的成就反而將成為它進一步發展的阻礙。[4]

守舊過時的大企業動搖了資本主義的基礎

蘭奇提到，當一個創業家導入了讓他有能力降低商品及服務價格的技術創新後，他將獲得一種優勢，暫時領先其他受制於過時生產工具的競爭者，而這會導致競爭者較老舊的投資趨於貶值。面對這樣的困境，競爭者當然不會坐以待斃，他們將採取回應，導入自己的技術創新，再次提升生產力，同時調降價格，而這樣的循環會週而復始地不斷發生。

不過，在少數企業已成功掌握大半市場，並形成獨家壟斷或寡斷局面的成熟產業裡，那些大企業為了自身利益，將會竭盡所有能地阻擋經濟更進一步增長，以保護它們投入那些過時技術的資本。蘭奇觀察到：「當『維護已投入資本的價值』成為創業家的主要考量，經濟進展就不得不終止，或至少大幅降低進展的速度……尤其當產業的部分環節享受獨家壟斷地位時，這個結果將特別可能發生。」[5]

勢力強大的產業領導者通常會用盡各種方式，限制新企業與創新的進入。不過，為了保護先前投入的資本投資，而延緩或阻止較有生產力的新技術導入，卻會創造一種正向迴路（positive-feedback loop），讓資本無法流向具有獲利能力的新機會。而如果資本無法轉移到較有獲利能力的新投資案，經濟將陷入長期停滯的狀態。

蘭奇用赤裸裸的文字來形容促使資本家彼此鬥爭的對抗：

為了保護老舊投資而輪流企圖阻止經濟向前推進，將動搖資本主義體系的穩定性，而一旦那些企圖失敗，整個體制將轟然崩潰。6

不過，所有企圖阻止經濟繼續向前推進的作為幾乎都注定失敗，因為無時無刻都會有一些新創業家前仆後繼地在經濟體系的邊緣遊蕩，搜尋足以提高生產力並降低成本的創新，期許能以低於競爭者的價格，將顧客搶到手。故長期來說，蘭奇提到的那種競賽永遠也不會結束，生產力的上升將持續壓低成本及價格，迫使邊際利潤率不斷萎縮。

今日的多數經濟學家或多或少都預感到，人類遲早會進入商品和服務接近免費的時代，不過，可貴的是，更早之前的幾名經濟學家，也對這樣的展望表達審慎樂觀的態度。二十世紀最值得尊敬的經濟學家凱因斯（他的經濟理論迄今依舊頗具影響力），曾在一九三〇年寫了一篇名為〈我們後代子孫的經濟可能性〉（Economic Possibilities for Our Grandchildren）短評，從中似乎可發現，數百萬個美國人好像已感覺到，一九二九年的經濟衰退其實只是厄運的開始，經濟將展開長期探底的歷程。

機器大量製造免費商品和服務的美好未來

凱因斯表述，新技術正以一種前所未見的速度促進生產力上升，同時壓低商品及服務的成本。這些技術也讓投入商品及服務生產流程所需的人力得以顯著減少。凱因斯甚至採用一個新用語，他告訴讀者：「未來幾年，你們將會經常聽到所謂技術性失業（technological unemployment）的說法，這是指我們找到各種節省人力的手段的速度，將超過發現勞動力新用途的速度，而這個情況所造成的失業，就稱為技術性失業。」凱因斯也接著補充，技術性失業雖然會構成短期的困擾，但長期來說，那卻是莫大的恩惠，因為它代表「人類正在解決他們的經濟問題。」[7]

凱因斯相信：「可能很快就會達到這些（經濟）需求都獲得滿足的時點，而且這個時點可能會在所有人不知不覺的情況下更早來到。而世人之所以滿足，是因為大家偏好把更多的能量投注到非經濟用途。」[8]他似乎預見到一個「機器能大量製造幾近免費商品和服務」的美好未來，一旦到了那樣的境界，人類將不再需要辛苦勞動，不再受壓迫，心靈也能獲得解放，不再只是狹隘地關注金錢上的利益，更聚焦在「生活的藝術」以及追求卓越上。

早在一九三〇年代，蘭奇和凱因斯就預見存在於資本主義體制核心裡的這種精神分裂狀態：競爭市場的固有創業動態，會驅使生產力上升、邊際成本降低。事實上，經濟學家很久以前就體認到，一個消費者在購買商品時所支付的邊際成本愈低，他所在的那個經濟體系就愈有效率，換言之，消費者支付最低邊際成本的經濟體系，就是最有效率的經濟體系。

問題是，如果消費者支付的邊際成本很低，而且這些成本還快速趨向於零，那麼，企業就沒有把握能透過投資來獲取報酬，當然，它們的利潤也很可能無法滿足股東的要求。在這種情況下，市場領導者將會用盡各種手段來爭奪支配市場的壟斷地位，以便在產品訂價上爭取一些空間，換言之，成功搶奪到壟斷地位的企業，其產品訂價就不會只是略高於邊際成本，此時，那一隻「看不見的手」就難以急速將市場推向最有效率的經濟狀態，即邊際成本近乎零，且商品及服務幾乎免費的狀態。這個兩相牴觸的現象，就是資本主義理論及實務上的固有矛盾。

在蘭奇及凱因斯提出他們的評論後八十年，當代經濟學家再度深入探討資本主義體制裡的這個矛盾作用，但他們也不敢確定，在新科技促使全球社會加速走向幾近零邊際成本時代的大趨勢之下，要如何讓市場經濟體系在不自我摧毀的前提下繼續運作。

二〇〇一年八月，美國比爾・柯林頓（Bill Clinton）總統執政時期，擔任財政部長的哈佛大學（Harvard University）前任校長羅倫斯・桑莫斯（Lawrence Summers）及加州大學柏克萊分校（University of California, Berkeley）經濟學教授布瑞德福特・德隆（J. Bradford DeLong）在堪薩斯市聯邦準備銀行的座談會中，提出一份名為〈因應資訊經濟體系的經濟政策〉（Economic Policy for the Information Economy）的聯名研究報告，報告中重新探討資本主義的這個兩難。這一次，情勢似乎更加危急，因為隨著新資訊科技及網路通訊革命的興起，整個資本主義體制似乎真的很有可能在未來幾十年內，達到幾近零邊際成本的境地。

桑莫斯和德隆最憂心的是當時正漸漸興起的資料處理（data-processing）及通訊技術。他們寫道，這些「震源創新」（seismic innovations）正迫使商業生活展開大規模重新配置，潛在影響之深遠，不亞於電力的發現。

根據桑莫斯和德隆的說法，技術變革的進展很可能劇烈壓低邊際成本，而他們的討論就是以邊際成本為出發點。他們認同：「經濟效率的最基本條件……（是）價格等於邊際成本。」[9]他們還進一步坦承：「有了資訊商品，配銷活動的社會及邊際成本便接近零。」[10]但矛盾來了，桑莫斯和德隆主張：

> 若要以資訊商品的零邊際生產成本來配銷這些產品，平常藉由向消費者銷售產品來賺取營收，以彌補其（固定安裝）成本的創業型企業，就不再有能力創造與生產這些商品。……（企業）必須預見它們有機會在有利可圖的狀態下，將產品銷售給某人，才會創造與生產這些資訊商品。[11]

桑莫斯和德隆反對由政府提供補貼來彌補這種前置成本，他們認為政府的行政官僚體制、集體思考和繁文縟節等缺點，會摧毀市場的創業能量。[12]

靠短期的壟斷，以鼓勵企業致力於創新

這兩名卓越的經濟學家經過一番苦思後，勉為其難地歸納出一個建議：或許保護經濟體系創新能量的最好方式，就是支持短期的自然獨占（natural monopoly）[13]來取代政府干預，在這樣的經濟體系裡，「商品是在規模收益大幅遞增（increasing returns to scale）的條件下生產」。

桑莫斯與德隆表示：「暫時的壟斷勢力和利潤，是鼓勵民間企業致力於這種創新的必要代價。」[14]但他們也雙雙體認到民間企業將因此受到的箝制，並承認「自然獨占無法迎合最基本的經濟效率條件：價格等於邊際成本。」[15]

事實上，誠如每個經濟學家都心知肚明的，壟斷企業的一貫手法，就是阻礙所有潛在競爭者導入足以提高生產力、降低邊際成本，同時能對顧客降價的種種創新。然而，桑莫斯和德隆也歸納出一個結論：在這個「新經濟體系」裡，這可能是唯一可行的前進方向。他們兩人也令人難以置信地承認：「目前還不清楚應該以什麼方式來思考相關的複雜議題才正確，但可以確定的是，競爭典範（competitive paradigm）不可能完全適當……不過，我們還不清楚未來該用什麼典範來取代它才正確。」[16]

桑莫斯和德隆也知道自己掉入一個了無希望的陷阱。儘管經濟學家和創業家絕對不會故意將資本主義體制推向自我毀滅的境地（事實上，他們希望這個體制能永遠占有支配地位），但只要謹慎觀察它的運作邏輯，就可發現，幾近零邊際成本是資本主義不可避免的結局。幾近零邊際成本的社會是促進全體福祉的最高效率社會，這代表資本主義的最後勝利。然而，它卻也將在勝利的那一刻走到終點，換言之，到那一刻，資本主義將不可避免地從世界舞台上消失。儘管資本主義幾乎不可能自我了斷，但顯然隨著它帶領我

們愈來愈接近零邊際成本的社會，它曾經所向無敵的力量也在遞減，而另一個全新的經濟生活組織方法則正趁機浮上檯面，它將帶領整個世界進入一個豐饒而非匱乏的新世代。

改變經濟典範

桑莫斯和德隆在一篇研究報告中，探討資本主義理論及實務在逐漸展開的資訊時代所面臨的矛盾與挑戰，其中最耐人尋味的一段文字是他們評論自己：「還不清楚未來該用什麼典範來取代它才正確。」他們甚至暗指可能會有一個取代資本主義的新典範出現，而且也提到世界上確實有愈來愈多異常現象發生，而這些異常現象已對現行經濟體制的長期生存能力，蒙上一層厚重的陰影。

看起來，我們似乎正處於經濟典範劇烈轉變的早期階段。在愈來愈多商品及服務都幾近免費的大環境下，一個更適合用來組織社會結構的新經濟模型正開始興起，而資本主義時代也漸漸日薄西山。

近年來，愈來愈多人喜歡把「典範轉移」（paradigm shift）一詞掛在嘴邊，他們用這個名詞來形容幾乎所有類型的變化。所以，重新審視湯瑪斯・孔恩（Thomas Kuhn）的談話，或許有助於了解這個語詞的意義。孔恩在他的《科學革命的結構》（*The Structure of Scientific Revolutions*）一書裡，將典範（paradigm）一詞打造為一般會話裡的用語。根據孔恩的描述，所謂「典範」，是指一種信仰及假設制度，這些信仰和假設的共同作用，將會形成一套完整且令人不得不接受的世界觀，而由於這套觀點極端令人信服，故普羅大眾遂將這個世界觀當成一種公認的現實。他使用這個名詞來泛指科學上幾乎獲得全面認同的標準模型，像是牛頓物理現象及達爾文演化論等。[17]

一個典範的敘事力量（narrative power）取決於它對現實情況的完整描述。一旦一個典範被接受，一般人就難以（甚至不可能）質疑它的中心假設，因為此時在所有人眼中，這些假設似乎真的是反映各種事物的自然秩序。因此，其他用來解釋世界各種現象的替代性說明，就幾乎不會為人所接受，因為這些替代說明和被公認為明確真理的那個假設相悖。

不過，這種無條件接受既有典範、拒絕深思任何替代說明的態度，反而會導致各種矛盾惡化。而種種未解的矛盾將持續累積，直到某個轉捩點時刻，一個更能有序地將各種異常現象、洞見和新發展融合為一篇更能讓人理解的完整敘事內容的新典範適時出現，現有的典範便會就此崩潰。

圍攻資本主義的兩股力量

長久以來，一般公認資本主義典範是促進經濟活動的效率組織的最佳機制，但目前它卻承受了兩股力量的圍攻。

第一股力量是，新一代的多元學科知識發展，讓原本差異甚大的許多領域結合在一起，其中包括生態科學、化學、生物學、工程學、建築學、都市計畫及資訊科技等，於是，一種以熱力學（thermodynamics）定律為基礎的全新推理經濟學，漸漸對標準經濟理論（這項理論拘泥於牛頓物理現象的隱喻）形成嚴厲的挑戰。

事實上，標準的資本主義理論對「經濟活動」和「能源定律所造成的生態限制」之間的關係完全未予著墨，問題是，這兩者的關係非常密切，可說是難分難解；古典和新古典經濟理論認定，支配地球生物圈的種種動態，完全屬於經濟活動的外部事物（externalities），換言之，這些理論認為，那些動態對整體資本主義體制運作的實質影響非常有限，只是一些可調整的微小要素。

傳統經濟學家錯在未能體認到，熱力學定律才是支配所有經濟活動的真正要件。熱力學的第一及第二定律主張：「整個宇宙的能源含量是固定的，所以熵（entropy）的總量持續增加。」[18]第一定律（即能量守恆定律）假定能源無法被創造或摧毀，換言之，宇宙的能源量打從一開始就維持不變，未來也永遠不會改變。不過，儘管能源量維持固定不變，但卻會不斷轉變形式，不過它只會單向轉變，也就是從可取得變成不可取得。而熱力學的第二定律就是從這一點出發。根據第二定律，能源總是在熱與冷、集中與分散、有序及無序之間流動。舉個例子，就算一堆煤炭被燃燒掉，它的總能量還是維持不變，但卻是以二氧化碳、二氧化硫及其他氣體等形式發散到大氣層裡。儘管沒有能源流失，四散的能源卻不能再執行有用的運作，物理學家以「熵」來稱呼不能再使用的能源。

熵帳單：使用和失去能源的代價

所有經濟活動都源自於人類將大自然的可取得能源（包括固狀、液狀和氣狀）轉化為商品及服務的行為。在產品或服務生產、儲存和配送流程中的每個階段，人類都會使用到能源，以便將天然資源轉化為最終商品及服務。不管一項產品或服務被植入什麼樣的能源，代價就是能源被使用與折損，換言之，當我們沿著價值鏈進行各種經濟活動的同時，就必須付出使用與失去能源的代價，我們會收到熵帳單（entropic bill）。到最後，我們生產的商品會被消耗、拋棄並回歸到大自然，而在這個過程中，熵再次增加。工程師和化學家指出，只要是和經濟活動有關，絕對不可能會產生淨能源利益，也就是說，在將自然資源轉化為經濟價值的過程中，可用能源只有流失的份，沒有增加的可能，問題只在於這筆帳單何時到期。

而現在，工業世代的熵帳單已面臨繳款期限。由於人類燃燒大量碳能源，大氣層裡的二氧化碳排放持續累積，這已導致氣候顯著變遷，而且對地球的生物圈造成大規模破壞，當然，現有的經濟模型也因此承受嚴厲的質疑。但大致上來說，經濟學領域迄今還沒開始正視「經濟活動受熱力學定律制約」的事實。而經濟學學科對其專業主題的明顯誤解，也迫使自然與社會科學領域其他學科的學術界人士反思這個舊典範的有效性。我已在我的前一本書《第三次工業革命》（*The Third Industrial Revolution*）深入探討這個問題。

物聯網開啟第三次工業革命

第二股力量是，第二次工業革命所發展出來的一個強盛新技術平台，促使資本主義意識型態的核心矛盾，加速朝上述那個結局前進。通訊網路（Communications Internet）、尚處於初步發展階段的能源網路（Energy Internet）及物流網路（Logistics Internet）在二十一世紀綿密無縫的智慧基礎建設——物聯網的支持下結合在一起，進而觸發了第三次工業革命。物聯網已將生產力推升到很多商品及服務的邊際生產成本幾乎降到零的程度，故實質上來說，這些商品及服務幾乎是免費的。結果，企業獲利開始枯竭，財產權概念轉弱，一個以匱乏為基礎的經濟體系，也逐漸被一個豐饒的經濟體系取代。

物聯網將透過一個高度整合的全球網路，把所有事物和每個人全部連結在一起。舉凡人、機器、天然資源、產品線、物流網路、消費習性、回收流程以及經濟和社會生活中的幾乎所有面向，都將透過感測器和軟體連接到物聯網平台，而且會持續不斷地即時對每個節點（node，包括企業、家庭、汽車等）提供巨量資料（Big Data）；接下來，再用先進的分析學，將巨量資料轉化為預測性的演算法（algorithms），並將之編製為能改善熱力效率、大幅提升生產力的自動系統程式，促使整個經濟體系生產與運送各種商品及服務的邊際成本降到趨近於零。

歐洲聯盟（European Union）的執行單位歐盟委員會（European Commission），其中為促進「普及運算」（ubiquitous computing）的新世代轉型而成立的歐洲物聯網研究計畫小組，已詳細描繪出全球網路中，一部分被用來連接整個地球的物聯網管道。目前工業及商業領域的各個環節，也陸續導入物聯網。企業沿著商業運作流程安裝感測器，以監控並追蹤商品及服務的流動。舉個例子，優比速公司（UPS）利用巨量資料，和美國境內六萬輛汽車維持即時聯繫；這個物流業巨擘在自家的汽車裡內建感測器，監控每個個別單元的情況，隨時察看是否有機能失常或疲勞狀態，這樣就能搶在汽車拋錨前先替換相關車輛，因而節省不少成本。[19]

進化人類生活和顛覆企業運作模式

感測器也能記錄與溝通原料的可取得情況，將目前倉庫的存貨狀況傳達給第一線的辦公室，同時能檢修及排除生產線上的機能失靈。還有一些感測器能即時通報企業及家庭電器用品的電力用量，也會讓使用者知道相關用量對傳輸網上的電力價格的影響。在這種情況下，電力的消費者便可以將家電用品設定為省電模式，或是在尖峰用電時間將電源關閉，以避免電價劇烈上升，或甚至導致電網的電壓不足，而這些作為將使他在隔月的電費帳單上，獲得一筆電費折抵額度。

零售通路的感測器能通知銷售及行銷部門，讓他們知道顧客察看或觸摸了哪些品項、把哪些品項放回貨架，或已購買什麼品項等，從而協助評估消費者的行為。還有一些感測器能追蹤被運送給零售商和消費者的產品現在位於何處，也能監督回收與加工再利用的廢料數量。企業為了重新將供應鏈的庫存、生產及配銷流程調回正常狀態，同時啟動新的方式作業來提高整個價值鏈裡的熱力效率與生產力，勢必會以二十四小時無休的方式，持續不間斷地分析巨量資料。

現在，物聯網也開始被用來創造智慧城市。感測器被用來測量建築物、橋樑、道路和其他基礎建設的振幅和材質狀態，以便評估相關建築環境的結構安全性，還有何時需要進行必要修護等。另外，有一些感測器能追蹤各個街坊的噪音汙染，監控街道交通擁擠度，以及人行道上的行人密度，進而針對駕駛及行走路線進行最適當的規劃。沿著街道邊緣安置的感測器能通知駕駛人哪裡有停車位。智慧道路與智慧高速公路則有助於駕駛人即時掌握路上的意外狀況和交通延遲情形。近來，保險公司也開始做實驗，在汽車裡安裝感測器，以了解相關汽車每天的使用時段、所在位置，以及特定期間內的行駛距離，最後的目的當然是要預測風險及判斷保險費率。[20]另外，內建在交通燈號上的感測器，讓交通號誌得以根據周遭環境的亮度來增強或減弱亮度。現在連垃圾桶都裝了感測器，目的是要確認垃圾量，將廢棄物回收作業的效率提升到最高。

掌握自然環境的變化，提前因應天災人禍

為了更進一步地管理地球的生態系統，物聯網正快速被應用到自然環境上。森林被安裝了感測器，一旦發生可能導致火勢加劇的危險狀況，消防隊員就能接獲警告訊息。科學家也在各地城市、郊區和農村社區安裝感測器，以測量汙染水準，並在必要時對大眾提出毒性情況警告，讓逗留在戶外的人口減到最少。

舉個例子，二〇一三年，美國北京大使館在建築物樓頂安裝了碳排放感測器，這個感測器會每小時回報中國首都的碳排放變化。相關數據被即時張貼在網路上，提醒居民注意汙染水準是否已達有害的危險程度。後來，這項資訊促使中國政府落實一系列果斷的對策，降低北京地區燃煤火力發電廠的碳排放，甚至對汽車交通流量與高耗能工廠的產量設限，以維護公眾健康。

泥土裡也被放置偵測振動與地球密度（earth density）變化的感測器，作為雪崩、地面塌陷（sink holes）、火山爆發和地震等災害的早期預警機制。ＩＢＭ也在巴西里約熱內盧（Rio de Janeiro）的天空和地底下放置感測器，用來預測豪雨和土石流，最多可提早兩天做出預告，這讓該市的主管機關得以有效疏

散當地的人口。[21]

研究人員也在野生動物體內植入感測器，同時沿著這些動物的遷徙路線安置感測器，以評估可能會影響野生動物安寧的環境及行為變化，進而採取預防性行動來修補生態系統的動態。另外，河流、湖泊和海洋裡也被安裝了感測器，用來偵測水質變化，同時測量水質對相關生態系統裡的植物及動物群的影響，以便於進行必要的可能矯正措施。愛荷華州都布克（Dubuque）的一個試驗計畫，在當地的家庭安裝數位水表和附加軟體，用來監控屋主的用水模式，一旦有疑似漏水的情況，便隨時通知屋主，同時也提供各種有助於降低水消費量的方法給屋主。[22]

有效追蹤物流，掌控產品品質

物聯網也正在改變我們生產與運送食物的方式。農夫開始利用感測器來監控氣候狀況、土壤濕度變化、花粉傳播和其他會影響到收成率的因素，同時也安裝自動回報機制，以確保維持適當的成長條件。另外，運送蔬菜和水果的紙箱上也被放置感測器，除了可用來追蹤蔬果目前被運送到何處，也能感測蔬果的氣味，若有即將腐壞的危險，感測器就會提出警告，配銷商因此可以重新調整路線，將蔬果運送給較近的商家。[23]

醫學和保全上的應用

醫生甚至在人體附加或植入感測器，以監控諸如心跳速度、脈搏、體溫和膚色等身體功能，一旦發生可能需要積極注意的重大變化，醫師就能獲得即時通知。奇異公司（General Electric，GE）目前正在研究可分析臉部表情，以偵測嚴重疼痛、精神病發作或其他痛苦訊號的電腦軟體，為護理人員提供必要的警告。[24]在不久的未來，人體感測器將連結到個人的電子健康紀錄，讓物聯網得以快速診斷一個病人的可能身體狀況，以協助緊急醫療人員迅速進行必要治療。

不過，截至目前為止，物聯網最大的影響應該是和保全系統有關。家庭、辦公室、工廠、商店甚至公共場所等，都配備許多攝影機和感測器，目的當然是要偵察犯罪活動。物聯網可以對保全服務公司和警察發送警報，讓他們得以快速回應特殊狀況，而且，它還能提供追捕歹徒的資料軌跡。

運用較少地球資源卻更具生產力，還讓能源有效再生

物聯網在我們的居住環境及自然環境中，嵌進了調理分明的運作網路，讓每個人和所有事物都能彼此溝通、尋求合作，同時以各種讓社會熱力效率達到最高水準的方式促進彼此的連結，進而確保整個地球的富足。如果說第一次及第二次工業革命的技術平台，導致人類為了追求市場交易及個人利益而切斷或阻絕地球上大量的生態依存關係，那麼第三次工業革命的物聯網平台，便足以扭轉這個流程。

物聯網之所以能成為人類組織經濟生活的破壞性技術，原因在於它幫助人類重新融入生物圈的複雜結構裡，並藉由這個過程顯著提高生產力，但過程中卻不會危及主宰這整個星球的生態關係。這個新興經濟典範的明確特質就是：在一個循環的經濟體內，以更有效率且具生產力的方式使用較少地球資源，從一個以碳相關燃料為基礎的模式，轉變為以再生能源為本的模式。在這個新的世代，每一個人都將成為生物圈神經系統裡的節點之一。

不過，儘管物聯網讓我們預見到人類生活方式將急速轉型，並帶領我們走向一個更永續發展且豐饒的未來，它卻也引來部分和資料安全及個人隱私有關的頭痛議題，我將在第五章及本書其他章節深入探討這些議題。

全球領導企業開展「全球神經網絡」

世界上某些具領導地位的資訊科技公司已開始著手建立物聯網。奇異公司的「工業聯網」（Industrial Internet）、思科公司（Cisco）的「萬物聯網」（Internet of Everything）、IBM公司的「智慧星球」，以及西門子公司（Siemens）的「永續城市」（Sustainable Cities）等，是其中幾個進行中的創新計畫，這些計畫的目的，就是要將第三次革命的智慧基礎建設連上網路，以一種產業觀察家所謂的「全球神經網路」（global neural network）模式，連結各個街坊、城市、區域和大陸。這個網路的設計將採開放、分散與協同模式，讓每個地方的每個人，都能在任何時間點連上這個網路，並在幾近零邊際成本的狀態下，使用巨量資料來創造能管理自身日常生活的新應用。

最初，提倡物聯網的全球性領導企業也不太確定，這整個平台的核心運作機制應該由哪些要素組成。二〇一二年時，思科邀請我到德國柏林（Berlin）去和該公司的客戶企業的資訊長們，討論第三次工業革命的概念。隔年，西門子也邀請我和該公司的執行長彼得・洛伊斯齊爾（Peter Loescher）見面，與會者還包括西門子全球董事和二十名重要的全球事業部門主管。這兩家公司的高階主管都非常重視物聯網。

物聯網由通訊、能源和物流網路組成

在思科的研討會中，我一開場就問，歷史上所有基礎建設有何共通點？基礎建設必須具備三個要素，而且這三個要素彼此息息相關、互相連動，進而讓整個系統得以完整運作：一個溝通媒介、一個動力來源，以及一個物流機制。就這個意義來說，我們可以把基礎建設想成一個義肢，一種擴展社會組織結構的方法。如果沒有溝通的管道，沒有能源來源和某種形式的機動性，整個社會就會停止正常運轉。

物聯網是由通訊網路、能源網路和物流網路組成，這些網路共同在單一作業系統中合作，持續尋找各種方法來提升資源整編、生產及配送商品和服務，以及廢棄物回收等過程中的熱力效率和生產力。這三種網路相輔相成，缺一不可。若缺乏通訊，人類就無法管理經濟活動；缺乏能源，就無法取得資訊或提供運輸動力；缺乏物流，就無法沿著價值鏈來推動經濟活動。而唯有這三種運作系統完整結合在一起，這個新經濟有機組織才能擁有完整的生理機能。

由「生產力長」（CPO）統籌管理IT、能源和物流

在不同的企業，物聯網中這三種必須同時存在才能運作的網路，必須在功能上有所轉變。以思科公司來說，我在那場研討會中，針對「資訊長」一職在逐漸成形的物聯網經濟體系裡的必要性表達了疑慮，同時我也建議，未來應將IT、能源服務和物流等功能整合為單一功能，由一個生產力長（chief productivity officer，CPO）來統籌管理。生產力長將結合IT、能源和物流方面的專業知識和技術，利用物聯網將公司營運的熱力效率與生產力提升到最高狀態。

思科主要是一家IT公司，但西門子的業務較多元，包含一個IT事業部、能源事業部、物流事業部和基礎建設事業部等。當我和西門子的企業領導階層會面，就明顯能感受到，這些事業部迄今多多少少都還是維持獨立運作，每一個事業部都各自銷售本身的產品和服務。不過，該公司的整體政策目標是要轉型為一個解決方案提供者，為智慧與永續城市的建立貢獻解決方案，而這個政策也迫使原本向來各自為政的事業單位展開對話，試著釐清彼此能怎樣為對方加值，以共同實現物聯網世界的這個新願景。經過對話後，「將三種網路結合到單一物聯網體系下運作，以提升城市、地區和國家熱力效率和生產力」的概念，突然好像變得大有可為。但惡魔藏在細節裡：要怎樣才能創造一個全新的事業模型，讓西門子各個勢力強

大的事業部，緊密結合為一個包羅萬象的解決方案提供者，進而協助各地的政府管轄機關建構一個物聯網技術平台，讓它們成功轉變為一個「智慧」且「永續生存」的社會？

隨著物聯網平台的突然開展，重新思考事業運作模式的壓力顯著上升。我自己所屬的社會企業（social enterprise）——ＴＩＲ顧問集團（TIR Consulting Group）是由世界上很多占有領導地位的建築設計公司、能源公司、建設公司、電力及公用事業公司、ＩＴ及電子公司和運籌及運輸企業組成。從二〇〇九年起，我們就和很多城市、地區和國家合作，建立第三次工業革命主計畫（Third Industrial Revolution Master Plans），這個計畫的目的正是要導入物聯網基礎建設。我不得不承認，所有人都發現，這個領域有太多我們不懂的事，整個學習過程中遭遇非常多的阻力，難以釐清要怎麼做才能真正建立一個全新的智慧社會。不過，我們至少清楚知道，物聯網運作系統的核心是通訊網路、能源網路和物流網路，而這三種網路必須透過一個具備凝聚力量的作業平台結合在一起。如果每個聯網都還是各自為政，就不可能建構成一個物聯網，也不可能實現智慧社會與永續世界的願景（本書後續內容將不時討論到構成物聯網驅動機制的這三種網路）。

協同共享聯盟的興起

因物聯網的展望而產生的興奮感，讓眾人忽略掉一件事：透過一個極高生產力的全球網路，將每個人與每件事物連結在一起後，人類將以一種前所未見的速度，邁向一個商品及服務幾乎免費的世代，但隨著這個世代的到來，資本主義將在下半個世紀逐漸式微，協同共享聯盟則將成為最具支配力量的經濟生活組織模型。

長久以來，我們已習慣將資本主義市場和政府視為組織經濟生活的唯二手段，以致忽略了人與人之間用來傳遞各種商品及服務的另一種組織模型，這個模型既非市場提供，也非政府建構，它是共享聯盟（Common）。早在資本主義市場和代表制政府（representative government）出現前，共享聯盟就已存在，它堪稱世界上最古老的一種制度化自我管理活動。

目前，數十億人透過當代的共享聯盟，共同深度參與生活中的每一個社會層面。這個共享聯盟是由幾百萬個有能力自我管理、且多半採民主化運作的組織組成，包括慈善機構、宗教團體、藝術及文化團體、教育機構、業餘運動俱樂部、生產及消費合作社、信用合作社、醫療機構、倡導團體、公寓委員會和幾乎所有取得社會資本的正式及非正式機構。

共享聯盟如同一家能自我管理的企業

如今，我們幾乎還是能在散布每一片大陸上的零星社區，看到傳統的民主管理式共享聯盟的影子。例如，地方農村社區會將共同的資源（包括土地、水、森林、漁獵和畜牧等）集合在一起，所有人都同意共同使用這些資源。和資源徵用、耕種、配送及回收等有關的種種決策，都是由共享聯盟裡的成員以民主的方式共同決定。此外，違反規範和協定的懲罰和罰則，也明訂在管理準則當中，換言之，共享聯盟就像是一種能自我管理的企業。過去的經驗也證明，在以維持生計為目標的農業社區，共享聯盟是相對成功的管理模型，因為這些社區的生產及消費，主要是供作使用用途，而非交易用途。共享聯盟是今日所謂循環經濟體系（circular economy）的早期原始模型。

只要檢視早年促成共享聯盟的那個政治環境，就會發現這些聯盟的成功更令人感動。大致上來說，共享聯盟的管理模式是在封建社會中興起；在封建社會裡，在位高權重的領主壓迫下，當地人民變得貧困不堪，而且，領主逼迫農民以為領主工作或交出部分生產所得等方式繳納貢品，作為某種形式的稅賦。而在這種經濟體系下，由於平民百姓在繳納貢品後所剩無幾，此時如果希望將資源的效率極大化，彼此合作共享是最可行的唯一方法。我們從中得到相關的教誨是，經驗證明，民主式自我管理模型以及為集合與分享共有資源而設計的治理方式，是在奴役人民的暴政封建體制下求生的理想經濟模型。

歐洲各地導致封建社會垮台的大圈地運動（Enclosure Movements），以及現代市場經濟體系乃至資本主義體制的興起，雖終結了農村的共享聯盟，但並未摧毀讓這種聯盟得以生生不息的共享精神。鄉下的自耕農記取過往的教誨，將之應用在他們眼前的新都市環境，換言之，他們用相同的方式來應付工業革命後，以工廠領主形式存在的壓迫者（其壓迫力量不亞於以往的封地領主）。

都市的工人和新興的中產階級效法刻苦耐勞的農奴祖先，將共同的資源（此時是以薪資和勞動技術的形式存在）集合在一起，創造各種新型態的自我管理共享聯盟。各式各樣的慈善社團、學校、醫院、工會、合作社以及大眾文化機構開始向下扎根且蓬勃發展，為十九世紀所謂的公民社會組織（civil society）奠定了良好的基礎。這些受民主精神驅動的新共享聯盟組織獲得社會資本的潤滑，對改善數百萬城市居民的福祉，發揮了非常關鍵的影響力。

進入二十世紀後，公民社會組織開始機構化，以免稅組織的形式存在，而且有部分被重新歸類為非營利組織。現代人將「公民社會組織」和「非營利組織」當作共通詞，有時是影射這些組織純粹的社會功能，有時是以它們的制度分類為考量。如今一個新世代的用語正開始取代這些較古老的區分方式，目前一般人較偏好使用「社會共享聯盟」（Social Commons）來形容這種組織。

從封建時代共享聯盟轉變為社會共享聯盟的漫長過程，一代接著一代的人民，有效地將民主自我管理原則改良為一種藝術。目前，在世界上很多國家，社會共享聯盟的成長速度遠比市場經濟體系快。儘管如此，由於社會共享聯盟多半只創造社會價值，而非金錢上的價值，所以，經濟學家通常不太重視這種組織。不過，社會經濟體系卻是一股令人印象深刻的力量。

根據約翰霍普金斯大學公民社會組織研究中心（Johns Hopkins University Center for Civil Society Studies）一份在四十個國家所做的調查，非營利共享聯盟約耗用了二・二兆美元的營業支出。其中八個接受調查的國家（美國、加拿大、日本、法國、比利時、澳洲、捷克和紐西蘭），非營利部門平均約占國內生產毛額（GDP）的五％[25]。這些國家的非營利組織占GDP的比重，超過所有公用事業占GDP的比重，等於建築產業占GDP的比重，而且接近銀行、保險公司和金融服務公司占GDP的比重。[26]

社會共享聯盟的存在，比政府和市場還重要

我們可以透過社會共享聯盟營造出一股善意，讓整個社會像一個文化實體般，緊密地凝聚在一起；市場和政府是人民社會認同的一種延伸。所以，若未能持續不斷地補充社會資本，就會缺乏足以讓市場和政府正常運作的信任，但現在我們卻以略帶貶抑的態度，將社會共享團體歸類為「第三部門」（the third sector），好像它的重要性低於市場或政府似的。

然而，如果有一天我們醒過來，發現所有公民社會組織全在一夜之間消失，整個社會一定會迅速凋零且枯亡。缺乏崇拜場所、學校、醫院、社區支援團體、倡導組織、運動和休閒娛樂設施以及藝術和其他文化機構，我們就會喪失目標和認同感，將所有人結合為一個人類大家庭的社會關係聯繫力量也將消失。

資本主義市場是以利己為出發點，受物質利益驅動；社會共享團體的動機是追求協同利益，驅動它的是一股和他人聯繫與共享的深層欲望。如果前者促進了財產權、買者自慎（caveat emptor）文化以及自主權的追尋，那後者就是促進了對開源創新（open-source innovation）、透明度及共同社會的追求。

物聯網能讓協同共享聯盟價值最大化

共享聯盟的重要性正達到有史以來最高狀態，原因是，我們目前投注大量心力建立的高科技全球技術平台（它的定義特徵和共享聯盟不謀而合），極可能讓這種古老社會機構的價值最大化，讓它的運作原則效益達到最高，最重要的是，這些價值和運作原則正是賦予共享聯盟生命的關鍵要素。

物聯網是興起中的協同共享聯盟的技術「情人」。本質上來說，這套新基礎建設的建置必須是分散式的，目的是為了實現合作並尋求綜效，這讓它成為促進社會經濟體系的理想技術基礎架構。物聯網的運作邏輯，是要將橫向同儕生產（lateral peer production）、普及取用（universal access）和包容（inclusion，這是對公民社會組織社會資本的滋養與創造來說，至為關鍵的一種情感）的效益發揮到最大。這種全新技術平台的宗旨是要助長一種分享的文化，而這正是共享聯盟的基本目的。物聯網的這些設計特色，將帶領社會共享聯盟走出被貶抑的陰霾，提供一個最終將促使共享聯盟成為二十一世界最具支配力量的經濟典範的高科技平台。

個人成爲產消合一者，共享經濟體誕生

物聯網將讓數十億人得以參與點對點（peer-to-peer）的社群網路，並在逐漸興起的協同共享聯盟裡，共同創造構成生活的種種新經濟機會和作業流程。這個平台將每個人轉化為一個「產消合一者」（prosumer），並將每一項活動轉化為一種合作。總之，物聯網擁有將全球社群裡的每個人都連結在一起的潛力，它能讓社會資本達到前所未見的興盛規模，同時促成一個共享經濟體。若沒有物聯網平台，協同共享聯盟不可能行得通，也不可能實現。

在二十世紀以前，「協同」（collaborative）這個形容詞並不存在。查閱Google的Ngram Viewer詞彙追蹤系統，就可以觀察到各種進行中的變化，它是非常強大的追蹤指標。研究人員能透過Ngram Viewer來搜尋西元一五〇〇年至二〇〇八年間出版的五百萬本書（目前已數位化），進而察看某個特定詞彙是從何時開始使用，而且可以追蹤這個詞彙事後被使用的頻率上升或降低。

「協同」一詞最先是在一九四〇年代至一九五〇年代開始使用，但使用的頻率很不規則；不過，從一九六〇年代末期到今天，它被使用的頻率急速上升，這個趨勢明顯和電腦及網路技術等點對點互動溝通媒介的興起同步。[27]

協同共享聯盟已對經濟生活產生顯著的影響。市場開始被網路取代，所有權的重要性也不再高於取用權（access），而由於人類開始追求協同利益，追求私利的傾向逐漸被調和，傳統一夕致富的夢想，也被維持永續生活品質的新夢想取代。

在接下來這個世代，資本主義和社會主義都將失去先前對社會的強大支配力量，因為有愈來愈多新世代認同協同合作主義（Collaboratism）。年輕的協同合作主義者接受資本主義和社會主義者的基本優點，但摒棄自由市場與科層式組織的國家傾向於促使財富或權力集中化的本質。

物聯網分散與互聯的本質深化了個人投入創業的程度，而個人投入程度的高低，和他在社會經濟體系裡的協同合作關係的分散度及力量呈等比。原因是，通訊、能源和物流的民主化，讓數十億人同時都獲得了創業的能力，不過，唯有一個人在點對點網路中的參與獲得社會資本的認同與認購，否則他不可能擁有創業能力。即將成年的新世代在創業的過程中，將更自主地跟隨更具社會概念的新工具引導。所以，如果最優秀且最聰明的千禧世代（Millennial Generation）自認是「社會創業家」（social entrepreneurs），那也不足為奇。對他們來說，「創業」與「社會」不再是互相矛盾的名詞，而是同義複詞。

可分享價值更勝於交易價值

已經有數億人開始將自身經濟生活中林林總總的活動，從資本主義市場模式轉換為全球協同共享模式。產消合一者不僅在協同共享聯盟之上，以幾近零邊際成本生產並分享自身的資訊、娛樂、綠色能源、3D列印商品和大規模公開網路課程，他們還以極低甚至幾近零邊際成本，透過社群媒體網站、租約及再分配俱樂部（redistribution clubs）與合作社等，分享汽車、房子甚至衣物。也有愈來愈多人在「病患導向研究」的醫療網路裡，協同合作改善診斷結果，並尋找更新的疾病療法和治療方式，當然，這也是以幾近零邊際成本的方式來進行。

另外，年輕的社會創業家也陸續建立生態保護企業，以及群眾募資（crowdfunding）型的新企業，甚至創造替代性的社群貨幣。這一切發展的結果就是，市場經濟裡的「交易價值」（exchange value）漸漸被協同共享聯盟裡的「可分享價值」（shareable value）取代。隨著產消合一者在協同共享聯盟分享愈來愈多自產的商品與服務，主宰市場交易經濟體系的規則對整個社會的生活來說，就不再那麼重要了。

目前經濟學家、商業領袖和政府官員對於整個世界是否會陷入新型態長期經濟停滯，分別抱持不同的觀點，而從他們之間的辯論，似乎可看出一點端倪：隨著經濟體系的焦點從市場上的交易價值轉變為協同共享聯盟的可分享價值，我們已經展開一個大轉型的歷程。

大衰退（Great Recession）過後，全球GDP成長率便一路走低。儘管經濟學家認為高能源成本、人口統計因素及勞動力成長趨緩、消費者及政府債務，愈來愈高比例的全球所得流向有錢人，以及消費者對支出採風險趨避的態度等，都是促使近年來經濟成長率趨降的導因，但這個結果的背後，或許還存在一個影響更為深遠的根本因素。儘管目前還難以斷言，但這個因素或許是GDP成長趨緩的因素之一。

隨著不同產業生產商品和服務的邊際成本逐漸趨近於零，利潤當然持續萎縮，GDP成長也因此開始降低。另外，由於有愈來愈多的商品和服務變得幾乎免費，故市場上的購買行為漸漸減少，這是導致GDP降低的另一個原因。再者，由於在分享經濟體系（sharable economy）裡，愈來愈多人會重新配送與回收先前購買的商品，讓這些商品的可用生命週期延長，故即使目前這些商品在交易經濟（exchange economy）體制下還是有人購買，但購買數量卻會減少，而這一樣會促使GDP降低。

取用權概念勝過所有權，GDP一再降低

愈來愈多消費者軍團也開始以取用權為重，不再那麼在乎擁有商品的所有權，換言之，他們偏好只針對自己使用汽車、腳踏車、玩具或其他品項的有限時間付款，而這也代表較少的GDP。在此同時，隨著自動化、機器人和人工智慧（Artificial Intelligence）漸漸取代數千萬名工人，市場上的消費者購買力也會持續降低，而這又會進一步促使GDP降低。無獨有偶，隨著產消合一者數量激增，愈來愈多經濟活動將從交易經濟體系的市場，轉移到共享經濟體系的協同共享聯盟，而這再次促使GDP成長率降低。

重點是，儘管經濟停滯可能是很多其他原因造成，但更關鍵的變化的確也即將展開，而這個變化極可能是經濟低迷的根本導因之一：資本主義體制漸漸被興起的協同共享聯盟取代，而在協同共享的體制下，經濟福祉的高低，較傾向於以社會資本的總值來衡量，而較不是以市場資本的累積金額來衡量。未來幾年到幾十年間，GDP的穩定降低將愈來愈可歸因於經濟典範的轉換，因為這個生氣勃勃的新典範將用全然不同的新方式來衡量經濟價值。

最明顯的變化莫過於目前全球各地對於「經濟成就」的判斷標準爭辯不休，每個人眼中的最佳判斷標準都不相同。傳統上用來衡量資本市場經濟表現的GDP指標，是詳細列舉各項商品及服務產出後，再算

共享聯盟裡的社會企業，得以在遍布各個大陸與全球各地的橫向網路裡，以幾近零邊際成本的條件進行點狀的生產，並進而打破資本市場那種垂直整合巨型企業的壟斷地位。

首先，處處可見的再生能源在某種頻率或比例上，為物聯網技術平台提供良好的後盾。此外，獲得技術的成本已愈來愈低，而且未來十年間，這類技術將變得像手機和電腦一樣便宜；再者，照射在屋頂上的太陽、吹過建築物的風，還有可轉化為生質能源的廚房垃圾，幾乎都是免費的（等到收集技術的固定投資回收後），就像我們目前在網路上取得與分享的資訊也幾乎免費。然而，我們必須將這些分散式再生能源共同組織在一起，並以點對點的方式，分享到社區和其他地區，才能夠創造充足的橫向式經濟規模，讓社會上每個人的邊際成本都趨近於零。由於物聯網是一種分散、協同與點對點的技術平台，所以它是唯一能靈活管理再生能源的機制，因為再生能源的結構和組織正好和物聯網如出一轍。

將分散式物聯網基礎架構連上網路的固定成本雖然龐大，但終究遠低於建構與維護第一與第二次工業革命那種中央集權化技術平台所需的必要成本。除了固定成本較低，物聯網也能降低商品及服務生產及配送過程中的通訊、能源和物流邊際成本。在整個價值鏈上的每一個階段，都存在可能導致交易成本上升的中間人，而物聯網藉由淘汰所有剩餘中間人，讓中小型企業（尤其是合作社和其他非營利事業）和數十億的產消合一者得以在協同共享聯盟的基礎上，以幾近零邊際成本，直接和另一個人分享自己的商品及服務。而由於固定成本及邊際成本大幅降低，在分散式點對點網路中創立新事業的介入成本也大幅縮減，而低介入成本將鼓勵更多人成為潛在的創業家和協同者，當然，他們也將在共享聯盟的基礎上創造與分享更多資訊、能源、商品及服務。

新經濟典範是大自然秩序的體現

物聯網基礎建設和協同共享聯盟體制建立完成後，社會上產生的變化，絕對不僅止於商業領域的狹隘變化。綜觀歷史，每一個通訊／能源組合式基礎架構成形後，為了呼應相關新促成技術（enabling technologies）所釋放的可能性及潛力，社會上將重新形成一套組織社會及經濟生活的廣泛指導原則。這套指導原則將成為社會上最具支配力量的信仰系統的神聖教條，而整個信仰系統的設計，就是要向所有人暗示，眼前的新經濟典範純粹是大自然秩序的體現，因此是管理社會生活的唯一正當方法。

通常一個社會總是會根據它對大自然秩序的觀點，來建構它和自然環境之間的特殊關係。在歷史上，我找不到任何一個在這兩個層面上彼此矛盾的社會。每一個社會都會建構一套符合其處世方式的大自然觀，因為不管是在什麼時代，只要整個社會相信它的組織方式和自然萬物的秩序一致，它就會趨於安樂。而當這個無意識的集體自我辯證流程在大眾心中扎根，任何批評現有經濟與社會組織方式的言論，都會被視為一種異端邪說或愚蠢說法，因為這種言論等於是和主宰大自然及宇宙的法則牴觸。最終來說，綜觀歷史，主宰過去每一個經濟典範的宇宙論（cosmologies），顯然都比所有企圖維護現狀的軍隊，更能保障社會的穩定。

也因如此，典範轉移的破壞力才會那麼強大，那麼令人感到痛苦：典範移轉會讓人質疑自己原本深信不疑的事物，包括現有經濟及社會模型的根本運作假設，甚至質疑隨著這些模型而產生的信仰系統以及證明該模型有理的世界觀。

為徹底了解從資本主義市場轉變為協同共享聯盟的過程中，將可能會產生什麼樣的巨大經濟、社會、政治和心理變化，我們應該透過歷史上幾個破壞力同等強大的變化，來審視人類歷史上的這個轉捩點；那些歷史上的重大變化包括中世紀時代從封建制度轉移為市場經濟體制，以及進入現代後，由市場經濟體制轉變為資本主義體制等。只要了解這幾個新通訊／能源組合式基礎架構的採用，如何促成了新經濟典範的轉移（這幾次典範轉移都從根本改變了人類社會的多數世界觀），就更能理解在整個經濟歷程中，引導我們走到如今這個狀態的幾個發展機制，而了解這一切後，我們就會懂得如何根據歷史觀點，因應如今全球經濟體系中隨著典範再次轉移（這一次是從資本主義市場移轉為協同共享聯盟）而發生的種種紛亂變化。

第一部

即將式微的資本主義

第二章 市場經濟的誕生

若要描述歐洲封建經濟體制的特色，最好的方式就是從通訊／能源組合切入。農奴、牛和馬的勞動力是封建社會能源組合的主要組成要素。不過，歐洲的林地也生產了豐富的熱能源，供暖氣用途及小規模冶煉業使用。當時，除了教士和極少數統轄莊園土地的地主，多數人都是文盲，經濟生活也被局限在口述文化的時空限制裡。由於古羅馬道路逐漸廢棄且年久失修，故西元七世紀至十二世紀間，商業和貿易活動幾乎完全消失，經濟生活開始走回頭路，成千上萬個彼此隔離的地區幾乎完全依賴以餬口為目的的農業。[1]幾乎所有經濟生產都供作立即使用的用途，剩餘可用來交易的物品極端稀少，而且只有最匱乏的物品會在本地的集會裡交易，用以補充莊園以及點狀分布在歐洲鄉間的小村莊之日常生活所需。

封建共享聯盟

英國和歐洲各地一樣，農業生活的組織是順著共享聯盟形成。封建地主根據各種租借合約，將土地租給小自耕農。雖然自由佃農（freeholder）的後代子孫都保證能保有租借權，而且地主不能將他們逐出祖厝，但租借佃農（leaseholder）就沒那麼幸運了，他們只能獲得有限租用期保障，通常租用期不會超過三代，第三代以後，地主可以要求採用新的租賃合約，也可以直接撤銷租約。習慣佃農（customary tenants）更幾乎沒有租借權，能不能使用土地，完全得看地主的臉色。

根據租借約定，佃農必須將特定百分比的年度收成上繳給地主，或是在耕種自己租借的田地之餘，也幫地主耕種田地。到了中世紀末期，由於貨幣經濟體系（儘管規模有限）開始導入，地主遂要求佃農必須支付租金或稅金，作為繼續租用土地的條件。

共享聯盟爲歐洲最早的民主決策運作組織

封建式農業是採用公有自治結構（communally structure）。農夫將個別的土地和開放的原野及公共牧場結合在一起，共同耕種。於是，共享聯盟成為歐洲最早的民主決策運作組織。農民公會負責監督經濟活動，包括種植和收成、穀物輪作、森林及水資源的使用，以及公共牧場上可放養的動物數量等。

在封建時代，財產關係的定義和現代完全不同。現代人將財產視為專屬個人占有的財物，可以永遠持有或拿到市場上交易。相反地，在封建經濟體制下，世間所有事物都是上帝所造，所以，一切都必須隨祂處置。上帝創造的產物又進一步被稱為所謂的「大生物鏈」（Great Chain of Being），它是一個架構嚴謹的責任階級，從最低等的上帝產物開始向上延伸，最高階級是天上的天使。在這個精神階梯裡，每個層級的上帝產物，都必須根據一套嚴謹表述的義務指示單，服務其上、下層的所有上帝產物，以確保整個大生物鏈的正常運作。在這個神學的基礎架構裡，財產被概念化為一系列的信託，從至高無上的君王沿著金字塔一路向下延伸，直到在公共原野工作的農民，分層管理。所以，在這個概略圖騰之下，財產絕非專屬任何人所有，世人必須順應一套固定的專屬義務準則，將財產劃分成很多責任範圍。

舉個例子，當國王授予土地給一個封地領主或諸侯，「他還是擁有對這片土地的權利，只不過，他必須讓出這片土地的利益。」哈佛歷史學家理查・夏列特（Richard Schlatter）解釋，「沒有人敢說誰擁有這片土地，上自國王、下至佃農、次級佃農，甚至耕種這片土地的農民，每個人都對它有一點管轄權，但卻沒有人擁有這片土地的絕對統治權。」[2]

英國圈地運動：富人對窮人的革命

封建經濟體制延續了超過七百年，期間並沒有發生太多變化。然而，到了西元一五〇〇年代，新經濟勢力開始剷除這個封建秩序，最先是從英國都鐸（Tudor England）王朝開始，後來漸漸擴散到歐洲其他地方。公共持有的土地被圈圍起來，轉化為私人財產，並在市場上交易，其中某些圈地行為是獲得國王的特許，有些是依照議會的決議，但有時候則是根據鄉村共享聯盟的共同協議來進行。[3]

在歷史學家眼中，發生在十六世紀至十九世紀初的英國圈地運動（Enclosure Movement），根本是一場「富人對窮人的革命」，它從根本改變了經濟及政治局面。數百萬個農民被迫遠離世居的土地，成為自由行為者，換言之，他們成為剛萌芽的中世紀市場裡可供雇用的勞動力。[4]

兩個相關的現象觸發了英國的第一波圈地運動，這兩個現象的共同影響，導致封建秩序開始受到侵蝕。其一是，在圈地運動的較早期階段，由於都市人口激增，食物的需求明顯增加，結果導致通貨膨脹節節高升。這個現象讓早在通貨膨脹上升前，就以固定租金將土地租借給佃農的封建地主承受非常大的壓力。其二是，開始蓬勃發展的紡織產業促使羊毛價格上漲，促使地主有更大的財務誘因將公共土地圈圍起來，用來飼養綿羊。[5]

數萬個被迫遠離家園的農村家庭因圈地運動而陷入無助狀態；短短幾年前，他們還得以利用此刻已被圈圍的公共土地來耕種燕麥和裸麥，餵飽自己的孩子，但如今卻只能莫可奈何地看著在草地上進食的綿羊。儘管羊兒吃得肥肥的，大量羊毛被送往英國及歐陸各地陸續落成的紡織工廠加工，但無論走到哪裡，卻處處可見陷入飢餓狀態的人民。湯瑪斯・摩爾爵士（Sir Thomas More）在《烏托邦》（*Utopia*）一書裡，翔實描述當時的人間悲歌，他透過文字嚴厲指責地主階級的貪婪：

> 你們的綿羊原本理當是柔順、溫馴、小食量的動物，但如今我耳聞牠們變成了野蠻的大貪吃鬼，吃光吞盡人類的食物，消耗、摧毀並啃光所有的田地、房屋和城市。[6]

第二波圈地潮大約是發生在一七六〇年至一八四〇年代間[7]。此時第一次工業革命剛開始在英國及歐洲其他地方開花結果。新經濟促使都市人口持續增加，對食物的需求當然也持續地顯著成長。高物價促使地主將剩下的土地再次圈圍起來，長久以餬口為目的的歐洲農村經濟體系，就此正式走到終點，轉型為現代市場導向的農業經濟體系。

大圈地運動和隨之而來的市場經濟體制，改變了財產關係的本質，原本對財產的「有條件權利」，轉變為專屬的所有權。幾個世紀以來，人民向來歸屬於土地，但在新的體制下，土地卻變成屬於個人的不動產，而且從此可以在公開市場議價與交易。人民世居的家園變成一種商業資源，擁有它的人可以將之作為資本和信用的來源，並進而追求商業利益。人民的勞動力也變成一種專屬的財產，在這個「合約關係（而非共同義務和社會地位）決定一切」的全新世界，人的勞動力也可以在市場上自由買賣。

法律制度的建立，讓市場交易機制有所保障

英國鄉間的圈地行為不僅催生了現代私有財產關係及市場交易概念，也促成了一個監督這些關係的法律制度。在封建經濟體制下，經濟交易非常有限，而且鮮少延伸到密切的家族關係及宗族群落之外。這是可以理解的，由於缺乏可強制執行的共通法律和法令，一般人並不願意和不同社會階級的人買賣財產，畢竟在緊密交織的宗族群落裡，只要話說出口，就保證雙方將確實完成交易，相對保障較高。

一般人都認同，私人財產機制是讓現代市場得以成長茁壯的根本要素。不過，我們也必須了解到，若沒有一套能強制執行的法律條款，一般人不可能在一個無名的市場裡，毫無顧忌地和陌生人交易商品或服務。所以，一個具備完整機能的私人財產市場運作機制，一定需要一個法律制度來維護，而且還要有警察強制執行權和法院做後盾，以確保賣方和買方能切實履行其合約義務。隨著封建共享聯盟的專屬義務漸漸轉化為現代市場的財產權，英國的法律條款也變得愈來愈成熟，整體而言，這套法律條款是促成舊秩序轉為新時代的重要推手。

多數歷史學家都提到，羊毛市場的持續成長，以及法律上可強制執行的私人財產機制等發展，都是促使封建生活轉為現代市場經濟體系的重要促進力量。然而，其他還有一些經濟動力也發揮了不小的作用。人類學者提到，一系列新農業技術（例如北歐的重輪式犁具、以牛取代馬匹，以及從二圃輪耕制改為三圃輪耕制等）在十三至十四世紀間大幅提高了農業的生產力，並促使人口大幅成長（這個趨勢因黑死病而受到一些干擾），都市生活也應運而生。歷史上對這段期間的記載，也都聚焦在冶金術的創新和大量的新機械發明，如凸輪、彈簧和腳踏板、精密的曲柄、連接桿，和有助於將往返運動轉換為連續旋轉運動的調節器等。[8]

上述所有發展都意義深遠，不過，還有一個更重要的根本變化，這個變化促成了很多歷史學家所謂的中世紀時代和平始工業化革命（soft proto-industrial revolution）。

市場經濟體系的興起

中世紀時代末期印刷革命以及水力和風力的使用，引領整個社會從封建式經濟轉變為市場經濟體系，並改變了歐洲的經濟典範和社會結構。很多歷史學家和經濟理論家經常忽略一件事：資本主義經濟體系實際上是從原本普遍存在於歐洲（和後來的美國）的和平始工業化市場經濟體系發展而來，而不是直接從更早的封建經濟體系發展出來的。

持平而言，亞當・斯密和卡爾・馬克思（Karl Marx）分別都曾在他們的著作裡提到水力和風力。其中，亞當・斯密將這些新的動力產生來源指為分工的例子之一，而馬克思則是拿水力及風力的不穩定性及間歇性，來對比蒸汽動力可靠的延續性，並認為蒸汽的延續動力，才能確保可靠且源源不絕的生產週期。只不過，馬克思和這段期間的其他知識分子一樣，都未能明辨封建經濟體系和中世紀這種始工業化經濟體系（它是從封建經濟體系衍生出來的）之間的差異，他曾發表一段有名的錯誤言論，表示「手工廠為社會造就了封建領主；蒸汽工廠為社會帶來了工業資本家。」[9]但事實上，風能源才是將權力從封建領主手中轉移給中世紀的城鎮民眾及新興市民階級的根本要素，換言之，風力才是改變當時社會權力關係的主要因素。

馬克思也暗示了印刷機的重要性，不過，他認為印刷機只是一種讓人想起科學層次的利益與科學研究的工具之一：

火藥、羅盤和印刷機是開啟中產階級平民社會的三項偉大發明。火藥擊垮了騎士階級，羅盤發現了世界市場，並讓殖民地得以成立，而印刷機則是新教徒和科學家交流的通用工具，是創造知識先決條件最強大的手段。[10]

然而，不管是亞當．斯密和馬克思，似乎都沒有搞懂印刷革命和水力及風力之間，存在一種彼此不可或缺的關係，這三者共同創造了一個萬用的技術平台，進而促成一個改變歐洲社會及政治局面的經濟典範移轉。

古代人很早就知道水車磨坊，開始實驗這種工具的是羅馬人。不過，這項技術一直沒有獲得有效開發，故遲遲未被用來作為取代人類勞動的動力來源。從十世紀至十一世紀開始，歐洲的新技術創新讓水力「暴紅」，成為人類經濟生活的中心。根據人口普查紀錄，到十一世紀末時，英國境內三十四個郡共有五千六百個水車磨坊在運作。當時法國的水車磨坊更激增到兩萬座，平均每二百五十個人民就有一座水車磨坊。[11]相關的經濟影響非常巨大，因為一座典型的水車磨坊能在一半的運作時間內產生二到三匹馬力，而且，一座水車磨坊能取代十到二十個人的勞力。光是在法國，透過水車磨坊取得的水力能源，就相當於王國內四分之一成人人口所能產生的動力，換言之，動力能量的增加幅度大到令人驚訝。[12]

早期多數水車磨坊是封建領主出資建造的，而且多半建置在流經自家土地的河川和溪流上。後來，歐洲新興的城鎮和都市也紛紛建立本地的水車磨坊，提供和地主競爭的動力來源。

風力帶來新的民主動力來源

而水源匱乏、不穩定或水源落在地主財產範圍內的城鎮和都市則訴諸風力。歐洲第一座風車磨坊是一一八五年在英國的約克夏建立。[13]接下來，風車磨坊迅速散播到北歐平原各地。風到處都有，不受皇家土地疆界的限制，而且又是免費的，所以到處都能取得這種動力來源。各地城鎮和都市一窩蜂地擁抱這種新能源機制，而由於掌握了動力來源，它們也得以拉近和本地封地領主之間的競爭差距。後來都市的新興中產階級終於體察到，風為他們帶來一種新的民主動力來源，因而將這種新的發明稱為「平民的磨坊」。[14]

儘管水車磨坊和風車磨坊被用來研磨穀物、製革、洗衣、作為鼓風爐的風箱、製造顏料色素、壓榨橄欖和從事其他許許多多的經濟活動，但水車磨坊最重要的用途，還是用於漂洗產業。漂洗是將羊毛轉化為衣物的第一個步驟。當羊毛離開織布機後，必須放到水中搥打洗刷，以去除雜質、清潔，並讓它變得更厚實。以前這個程序是用人力進行，由男人們站在大盆子裡踩踏羊毛布料，達到漂洗的目的。水車磨坊改造了漂洗流程，人的雙腳被木製的榔頭取代，水車磨坊提供的動力，讓榔頭可以上下搥打。一系列的木製榔頭就能取代一整群漂洗工人，而且只要一個人操作即可。

漂洗磨坊造就「十三世紀的工業革命」

當然，生產力因漂洗磨坊而大幅提升，這使得改變用途後的土地（從原本種植糧食以維持生計，轉變為飼養綿羊供作市場交易），經濟效益和獲利能力明顯提升。無怪乎漂洗磨坊有時候也被稱為「十三世紀的工業革命」[15]。歷史學家卡洛斯—威爾森（E. M. Carus-Wilson）就曾形容漂洗磨坊是一種「革命，讓整個國家獲得機會和繁榮，而這也注定改變中世紀英國的面貌。」[16]卡洛斯—威爾森提到，就這方面而言，漂洗作業的機械化「和十八世紀紡織作業機械化一樣，都是極具決定性影響力的事件。」[17]

一七九〇年代，也就是蒸汽動力導入及第一次工業革命前夕，歐洲各地大約已有五十萬座水車磨坊在運作，產生的動力約當兩百二十五萬匹馬力。雖然當時風車磨坊的數量比較少，但數十萬座風車磨坊所產生的動力，甚至比水車磨坊還要多，一般的風車磨坊能製造至少三十匹馬力。[18]

掌握動力來源，中產階級順勢崛起

雖然封建時代的特權階級和城鎮及都市的新興中產階級，彼此激烈搶奪新的能源來源，但這些極為分散且大量可取得的動力來源，最終還是為中產階級帶來較多利益。都市的工匠和技師有史以來首度獲得了足以和封建領主抗衡、甚至凌駕在他們之上的力量，中產市民階級也因此取得轉移經濟典範的必要優勢，原本循著專屬義務組成的封建式經濟體制，遂逐漸被根據財產權建構而成的市場經濟體制取代。中世紀歷史學家李恩・懷特（Lynn White）針對水力、風力，及伴隨這些新動力而來的一系列新技術導入所造成的重大經濟影響，做了以下結論：

> 十五世紀後期，歐洲不僅取得了自古以來最多元化的動力來源，也擁有很多足以掌握、引導及善用這些能源的技術工具庫，這些技術工具遠比以前所有人曾擁有過的任何工具都更多樣化且精密，也比任何當代社會所謂的舊世紀（Old World）或新世紀更多且精密。歐洲自一四九二年起的擴張，多半是肇基於歐洲的高能源消耗量，而這也讓歐洲成為生產力、經濟勢力和軍事等方面的強權。[19]

對人類歷史來說，那是一個非常關鍵的分水嶺：原本以生存為基本目標的經濟體系，轉變為市場經濟體系，而基於使用目的而生產的模式，也轉變為基於交易目的而生產，這些變化攸關重大。不過，若不是當時同步發生的一場通訊革命，讓人得以善加管理這些新動力來源所衍生的大量新增經濟活動，這一切也不可能發生。那一場通訊革命源自於德國人約翰尼斯・古騰堡（Johannes Gutenberg）在一四三六年所發明的印刷機。

這種新式印刷機對日常生活的影響可謂立竿見影，其重要性幾乎不亞於現代人導入網路後的影響。印刷文件的增加速度及配送數量令人震驚：

> 君士坦丁堡（Constantinople）是在一四五三年陷落，那年出生的人從十五歲起，到他的生命走到終點，期間共有大約八百萬本書付梓，比君士坦丁（Constantine）在西元三三〇年創建他的城市以來，歐洲所有手抄本都還要多。[20]

印刷術的發明加速了商業活動蓬勃發展

現代人將印刷視為理所當然，因為在我們的日常生活中，處處皆可見印刷品的蹤影，所以，我們鮮少停下腳步，思考印刷文字會對人類成長過程中的心靈組織模式產生什麼樣的影響。中世紀的手抄本確實非常有特色，但每一個抄寫員都會將自己的主觀意識融入這些手抄本裡，每個人的主觀貢獻也不盡相同；相對地，印刷去除了這項主觀要素，用更理性、經過精密算計與分析的方法來傳達知識。而且，印刷和完全依賴記憶（因此只會產生刻板化反應）的口語溝通不同，印刷不僅能儲存記憶，而且能將資訊的檢索予以系統化處理（例如採用表格、指數、附註和參考書目等形式），讓人類心靈得以深化。而且，不僅詞彙增加，還發展出更適用於具體時刻或經驗的細膩語言。

印刷對人類從商的方式也造成極為顯著的影響。印刷讓圖表、清單和圖形得以產生，讓人能更客觀且精確描述這個世界，不再只是依賴某人自己的評斷。印刷不僅讓地圖得以標準化，也讓它變得更便宜，而且可以大量生產，因此，在從事商務貿易時，無論是陸路或海上旅途，都變得比以前更容易預測且更容易評估。

印刷也讓商業合約得以問世，它是促進長途貿易與擴大市場交易地域的關鍵要素。還記得嗎？在封建經濟體系，經濟互動完全是口說為憑，經濟活動也多半局限在步行或能到達、或喊叫聲聽得到的範圍裡。在口語文化的環境下，一個人的「口信」就足以敲定經濟性的約定。今日，會計師用「查帳」一詞來形容財務查核，其實這個字眼就是起源於印刷術問世前的封建經濟制度，當時的查帳員會大聲唸出財務資訊給另一個人聽，作為證明交易可靠度的手段。

印刷開啟了現代簿記法，從此以後，裝載憑單、明細表、發票、支票和本票等，都變得可以遠距傳遞，而且能長期儲存。總之，印刷術是一種多功能且涵蓋範圍廣泛的萬用管理工具，它能配合水力及風力等新型態動力來源所開啟的商業生活速度、幅員及規模。有了印刷術後，人們得以用文字記載加上個人簽名的形式，來建立商業「信任」。

印刷和再生能源的結合，產生了掃除文盲和能源民主化的雙重效果，對封建生活的階級組織構成巨大且難以應付的挑戰。印刷革命和風力及水力共同創造的綜效，加上道路與河流運輸的穩定改善等，促使交易活動加速、交易成本明顯降低，並促進了更大規模的區域市場貿易。

北方文藝復興開啓人們的世界觀

這個新通訊／能源組合式基礎架構不僅縮短了距離、加快了速度，讓幾個世紀以來分散在各地的孤立人民，得以一起追求共同的經濟目標，在這個過程中，它也形成了一種激勵作用，讓人們勇於開拓新的視野、接觸不同的人，也開始有了更廣闊的世界觀。長達幾個世紀的鄉土主義和仇視外國的文化，導致原本的生活停滯不前，但諸多新轉變讓這些模式開始瓦解，人類的想像力多了各種新型態的可能性。這段蓬勃發展的時期就是歷史學家所謂的北方文藝復興（Northern Renaissance），其中包括了藝術、學識、科學實驗上的覺醒以及對新世界的探索。

到了中世紀時代末期，歐洲各地興起了超過一千個城鎮，每個城鎮的經濟活動都非常興盛。除了提供糧倉、集會處所和商店，這些都會中心也成為各種工匠的聚集地。這些新的都會管轄範圍通常被稱為自由城市，因為它們依法獨立於地方領主的控制。舉當時的一個慣例為例：如果一個奴隸從封建共享聯盟逃脫，並在附近的城鎮找到一個庇護之所，經過一年又一天後，他就會被視為自由之身，可以自由離開其中一個管轄區域，到另一個管轄區域定居。[21]

漸漸地，新城鎮裡的工匠自動根據不同行業組成同業公會，包括金屬工、織工、染色師傅、武器製造師傅、石匠、刺繡師傅和釉工、抄寫員、製帽工和家具工，以便建立商品的品質標準、為這些商品設定固定的價格，同時判斷製造方法等。這些同業公會就像是帶領整個社會轉為完整功能市場的中途之家。這些同業公會以他們所謂的公評價格（just price）來作為商品的收費標準，而不是採用市場價格，換言之，他們偏好維持某種符合慣例的固定生活模式，而不是以賺錢為首要前提。這些同業公會為了免於有害影響，而摒棄自由勞動市場和競爭價格（這兩者是市場經濟的關鍵特質），一切營運都以維持現狀為前提。

同業公會和商人間的角力戰

不過，封建共享聯盟的加速瓦解和廉價支薪勞力的突然出現，配合印刷機、水和風力的結合所釋放的新生產潛力，讓同業公會系統在十七世紀時失去主導力量。商人迂迴繞過同業公會，開始分發工作給農村更廉價的勞動人口，這就是所謂的外放系統（putting-out system），而原本對商業生活具有根深蒂固的控制力量的同業公會，也因此漸漸式微。外放系統的建立，等於是為市場經濟體的完整運作鋪設了一條康莊大道。[23]

而就在商人和工藝同業公會之間持續角力的同時，同業公會也面臨另一股新力量的擠壓——小型製造創業家（多數藉由收集水力及風力新能源，來為自己的迷你工廠提供動力）為了開啟自家商品在本地市場的銷路，開始和同業公會競爭。

透過自由貿易來保障私人財產的抗爭

這一批新興製造商在推動全國市場自由化的過程中，找到了和商人相同的動機，於是，這兩股勢力共同主張推動國內自由貿易、廢除勞工遷移的限制、商業合約的法律強制執行，以及改善運輸系統以擴大市場等。然而，小型製造商和商人在對外貿易的出口議題上意見不合，最終還是走上拆夥的道路。

商人和專制的君主站在同一陣線，希望能採行更有利於海外貿易（但對國內貿易不利）的殖民地政策。重商主義者的理論基礎是要嚴格監理國內的生產活動，以便用低廉的價格取得高品質的商品，進而以極高的價格將之轉售到國外，而國外的付款方式是以貴金屬進行。另外，他們也不允許海外的殖民地生產成品，只能生產以回銷母國為目的的廉價原料，但又被迫以較高價格購買母國出口的製造成品。

重商主義政策偏袒母國的商業出口者，但卻因此傷害到國內製造商，而且也對殖民地不利。此外，為了將出口價格維持在人為操縱的高水準，而限制國內可為本國市場生產的產品數量，不僅對國內製造商不利，也對逐漸興起的中產階級和貧窮的都市工人階級不利，因為他們必須承受高價的國內商品。

於是，歐洲反重商主義政策的聲浪開始高漲，殖民地的不滿也日益緊繃，最後更導致美國十三個殖民地在一七七六年和英國決裂，而法國後來也爆發大革命，這場革命正是促使法國的君主政治體制在一七八九年遭到推翻的火種。在政治史上，這兩個劃時代的關鍵時刻，固然和人民為取得政治自由和民主代表權有關，但也和人民為了在公開市場透過自由貿易來保障私人財產有關。

關於政治的部分，隨著世界上第一批現代國家（包括美國、英國、法國和多數其他相信政府的中心任務是要保護私有財產和市場經濟體制的十八、十九世紀國家）開始商議賦予個人選舉權的議題後，相關疑問漸漸平息。有了這樣的理論基礎，選舉權後來延伸到私有財產權（men of property），而這些新獨立國家也因此得以同步走向以民間財產自由交易為基礎的市場經濟體系。

第三章

資本主義與垂直整合的親密連結

很多人認為「在市場上自由交易財產」和「資本主義」可以劃上等號。不過，事實並非如此，資本主義雖然是透過自由市場運作，但自由市場並不見得非資本主義不可。

資本主義的誕生

中世紀時代末期的和平始工業化革命催生了自由市場，但現代人認知裡的資本主義，卻是一直到十八世紀末期，隨著蒸汽動力的導入才誕生。最早期的製造商主要都是一些小型家族企業，通常只雇用親戚，有時會藉由雇用少數流動勞工來擴大營運。這類創業家雖是在市場上運作，不過當時資本主義尚未誕生。

從市場主義轉化為資本主義體系的歷程，最初是從紡織貿易展開。我在第二章提到，迫切想要迂迴繞過同業公會的商人，開始將工作機會外放〔也就是早期的外包（subcontracting）〕給鄉村的廉價勞工。當時，都會中心的同業公會工匠有足夠的財富能購買自己的織布機，但鄉村的勞工卻極為貧窮，沒有那樣的財力。於是，商人供應織布機給這些農民，通常是以出租的方式，但相關租金往往很高，所以農村勞工賺到的收入幾乎都不足以支應租金，能用來維持生計的錢當然也非常有限。[1]從此以後，工人對工具的所有權被移轉到商人手上，而這奠定了一個改變經濟歷史軌道的模式。

坐擁生財工具，資本家開始擁有支配勞工的力量

十六世紀末期，新一代的小型製造商為了善加利用將水車磨坊和風車磨坊融入生產流程而產生的經濟規模，開始聘請更多勞工到自家的工廠。而這些小型製造廠也擁有工人所使用的機械。結果，向來利用自家設備來經營業務的工匠，再次面臨其行業專屬工具被剝奪的命運，最後也悲慘地淪落為新型態的主人（即資本家）效勞的支薪勞工。

就這樣，紡織業落入資本家手中，其他行業也陸續淪陷。歷史學家莫里斯・多伯（Maurice Dobb）形容得非常貼切：

> 生產活動成為資本的附屬物，資本家和生產者這層新關係的形成，被視為舊生產模式及新生產模式之間的關鍵分水嶺。[2]

自此，資本家集中掌握生產工具的所有權，勞工則屈從於資本，這種種情況成為十八世紀末階級角力的根本原因。就算資本主義的支配力量遭到終結的那一刻，這個矛盾的核心還是會像背上的芒刺般困擾著它，而亞當・斯密早已洞察那個問題。他認為圈地和工匠的工具遭到占用等現象是相關的。在這兩種情況裡，都有數以百萬計的人民不再有能力掌控可用來維持自身經濟生計的工具。以圈地的例子來說，奴隸和佃農被趕出世居的土地；而在工匠的例子裡，工匠不再擁有所屬行業的日常工具。外界委婉地以自由勞工來稱呼他們的新地位，但實際上，根據斯密的了解，那種自由是要付出代價的，他寫道：

> 在囤積和擅自挪用土地的行為出現前的社會早期原始狀態下……勞動力的創造屬於勞工……（然而）當土地遭到特定人囤積，其中某些人自然會拿土地來利用勤奮的人民為他們幹活（他們會供應材料和生活費給那些工人），以便藉由出售人民的產出，或藉由人民勞力為這些材料增加的價值來賺取利潤。[3]

但如果要談公平，亞當・斯密也主張：

> 業務營運者確實理應獲得某種足以代表利潤的回報，畢竟他將自己的儲蓄投入這個冒險事業。在這個情況下，工人為材料增加的價值，便可分解成兩個部分，其中一部分是用來支付工人本身的工資，而另一部分則是供應生產材料和勞工薪資的雇主所應得的利潤。[4]

促使土地從共享財產轉化為個人不動產的邏輯也很類似。亞當・斯密假設：「在任何一國的土地全部成為私人財產的那一刻，地主就會像其他所有人一樣，熱愛透過他們從未親自耕作過的土地獲取利益、要求租金，甚至要求取得土地所產出的收成。」[5]亞當・斯密接著以一段簡潔的短評來歸納驅動整個資本主義體系的運作邏輯：

> 根據這個模式，每個社會上的勞工每年收集或生產的全部事物（也等於這些事物的全部價格），最初是被分配給社會上某些不同的成員。工資、利潤和租金是所有收入（以及所有可交易價值）的三種原始來源，其他所有收入最終都是從這三種收入衍生。[6]

多數古典及新古典經濟學家相信，利潤其實是資本家冒險投入資本的應得報酬。但是，社會主義經濟學家可能比較認同年輕時代的馬克思：他年輕時主張，工人的部分貢獻被雇主從工人工資中扣除，作為雇主本身的利潤〔即所謂的剩餘價值（surplus value）〕的現象，代表一種不公不義的擅自挪用，所以，應該採用更公平的安排，將生產活動社會化，讓工人享受其勞動貢獻的完整利益。

在中世紀的和平始工業革命中，資本主義並沒有明顯的影響力。誠如先前討論的，小型製造商在這個時代的末期才開始出現，其中某些製造商開始進行生產組織化，將生產活動集合到同一個屋頂之下，以善加利用水力及風力經濟投資的效益，不過，大致上來說，這些代表成熟資本家企業先驅的製造廠，規模依舊非常小，而老闆的財務資源通常也是靠家族的儲蓄來支持。

現代人所謂的資本主義是隨著十八世紀最後十年與十九世紀頭幾十年間的全新通訊／能源組合式基礎架構而誕生。

以燃煤為動力的蒸汽基礎建設

一七六九年時，詹姆士・瓦特（James Watt）發明以煤炭作為動力的現代蒸汽引擎，並申請專利。[7] 棉花產業成為第一個採用這項新技術的產業，它的生產力因此出現驚人的成長。一七八七年至一八四〇年間，英國棉花產量從兩千兩百萬磅增加到三億六千六百萬磅，但生產成本卻大幅降低。到了一八五〇年時，歐洲和美國各地皆可見燃煤動力蒸汽引擎。儘管如此，一直到一八四八年，也就是歐洲大革命時，法國的水力還是比蒸汽引擎動力多出二・五倍，換言之，法國境內使用水力能源的工廠，還是比使用燃煤蒸汽技術的工廠多。舉個例子，在法國鋼鐵產業的七百八十四家企業中，有六百七十二家還是使用水車磨坊來產生能源。[8]

但到了十九世紀下半葉，能源組合迅速改變，蒸汽動力從一八五〇年的四百萬匹馬力激增到一八七〇年代的一千八百五十萬匹馬力。[9]

當然，擁有大量煤炭礦藏的國家，蒸汽動力增加最為快速，其中，英國是第一個從水力及風力轉變為以燃煤動力為主的國家，接下來是德國。美國由於擁有豐富的煤炭礦藏，故也迅速地趕上歐洲鄰國。到第一次世界大戰爆發時，這三個國家同為主導第一次工業革命的勢力。

燃煤動力蒸汽技術引進了全新的通訊／能源組合式基礎架構——蒸汽印刷和蒸汽火車頭，而這個組合式基礎架構又為第一次工業革命提供了一種通用的巨型技術平台。

燃煤動力蒸汽火車頭縮小了空間距離，也縮短交易時間，進而改造了商務的本質。到一八三〇年代時，蒸汽火車頭的移動時速已超過六十英里。生活在二十一世紀的我們，實在想像不出用那樣的速度來運送旅客和貨品的機器，究竟能產生多了不起的影響，但對當時來說，這已經是非常大的改善。

鐵路運輸讓貿易量大增，成本卻銳減

到一八四五年時，每年就有超過四千八百萬個英國人透過鐵路旅行。[10] 另外，光是一八五〇年代，美國境內就鋪設了超過二萬一千英里的鐵道，將美國密西西比河以東的多數地區全都連結在一起[11]。為了解鐵路如何壓縮人類的空間和時間感，且讓我們比較一下，利用公共馬車和火車從紐約到芝加哥的旅程分別要花多少時間：一八四七年時，這種旅遊方式得費時三個星期以上。但到一八五七年，如果透過鐵路，同一段路程只要花七十二個小時。[12]

除了速度以外，蒸汽火車頭更提供一種可靠的運輸模式，因為它不像道路及水道那麼容易受天氣變化的影響。它的運輸速度是駁船的兩倍，而且，載運量是駁船的三倍，更重要的是，儘管載運量遠大於駁船，但火車運輸的價格卻和駁船相等。鐵路運輸的速度結合可靠度，促使廣大內陸的商務和貿易量大幅擴張，而且相關成本還顯著降低。

在十九世紀上半葉，美國境內的鐵道建築還只是呈現點狀分布的狀態。直到一八四〇年代末期，鐵道熱潮才真正展開。到一八五九年時，美國民間鐵道公司的整體資本投資已達到十億美元，以今日的標準來說，這個數字非常龐大。這些資金催生了三十條大型鐵道。[13]後來，這項資本投資迅速增加，一直到一八七〇年代經濟陷入蕭條後，鐵道熱潮才減緩。到那時，已鋪設完成的鐵道高達七萬英里，可以通達美國大陸的多數地區。到一九〇〇年時，蒸汽火車頭的鐵道長度已高達二十萬英里，連接美國各個大城小鎮，甚至連一些小村莊都有鐵路到達。[14]

要為這麼龐大的運輸基礎建設籌措資金，當然需要一種全新型態的商業模型，那就是現代的股份公司。儘管在此之前，股份公司早已存在，但這類企業為數有限，而且通常都僅限於短期的貿易用途。英國東印度公司（British East India）和荷蘭東印度公司（Dutch East India）都是國家特許的股份公司。[15]鐵路證券的銷售，讓原屬紐約州的紐約證券交易所從一個小型交易所轉變為重要的金融勢力團體。儘管當時只有少數美國人認知到這個事實，但英國投資人卻大量購買美國鐵道股份，連法國和德國投資人也趨之若鶩，只是程度上沒有英國人那麼積極。

區隔所有權、經營權及控制權的新商業模型

實質上來說，鐵道成了第一批現代資本家的商業股份有限公司。這些企業創造了一種全新的商業模

型，它將所有權、經營權及控制權區隔開來。從今而後，巨型企業的經營完全改由支薪的專業經理人負責，他們的主要責任就是要為股東爭取投資報酬。資本主義是一種獨一無二的特別創業模式，在這個機制下，勞動人口不再擁有自己用來生產產品的工具，而擁有企業所有權的投資人也不具備控制與管理企業的權力。

由於建立鐵道基礎建設需要耗用非常高的資金成本，故垂直整合（也就是把上游的供應者和下游的顧客全部整合在一個大傘之下）的商業組成模型遂成為必要。大型鐵道公司購買礦業資產，來確保自家的火車頭有足夠的煤炭可運送。賓州鐵路公司（Pennsylvania Railroad）甚至還為賓州鋼鐵製品公司（Pennsylvania Steelworks Company）提供融資，好讓自家的鐵路能取得穩定的鋼鐵原料。加拿大太平洋鐵道公司（The Canadian Pacific Railroad）也在其所屬火車站附近興建並經營旅館，以接待該公司運載的旅客。[16]

結合上下游的垂直整合商業模型，最適中央集權化經營

當然，最能有效管理大型垂直整合企業的經營方式，就是中央集權化且由上而下的指揮及控制機制。當然，鐵道公司最早發現隨著這個新通訊／能源組合式基礎架構而來的營運要件。的確，鋪設與維護成千上萬英里的鐵軌、監控全國廣大幅員內的鐵道交通、維修與製造成千上萬個設備組件、協調貨物運輸與交付、管理旅客時間表、確保準時到離的績效，以及監督成千上萬名員工的工作等，都是非常龐大的工程。此外，一旦這個系統裡任何一個環節出錯或瓦解（這種情況經常發生），都會引發串聯效應，進而危及整體營運。

要經營這麼龐大的企業，必須能有效地將公司的每個業務運作層面加以合理化。偉大的十九世紀社

會學家馬克斯・韋伯（Max Weber），針對企業合理化經營的要素，提出了非常好的說明。首先，現代商業股份有限公司是根據金字塔形狀安排，所有決策都是自動從上層傳達給下層。活動的流程受正式的規則和程序所規範，而任務的定義（也就是完成工作的方式），以及每一階段作業的績效要如何判斷，乃至每一個層次的參與度等，全都經過謹慎的規劃，沒有太多即席創作的空間。工作任務依照分工模式來加以區分，每個工人都會收到精確的指示，並透過這個指示了解自己要如何完成份內的工作。企業內部的升遷標準，完全取決於個人的功過和可計算的客觀條件。

商業史學家亞弗瑞德・錢德勒（Alfred Chandler）說明鐵路公司如何將上述合理化經營流程融入它們的經營架構。他提到，鐵路公司：

> 是最先需要大量支薪經理人的企業；最先建立由中階經理人經營、高階經理人指揮的中央辦公室，其中，高階經理人必須向董事會報告。這類企業是最先建立龐大內部組織結構、明確定義各層級權責內容，及中央辦公室、部門總部和現場單位之溝通程序的美國企業；另外，這些企業也是最先發展金融及統計流程來控制與評估大量經理人之作業成果的企業。[17]

韋伯和其他思想家理所當然地認定，成熟的資本主義社會需要垂直整合的企業來創造經濟規模，而且需要高度合理化的企業科層制度（採中央集權式的管理結構，以及從上到下的指揮和控制模式）來組織它的商業生活[18]。根據韋伯的觀點，理想的資本主義企業，是一種將商業生活的所有面向全部合理化整合到同一個大傘之下的科層化組織（bureaucratic organization，亦稱官僚式組織）。藉由股票的出售來導入投資資本、自由勞工的動員、大量生產流程的安排，以及在市場上的競爭交易等（有正式法律規章做後盾）諸多決策，全都取決於可預測性（calculability）以及合理的科層式管理制度，而這種管理制度的設計，就是要在一個階級式指揮的結構中，促進決策權的集中化。韋伯的觀點是正確的，問題是他並沒有提到，社會主義經濟體系和資本主義一樣，也必須採用中央集權式階級指揮及控制機制。

若當時沒有同步發生一場通訊革命，想要善加管理各國市場上持續增加與擴大的商務及貿易，根本就是不可能的任務。一八一四年時，弗瑞德李奇・柯尼格（Friedrich Koenig）發明的蒸汽動力印刷機，能夠以光一般的速度印製倫敦的《泰晤士報》（*The Times*），這種新式印刷機每小時能印製一千份報紙，而人工操作的老式印刷機只能印兩百五十份。[19]到了一八三二年，這種印刷機每小時能印製的報紙數量又增加一倍以上。[20]

印刷和運輸技術的精進，提升了商業活動的速度

快速且成本低廉的蒸汽動力印刷術在歐洲和美國掀起了一股大眾識字潮。官方建立公立學校系統，剛開始工業化的城市也強制施行義務教育，目的當然是希望未來的勞動人口能具備更優異的必要溝通技巧，有能力處理隨著第一次工業革命而趨向複雜的商務作業。

接下來幾十年間，蒸汽動力印刷術的持續進展，包括造紙機器、鉛板印刷和輪轉印刷機等，不僅大幅降低勞動成本、提高產量，也讓整個蒸汽印刷革命得以亦步亦趨地跟上燃煤動力鐵道運輸所帶來的生產力提升。

當國家郵政服務系統揚棄公共馬車、改採鐵路後，廉價且快速的印刷搭配廉價的快速運輸，更加速了商業交易活動的進展。時效緊迫的合約、帳單、運輸訂單、報紙、廣告、指導手冊、書籍和商品目錄等，全都能快速經由鐵路運輸到各地，供應鏈上的所有企業乃至賣方及消費者，全部都能在短短幾個小時或幾

天內連結在一起，不像以前，動輒需要幾個星期或甚至幾個月，才能彼此聯繫上。當然，這大大提升了商業活動的速度。

不過，這場新印刷通訊革命的代價並不低，一如鐵路，將蒸汽動力印刷術導入市場的資本投資成本也很高。史上第一台蒸汽動力印刷機非常複雜，每台成本高達五百英鎊甚至更高（以今日的經濟價值而言，大約是兩萬六千五百美元）。[21]而隨著較新且較昂貴的印刷機陸續開始啟用，蒸汽動力印刷術的成本也持續上升。到一八四六年時，霍伊（Hoe）的第一台雙滾筒輪轉式印刷機，每小時已經能產出一萬兩千張書頁，到了一八六五年，捲筒紙輪轉式印刷機每小時更能生產一萬兩千份報紙。儘管如此，創辦一份新報紙的創業成本也大幅增加到十萬美元，若以二〇〇五年的幣值來計算，大約是兩百三十八萬美元。[22]

在美國，一八七一年的芝加哥大火過後，幾家巨型印刷企業在當地誕生。其中，唐納利家族公司（R. R. Donnelley & Sons）、蘭德麥諾利公司（Rand McNally）和唐諾修公司（M. A. Donohue and Company）等是產業的領導者。他們的印刷廠透過一個中央場所來處理整個國家的多數印刷材料，並因此獲得經濟規模之利。這些企業的外圍是眾多鉛板鑄造廠和印刷機製造商，所有企業在芝加哥鐵路調車廠（這是美國鐵路網的中心）附近，形成一個完整的複合工業區，這個工業區和鐵路的配合，讓教科書、雜誌和商品目錄得以迅速透過郵局體系傳遞到全國各地。[23]

多數家族企業並沒有能力建造與經營這些龐大的設施。唐納利家族公司很早就體察到，如果想取得產業支配地位，就必須籌措大量財務資本，於是，它在一八九〇年決定組成一家公開掛牌的企業。[24]

郵購結合郵局運輸，締造驚人銷售業績

到一九〇〇年時，大眾郵購公司（例如蒙哥馬利華德公司（Montgomery Ward）和西爾斯羅伊巴克公

司（Sear, Roebuck and Company）」利用這些高度中央集權化的印刷業務經營者，印製了幾百萬份商品目錄。其中，蒙哥馬利華德公司的商品目錄高達五百四十頁，內容有兩萬四千個品項，包括雜貨、藥品、珠寶、手提包、鞋子、男性服飾、火爐、家具、兒童手推車、運動商品和樂器等。西爾斯公司甚至透過郵購，銷售預製式房屋（prefabricated homes）。這些房屋的所有組件都透過火車運送，抵達目的地後再就地組裝。[25]目前我和妻子居住的華盛頓特區，都還看得到西爾斯銷售的那種平房。

就這樣，住在小城鎮和農村地區的數百萬美國人，透過芝加哥大型印刷廠印製的產品目錄，採購商業設備、家用家具和個人服裝等林林總總的事物。一經採購，相關品項就會經由美國郵政服務公司以鐵路運送，直接送達購買人的公司和家裡。西爾斯一九〇五年的郵購訂單收入高達驚人的兩百八十六萬八千美元，約當二〇一三年幣值的七千五百四十七萬三千六百八十美元。[26]

燃煤動力蒸汽印刷和燃煤動力鐵道運輸的結合，促成第一次工業革命的基礎建設。其中，通訊端的基礎建設因一八六〇年代建構完成的全國電報網而進一步擴大，這個網路讓供應鏈上和配銷管道裡的所有企業得以即時溝通。

蒸汽動力印刷術、電報和蒸汽動力火車頭結合在一起後，經濟資源的整編、運輸、處理、轉化為產品，及配送給顧客的速度和可靠度等，全都大幅提升。錢德勒評論道：「廉價的動力和熱能，以及快速且可靠的運輸及溝通」是一八四〇年代及一八五〇年代時，中央集權式工廠快速擴散的關鍵要素。[27]

這個新通訊／能源組合式基礎架構讓經濟活動的速度和數量得以明顯增加，但也促使每個產業開始徹底重新思考商業模型的問題。以前，商品的生產和配銷作業是各自獨立的，仰賴獨立的批發商、配銷商和零售商將商品轉移到市場上的製造商，稀稀落落地分布在全國各地。事實證明，這些配銷管道已經過時，因為它的速度過於遲緩、不可靠，而且過於偏狹，無法有效處理從工廠第一代自動化連續生產機械急速湧出的大量產品。此外，很多新產品如勝家（Singer）的縫紉機和麥可米克（McCormick）的收割機等，都需要技術人員來向顧客展示相關產品的用法。愈來愈多大量製造的商品需要提供專業的售後服務，因此，和顧客維持長久的關係也變得非常必要。傳統的配銷系統根本無法應付這些新商業運作。

結合生產和配銷，二十世紀最具支配力量的商業模型

要解決這些問題，勢必得將生產和配銷作業全部整合在同一個中央集權式管理的內部大傘下。於是，垂直整合型企業在十九世紀最後二十五年間迅速起飛，更成為整個二十世紀最具支配力量的商業模型。

垂直整合型企業的最大價值在於，它淘汰了價值鏈上眾多的中間人，經過整合，那些巨型新企業的交易成本顯著降低，生產力也大幅提高。概括而言，垂直整合型企業的效率大幅提升，因為它們的經濟規模促使邊際成本下降，並進而能以低廉的價格，向需求殷切的民眾大量銷售這些大量製造的商品。低廉的產品刺激了大眾消費者的需求，而這又催生了更多新的商業機會，進而讓企業得以聘請更多工人，改善工業化經濟體中數百萬至數千萬人民的生活水準。

隨著企業發現只要將生產及配銷作業結合到同一個大傘之下，就能獲得龐大的利益，而且迅速在美國大陸各地擴展其商業營運，這個新的商業模型也快速擴散到各地。成百上千家企業陸續採納垂直整合商業模型來實現經濟規模的效益，包括鑽石火柴公司（Diamond Match Company）、杜克家族煙草公司（W. Duke and Sons Tobacco）、皮爾斯伯瑞公司（Pillsbury）、漢斯公司（H. J. Heinz）、寶鹼公司（Procter & Gamble）、伊士曼柯達（Eastman Kodak）和勝家公司（I. M. Singer）等。

幾乎所有順利在第一次工業革命起飛階段（約在十九世紀下半葉）蓬勃發展的企業，主要的成功秘訣都在於它們藉由組成股份有限公司並成為股票公開掛牌企業，順利募集到充足的財務資本。他們善加利用

這些資本來掌握垂直分布的市場機會，進而各自成為所屬產業裡的領導性企業。

第二次工業革命

就在第一次工業革命的氣勢在十九世紀最後二十年間達到最高峰，並漸漸走下坡之際，第二次工業革命開始在美國及歐洲萌芽。石油的發現、內燃式引擎的發明以及電話的導入等，催生了一個支配二十世紀的新通訊／能源組合。

關於石油，最需要了解的一點是，石油比起全球經濟體系任何其他型態的資源，都需要更多財務資本來管理。此外，從取得石油到將石油提煉成各種產品，以及將產品運送到最終用戶手上的過程，牽涉到非常多的步驟，其中包括發現、鑽井、運輸、提煉和行銷，而唯有根據垂直整合企業的架構（即高度中央集權式管理的架構）來組織這整個流程，否則實在難以回收相關的龐大投資。

如今，新油田的發現與開採經常耗時甚久且所費不貲，而且常常不見得會成功。光是活化指數（activation index，衡量探勘新石油的整體投資）一項指標，就足以迫使決心不夠堅定的參與者退出戰場。主要能源企業一次投入數十億美元到新石油專案的情況並不罕見。舉個例子，伊拉克決定在二十一世紀的頭十年間，將石油產量增加為原來的三倍，外界估算相關投資的融資成本就接近三百億美元。[28]而自二〇〇〇年至二〇一一年間，世界各地耗費在石油及天然氣探勘和生產的總資本投資成本，更是接近二・四兆美元。[29]

石油的探勘、提煉、鋪設管線，都需耗費高昂成本

石油探勘需要精密的衛星數據分析，而且必須使用到地質學、地球物理學和地球化學等知識。而要蒐集並解讀三度空間的反射波震測數據，同時創造地球內部的三度空間影像，需要使用最先進的電腦和軟體。而且，鑽井到兩萬英尺以下的深度，必須使用昂貴且複雜的高科技石油設備。要在海底建造大型石油鑽井平台，也需要非常精密的工程本領。鋪設管線一樣不簡單，因為這些管線動輒長達數百甚至數千英里，而且常會經過很多險峻且難以靠近的地帶。

提煉流程也不簡單。地質學家羅伯・安德森（Robert Anderson）形容過這套複雜的流程。有機化學家必須分解原油的碳氫化合物，將它改造為汽油到聚氨酯（polyurethane）等多種產品。何況每個石油產區的原油屬性都不盡相同，所以必須根據每個屬性，建造適合處理特定種類石油的煉油廠。

原油的行銷也很複雜。石油產品的銷售因季節而有很大的不同。夏天時，汽油價格較高，而冬季則是熱燃油較昂貴。也因如此，能源企業非常依賴氣象預測和經濟成長預估及情境分析，甚至要將潛在的政治事件列入考量（這類事件可能對公司不利，但也可能是機會），以便提早研判未來（至少六個月後）的石油需求，而釐清未來需求後，能源企業才有辦法決定要先將什麼種類的原油，運送到哪些適當的煉油廠，因應未來幾季的需求。

安德森解釋，更糟的是，能源企業的行銷部門又被細分成工業、批發和零售單位，而且，還進一步根據具體的產品別（包括瀝青、航空燃油、天然氣、液態化學品、農業用肥料及殺蟲劑，以及供金屬及橡膠業使用的焦煤等）來劃分，這讓整個流程變得更複雜。在美國銷售的石油當中，有五〇％被提煉為運輸用的汽油。[30]

即使是在石油時代剛展開不久的初期階段，某些創業家就已了解到，要將石油轉化為最終使用者可用的產品，涉及的流程太過複雜，層級也太多，勢必將耗費非常多的財務成本，所以必須將所有流程和層級合併到一家公司來運作。唯有如此，企業才能採用中央集權式管理的方式來合理化各種作業，從而獲得最高的利潤。

約翰・洛克斐勒（John D. Rockefeller）在一八六八年創建標準石油公司（Standard Oil Company）時，早就對這些問題心知肚明。洛克斐勒在美國境內各地開鑿油井並建造煉油廠，同時和鐵路公司簽訂特殊的協約，確保有利的石油運輸條件。早在二十世紀頭十年（也就是汽車時代即將展開之際），標準石油公司就已成為第一家在美國各地廣設加油站的企業，它創造了一個複雜的垂直整合商業營運模式，將生產和配銷全部結合在一起，該公司的業務從油井一路延伸到最終使用者。到一九一〇年時，洛克斐勒已控制了美國的多數石油業務。競爭者和大眾因而發出不平之鳴，於是，聯邦政府根據休曼反托拉斯法（Sherman Antitrust Act）控告他的企業。

一九一一年時，最高法院命令標準石油公司進行業務分拆。不過，政府打壓大型石油公司的作為沒多久就功虧一簣。到一九三〇年代，二十六家石油企業〔包括紐澤西州標準石油公司、印第安那州標準石油、德士古石油（Texaco）、海灣石油（Gulf Oil）、辛克萊公司（Sinclair）、菲利普斯六六公司（Phillips 66）、聯合七六公司（Union 76）和太陽石油公司（Sunoco）等〕，共占有整個產業三分之二的資本結構、六〇%的鑽井業務、九〇%的管線業務、七〇%的煉油廠站，以及八〇%的行銷業務。[31]

如今，石油產業的集中化雖然沒那麼明顯，但各家業者的規模還是相當龐大。以美國為例，五家企業〔雪佛龍（Chevron）、英國石油（BP）、皇家荷蘭殼牌（Royal Dutch Shell）、艾克森美孚（ExxonMobil）和康菲（Conoco Philips）〕就控制了三四%的國內石油探勘和生產業務。[32]

大約就在洛克斐勒忙著整合第二次工業革命新能源來源的控制權之際，亞歷山德・葛拉漢・貝爾（Alexander Graham Bell）也在進行電的實驗。一八七六年時，貝爾發明了電話，這項裝置後來成為管理二十世紀更廣大的石油、汽車及郊區新經濟體系與大眾消費者文化的關鍵要素。

電信整合建立最大的通訊網路

貝爾滿懷雄心壯志，希望創建一個能夠將每一支電話連接到單一系統的全國性長途網路。他推想，唯有最大型的垂直整合企業，才能將電信業務的效能發揮到最大，換言之，它必須是一個能將所有電信業務單元納入同一個大傘，並由中央控制的單一系統。於是，貝爾在一八八五年創立了一家子公司——美國電話電報公司（American Telephone and Telegraph Company，AT＆T），將所有地方性的貝爾電話公司全部連結在一起，並在一八九九年將貝爾公司的所有資產轉移給這家子公司，這讓AT＆T成為電話服務的同義詞。[33]將國內所有社區全部連結在一起的電話服務，將構成一個涵蓋整個美國大陸的通訊網路，足以用來管理與服務此刻已趨於整合的全國經濟體系。

AT＆T一起步就享有所有潛在競爭者所欠缺的優勢，因為貝爾先生擁有電話的種種專利權。但當這些專利在一八九〇年代初期過期後，大量競爭者隨即湧進市場。到了一九〇〇年時，美國已經有三千家營運中的電話公司。[34]儘管競爭非常激烈，但很多觀察家（包括華盛頓特區和州議會的民選官員）卻還是對AT＆T積極消滅競爭者的政策感到憂心忡忡。問題就出在AT＆T的總裁希歐鐸・牛頓・維爾（Theodore Newton Vail）毫不掩飾地表現出控制全國電話服務產業的欲望，甚至還想出一句新的企業廣告口號：「一個政策、一個系統、通用的服務」（One Policy, One System, Universal Service）。他公開嘲弄那些聯邦政府人員，並大聲疾呼「效率與積極競爭和監理與控制是彼此矛盾的，不可能同時並存」。[35]

聯邦政府對於AT&T在二十世紀的頭十年間快速吞噬競爭者的作為（甚至取得足以控制西方聯合公司（Western Union）的股權）感到憂心忡忡，故開始考慮採取行動，拆解這個巨大的企業。[36]

政府的兩難，形成AT&T自然獨占的電信生態

儘管擔憂AT&T成為市場壟斷者，但聯邦政府官員也漸漸體認到，通用的電話服務對所有美國人的日常生活與美國社會的富足來說，確實是攸關重大。官方認為，普及的電話服務已不僅是一種特權，而是基本權利。政府監理者漸漸相信，要讓電話產業的運作更效率化，最好是由一個一元化的實體來統籌相關的業務，這樣就能避免「重複」、「破壞」和「浪費」。

一九二一年時，參議院商務委員會（Senate Commerce Committee）甚至明文記載一段聲明：「電話業務是一種自然獨占業務。」[37]該委員會主張，由於建構一套全國性通訊基礎建設的必要資本非常龐大，而且為了實現規模經濟效益，所以，難以想像全國各地存在一大堆彼此競爭的基礎建設。另外，經濟學家也開始談論電話服務算是一種公共財（public good）。

維爾馬上就意識到聯邦政府對待電話產業的方法隱含一個大矛盾，所以，他隨即把握這個機會，和華盛頓當局商定一個交換條件。由於維爾體認到聯邦政府隨時可能對AT&T採取行動，所以，他一改先前的立場，不再力促政府放手讓電話市場成為一個不受監理的競爭市場，反而要求政府實施監理，當然，目的就是希望能藉此讓他的企業成為政府所要追求的那個「自然獨占企業」。哈佛大學商學教授理查・威耶特（Richard H. K. Vietor）曾經針對這個大膽且違反一般人直覺的新策略撰寫一段評論：

> 維爾這一次選擇規規矩矩地讓AT&T接受政府監理，作為免除競爭的補償。這是AT&T促使政治

> 圈允許它壟斷電話業務的唯一可行方法……要成就通用服務的目標，這似乎是個必要的取捨。[38]

這個謀略最後確實成功了，但維爾經過一次世界大戰的煎熬，才終於實現他的夢想。一九一八年時，美國政府基於國家安全目的，將電訊產業國有化，並指派長久以來支持電話及電報產業國有化的郵政總局長亞伯特·伯列森（Albert S. Burleson）管理這整個產業。伯列森隨即聘請維爾來管理戰爭時期的電話產業。維爾的態度一百八十度轉變，毫不遲疑地接受合約條件，問題是，這份合約是他的公司AT&T所草擬的，合約上條列對政府這項新所有權的種種限制。相較於聯邦政府過去與民間企業訂立的合約，這些條件可說是前所未見的優惠。主要包括：

> 聯邦政府……同意將各電話公司四·五%的營收毛額，以服務費的名義轉付給AT&T；每個廠房提撥高達五·七二%的折舊及廢棄準備；針對無形資本提撥攤銷準備金；發放所有必要的利息和股利；此外，所有財產必須維持和以往一樣良好的狀況。[39]

但合約才剛簽好，AT&T就申請大幅提高服務連接費用，而且還順利得逞。接下來，它利用身為國有實體的新定位，開始對各州提出類似的要求。在被政府「合併」後短短五個半月內，該公司就爭取到長途電話費率提高二〇%的條件，比它原本在自由企業競爭市場上所得到的回報率高上許多。即使AT&T在戰後又回歸民營企業的身分，但在短暫的政府託管期間內所訂定的費率依舊適用。

喬治華盛頓大學（George Washington University）的電信及公共政策與公共行政教授傑瑞德·布洛克（Gerald Brock）對此的結論是，在建立一個全國性電信基礎建設的過程中，AT&T因接受聯邦與州政府監理而獲得的利益是：

接受監理是降低風險的決策。雖然資本報酬受到限制，但那卻是保障報酬；另一方面，雖然它犧牲了經營自由度，但卻從此無需應付市場上的不確定性。它讓貝爾系統成為一項排擠競爭者的強大武器，而且讓它獲得追求壟斷地位的合理藉口，同時，還降低了被直接國有化或更嚴厲的反托拉斯制裁的威脅。[40]

AT&T一直到一九八〇年代都還保有實質壟斷的地位，不過，它最後也未能逃避和標準石油公司一樣的命運——聯邦政府最後還是強行介入，分拆它的業務。然而，到了二〇一一年，AT&T又恢復了支配地位，掌握了美國電信市場三九・五%的占有率。AT&T的主要競爭者威訊（Verizon）則占有二四・七%的市場，兩者合計控制了六四・二%的美國電信市場，故實質來說，這兩家公司形同供應端的壟斷者。[41]

運用電話作爲新通訊媒介，提升即時性、效率和生產力

電話是管理分布在各鄉村與郊區的零散經濟活動的靈活通訊媒介。隨著電話的採用，以往透過燃煤動力火車頭往返固定地點的運輸方式，漸漸轉變為以石油驅動的汽車、巴士和貨車放射狀路線運輸模式，經濟活動的地理涵蓋範圍因此明顯擴張。

電話和印刷與電報不同的是，任何地點都能安裝電話，而且任何時刻都能使用，所以，在電話通訊的統籌之下，因汽車世代來臨而大幅增加的經濟活動便得以順利進行。有了電話後，企業得以即時且更中央集權化地監督更新且更大規模的垂直整合作業。總之，這項新通訊媒介所促成的效率及生產力提升幅度，

確實極為可觀。

當然，電話需要用電。一八九六年時，美國各地共有大約兩千五百座電光源企業和接近兩百家地方政府電廠在營運，另外，還有七千五百座獨立電廠，總資本投資約五億美元，這是一筆可觀的財務開銷。[42]這些電廠除了生產電話通訊用的電力，也生產照明用電力及工廠機械和家庭電器用品所需要的電力。

新興的電光源讓商業界獲得照明，工時也得以延長到晚上，而這當然也促使經濟加速成長。到一九一〇年時，美國每十個家庭就有一個擁有電力，而到一九二九年時，多數都會家庭都已連接電網。[43]

慧眼識商機，電光源讓生產力暴增三〇〇%

工廠採用電力的時間較晚。一九〇〇年時，只有五%的工廠使用電力。[44]不過，隨著汽車和大量製造生產線的陸續導入，情況迅速轉變。亨利・福特（Henry Ford）是最先體察到電可望提升汽車產量的人之一。他後來非常細心地提到，如果不是因為工廠開始用電，配合電動馬達的導入，他內心的奢望「每個勞工家庭都有能力購買T型車（Model T）」就不可能成真。他寫道：

> 全新發電系統的配置，讓工業界得以擺脫皮帶和裝配線的束縛，因為到最後，每樣工具都能配備專屬的電動馬達……電動馬達讓工廠得以根據工作程序來安排所有機械，光是這樣就足以將工業界的效率提高一倍……若沒有速度飛快的工具，就不會有我們所謂的現代工業。[45]

在二十世紀上半葉，工廠從採用蒸汽動力轉變為使用電力後，生產力暴增了三〇〇%，非常驚人。[46]汽車廠接上電力後，釋放了大量製造的能力，最後讓數百萬人得以擁有汽車。到一九一六年時，美國各地道路上領有牌照的汽車就高達三百四十萬輛。十四年後，美國領有牌照的汽車更高達兩千三百萬輛。[47]就這樣，汽車成為第二次工業革命中，帶動經濟成長的主要「引擎」。

其他關鍵工業和汽車製造業共同形成一個巨大的商業複合體，那就是後人所謂的「汽車世代」。到一九三三年時，汽車消耗了美國二〇%的鋼鐵用量、一二%的鋁用量、一〇%的銅、五一%的鉛、九五%的鎳、三五%的鋅，還有六〇%的橡膠用量。[48]一個汽車狂熱者在一九三二年寫了一段文章來讚嘆汽車對經濟的影響，他提到：「放眼世界史，沒有任何一個產品比汽車消耗更多原物料。」[49]

汽車世代，石油取代煤炭成爲主要能源

但汽車的大量生產導致石油產業負荷過重。美國每個星期都開啟新的油田，加油站也成為美國境內無所不在的景觀之一。到一九三〇年代末期，石油已超越煤炭，成為美國最主要的能源來源。而隨著美國成為世界上主要的產油國，德州的油井簡直成了美國世界強權的同義詞。英國政治家歐尼斯特・貝文（Ernest Bevin）曾挖苦地說：「天堂之上的王國或許能根據正義公理來運作，但地球上的王國卻仰賴石油來運轉。」[50]

一如鐵路運輸的鐵軌鋪設工程，道路建設和大量生產汽車都必須花費非常多資金。在美國，各地的道路系統是由政府提供資金建造的，但汽車工業（至少在美國）則完全靠民間提供資金。起初，市場上共有幾十家小型汽車公司。但不久後，由於要建立一家能大量製造及配銷汽車所需的大型垂直整合企業，必須花費非常高昂的成本，所以，整個汽車領域的參與者大幅減少，最後只剩由三大車廠——福特（Ford）、通用汽車（General Motors）和克萊斯勒（Chrysler）領軍的六家企業，而三大車廠迄今都仍是市場上的領導者。

而且，一如鐵路公司，汽車工業也早就體察到，要有效監督汽車生產及銷售相關的大量多元化作業，就需要採用合理化的中央集權式管理模式，以及從上到下的科層式控制系統。當然，任何一個人或一個家族都負擔不起相關營運所需的資金，因此，美國每一家大型汽車製造商，最後都成為股票公開掛牌交易的股份有限公司。

交通運輸便利，工廠、人口遷移，帶動郊區開發

以汽車來帶動經濟的模式，也劇烈改變了社會的空間取向。蒸汽動力印刷和以燃煤為動力的鐵道運輸促成了都市化。就很大的程度來說，印刷通訊和經由鐵路將貨物運送到固定目的地的模式，決定了商業及居住生活的群聚地點。鐵路沿線的小型城市漸漸變成大型的都會區，還催生了許許多多的新城鎮。業務上高度倚重印刷通訊和鐵道運貨的企業，自然而然就選擇在通訊／能源中心所在地的附近設立據點。

相對地，汽車及全國道路系統建設（這兩者結合，可以將旅客和貨物運送到鐵路網所不能到達的鄉村地區）的來臨，促成了二十世紀上半葉大量郊區的開發。其中，一九五〇年代至一九八〇年代間興建的州際高速公路系統（這是史上最大規模且最昂貴的公共工程），引爆了州際道路交流道出口附近郊區的商業及住宅開發熱潮。工廠開始從人口稠密且房地產及勞動成本較高的市中心區，搬遷到農村地區，原本慣常使用鐵路運輸的工廠業者漸漸轉採貨車運輸，勞動力也隨之遷移。

從一九四五年開始，共有六千五百萬戶住宅興建完成，而且多數屬於郊區開發案，另外，隨著美國的人口開始朝成千上萬個郊區遷移，共有四萬八千個購物中心興建完成。[51] 隨著商業地點及居民住宅逐漸分散，電力基礎建設和電話線路也開始大幅向外擴散，到最後，新郊區的社區全都能接收到廣播及電視訊號。

經濟勢力集中在各產業的少數企業，壟斷已成爲常態

隨著郊區急速成長，急於獲取更大垂直整合經濟規模利益的各產業領導者，為了有效組織及整合數萬個社區的眾多經濟活動，進一步採用更中央集權化的指揮及控制模式，物流作業也因此變得愈來愈錯綜複雜。到第二次工業革命在二〇〇八年七月達到高峰、並快速崩潰之際（當時世界市場上的原油觸及每桶一百四十七美元的天價），經濟勢力集中在各產業少數企業的情況也達到最高峰。艾克森美孚、雪佛龍和康菲石油等三家能源企業，是控制美國境內多數石油市場的四大企業之三。

另外，我先前提到，AT&T和威訊兩家公司共占有電信產業的六四%市場占有率。而根據二〇一〇年發表的一份研究，聯邦政府發現，多數州都有單一電力公司控制二五%至五〇%市場的情況；整體而言，區區三十八家（約占可辨識之六百九十九家業者的五%）企業，就控制了美國四〇%的發電量。[52]通用汽車、福特、克萊斯勒和豐田（Toyota）這四家汽車公司控制了六〇%的汽車市場。[53]而新聞公司（News Corp）、Google、加涅特（Garnett）、雅虎（Yahoo）和維亞康（Viacom）這五家媒體企業，控制了美國五四%的媒體市場。[54]在長廊商場、食品和娛樂產業中，CEC娛樂公司〔即查克起司披薩店（Chuck E. Cheese's）Entertainment〕、戴夫巴斯特（Dave & Busters）、世嘉娛樂公司（Sega Entertainment）和南夢宮萬代控股公司（Namco Bandai Holdings），更控制了九六%的市場占有率。在家電用品製造業部分，惠而浦（Whirlpool）、伊萊克斯電器公司（AB Electrolux）、奇異和樂金電子（LG Electronics）等前四大企業，共控制了九〇%的市場[55]。總之，美國經濟體系的其他所有主要產業，都呈現相似的集中模式。

經濟力量集中，影響全人類日常生活

如今，儘管石化燃料世代即將走到終點，石油產業還是世界上最集中的產業，其次是電信業和發電及配電產業。幾乎所有依賴石化燃料／電信組合式基礎架構的其他產業，都需要龐大的資本支出來建立足夠垂直整合的架構，並因此獲得足以回收高額投資的經濟規模效益，所以，這些產業不得不以高度合理化的指揮及控制流程，來管理公司廣布各地的業務活動。

如今世界上四家最大的股份公司中，有三家是石油企業——皇家荷蘭殼牌、艾克森美孚和英國石油。排列在這些石油業巨擘之後的，是控制了全球投資銀行六〇％市占率的十家銀行[56]，包括摩根大通（JPMorgan Chase）、高盛（Goldman Sachs）、美國銀行美林證券（BOA Merrill Lynch）、摩根・史坦利（Morgan Stanley）、花旗集團（Citigroup）、德意志銀行（Deutsche Bank）、瑞士信貸（Credit Suisse）、柏克萊資本（Barclays Capital）、瑞聯集團（UBS）和富國證券（Wells Fargo Securities）。

而且，一如第一章提到的，排在這些金融投資者之後的，是五百家從事全球貿易的企業，這些企業的營收共約二十二・五兆美元，相當於世界各地GDP總和（六十二兆美元）的三分之一，而這些企業全都和石化能源、全球電信及世界電網密不可分，這三項要素攸關這些企業的存亡。[57]放眼歷史上所有時期，從來沒見過那麼少機構，能對那麼多人的生活，產生如此舉足輕重的經濟影響力。

這種前所未見且無法想像的經濟勢力集中程度並非偶然，也不是人性貪得無厭的副產品。我們也不能單純把這些現象歸咎給解除管制政策，或把過錯推給政治無能（或更糟的，政治上的共謀或私相授受）。上述種種因素誠然或多或少都助長了當今這種經濟勢力集中的局面，但將全部責任推諉給這些因素，卻也難以自圓其說。事實上，就更基礎的層次來說，這個現象只是隨著第一及第二次工業革命的通訊／能源組合式基礎架構的漸漸成形，而自然發展出來的。

無論我們是否接受，要管理大量製造產品及服務的生產及配銷作業，最有效的手段仍非巨型垂直整合的股份公司莫屬。將供應鏈、生產流程和配銷管道全部集合到一個中央集權式管理的垂直整合企業的大傘之下，不僅能大幅降低交易成本、提升效率和生產力，還能降低生產及配銷的邊際成本，而且促使消費者購買商品及服務的價格降低，從而帶動經濟蓬勃發展。儘管位居企業金字塔頂端的人，透過水漲船高的投資報酬而獲得不成比例的利益，但我們也不得不承認，工業國家數億個消費者的生活，也都因這樣的模式而明顯改善。

第四章
資本主義透鏡下的人性

儘管經濟勢力被每個產業的少數幾個企業參與者集中掌握，但最值得注意的是，從十九世紀到二十世紀，對這種現象感到擔憂的大眾竟為數不多，至少在美國是如此。雖然工會過去努力和企業勢力苦戰，卻無法吸引絕大多數的勞動人口認同它們的目標。儘管過去偶爾可見民粹主義者藉由起義活動，質疑大企業肆無忌憚控制社會經濟生活的「鴨霸」行徑（最近一次是占領運動（Occupy Movement），它的口號是「九九％對上一％」），但大致上來說，參與那類抗議的人並不多，而且類似活動的發生頻率也不高，因此，最後也只能誘發非常溫和的監理改革，對權力集中化的趨勢並未能產生顯著的壓抑效果。

就某種程度來說，批判聲浪被消音的原因是，這些大型垂直整合企業成功地在市場上導入愈來愈便宜的商品及服務，而且創造了數億個工作機會，讓各工業國家勞動人口的生活水準獲得明顯的改善。

然而，另外還有一個微妙的因素發揮了它的影響力，而且事實證明，這個因素的確有效壓抑了大眾的潛在反彈聲浪。隨著第一次及第二次工業革命的到來，一種包羅萬象的新世界觀也漸漸形成，而這個世界觀暗示，這種經濟體制的所有運作，全都和大自然的組成結構互相呼應，故這些運作模式無可指摘，換言之，這個世界觀賦予了前述經濟體制一個合法地位。

每個階級都有應盡的義務，以促進生物鏈的發展

自古以來，人類就習於藉由編造冠冕堂皇的宇宙故事，來賦予當前的經濟典範合法的地位。當代歷史學家認為，湯瑪斯・阿奎那（St. Thomas Aquinas）在封建時代提出的大生物鏈說，就是一個好例子，他成功建構一套宇宙論來證明當時的社會秩序是合法的。阿奎那主張，若要維持正常的大自然運作模式，上帝所造的各種生物就必須各自切實履行彼此間錯綜複雜的義務。雖然每一種生物的智慧和能力有所差異，但分歧和不平等是維持整個體系有序運作的必要條件。阿奎那推斷，若所有生物都平等，那它們就不會做對其他生物有利的事。上帝刻意創造不同的生物，目的就是要建立一個義務階級，就這個階級的本質而言，若所有生物都忠實地履行自身的義務，就能促進整個生物鏈的蓬勃發展。

阿奎那對上帝造物的說明，和封建社會的構成模式有著異曲同工之妙——一個人的存亡，取決於他是否忠實履行自己在一個定義嚴謹、界線分明的社會階級裡的應盡義務。就程度上來說，奴隸、武士、領主和人民全都不平等，不過，每個人也都有義務根據封建制度下的忠誠約定，為其他人服務。所以，每個人根據自己在階級的位置完成應盡義務，就等同於向上帝造物的圓滿致敬。

明尼蘇達大學（University of Minnesota）已故歷史學家羅伯・霍伊（Robert Hoyt）彙整了封建社會組織和大生物鏈之間的對照關係：

> 主張「上帝創造的宇宙是一個階級，階級裡所有上帝所造之物都被指派一個適當的身分和地位」的概念，和封建階級的封建地位概念非常相似，根據封建階級，每個成員都有自己適當的身分，有其應享權利和應盡義務。[1]

到了中世紀末期，與和平始工業革命同步發生的宗教改革（Protestant Reformation）宇宙論，一樣扮演著類似的角色，這套宇宙論也賦予當時的一切合法地位。馬丁・路德（Martin Luther）正面攻擊教堂的大生物鏈見解，他主張這個大生物鏈概念，賦予羅馬教皇的貪腐階級一個合法的統治地位，讓教皇政權得以控制忠誠人民的生命。新教徒神學家改用一種以每個基督信仰者個人和基督之間的關係為中心的世界觀，來取代教堂的封建宇宙論。這股和宗教崇拜有關的民主化風潮，正好和賦予都市新中產階級更多力量的新通訊／能源組合式基礎架構，配合得天衣無縫。

路德指控羅馬教皇是反基督者（Antichrist），並向世人警告，天主教教堂既不是上帝精選出來代表祂的地球大使館，也不是天意選定的中間媒介，當然，忠誠的人也不可能透過教堂來和造物主溝通。另外，當時教堂的領導人宣稱自己擁有代教區居民向上帝說情，進而讓居民在來世獲得救贖的力量，路德也主張這種說詞不合法。

改善個人天職，爲全新的創業精神提供神學後盾

路德向所有相信教士職位的人大聲疾呼：在上帝面前，每個男人和女人都是獨立的。只要手握聖經，每個基督徒都有責任解讀上帝的言語，不能依賴教堂的權威人士來解譯這些文字的意義，當然也無需依賴他們擔任天堂守門人的角色。路德的訓誡促成了世界史上第一場大規模的掃除文盲運動，因為轉信基督新教的人為了解讀聖經裡的上帝言語，很快就學會怎麼閱讀。

路德也改變了救贖的規則。長久以來，教堂訓誡信仰者，做善事並取得教堂的聖物，將有助於爭取天堂的一席之地。但相反地，路德主張一個人不可能藉由在地球的塵世中所做的善事，而獲得天堂的一席之

地。路德表示，一個人的最終命運一開始就已被決定，換言之，上帝在每一個人出生時，就已決定要給予救贖或詛咒。但問題來了：如果一個人不知道自己最後的命運將會是如何，又該如何度過一生漫長等待過程中的恐怖焦慮感？路德的答案是，如果一個人能接受自己生命的天職，同時確實地扮演好自己的角色，過程中不偏離正道，那可能代表他就是上帝選擇救贖的人（譯注：即上帝的「選民」）。

約翰・喀爾文（John Calvin）更進一步呼籲他的追隨者，若一個人持續努力不懈地改善自己的一生命運，或許代表他就是上帝的「選民」。新教徒神學家堅決主張，每一個人都有義務改善自己的天職，而這種堅持無意間也為全新的創業精神提供了神學後盾。一般人透過這樣的論述假設，只要改善自己的經濟命運，就是改善自己和上帝及自然秩序之間的關係。

以私人財產多寡，決定自我價值

雖然路德和喀爾文的本意並不是要將信徒去靈意化（despiritualizing），也不是刻意要創造經濟人（homo economicus），但到最後，「改善個人天職」卻變成「改善個人經濟命運」的同義詞。在整個十六和十七世紀，這種重視勤勉、認真工作和儉樸的新文化，最後轉化為一個更具經濟意義的用語：「更具生產力」。從那時開始，所謂的「自我價值感」和一個人是否具備上帝眼中的好品行比較無關，而是和一個人在新的市場交易經濟體系下是否具生產力有關。

就在這時，「每個人在他們的上帝之前都有立足之地」的概念，漸漸被「每一個人在市場上都有立足之地」的概念取代。此時，人們開始以自身利益來衡量自我價值感，而自身利益又是以個人透過這個新市場經濟體系巧妙累積的財產和財富來衡量。馬克斯・韋伯稱這個創造市場新男女的流程為「新教（工作）倫理」（the Protestant [work] ethic）。[2]

這股全新的商業熱誠迅速外溢，促使愈來愈多天主教徒和其他人投入市場的懷抱。在封建時代，個人在大生物鏈（由上帝所造之物構成）裡的位置，決定了一個人的生命旅程，但到了和平始市場經濟體系時代，獨立自主的個人則是以自己在市場上累積了多少私人財產，來定義他的人生旅途。

人性觀點的啟蒙

到十八世紀末和平始市場時代結束時，一個全新的宇宙觀又開始興起，那個觀點賦予市場上的新男女一種支配力更強大的論述，促使基督徒的宇宙論漸漸被邊緣化。

偉大的啟蒙時代哲學家約翰・洛克（John Locke），率先針對私人財產提出生動的辯護，他主張，追求私人財產是一種更真切反映人類「本性」的行為，相較於封建共享聯盟主張財產為共同管理，前者顯然更符合人性。洛克主張，每個人藉由投入自身勞力到大自然的原料，進而將之轉化為有價物品的過程，就能創造自己的財產。儘管洛克承認，以最原始的自然狀態來說，地球上的萬物是歸所有人類和其他生物共同擁有，但他也在《政府論》（*Two Treatises of Government*）中解釋，每一個人也都「擁有他本人的財產。（而且）除了他自己，沒有人擁有對這項財產的權利。」[3]洛克的論點是，私人財產是一種自然權利，因此，拒絕接受個人財產，等同於抵制萬物的自然秩序，也是否定自然法則。

洛克的論述如下：

> ……那麼，某人投入自身勞力，將任何東西從大自然原始狀態轉化為其他物品時，他就可以把那個物品納為己有，變成他的財產。因為他投入勞力，將這個東西從大自然賦予的共有狀態，轉化為其他物品，

故這項物品已含有他的勞力，而由於這份勞力無疑是這個勞動者的財產，而非其他人的共同權利，所以至少在其他人共有的東西還夠用且一樣優質時，除了他，沒有人能說自己擁有這項投入勞力的權利。[4]

接著，洛克用他的「私人財產乃自然權利」的理論，徹底瓦解以共享聯盟專屬義務為基礎的封建財產機制：

藉由投入自己的勞力將土地挪做己用的人，非但不會導致人類的共同財產減少，反而會讓共同財產增加：因為一英畝被圈圍起來並用以耕耘的土地可生產……比同樣肥沃但任之荒廢的共有土地多十倍的收成……而多出的糧食可用來支持人類生活，這代表人類的共同財產增加……因此，圈地者透過十英畝土地所創造的生活便利性，遠大於放任一百英畝土地自然發展的收穫，因此說他給予人類九十英畝的土地也不為過。[5]

市場行爲才是人類眞實本性的表現

洛克在這篇簡短的論文中，詳述與現代市場經濟體制互相呼應的新興宇宙論。他主張基督徒的大生物鏈並不符合大自然的秩序，相對地，藉由個人辛苦勞動來創造私人財產是一種自然權利，也符合大自然的秩序。

亞當・斯密跟隨洛克的腳步，給予封建共享聯盟那種公共群居式生活最後的猛烈一擊，他宣稱，市場行為才是人類真實本性的表現。亞當・斯密寫道：

每一個人都持續努力發掘最有利的就業機會，以便取得任何他可支配的資本。這項資本確實是屬於他自己的利益，不屬於他所處的社會。不過，在思考自身利益時，他自然或必然會偏好對社會最有利的就業機會。[6]

社會評論家托尼（R. H. Tawney）後來針對促使歐洲社會從封建經濟走向市場經濟，以及從神學世界觀轉向經濟世界觀的巨大轉變寫了一些評論。他表示，在基督徒中心宇宙論崩潰後，世人轉而追求「私人權利和私人利益，也就是一個社會上的物質，而非社會本身」。於是，市場經濟體系下的私人財產交易「被視為社會組織理所當然的根本基礎，而且關於這一點，完全沒有進一步爭辯的餘地」。[7]馬克斯・韋伯的說法甚至更苛刻，他主張，從基督徒中心宇宙轉化為唯物主義（materialist）的過程中，經濟價值取代了精神價值的轉變，代表「世界終於擺脫幻想」[8]。

持平來說，我必須強調，儘管共享聯盟土地遭到圈圍，迫使數百萬人民可自由地從世居土地上遷離，並進而湧向尚無能力吸收其勞力的新都會區等現象，確實是讓非常多人受苦受難，但整個經濟體制轉變為市場經濟後，多數一般人的生活卻也顯著改善，活在封建共享聯盟的家庭根本無從體會這種生活上的改善有多大。

經濟體系從中世紀時代末期的純市場交易經濟，轉變為十九世紀中期的資本主義後，又衍生了很多和財產概念有關的嚴重問題。還記得洛克的自然權利理論嗎？他主張一個人投入屬於他自己的勞力到某種自然的事物後，那項事物就會以私人財產的形式，歸屬他所有。在中世紀時代末期那種單純的市場交易經濟體系中，洛克的理論確實切合時宜，因為在那個環境下，幾乎在市場上買賣的一切事物，都是某個人或某個家庭憑著自己的勞力生產出來的。

然而，資本主義的來臨徹底改變了這個經濟模型。誠如先前提到的，從這時開始，工匠的工具被資本家剝奪，成為自由勞工，所以，他們投入勞力後，只能以工資的形式回收其中一部分勞力。隱含在產品裡的剩餘勞動價值，則以利潤的形式歸屬聘用勞工的公司。另外，所有權也轉移了。企業的新所有權人是股東，他們從未投入一分勞力到公司的產品，儘管他們對公司的經營階層幾乎完全沒有置喙的餘地，但還是能經由公司的利潤獲得股利，而利潤就是占用工人的勞力而來。

箇中的兩難一眼可辨——工人的自然權利是否遭到剝奪，導致他們無法完整擁有並處分以自身的勞力創造出來的產品？有一些人試圖為企業占用工人剩餘勞動價值的現象尋找藉口，但相關論點的說服力卻不足，他們主張，資本是過去儲存下來的勞力，因此在這個過程中，投資人等於是間接「加入」他們過去儲存下來的勞力。這種辯解實在沒有什麼說服力，而且實在說不通。理查・蕭列特（Richard Schlatter）以尖銳的文字評論：

> 古典學派的最初假設主張財產是勞力創造出來的，而且推演到最後，一定會歸納出「不工作但卻獲得利益的人，實質上等於是在掠奪工人」的結論，因此根本無法建構一套不彼此矛盾的一致性經濟理論。[9]

於是，一八四〇年代左右開始在歐洲各地獲得認同並漸趨強大的社會主義鬥士，進一步針對這個矛盾窮追猛打，差點斷絕了古典經濟學理論和資本主義之間的臍帶關係。社會主義者嚴厲批評資本主義是一種異數，但另一方面又歌頌古典經濟理論的以下主張——根據自然權利，每個人都應該擁有自己透過勞力付出而創造出來的所有成果。

財產要能在市場上自由交易的概念

為了避免萌芽中的資本主義被迫和古典經濟理論脫節，經濟學家選擇放棄洛克的「私人財產乃自然權利」理論，將它留給社會主義者，同時急切尋找一個新理論來填補這個空隙。他們在大衛・休謨（David Hume）和傑瑞米・邊沁（Jeremy Bentham）的效益價值理論（theory of utilitarian value，又稱功利價值理論）裡找到了答案。休謨主張，私人財產是一種基於共同利益而發展出來的人類公約，能引導每個人「與其他人合作，進而發展一個有助於實現公共效益的共同計畫、系統或行動」。[10] 換言之，他認為財產法則是人類共同同意遵守的規範，因為這符合所有人的共同利益。

休謨非常坦白地承認，他認同「一個人利用大自然的物資所創造出來的事物應歸他自己所有」的見解。但他也主張，應該鼓勵私人財產權的理由，並不是因為私人財產是一種自然權利，而是因為建立私人財產的行為是「有用的習慣」，所以，財產應該要能在市場上自由交易，因為它「對人類社會太有益了。」[11]

效益主義者主張，社會的全體福利（所謂社會全體福利的定義是追求樂多於苦）是所有財產協約的基礎，所以，不管是維護勞動者私人的財產，或者支持隱含在資本裡的財產權，全都是有道理的，他們主張，這兩種形式的財產都有助於促進全體福祉，因此都是有用的。總之，「效益」是讓相關作為合理化的唯一理由。

不過，邊沁更大膽正面挑戰財產乃自然權利的理論，他主張天底下沒有所謂的自然財產。邊沁解釋：

> 這麼說來，權利是法律的結果，而且只有法律才能促成這個結果。沒有法律，就沒有權利（只要違反

法律，就沒有權利），權利不能凌駕在法律之上……財產和法律是同生共死的。[12]

效益主義者的教條讓資本家獲得一線生機，這些教條讓他們得以為自己在新工業經濟體系裡日益強大的角色和支配力量辯護。儘管如此，財產乃自然權利理論還是舉足輕重，尤其受眾多工廠工人、工業經濟體系的第一線辦公室員工、小工匠及小企業主支持，只不過，在大資本時代，這些人雖然繼續扮演關鍵角色，但影響力卻漸漸降低，甚至變得幾乎無足輕重。

達爾文理論被效益主義作爲合法性的背書

雖然效益教條表面上是以社會公約而非自然法則為基礎，但卻無意中獲得了查爾斯・達爾文（Charles Darwin）的加持。達爾文在他的第二本書《人類的由來》（*The Descent of Man*）中主張，人類發達的智力促進了道德良心的發展，這促使人類漸漸遵守「為最多人追求最大利益而戰」的效益主義原則。於是，達爾文個人的冥想，就此為經濟學家的效益主義提供了一個「大自然後盾」，一種令人安心的支持。

然而，達爾文對於自己的演化理論遭到剽竊頗為不滿。畢竟他曾主張人類物種的效益本性屬於較高層次（這個本性促進了人與人之間的移情和合作行為），所以，他對自己的洞見被貶低為一種讓集體物質私利獲得合法地位的狹隘經濟論點感到氣憤，這也是可以理解的。達爾文在他最後的著作中質疑約翰・史都華・密爾（John Stuart Mill）和其他著名的效益主義經濟學家，他主張「衝動絕對不是永遠都來自預期會得到的愉悅」。[13]

為了進一步釐清他的論點，他舉了一個例子：一個人不顧個人風險，而且在不指望任何報酬的情況下搶救一名陷入火海的陌生人。達爾文主張，搶救另一個人的動機來自人類更深層的衝動，而非愉悅，而那個深層的衝動，才是他所謂的社會本能（social instinct）。[14]

濫用達爾文的理論來提升效益財產理論的「高度」，確實收到可觀的效果。而社會學家兼哲學家赫伯特・史賓塞（Herbert Spencer）全面將達爾文的天擇（natural selection）理論納為私用，產生了更驚人且深遠的影響。他利用達爾文的理論來提倡後來所謂的社會達爾文主義（Social Darwinism），這個因意識型態而起的運動，目的是要替十九世紀下半葉猖狂的資本主義所造成的種種極不節制現象尋求正當性。史賓塞善加利用達爾文對天擇的描述，來為自身的經濟演化理論辯護。史賓塞寫道：「這種最適者生存，也就是我在此試圖要以機械式用語（mechanical terms）來表達的，就是達爾文博士所謂的『天擇，也就是在生存競爭的過程中，有能力的物種將生存下來。』」[15]

儘管外界一直認為「適者生存」一詞是達爾文發明的，而且給予極高讚譽，但其實這個語詞是史賓塞閱讀達爾文的著作後構思出來的。不過，遺憾的是，達爾文卻在一八六九年出版的《物種起源》（*The Origin of Species*）一書的第五版裡，插入了史賓塞的敘述。達爾文寫道：「在生存競爭的過程中，因構造、組成或本能上具備任何優勢而生存者，我稱之為『天擇』。而赫伯特・史賓塞先生也非常得體地以『適者生存』一詞來表達相同的概念。」[16]達爾文所謂的「天擇」是指「在設計上較能適應當下的周遭環境」的意思，[17]但史賓塞卻以這個用語來代表最佳生理狀態。

史賓塞口中的「適者生存」，代表唯有最適生物才能生存。他將這個用語融入公開的講稿，厚臉皮地拿自己和達爾文相提並論，儘管史賓塞他本身的演化觀點比較偏向拉馬克學說（Lamarckian）。

後來，達爾文和「適者生存」一詞漸行漸遠，甚至還為自己曾使用這個語詞對外道歉，但卻無濟於事，[18]因為這個用語已根深蒂固地被植入大眾的意識當中，而且後代子孫也將之視為達爾文理論的根本定義。史賓塞主張，宇宙裡的所有構造，都是從一個簡單、沒有差異的狀態，逐漸演化為較複雜且差異化的狀態，而其中的主要特質就是各種不同單元的整合度提高。這個流程適用於銀河系的星星，也適用於地球上各種生物的演化，乃至人類的社會組織。

因此，史賓塞將市場上眾多企業的競爭，視為社會自然演化發展的一種表現，所以他相信政府不應該干預這些競爭——因為唯有政府放手，最複雜且最垂直整合的企業才能生存下來，並蓬勃發展。

史賓塞的觀點讓當時企業汲汲於利益的行為得以正當化。換言之，史賓塞和追隨其後的自由市場經濟學家，在自然界找到了一個理論基礎（譯注：從單純變成複雜與整合是自然演化的現象），證明世人追求更大、更垂直整合且由更合理化、中央集權式經營階層管理的企業是正當的，而這也成功淡化了大眾對現有經濟模式的反感。

史賓塞和他的同路人，錯在他們誤以為愈來愈複雜的社會勢必會需要更垂直整合的企業，而且需要由更少機構及個人來掌握更中央集權化的指揮與控制權，問題是，複雜並不絕對等同於垂直整合和中央集權化。以第一次及第二次工業革命的情況來說，當時的通訊／能源組合式基礎架構的本質，確實有利於經濟活動的垂直整合，因為它能降低邊際成本，同時創造足夠的經濟規模利益來回收投資，進而獲取利潤。

但我必須補充，事實證明，這個道理不管是在資本主義或社會主義體制下都說得通，例如在蘇聯和中國，甚至歐洲某些混合式社會市場經濟體系也都採用相同的模式。所以，生產工具的所有權和生產模式的結構不該混為一談。儘管資本主義和社會主義體制的所有權模式和利潤的分配方式不同，但它們都透過整合、垂直分布的企業，追求有條不紊的生產活動，只因這種模式的效率較高。

但要怎樣才能建構出以下模式的經濟體系？建立通訊／能源組合式基礎架構的介入成本大幅降低，且相關成本多半是由點對點網路中的數億人支付，而且，這個網路蒐集、儲存和分享通訊、能源及愈來愈多產品及服務的邊際成本，會漸漸降到趨近於零？

物聯網創造點對點的橫向經濟規模

如今，一種新的通訊／能源組合式基礎架構正在興起，而一個新的「智慧」公共基礎建設也隨之而生。在新的經濟典範下，物聯網將連結每個人和每件事物，所以，這個新典範絕對遠比第一次及第二次工業革命的經濟典範更錯綜複雜，但它的結構卻是分散而非中央集權的。更重要的是，這個新經濟體系將經由協同共享聯盟上的橫向整合網路（而非資本主義市場那種垂直整合的企業），讓全體福祉達到最高水準。

這一切的影響就是，二十世紀的企業壟斷者將面臨新興物聯網基礎架構所帶來的破壞性挑戰，而且這些挑戰的威脅難以估算。新型態的社會企業可能隨時會連上物聯網，並善加利用它開放、分散且協同的架構，來創造點對點的橫向經濟規模，而在這個過程中，幾乎所有剩餘的中間人都會被淘汰。這個壓縮過程將大幅提高效率和生產力，同時促使邊際成本降到接近零，讓商品及服務的生產及配銷幾乎完全免費。

雖然主宰了二十世紀第二次工業革命的垂直整合型壟斷企業，目前仍奮力抵擋外來的攻擊，但事實證明它們的反抗徒勞無功。音樂產業、出版產業、印刷與電子媒體產業，以及多數娛樂產業中的巨大壟斷企業，都已直接體驗到橫向整合經濟規模網路那種點狀生產模式的「震懾」，因為這種新生產模式能促使邊際成本趨近於零。一旦物聯網的基礎建設更加成熟，從能源與發電到通訊、製造和服務等領域的眾多企業巨擘，都將兵敗如山倒。

這些影響深遠的經濟變局，正開始促使人類的意識產生更加深遠的變化。隨著新經濟典範的轉移，很多人開始重新思考人性，而這基本上已改變了我們看待人類和地球關係的方式。

偉大的美國革命家湯瑪斯・潘恩（Thomas Paine）曾說過一句名言：「每個年齡和世代都必須擁有為

自己而活的自由。」[19]現在，一個新世代正在培育一個萌芽中的幾近零邊際成本社會，正在改變它的世界觀，而且正為人類歷史導入全新的意義。

第二部

一切終將免費的社會

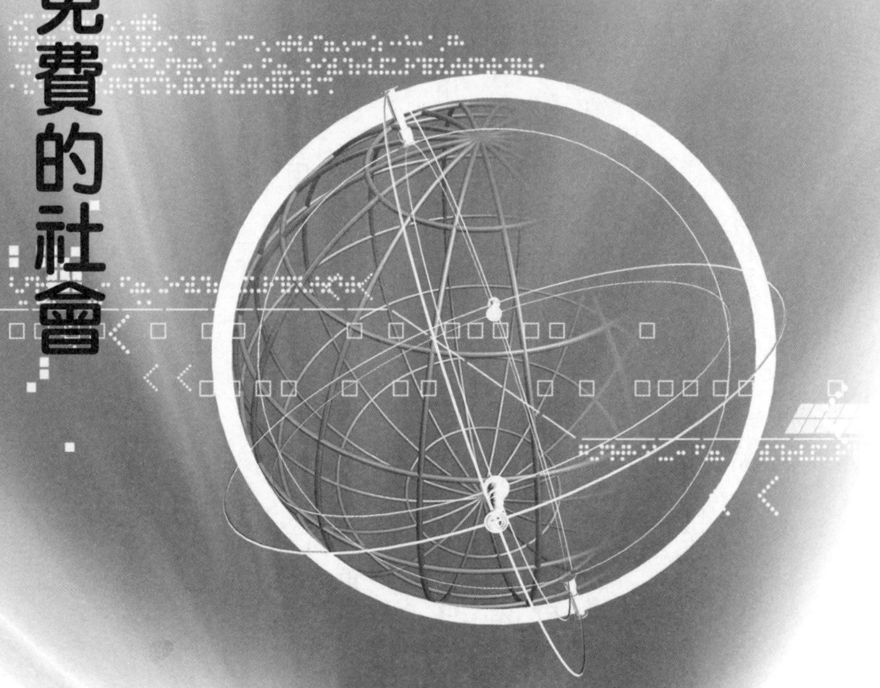

第五章

帶來全球數十兆商機的物聯網

如果早在二十五年前，我這樣告訴你：「四分之一個世紀後，三分之一的人類將透過一個由數億人組成的巨大全球網路，彼此交流音訊、視訊和文字，到時候，只要用一支手機，就能取得世界上所有資訊，而且任何一個人都能在同一時間對十億個人發表自己的新想法、介紹一項新產品或傳達一個思想，更重要的是，這麼做的成本將近乎零。」你聽了以後應該會搖搖頭，一副不可置信的樣子。但現在這一切都已成真。

如果我又告訴你：「從現在起的二十五年後，你用來讓家裡變暖和、讓家電用品運轉、啟動你的事業、駕駛你的汽車，乃至促使全球經濟體裡每個單元運轉的能源都將幾乎免費。」你又會怎麼想？其實，幾百萬個早期採用者已經過著這樣的生活。他們將房子和企業轉化為微功率發電廠，就地收集再生能源。即使裝置太陽能及風力集電設備的固定成本還沒回收（通常二到八年就能回收），收集能源的邊際成本都近乎零。[1]

和石化燃料及核電的鈾不同的是，照射在屋頂上的陽光、吹拂過建築物的風、來自辦公室地底下的熱，以及可分解為生質能源的廚房垃圾等都幾乎免費，但石化燃料和釉等原物料商品本身都必須花費成本來取得。

另外，如果幾乎所有免費資訊都開始被用來管理幾近免費的綠色能源，進而構成一套能允許世界上幾乎所有企業全部連結在一起的智慧通訊／能源組合式基礎架構和基礎建設，讓這些企業透過廣布整個大陸的能源網路來分享能源，並以遠低於今日全球製造業巨擘的收費來生產與銷售商品，那又會怎樣？其實這個情況也已經開始小規模發展：目前已有成百上千家新創企業開始建立3D列印業務，在幾近零邊際成本的條件下生產3D列印產品，以自家的綠色能源來供應數位創造實驗室（Fab Labs）所需的電力，並在成百上千個全球網站上行銷他們的商品，最後還以自家綠色能源補充電力或燃料的電池作為動能的汽車，來運送他們的商品（我們很快就會討論到建立這種協同基礎建設的初期固定資本成本）。

另外，如果世界上數百萬個原本不可能有機會接受大學教育的學生，現在突然都能免費進修世界上最知名學者的課程，而且因相關的研習而獲得正式學分，那會是如何？目前這個情況也在發生。

最後，如果隨著智慧技術取代每個產業、專業及技術領域的勞工，讓企業得以用比傳統勞動力更智慧、更有效率與更便宜的方式，來進行文明社會上的多數商業活動，最後使得投入商品及服務的生產及配銷的勞力邊際成本急速降到零，那會如何？隨著數千萬名工人已被世界各地不同產業及專業所使用的智慧技術取代，這樣的情況也正在發生。如果大量製造模式及專業勞工在未來兩個世代後消失，人類該怎麼辦？更重要的是，到時候人類要如何定義自身在地球上的未來？知識分子領域已經有人開始審慎研究這個問題，而且它也引來公共政策相關的辯論。

極高的生產力

唯有生產力大幅提升，邊際成本才會趨近於零，商品及服務才能幾乎免費。生產力是「衡量生產效率的指標，是計算產出相對生產這項產品的必要投入的比率。」[2]如果生產額外一單位的產品和服務的成本幾近零，代表生產力已達到最高水準。

談到這裡，我們再度和資本主義的終極核心矛盾正面交鋒。資本主義體系的驅動力量來自愈來愈高的生產力，而熱力效率的提高，對生產力的提升居功厥偉。這個過程的進展非常快速，因為競爭者競相導入更新且更具生產力的技術，生產成本因此降低，而企業也得以用更低的產品及服務價格來引誘買家出手購物。這場競賽的動能會持續上升，直到抵達最佳效率與生產力顛峰的那條終點線為止。這條終點線就是每生產額外一單位產品或服務的成本接近零。一旦跨過這條線，商品和服務就會變得幾乎免費，但利潤卻將萎縮，市場上的財產交易活動將停擺，資本主義體系也會凋亡。

一直到近幾年來，經濟學家還是只用兩個要素來衡量生產力：機械資本和勞工績效。不過，羅伯．索洛（Robert Solow，他在一九八七年獲得諾貝爾經濟學獎）追溯工業世代（Industrial Age）的歷程後，發現機械資本及勞工績效對整體經濟成長的貢獻度僅約一四%，也因如此，他亟欲釐清剩下的八六%成長來自哪些因素。這個謎團促使經濟學家莫席斯．亞伯拉莫維茲〔Moses Abramovitz，前美國經濟協會（American Economic Association）主席〕承認了其他經濟學家所害怕面對的一件事：剩餘的八六%是衡量「人類無知的指標」。[3]

過去二十五年來，包括德國符茲堡大學（University of Wurzburg）的物理學家瑞尼．庫梅爾（Reiner Kummel）和法國楓丹白露的歐洲工商管理學院（INSEAD business school）經濟學家羅伯．艾瑞斯（Robert Ayres）等許多分析家，都利用一個三要素分析法（包括機械資本、勞工績效和能源使用的熱力效率），來追溯工業化期間的經濟成長。他們發現，在各工業化經濟體，對生產力提升及經濟成長貢獻最多的要素，是「熱力效率的持續提升，也就是將能源和原料轉換成有效作用的效率上升」，換言之，「能源」是被忽略掉的那個成長促進要素。[4]

基礎建設的重要性，讓經濟成長大躍進

更深入檢視第一次與第二次工業革命，就會發現通訊／能源組合式基礎架構及隨之而來的基礎建設（這是由連結眾多企業的通用技術平台組成），會促使生產力與經濟成長大躍進。舉個例子，若沒有電網，亨利・福特就無法享受各式工廠電動工具所帶來的效率，以及生產力激增的利益。另外，若沒有電報和後來的電話所提供的即時通訊，企業也無法享受到大型垂直整合營運的效率及生產力提升，因為這些條件讓企業能即時和上游的供應商及下游的經銷商溝通，同時得以即時聯絡上內部與外部營運的指揮鏈（chains of command）。另外，若無遍布全國市場的完整公路系統，企業也無法大幅降低物流成本。相同地，電網、電信網路和在全國道路系統上來回奔波的汽車與貨車，全都是採用石化燃料作為動能，而石化燃料也需要一套垂直整合的能源基礎建設，因為這樣的基礎建設才能有效率地將資源從油井搬移到煉油廠，乃至加油站。

也因如此，歐巴馬總統才會在二〇一二年總統大選的競選活動時，意有所指地喊出：「那不是你的功勞。」（You didn't build that.），可惜這個說法被共和黨斷章取義。歐巴馬的原意是，成功的企業需要基礎建設，包括電力傳輸線、石油和天然氣管線、通訊網路、道路和學校等，生產力才有提升的可能。[5]在一個整合的市場經濟裡，若沒有基礎建設，任何一家企業都不可能成功。基礎建設是公共財，而基礎建設有賴政府提供，但也需要市場的配合才能完成。這是常識，不過歐巴馬總統說出這句話後，卻引發一些人的憤怒，因為美國人普遍認為，世界上所有的經濟成就全是創業菁英一手促成，政府的參與反而會抑制成長。最後，憤怒的情緒導致這句話的真正意義被徹底模糊。

公共基礎建設的費用多數是透過稅收來補貼，也因如此，這些建設必須受政府監督和管理，不管是地方、州或全國性的公共基礎建設皆然。第二次工業革命的通用技術基礎建設促使生產潛力大幅上升，從而造就了二十世紀經濟的快速成長。

在一九〇〇年至一九二九年間，美國興建了足以支持第二次工業革命的初期基礎建設，包括電網、電信網路、道路系統、石油和天然氣管線、下水道系統和公立學校系統。大蕭條和第二次世界大戰減緩了基礎建設的建構速度，但戰後，美國繼續興建州際高速公路系統，並完成全國性的電網和電信網路，就這樣，一套成熟又徹底整合的基礎建設漸漸成形。第二次工業革命的基礎建設促進了各個產業的生產力，包括汽車生產，到沿著州際高速公路交流道出口興建的郊區商業及住宅建築開發案等。

基礎建設完成後，能源效率卻節節下降

從一九〇〇年至一九八〇年間，美國的整體能源效率（透過原料萃取到的「可利用」物理作用，相對於「潛在」物理作用的比率）穩定隨著國家基礎建設的發展而上升，從二·四八％增加到一二·三％。不過，一九九〇年代末期開始，由於第二次工業革命基礎建設大致完成，故整體能源效率遂從一三％左右節節下降。[6]雖然效率的明顯提升，促使美國的生產力及經濟出現非凡的成長，但我們在第二次工業革命期間使用的能源，其實有接近八七％在傳輸過程中被浪費掉。[7]

即使我們將第二次工業革命的基礎建設加以升級，還是不可能明顯提升效率、生產力和成長，根本的原因是，石化燃料能源已經成熟，而且將這種能源導入市場的成本已愈來愈昂貴。另外，為了善加利用這類能源而設計與規劃的技術，如內燃機引擎和中央化的電網等，都已經耗盡了它們的生產力，可繼續開發的潛力已相當有限。

無庸置疑，沒有人能實現一〇〇%的熱力效率。然而，新的研究顯示（包括我的全球顧問團隊所進行的一份研究），隨著我們展開第三次工業革命，未來四十年間，整體能源效率提高到四〇%以上的願景並非無法想像，而一旦這個願景成真，生產力的上升幅度將遠遠超過二十世紀經濟體系生產力的成長程度。[8]

串聯世界的物聯網

生產力大幅躍進是可能的，因為正在崛起的物聯網堪稱歷史上首見的智慧基礎建設革命，這次革命將會把每一台機械、每一家企業、每個居民和每一輛汽車，全都連結到一個由通訊網路、能源網路和物流網路組成的智慧網路，而且這三個網路全都內嵌在一個單一作業系統。

二〇三〇年，連結物聯網的感測器將達一百兆個

光是在美國，就有三千七百萬個數位智慧電表提供即時的電力使用資訊。[9]十年內，美國和歐洲乃至世界各地其他國家的每一棟建築物都將配備智慧電表。另外，包括恆溫控制器、組裝線、倉庫設備、電視、洗衣機和電腦等每個裝置，全都會配置連結到智慧電表及物聯網平台的感測器。

二〇〇七年時，有一千萬個感測器將各式各樣的人類發明連結到物聯網之上，但到二〇一三年時，這個數字已激增到超過三十五億個，更驚人的是，估計到二〇三〇年，連結到物聯網的感測器將有一百兆個。[10]其他感應裝置如空氣感測技術、軟體日誌、無限射頻識別讀取器（radio frequency identification readers）和無線感測器網路等，都將協助蒐集各式各樣主題的巨量資料，包括電網上的電力價格調整、供應鏈上的物流交通狀況、組裝線上的生產流量、後勤及前端辦公室的服務，以及消費者活動的即時追蹤

等。[11]誠如第一章提到的，這套智慧基礎建設將進一步提供連續的巨量資料，讓每個連接到這個網路的企業都能接收到相關資料，接著，再用先進的分析方法來處理這些巨量資料，進而創造預測性演算法及自動系統，來改善自身的熱力效率、顯著提高生產力，並將價值鏈上的邊際成本降到趨近於零。

思科的系統預測，到二〇二二年時，物聯網節省的成本和獲得的營收將高達十四．四兆美元。[12]奇異公司在二〇一二年十一月發表的研究結論也指出，智慧工業網路將促使效率提升，生產力大有斬獲，而到二〇二五年，這些進展將在幾乎每個經濟部門產生迴響，對大約一半的全球經濟體系產生巨大衝擊。此外，逐一觀察每個產業，更能體會建立史上第一個智慧基礎建設，能促使生產力產生多大的潛在進展。舉個例子，光是在航空產業，一％的燃料效率改善（透過巨量資料分析，更妥善規劃航空路線、監督設備與進行維修等來實現），就足以在十五年內節省三百億美元。[13]

運用在醫療領域，每年可節省一千億美元

醫療領域是另一個可望因為物聯網的建置而大幅提高生產力的例子。醫療產業約占全球ＧＤＰ的一〇％，以二〇一一年的數字計算，其產值約七．一兆美元，而這個部門的支出當中，有一〇％因整個體系的無效率而遭到浪費，約當每年七千三百一十億美元的驚人金額。此外，根據奇異公司的研究，五九％的醫療產業效率不彰（約四千兩百九十億美元），可因產業聯網的採用而直接獲得改善。

根據奇異公司的研究，巨量資料回饋、先進分析方法、預測性演算法和自動化系統等，能促使全球醫療產業的成本降低二五％，也就是每年節省約一千億美元。算起來，光是一％的成本節省，每年就可省下二十四億美元，十五年就可省下六百三十億美元。[14]如果航空和醫療產業及其他所有產業的效率提升幅度，從一％上升到二％、五％，甚至一〇％經濟的變化幅度一定更顯而易見。

感測器成本降低和網路位址增加，讓物聯網可行性大增

「物聯網」一詞是麻省理工學院自動辨識中心（MIT Auto ID Center）的創辦人之一凱文・艾希頓（Kevin Ashton）在一九九五年創造的。但物聯網剛提出那幾年，它的發展並不順利，呈現逐漸萎縮的情況，一部分原因是由於內建在各種「事物」裡的感測器和致動器（actuators）成本仍相對過高。然而，從二〇一二年到二〇一三年間的十八個月間，無線射頻辨識（RFID）晶片（用來監控與追蹤各種事物）的成本重挫了四〇%。目前這類標籤的單位成本已低於十美分。[15]此外，這些標籤不需要動力來源，因為它們能利用探測這些標籤的無線訊號來傳輸資訊。微機電系統（micro-electromechanical systems，MEMS，包括陀螺儀、加速儀和壓力感測器）的價格也在過去五年間大幅降低了八〇%至九〇%。[16]

另一個導致物聯網的採用遭到延遲的障礙是網路協定（IPv4），它只允許四十三億個獨一無二的網路位址（網路上的每個裝置都必須分派一個網路協定位址）。由於目前連接到網路的人口高達二十億以上，故多數網路協定位址已被快速占用，剩餘可用來將數億甚至數兆個事物連接到網路的位址當然所剩無幾。不過，網路工程研究團隊（Internet Engineering Task Force）已開發出新版的網路協定IPv6，將可用位址大幅擴增到3.4×10^{38}個，這絕對足夠容納未來十年內預估將連接到網路的兩兆個裝置。[17]

《經濟學人》（*The Economist*）的專欄作家尼克・威爾瑞（Nick Valery）針對這個大到令人費解的數字做了一番分析，讓一般人理解為何需要那麼多位址。要達到十年內兩兆個裝置連接到網路的門檻，每個人只需要讓「一千個自己的物品和網路對話」。[18]在已開發經濟體，多數人擁有一千到五千個物品。[19]相關數字看起來似乎高得過份，不過，如果我們環顧自己的房子、車庫、汽車和辦公室，將裡面林林總總的東西全部計入，包括電動牙刷、書籍、車庫開啟器到建築物的電子通行卡等，這些數字看起來就不是那

麼不合理，因為我們真的擁有非常多的裝置。其中很多裝置將在未來十年內被附上標籤，利用網路來連接我們的物品和其他物品。

連接網路後，個人隱私產生曝光疑慮

不過，威爾瑞也明快指出許多可能阻擋物聯網大規模啟用的重大議題，目前這些問題都懸而未決，有可能阻礙物聯網的快速採用和公眾接受度。他寫道：

問題變成是：辨識器由誰分派？資料庫的資訊可在何處存取？如何存取？包括晶片和資料庫等細節要如何保障？敦促負責相關事務者切實承擔責任的法律基礎架構是什麼？若試圖掩飾這些問題，連接到網路的所有裝置裡的個人或企業資訊都有可能遭到危害。一旦基於無知或疏忽而發生這種情況，物聯網有可能還沒來得及登台表演，就已先跛腳。[20]

將每個人和每件事物透過一個神經網路連結在一起，難免會迫使人類脫離隱私狀態（隱私是現代社會的根本特質之一），進入一切透明的時代。儘管長久以來，世人一向將隱私視為一種根本權利，但綜觀歷史，它從來都不是一種與生俱來的權利。事實上，在整個人類史上，在走向現代化以前，人類的生活多多少少是公開的，而這種模式恰好也呼應了「人類是地球上最社會化的物種」這個事實。

舉個例子，直到十六世紀，如果有人漫無目的且長時間地一個人在白天閒晃，或是在晚上躲起來，別人有可能認為他著了魔。在現代來臨前的幾乎每個已知的社會裡，人們總是公開一起洗澡，經常在公開場合便溺，在公共的桌子上用餐，而且還會在公開場合從事性行為，甚至全體蜷縮在一起睡覺。

直到資本主義時代早期，世人才開始退縮到上了鎖的門裡。中產階級的生活成為個人私事。雖然一般人還是扮演公開角色，但日常生活中的多數活動，卻是在與世隔絕的空間裡進行。而在家裡，生活又進一步被隔離到具備不同功能的個別小房間裡，像是起居室、音樂房、書房等。每個人甚至獨自睡在各自的床和臥房，這是有史以來首度出現的情況。

人類生活的封閉及隱私化，是和共享聯盟的圈地及私有化等情況同時發生。在講求私人財產關係的新世界，每件事物都被貶低為「我的」（mine），而不再是「您的」（thine），自發體的概念隨之興起（個人被其物品包圍，與外界隔絕），隱私權也變成了排擠權。隨著生活的隱私化，每個人的家順理成章地成為他個人的堡壘。漸漸地，後代子孫甚至將隱私視為大自然賦予人類的一種固有特質，不只是呼應人類歷史上某個特殊時期的一種社會習俗。

自由的新定義，融入全球虛擬公共空間

長久以來，現代人認定隱私權神聖不可侵犯，而且和生命權、自由權和追求快樂的權利一樣重要，也因如此，人們用一層層的圍牆將隱私包圍起來；但如今，物聯網的發展正一步步拆除這些圍牆。在全球互聯的世界裡長大的年輕世代，經常迫不及待地透過臉書、推特、YouTube、Instagram和無數社群媒體網站，將自己生命中的每一個時刻，張貼並分享給全世界。對他們來說，隱私權早已不是那麼重要。在他們心目中，自給自足式的自發性和排他性生活並不是自由，相對地，盡情享受和其他人接觸，並融入全球虛擬公共空間才叫自由。這個年輕世代將是透明的世代，它採用協同主義的一貫做事方法，實際上的表現就是透過橫向分布網路，以點狀模式來生產。

當未來世代生活在一個愈來愈互聯的世界（每個人和每個事物都內建在物聯網之上），他們是否還會

那麼關心隱私權？這一點值得懷疑。儘管如此，由於從資本主義轉為協同合作時代的歷程將非常漫長，因此隱私權的議題仍將是一個關鍵疑問，就很大的程度來說，它將決定我們轉換到下一個歷史時期的速度及途徑。

公開流通的透明化資訊，如何杜絕投機的不法行爲？

最關鍵的問題是：當每個人類和每件事物全都連結在一起，那麼，要建構什麼樣的藩籬才足以確保個人的隱私權都不受侵犯？而這個問題的癥結在於，第三方能透過物聯網來存取資料流，而如果他又擁有精密的軟體技術，就能滲透到全球神經系統的每一個層次，想方設法透過這個媒介來為自己牟取利益。網路竊賊可以竊取個人的身分來牟取商業利益；社群媒體網站能出售資料給廣告商和行銷商，以便提升自身的獲利；而政治密探可以將攸關重大的資訊轉遞給外國政府。在這種情況下，我們要如何一邊維護一個能讓所有人受益的公開、透明資料流，但又同時確保和個人生活有關的所有資訊，不會在未經許可或違背本人意願的情況被挪用，導致他們的福利遭到連累或危害？

歐洲委員會已開始著手處理這些議題。二〇一二年，該委員會展開為期三個月的密集諮詢，集合超過六百位商業協會領袖、公民社會組織和學術界人士，希望找出一個「能促進數位單一市場的物聯網動態發展，但又能確保歐盟公民獲得適當保障及信任」的政策方法。[21]

物聯網服務下，資訊安全爲首要之務

該委員會訂立了一個整體原則，作為物聯網未來所有發展的指南：

整體而言，我們認為隱私權和資料保護及資訊安全，是發展物聯網服務的必要補充要求，其中，資訊安全尤其被視為維護資訊機密性、完整性和可用性的根本要求。我們也認為，產業在提供物聯網服務時，也應將資訊安全列為基本要求之一，目的當然是要包括確保組織本身的資訊安全，還有公民利益的維護。[22]

為促進這些保護和安全措施，該委員會提議，應建立一個機制來確保個人資料不會被進行非必要的處理，而且這個人必須能掌握相關處理流程的訊息、目的和處理者的身分，也必須了解該如何行使自身的權利。在此同時，資料處理者也必須切實遵守資料保護原則。[23]

該委員會也進一步提議，應採用具體的技術性手段來保障使用者的隱私，包括確保資料保護的技術。該委員會以一段宣言來作為這一系列諮詢的結論：「必須確保個人能繼續保有自身個人資料的掌控權，而且物聯網系統必須提供足夠的透明度，讓個人能有效行使他們的資料當事人權利。」[24]

在一個靠著透明度、協同合作和融合而蓬勃發展的世代，要保障每個人控制與處置自身資料的權利，實務上遇到的困難絕對比理論上來得多，也沒有人天真到相信這個轉換過程會一帆風順。但世人也清楚了解到，如果無法在透明度和隱私權之間取得一個適當的平衡，物聯網的發展有可能趨緩，甚至遭遇無可彌補的危害和損失，一旦如此，協同世代永遠也不會來臨（本書後續章節將會再詳細探討隱私權、安全、取用和管理等議題）。

雖然「將全球神經網路上的每個人和所有事物全部連結在一起」聽起來有點令人卻步，但卻同時也讓人感到興奮與解放，因為它為活在地球的每個生物，開啟了一個共同生活的新可能性，人類史上的這個新冒險故事才剛展開，我們幾乎無法想像未來的發展會有多麼驚人。

商業界目前正迅速整編它的資源，決心藉由這場技術革命來獲取價值，因為這場革命的影響可能不亞於第二次工業革命展開之際所發明的電力，甚至有過之而無不及。《經濟學人》雜誌智庫在二〇一三年發表世界上第一個「寧靜革命」全球商業指數，因為這場革命正開始改變整個社會。《經濟學人》對世界各地的企業領導人展開調查，受訪者涵蓋幾個重要的產業，包括金融服務、製造、醫療、製藥、生技、IT和技術、能源及天然資源，以及建築業和房地產業。

物聯網是全球經濟舞台的中心

這份報告一開始便評論，技術成本的降低和幾個互補領域的新發展（complimentary fields，包括行動通訊和雲端運算），以及政府端愈來愈強力的支持，使得物聯網漸漸被拱上全球經濟舞台的中心。接受訪問的企業領導者當中，有三八%的人預測物聯網將在未來三年內「對多數市場和多數產業造成重大影響」，另外還有四〇%表示它將「對很多市場或產業產生某種影響」。只有一五%的企業高階主管認為物聯網只會對「少數全球參與者造成重大影響」。[25] 如今已有七五%以上的全球企業開始探討物聯網，或甚至某種程度上在企業內部使用物聯網，而且，五分之二的執行長、財務長和其他高階主管受訪者表示，自己「一個月至少會針對物聯網召開一次正式會議或正式對話」。[26]

一樣有意思的是，三〇%接受訪問的企業領導人表示，物聯網將「開啟現有產品／服務的新營收契機」。二九%的人表示，物聯網「將激發有關新作業方式或新商業流程的靈感」。二三%的受訪者表示，物聯網「將改變現有的商業模型或商業策略」。最後，二三%的受訪者表示，物聯網「將激發新一波的創新」。最引人注目的是，有六〇%以上的高階主管「認同太慢整合物聯網的企業，將在競爭場上落後其他對手」。[27]

《經濟學人》雜誌那份調查透露了一個核心訊息：多數企業領導人都相信，在價值鏈的各個環節使用物聯網，將可能顯著提升生產，而且極可能對老舊的從商方式造成破壞，所以，他們不得不設法在這個戰場上搶得領先地位，率先將他們的業務營運融入物聯網平台。

然而，物聯網卻是一把雙面刃。的確，提高熱力效率和生產力以降低邊際成本的壓力將無可抗拒，而不設法搶先利用這個生產潛力來獲取利益的企業，可能會被其他競爭者遠遠拋在腦後。不過，這股智慧動力（這股動力是透過第三次工業革命基礎架構上的每個連結和節點運作）在促使生產力快速上升的同時，也將導致未來二十五年內，收集綠色電力乃至創造與運送各種商品及服務的邊際成本趨向於零。物聯網的演進時程，大致上可能會和一九九〇年迄今的全球資訊網的起飛階段相同，當時，資訊網的指數成長，促使資訊的生產及傳送成本大幅降低，相對地，物聯網的指數成長也將使得各項產品及服務的生產及傳送成本顯著下滑。

指數成長曲線，數字倍增驚人

不可否認，這種說法乍聽之下似乎有點誇大，但如果進一步檢視「指數」一詞的意義，就不盡然如此了。我記得我大約十三歲時，一個朋友要我做一個有趣的假設性抉擇。他問我會選擇「立刻收下一百萬美元」還是「第一天收下一美元，往後每天收到的金額都是前一天的兩倍，並連續收一個月」。我最初說：「你一定是在開玩笑……正常人都會選擇收下一百萬。」他說：「先別急，算一下再告訴我答案。」所以，我拿出一張紙和一枝鉛筆，開始計算。每天金額加倍，經過三十一天後，我得到了十億美元以上，也就是一千個一百萬。這個結果讓我非常震驚。

指數成長就是這麼「人不可貌相」，不知情的人一定會被它嚇到。因為根據這個每天加倍的流程，到第十五天時，金額也不過增加到一萬六千三百八十四美元而已，所以，我當時還自信滿滿，認定自己選擇先收下一百萬美元肯定正確。但接下來六天的加倍流程就開始有點驚人了，經過六次加倍後，光是一天的數字就已超過一百萬。接下來十天更是讓我跌破眼鏡。到那個月的第三十一天，那一塊錢一天天加倍的結果，已經累積了十億美元以上。這就是我第一次見識到指數成長的威力。

多數人都難以理解指數成長的意義，因為人類習慣線性思考。在喬登・摩爾〔Gordon Moore，世界上最大半導體晶片製造商英特爾公司（Intel）創辦人〕提出一個令人好奇的現象以前，一般大眾並不太留意這個概念。他在一九六五年發表的一篇研究報告（目前非常有名）中描述，他發現從一九五八年積體電路（integrated circuit）發明以來，每年每一積體電路內的電路數量都增加一倍：

> 單一晶片上的電晶體數量大約每年增加一倍，短期來說，這個速率絕對可望延續，甚至可能增加。[28]

摩爾後來在一九七五年將他原本的預估值調整為每兩年增加一倍。接下來，兩年增加一倍的流程又延續了三十七年。只不過，最近科學家已經開始預測，電腦晶片上的電晶體增加速度將減緩。物理學家加來道雄（Michio Kaku）表示，摩爾定律的速度已開始趨緩，至少在晶片領域是如此；而且，未來十年內，如果繼續使用傳統的矽技術，摩爾定律將失效。預見這個趨勢的英特爾公司已開始導入它的3D處理器，因為它相信這個技術能讓每兩年加倍的時間延續久一點。

加來先生指出，可從矽擠壓出來的運算力量有其上限，但他也補充，諸如3D晶片、光學晶片、平行處理（parallel processing）以及最終的分子運算（molecular computing）甚至量子運算（quantum computing）等較新的技術，將確保未來的運算能力得以繼續維持在指數成長曲線之上。[29]

到目前為止，我們可以在非常廣泛的資訊科技領域觀察到摩爾定律。例如，硬碟儲存能量的增加也呈現類似的指數成長曲線。網路處理能量（即通過光纖的資料量）呈現更陡峭的指數曲線：一個光纖網路上所傳輸的資料量，大約每九個月會增加一倍。[30]

指數因子促使運算成本在過去五十多年大幅降低。第一台巨大的中央處理運算機器剛開發出來時，運算成本非常高，當然也就難以有效商業化。當時一般認定，至多只有軍隊和少數研究機構有能力負擔那樣的成本。問題是，多數專家並沒有考量到運算能力的指數成長力量和生產成本的急遽下降。積體電路（微晶片）的發明改變了這個等式。五十年前，一台電腦可能要價幾百萬美元，但如今，卻有幾億人口持有相對便宜且運算能力比一九六〇年代最強大的中央處理運算機高數千倍的智慧型手機。[31]二〇〇〇時，十億位元組（gigabyte）硬碟空間的市價大約是四十四美元，到了二〇一二年，相同硬碟空間的成本已重挫到剩下七美分。二〇〇〇年時，串流影片的每十億位元組成本約一百九十三美元，十年後，這項成本也遽降到三美分。[32]

以下實例有助於理解運算能力和成本下降的指數曲線的重要性：史上第一部成功商業化的大量製造商用電腦IBM1401（經常被稱為電腦產業的T型車）在一九五九年上市。這台機器高五英尺，寬三英尺，配備四〇九六個符號的記憶體。它可以在六十秒內完成十九萬零三千筆八位數的加總計算。IBM這台電腦的租金是每年三萬美元。[33]相較之下，二〇一二年時，世界上最便宜的電腦樹莓派（Raspberry Pi）的售價只要二十五美元。[34]樹莓派基金會（Raspberry Pi Foundation）接獲大量來自開發中國家和第一世界市場的訂單。

而且，如今手機的重量只有區區一百多公克，可以輕易放進外套的口袋，要價更只要幾百美元。有時候，如果顧客購買電信業者的特定資費方案，手機還可免費贈送。不過，當今手機的記憶體卻是一九七〇年代末期要價接近九百萬美元、且重達一萬二千磅以上的Cray-1A電腦的好幾千倍。[35]由此可清楚看出運算能力的邊際成本正漸漸趨近於零。

資訊取得的指數成長曲線已從根本改變了我們的生活方式。誠如先前提到的，目前已經有很多人類透過網路，以幾乎免費的方式，彼此分享資訊、娛樂、新聞和知識，實質上來說，他們已跨入零邊際成本的社會了。

指數曲線也已從運算的世界轉移到其他領域，而且被用來衡量各種技術的經濟成就，因此，它也成為衡量商業績效和投資報酬率的新標竿。

免費的能源

如今，最常討論到「指數成長」概念的領域，莫過於再生能源產業。這個產業的很多主要參與者是來自資訊科技業和網路部門，他們將以往在ＩＴ及網路產業累積的經驗，應用到這個新能源典範，目前，他們正感受到這個領域有兩個不尋常的平行發展趨勢，而這種感覺一點也沒錯。

首先，收集太陽能及風力再生能源技術的力量，正展開屬於它們的指數成長軌道，而地熱、生質和水力也即將跟上這兩者的腳步。一如電腦產業，再生能源產業在推出每個新世代的技術以前，都必須投入非常高的初期資本成本到研究、開發和市場部署等相關業務上。企業在推出新的創新產品或服務時，也必須設法領先競爭者兩到三個世代，否則隨時可能被指數曲線的力量擊垮。近幾年來，很多市場領導者因無法擺脫舊技術，在創新速度上落後其他競爭者而倒閉。根據產業分析師的預測，太陽能和小型風力收集技術的成本將在十五年內，降到和手機及筆記型電腦一樣便宜。

第二，建立通訊網路基礎建設的成本非常可觀，但製造與配送資訊的邊際成本卻相當低，相同地，能源網路的前置成本也很高，但製造每一單位太陽動力和風動力的邊際成本卻趨近於零。總之，再生能源和資訊一樣，扣除研究、開發和部署等固定成本後，幾乎是免費。

用幾近零成本的價格來分享能源

目前，網路技術和再生能源正漸漸結合在一起，創造一個能源網路，開始改變這整個社會生產及配送動力的方式。在未來這個世代，數億人將在自己的家裡、辦公室和工廠創造再生能源，同時在一個能源網路上彼此分享各自的綠色電力，就像現在大家透過網路蒐集和分享資訊一樣。一旦網路被用來管理綠色能源，地球上每個人都會成為自己的動力來源，包括實質和象徵性的來源。再生能源體制的創造、由建築物負載、部分以氫的方式儲存、透過一個綠色電力網路配送，同時連接到外掛式的零排放（zero-emission）運輸系統等，構成一個由五根支柱組成的機制，讓數十億人得以在物聯網的世界裡，用幾近零邊際成本的價格來分享能源。

科學界目前正熱烈討論再生能源收集的指數成長曲線。《科學人》（*Scientific American*）雜誌在二〇一一年發表一篇文章詢問，摩爾定律是否適用於太陽能源？如果可以，能源領域可能已經走上和運算領域類似的典範轉移途徑。當然，這個問題的答案絕對是肯定的。

如果大量潛在的太陽能成為未來的主要能源來源，整個社會所受到的影響將更深遠。太陽每八十八分鐘就向地球照射四百七十艾焦（exajoules）的能源，這等於人類一年內使用的總能源量。如果我們能確實捕捉到千分之一從太陽傳達到地球的能源，就足以獲得全球各經濟體能源總耗用量的六倍能量。[36]

儘管太陽顯然是全世界的通用能源來源，我們所有石化燃料和其他能源也都源自它，但它卻僅占當前能源組合的〇・二九％，原因是，以前收集並配送這種能源的成本非常高，但近幾年情況明顯改變。

太陽能源公司（SunPower Corporation）創辦人理查・史旺森（Richard Swanson）也在太陽能方面觀察到摩爾在電腦晶片上注意到的「倍增」現象。史旺森定律主張，產業每增加一倍產能，太陽能光電板（solar photovoltaic）電池的成本就會降低二〇％。晶矽光電板電池價格已從一九七六年的每瓦特六十美元，大幅降低到二〇一三年的〇・六六美元。[37]

現在的太陽能電池能收集到的太陽能源比以前多，所以成本也漸漸降低。目前經過實驗，三接面太陽能電池的太陽能效率已達到四一％，薄膜太陽能電池的實驗效率也達到二〇％。[38]

如果這個趨勢以目前的速度發展下去（多數研究也顯示它確實呈現指數成長），太陽能源的價格將在二〇二〇年時變得像當今的平均零售電價一樣便宜，而且到二〇三〇年時，將降到今日燃煤電力價格的一半。[39]

再生能源產量充足，電力負價格出現

德國電力市場正開始體驗再生能源成本趨近於零對商業領域的影響。二〇一三年時，德國已經有二三％的電力來自再生能源，而且，估計到二〇二〇年時，將有三五％來自再生能源。[40]問題是，在日間的某些時段，湧進電網的太陽和風電力已超過電力需求，結果造成負價格的狀態。不僅是德國如此，電力負價格已出現在西西里島和德州等各地。[41]

這就是電力市場的全新現實，也代表著未來的整體趨勢，因為再生能源占總發電的百分比正持續上升。負電價已開始對整體能源產業造成干擾，例如公用事業不得不取消投入「備用」性天然氣及燃煤電廠的投資，因為這些投資已不見得能獲得可靠報酬。在德國，一座天然氣或燃煤電廠的興建費用大約要價十億美元，但隨著再生能源大量流入電網，未來這些電廠幾乎不可能達到產能滿載的狀態，所以，除非是沒有風或烏雲密布的日子，這些電廠將無用武之地。這種種現象將導致興建新燃煤及天然氣電廠的投資回收期延長，使得這類投資變得不可行。總之，儘管目前還算是第三次工業革命的初期階段，但在整個電網之上，再生能源已開始對石化燃料發電廠產生巨大的排擠壓力。[42]

全球能源企業正因再生能源的指數成長趨勢而受到明顯打擊。英國石油公司在二〇一一年發表的一篇全球能源研究中提到，太陽能發電產能在二〇一一年成長七三・三%，創造了六百三十四億瓦的電力，大約比之前五年多十倍。[43]過去二十年間，太陽能發電產能每兩年都成長一倍，而且迄今還看不到終點。[44]

即使在轉換新綠色能源的速度遠比歐洲遲緩的美國，電力產業都開始出現騷動。NGR能源公司（NGR Energy）執行長大衛・克蘭（David Cran）在二〇一一年十一月談到：「過去兩年，太陽能板的能源遞送成本降低一半。NGR預期未來兩年內，這項成本還會再降低一半，那將使得太陽能電力價格變得比約莫二十個州的零售電價還來得便宜。」這一切的一切，都將在整個能源產業掀起一波波革命。[45]

一如太陽輻射，風也是無所不在，它吹拂過世界每個角落，只不過各地的風力和頻率不同罷了。史丹佛大學針對全球風能量所做的一份研究結論指出，如果世界上二〇%的可用風能量被收集起來，能產生的電力是全球經濟體系當前用電量的七倍多。[46]從一九九〇年代初期開始，風力發電的產能就呈現指數成長，而且，在世界上很多地區，風力發電的產能已不亞於傳統的石化燃料及核能發電產能。在過去四分之一個世紀間，風渦輪生產力增加了一百倍，平均每個渦輪的產能則是增加超過一千倍。績效和生產力的提升促使相關生產、安裝和維修成本大幅降低，也使得一九九八年至二〇〇七年間，每年的產能成長率超過三〇%，換言之，大約每兩年半，產能就增加一倍。[47]

但「唱衰者」主張，以收購制度形式存在的綠色能源補貼，使得再生能源的成長曲線遭到人為抬高。

但事實上，這個領域的成長是來自綠色能源的加速採用與規模擴大，在這個過程中，競爭雖加劇，但卻刺激了更多創新，而更多的創新又進一步使得再生能源收集技術的效率提高，從而使生產及安裝成本繼續降低。在許多國家，太陽能及風力能源產出量已開始接近傳統的石化燃料及核能電力，也因如此，那些國家的政府得以逐步廢除先前的收購制度。更何況，政府對較老舊的石化燃料能源和核電（雖然已成熟且早已脫離其全盛時期）的補貼，仍將遠高於給予綠色能源的補貼。

能源觀察集團（Energy Watch Group）編製的一份研究報告，針對未來風力及太陽能新電廠建置後的市占率做了四種情境的預測，它估計到二〇三三年，這些能源的市占率將達到五〇%，更樂觀的情境預測顯示，二〇一七年就能達到這個目標。[48] 太陽能和風力能源似乎已走在促使邊際成本降到零的指數成長途徑，而且那是不可逆的途徑；另外，地熱能源、生質和潮汐的能量，也可能在未來十年內達到各自的指數起飛成長階段，換言之，各式各樣的再生能源將在二十一世紀上半葉全面進入指數成長的盛況。

儘管如此，還是有很多人會繼續蓄意低估再生能源未來在全球能源市場上的占有率，部分原因是因為，一如一九七〇年代的ＩＴ和電信產業，他們根本沒有料到指數成長曲線具備這麼強大的轉化本質。再生能源眼前的發展和當年的ＩＴ及電信產業可謂如出一轍，但即使過去幾十年這兩個產業倍數成長的證據擺在眼前，他們也不願面對現實，承認再生能源的成長潛力。

二〇四〇年以前，八〇%能源來自再生能源

目前擔任Google工程部部長的ＭＩＴ發明家兼創業家雷伊・克爾茲威爾（Ray Kurzweil），一生都切身感受到ＩＴ產業指數成長的強大破壞性衝擊，而他也計算了這種成長力量對太陽能產業的可能影響。克爾茲威爾的結論是，若以過去二十年的增倍成長速率計算：「每次增加一倍，經過八次，太陽能就足以滿

足世界所有能源需求，但卻只會耗用掉照射到地球的十萬分之一的陽光。」[49]再經過八次的增倍歷程，一共只需要十六年，所以，我們將在二〇二八年正式跨入太陽能時代。」

克爾茲威爾的估計或許稍嫌樂觀。我個人的解讀是，若排除不可預見的意外情境，人類將在二〇四〇年之前，達到近八〇%能源來自再生能源的狀態。

一些懷疑論者主張，自古以來，我們交易的所有事物從來都不曾真正免費，他們的說法確實合理。即使在物聯網的投資徹底回收且完全接通所有節點後，收集與配送資訊及能源都還是會耗費一些成本。因此，我們在談論傳遞資訊、綠色能源和商品及服務的邊際成本時，才會一直使用「幾近零」的字眼。

雖然傳遞資訊的邊際成本已經非常低，但要進一步降低這項成本，卻需要繼續投入非常大的努力，才可能讓這項成本趨近於零。據估計，二〇一一年時，將用戶連結到網路的網路服務提供者（Internet service providers，ISP）共獲得一千九百六十億美元的營收。[50]但整體而言，這些服務連結了近四〇%的人類和整個全球經濟體系，故這樣的收入金額簡直低得驚人。[51]除了付費給服務提供者，所有使用網路的人都得支付用來傳送及取得資訊的電力費用。但據估計，每一百萬位元檔案的線上傳輸成本只要〇・〇〇一美元。[52]儘管我們傳輸的檔案非常多，但網路耗用的電力，僅約占世界總耗電量的一・五%，成本是八十五億美元，若就我們因此而獲得的全球溝通便利性來說，這也是非常小的代價。[53]這筆金額只不過約當於在拉斯維加斯興建四到五棟賭場建築物的成本。

儘管如此，由於互聯程度愈來愈高，運算裝置的能力也愈來愈強大，故電力的使用也漸漸增加。舉個例子，Google使用的能源，就足以供應二十萬棟房屋所需的動力。[54]

很多電力耗用在遍布世界各地的伺服器和資料中心。二〇一一年，光是在美國，伺服器及資料中心運作所耗用的電力成本，就大約達到七十五億美元。[55]聯邦資料中心的數量從一九九八年的四百三十二個，成長到二〇一〇的兩千零九十四個。[56]到二〇一一年時，地球上已有超過五十萬九千個資料中心，占地二・八五億平方英尺，相當於五千九百五十五座足球場的面積。[57]由於這些資料中心的ＩＴ設備所耗用的多數電力都被轉化為熱能量，所以，它們甚至需要更多動力來冷卻這些設施的溫度，其中通常有二五％至五〇％的動力是用來冷卻相關設備。[58]

而每次遇到活動量大幅上升後趨緩的情況，光是為了讓伺服器保持隨時就緒（但實際上閒置）的狀態，也會浪費大量的電力，而若不維持伺服器的閒置狀態，系統就會崩潰。麥肯錫（McKinsey）顧問公司發現，平均來說，資料中心伺服器耗用在運算活動的電量，僅約其總耗用量的六％至一二％，剩下的電都是用來保持伺服器電源的開啟與就緒狀態。[59]目前很多人已開始使用新的電力管理應用程式，期許能減少閒置時段的電源模式，或是以較低頻率及電壓量來運轉。此外，減慢實際運算速度也能節省電力。另一個被產業稱為低功耗運算（energy-adaptive computing）的方法，就是藉由降低ＩＴ設備本身建構與運作上的過度設計及浪費，以減少能源的需求。[60]

要達到免費電力的各項努力

要實現縮減資料中心能源耗用成本的目標，最終還是得利用再生能源來供應相關設施所需的電源。雖然採用再生能源來供應資料中心電源，固定前置成本非常高，但隨著建造正向電源設施的成本持續降低，回收期將持續縮短。而且，一旦設施和收集技術開始啟用，收集太陽能、風力和其他再生能源的邊際成本將趨近於零，屆時電力將接近免費。目前資料儲存領域的大型企業，都已開始落實這個目標。

蘋果公司在二〇一二年宣布，它將透過一座二千萬瓦特的巨大太陽能設施，提供該公司北加州巨型新資料中心所需的動力，這個設施包括一套五百萬瓦特的燃料儲存系統，它的動能來自沼氣，用來儲存週期性的太陽動力，以確保二十四小時不間斷的可靠電力供應。[61] 麥格羅希爾公司（McGraw-Hill）位於紐澤西州東溫莎（East Windsor）的資料中心，則將透過一座一千四百萬瓦特的太陽能模組提供動力。其他企業也計畫建造以再生能源作為動力的類似資料中心設施。[62]

蘋果公司的資料中心也將安裝一套免費的冷卻系統，將夜晚戶外的冷風吸納到一個熱交換器，為資料中心的冷卻系統提供冷水。[63] 總之，在資料中心所在位置就地提供自行生產的再生能源（幾近零邊際成本），將大幅降低全球物聯網所需的電力成本，讓我們在安排經濟活動時，得以愈來愈接近幾乎免費電力的境界。

降低資料中心管理的電力成本，也能促使資料儲存的成本同步降低，這一點很重要，原因是，資料儲存已是整個資料管理流程中愈來愈龐大的一環，資料的增加速度遠遠超過硬碟的儲存能量。

資料儲存的新里程碑——手掌大小的人造ＤＮＡ片

研究人員目前正開始實驗一種新的資料儲存方法，這個方法最終有可能促使相關邊際成本降到趨近零的水準。二〇一三年一月時，位於英國劍橋的歐洲生物資訊研究院（European Bioinformatics Institute）科學家，宣布了一項儲存大量電子資料的革命性新方法，這個方法將大量資料內嵌到人造ＤＮＡ（synthetic DNA）中。尼克・高曼（Nick Goldman）和艾凡・伯尼（Ewan Birney）兩名研究人員將錄有馬丁・路德・金二世（Martin Luther King Jr.）「我有一個夢」（I Have a Dream）演說的ＭＰ３、詹姆斯・華森（James Watson）和法蘭西斯・柯瑞克（Francis Crick）合著的一篇描述ＤＮＡ結構的研究報告，以及莎士比亞所有短詩和劇本等五個檔案的文字加以轉換，同時將數位資料的1和0轉化為組成ＤＮＡ碼符號系統的字母。接著，再用這個碼來創造人造ＤＮＡ鏈。機器會解讀ＤＮＡ分子，並回覆解碼後的資訊。[64]

這個創新的方法開啟了幾乎無限大的資料儲存可能性。哈佛大學的研究人員喬治・齊爾奇（George Church）提到，只要大約一個手掌大的微小ＤＮＡ片，就能容納目前世界上儲存在所有磁碟裡的資料。研究人員還補充，只要收藏在陰冷的環境下，ＤＮＡ資訊可以保留好幾個世紀。[65]

由於目前還處於初期開發階段，故解讀這項密碼的成本還非常高，而且耗用在資訊解碼的時間也非常多。然而，研究人員相信，生物資訊的指數變化速率，將促使邊際成本在未來幾十年內趨近於零，而這個信念並無不合理之處。

通訊／能源基礎建設幾近零邊際成本的協同時代即將來臨。實現這個願景的技術已經開始獲得採用，目前問題只在於何時進一步擴大採用。第二次工業革命通訊／能源組合式基礎架構的維護費用愈來愈高（中央集權化的電信和中央集權化石化燃料能源的生產成本愈來愈高），在此同時，第三次工業革命的通訊／能源組合式基礎架構的成本卻大幅降低，相較之下便可清楚發現，未來將是後者的世界。網路的取用和分享都已幾近零邊際成本，數百萬個太陽能和風動力早期採用者的邊際成本亦然。

石化燃料的忠實支持者主張，油砂和頁岩氣很容易取得，所以，完全沒有必要擴大再生能源的採用，至少短期內是如此。不過，這些石化燃料之所以獲得採用，都是因為原油蘊藏量逐漸縮減，導致全球市場的物價上升所致，畢竟這些燃料的成本更高。從沙子和岩石萃取石油的成本，當然遠高於傳統的鑽油作業，傳統採油方式只要在地面鑽個井，石油就會自行向上噴出。而一旦石油價格低於每桶八十美元，油砂就不具商業化的可行性了。回想短短幾年前，多數人還認為每桶八十美元的石油貴到令人難以置信。

至於頁岩氣，雖然目前價格很低，但觀察最近有關頁岩氣田的一些問題報告，便可發現，金融市場和能源產業對於頁岩氣的未來過於樂觀，它似乎無法成為獨立的能源來源。產業分析師愈來愈擔心頁岩氣熱會變成十九世紀的黃金熱，換言之，它有可能成為一個危險的泡沫，而這可能對美國經濟體系造成危險的後果，因為太多資金太快投入頁岩氣田。[66]

以幾近零成本生產綠色能源是未來第一目標

石油交易員安迪．霍爾（Andy Hall）對石油期貨趨勢的預測向來都極端準確，因此被業界譽為「上帝」。他在二〇一三年五月宣稱，頁岩氣將只能「暫時」促使能源產量上升，這一番話讓整個產業的看法頓時翻轉。霍爾通知他的亞斯貝克（Astenbeck）避險基金（總值達四十五億美元）投資人，雖然頁岩氣的量一開始非常多，但因為每個天然氣井都只接通大型礦藏區裡的單一石油層，故產量很快就會降低。而由於已開鑿的頁岩氣礦藏快速耗盡，生產者只好不斷尋找新的頁岩氣礦床，並挖掘新的井，問題是，生產成本將因此而竄升。霍爾說，結果將是「若未能持續鑽新的油井，不可能維持產量水準，而油價必須維持高檔，持續鑽井才有利可圖」。

霍爾相信，頁岩氣狂熱將是一個短命現象[67]。國際能源總署（International Energy Agency，IEA）也認同他的見解。IEA在二〇一三年的世界能源展望（World Energy Outlook）報告中預測，「輕質油」（light tight oil，一般人用這個名稱來形容頁岩氣）將在二〇二〇年左右達到高峰，並呈現高原期狀態，到二〇二〇年代中期，產量將開始降低。美國頁岩氣展望甚至更差。美國能源部的能源資訊署預期，高頁岩氣水準的狀態只會維持到二〇一〇年代末期（距離目前約五年），接下來將漸漸趨緩。[68]

何況，石化燃料永遠也無法達到幾近零邊際成本的狀態。然而，數百萬再生能源早期採用者的邊際成本卻已趨近於零。要將文明社會從資本主義市場轉化為協同共享聯盟，下一件工作就是要讓地球上的每個人都學習那些早期採用者，以幾近零邊際成本的條件開始生產綠色能源，並透過物聯網來分享這些能源。

第六章 從大量製造轉為大眾製造的3D列印

物聯網分散、協同與橫向分布的本質，將從根本改變下個世代人類製造、行銷和運送商品的方式。還記得第一次和第二次工業革命的通訊／能源組合式基礎架構嗎？這兩種模式極端資本密集，而且必須使用垂直整合來實現經濟規模，同時需要中央集權化的管理來保護利潤率，確保投資能獲取足夠的回報。而經過過去半個世紀的第二次工業革命，各地的製造設施日益擴張，最後達到超級龐大的規模。在中國和各開發中國家，巨型工廠以半個世紀前未曾見過的速度和數量，快速大量產出各種產品。

微型3D列印製造者

但第二次工業革命以來長期支配製造活動的模式，很可能在未來三十年內漸漸式微，或者至少局部式微。原因是第三次工業革命的新製造模型已經成為公共舞台上的要角，而它也隨著物聯網基礎建設的其他組成要素，出現類似的指數型成長。目前已有成百上千家企業正以類似軟體製造視訊、音訊和文字資訊的方式，生產有形產品。這種製造模式稱為3D列印，而且，它正是隨著物聯網經濟體系而來的製造模型。

軟體（通常是開放源碼）引導熔化的塑膠、熔化的金屬或其他原料進入一台印表機，進而一層層地建構出一個有形的產品，創造出一個擁有完整結構的物體（甚至還配備可移動的零件），接著將成品從印表機內送出。一如《星艦迷航記》（*Star Trek*）電視劇裡的複製器，我們可以利用程式設計，透過這種印表機製造無數種類的產品。目前已經有人用印表機生產珠寶、飛機零件和人類的義肢等。另外，3D列印迷也紛紛購買便宜的印表機，列印自己想要的零件和產品。換言之，「消費者」漸漸被所謂的「產消合一者」取代，世界上有愈來愈多人成為自己產品的生產者兼消費者。

3D列印生產和傳統中央集權製造的七大差異

3D列印生產和傳統的中央集權式製造模式有很多重要的差異：

首先，除了軟體的創造以外，整個製程使用到的人力非常少。軟體負責所有製造工作，所以，將這個流程視為一種「資訊製造」（infofacture）而非「人力製造」（manufacture），會比較恰當一些。

第二，在3D列印的早期實踐者的努力下，很多用來設計程式與列印有形產品的軟體，都保持開放源碼狀態，故眾多產消合一者得以在「自己動手做」（DIY）的愛好者網路上，分享彼此的新點子。這種公開設計概念將商品的生產設想為一個動態流程，其中有數十萬（甚至百萬）個參與者透過另一個人，學習如何共同製造各種事物。智慧財產權保障的淘汰也大幅降低了印製產品的成本，讓3D列印企業獲得了傳統製造企業所欠缺的優勢，因為後者必須承擔各式各樣的專利成本。總之，開源生產（open-source production）模型讓3D列印的指數成長得以實現。

3D印表機成本大幅降低，也是促成整個成長曲線陡峭上升的重要因素。二〇〇二年時，史崔塔西公司（Stratasy）在市場上推出的第一台「低成本」印表機，定價是三萬美元。[1]如今，一台「高品質」的

3D印表機，要價只要一千五百美元。[2]這個成本下降曲線和電腦、手機及風力與太陽能技術的降價曲線類似。產業分析師預估，未來三十年間，3D印表機的價格將愈來愈低廉，但卻愈來愈有能力生產更精密且更複雜的產品，終而促使3D列印製造流程的邊際成本趨近於零。

第三，生產流程的安排和第一次與第二次工業革命製造流程的安排截然不同。傳統的工廠製造是採用減去流程（subtractive process），換言之，經過切割與篩檢的原料被組合在一起，製造為最終成品。在這個過程中，浪費掉的原料為數非常可觀，而這些浪費掉的原料永遠也無法成為最終產品。相反地，3D列印卻是一種加法式資訊生產（additive infofacturing）：軟體將熔化的材料一層層導入，最後創造出一個完整的產品。加法式3D列印製造使用的材料，只相當於減法製造流程耗用原料的十分之一左右，也因如此，3D印表機的效率與生產力明顯比傳統製程高很多。二〇一一年時，加法式3D列印製造的成長率高達二九・四％，換言之，它那一年的成長率比該產業有史以來的累積成長率（二六・四％）更高。[3]

第四，3D印表機可以印製它們本身的備用零組件，所以無需投資大量資金更換昂貴的機械設備，也不會因更換設備而承受生產時程延遲的困擾。有了3D印表機，生產者還能用最低的成本來客製化產品，包括生產單一產品，或根據訂單來生產小批次產品。中央集權化的工廠擁有資本密集的經濟規模效益，它採用專為大量製造而設計的固定生產線，但這麼龐大的規模，卻缺乏足夠的敏捷度來和3D列印生產流程競爭，因為後者生產單一客製化產品的成本，幾乎和製造十萬個相同產品的單位成本完全相同。

第五，3D列印的進展對永續生產來說是一種強大的保證，因為這種生產方法強調耐久性和可回收性，而且使用的是非汙染材質。這種生產生態隱含了威廉・麥唐納（William McDonough）和麥可・布朗加（Michael Braungart）所謂的「升級再造」（upcycling）願景，也就是在一項產品的生命週期的每一個階段，都繼續為產品加值。[4]

第六，由於物聯網是分散、協同且橫向分布的，故3D列印者可以在有第三次工業革命基礎建設的所有地方設置商店，連接到這個基礎建設，進而享受遠比中央集權化工廠更高的熱力效率，其生產力的提升程度也超過第一次或第二次工業革命時期。

舉個例子，一個本地的3D列印者可以利用自己就地收集再生能源而生產出來的電力，或是透過地方生產者合作社所生產的電力，來作為3D列印製造廠的動力。歐洲和其他地方的中小型企業已開始協同組成地區性的綠色電力合作社，目的當然是要善加利用橫向分布的利益。由於中央集權式的石化燃料與核電成本持續上升，能用再生能源作為工廠動力來源的中小型企業當然占有優勢，因為再生能源的邊際成本近乎零。

物聯網經濟體系的行銷成本也大幅降低。第一及第二次工業革命那種中央集權式通訊（雜誌、報紙、廣播和電視等）的成本非常高，所以，只有採用全國性整合業務的大型製造業公司，有能力負擔全國乃至全球市場的廣告費用，當然，這也導致小型製造企業的足跡受到局限。

不過，第三次工業革命展開後，遍布世界各地的小型3D列印營運者得以用幾乎零邊際成本，透過愈來愈多的全球網路行銷站，廣告自己的3D列印製品。艾特西網站（Etsy）是其中一個新的分散式行銷網站，它用很低的邊際成本，將供應商及使用者集合到一個全球戰場上。艾特西公司才成立八年，它是美國年輕社會創業家羅伯・卡林（Rob Kalin）所創辦。目前有九十萬個小型商品生產者透過艾特西網站打廣告，但他們完全不用支付任何成本。每個月世界各地有接近六千萬個消費者會瀏覽這個網站，而且，他們會和供應商進行私人接洽。[5]當消費者完成購物，艾特西只會收到由生產者端支付的極小額佣金。這種橫向分布的行銷模式，賦予小型企業一個和大企業公平競爭的戰場，讓他們得以用非常低的成本，接觸到涵蓋整個世界的使用者市場。

第七，小型3D列印生產者可藉由連接到本地物聯網基礎架構，獲得一項超越十九至二十世紀盛行的垂直整合／中央集權式企業的最後關鍵優勢：他們可以利用再生能源來作為啟動自家汽車的動力，而由於再生能源的邊際成本趨近於零，故這些3D列印生產者在整個供應鏈上的物流成本，以及運送成品給使用者的運送成本都大幅降低。

將3D列印流程融入物聯網基礎建設後，最重大的意義是：世界上幾乎每一個人都能成為產消合一者，能採用開放源碼軟體，製造自己要用的產品或生產可用來分享的產品。生產流程本身只會使用約傳統製造流程的十分之一原料，而且製造產品時所需投入的人力也非常少。用於生產作業的能源是來自就地或附近收集到的再生能源，其邊際成本也近乎零。完成後的產品是透過全球行銷網站來行銷，相關的邊際成本當然也接近零。最後，這項產品會透過以就地或附近收集到的再生能源為動力的電動運輸方式，轉送給使用者，而這種能源的邊際成本還是近乎零。

只要能連上物聯網基礎建設的地方，就有生產、行銷和配送有形商品的能力，而這個模式將會大幅影響到整個社會的空間結構。第一次工業革命偏好密集都市中心的開發，工廠和物流網路必須分布在城市周遭，因為這些城市是重要的鐵路交會點，唯有透過這些交會點，才能取得上游供應的能源和材料，並進而包裝與運送成品給下游的批發商和零售商。勞動人口必須住在距離工廠和辦公室步行可及之處，或是住在通勤火車及電車站附近。而到了第二次工業革命時，生產活動從人口稠密的都會區，轉移到可經由全國性跨州高速公路系統而到達的郊區工業園區。貨車運輸取代了鐵路，而工人則因有了汽車代步，故可以住到離工作場所更遠的地方。

但3D列印可以在本地進行，也可以在全球各地進行。它的機動性也相當高，所以，3D列印生產者可以在任何地方生產，而且可以迅速搬到任何可以連結上物聯網基礎建設的地方。愈來愈多產消合一者將在自己家裡製造與使用簡單的產品。中小型3D列印企業則將以3D列印生產的方式，製造較複雜的產品，而這些企業可能會群聚在本地的科技園區，以便建立最適當的橫向分布模式。家庭和工作場所不再受到長程通勤距離的阻隔。

我們甚至可以預見到，隨著工人變成所有權人、消費者，而且成為生產者，目前過度擁擠的道路系統的交通流量將降低，建造新道路的費用也將大幅萎縮。在一個更分散且更協同的經濟世代，居住十五萬至二十五萬人且周遭被很多重新開發的綠地包圍的小型都會中心，可能會漸漸取代人口稠密的都市核心及其郊區。

複製器的民主化，使得每個人都有生產工具

新的3D列印革命是「極高生產力」的重要例子。這一場革命尚未遍地開花，但它一旦展開，最後不可避免將促使邊際成本降到近乎零，利潤將因此消失，市場上很多（但非全部）產品的財產交易也將變得沒有必要。

製造活動的民主化代表任何人都能取得生產工具，這使得「誰應該擁有與控制生產工具」的問題變得不再重要，資本主義的光環也將逐漸褪色。

3D列印和很多發明一樣，是受科幻小說作家的啟發而來。某個世代的電腦奇才被電視螢幕上的《星艦迷航記》情節吸引：在環遊宇宙的漫長旅程裡，機組員們必須具備修復與取代太空船各種零組件的能力，而且必須儲存足夠的機器零件或藥品庫存等眾多物資。而複製器的設計，就是要將宇宙中處處可見的次原子微粒，重新排列為各種物質、食物和水。複製器還有一個更深層的影響——它可以摧毀匱乏，我們

將在第五部回頭討論這個主題。

3D列印革命早在一九八〇年代就已展開。早期的3D印表機非常昂貴，而且主要是用來製造原型（prototype）。建築師和汽車與飛機製造商是採用這種新複製技術的先驅。[6]

當電腦駭客（hacker，駭客一詞有著正面及負面的含義。有些人將駭客塑造為罪犯，因為他們經常以非法手段取得專利和機密資訊；但也有人將極端聰明的程式設計師稱為駭客，這些人會創造對一般大眾有利的貢獻。本書所謂的駭客，是指第二種含義）[7]及3D列印迷進入這個領域，這個創新的應用就從原型的製造，漸漸擴大為客製化產品的生產。駭客們很快就體認到「實體分子就是新虛擬分子」（atoms as the new bits）這句話的潛力。這些先驅者預見到將開源模式從IT及運算領域導入「實體物品生產」的可能性。於是，開源硬體（Open-source hardware）成為一個強大的口號，被用來號召異類投資人及自認是這場「自造者運動」（Makers Movement）一員的熱衷者。參與者透過網路彼此協同合作，交換創新概念，彼此教學相長，從而漸漸促進3D列印流程的發展。[8]

當亞德里恩・包伊爾（Adrian Bowyer）和英國巴斯大學（University of Bath）的一個團隊發明了RepRap，也就是第一台開源3D印表機後，開源3D列印就此進入一個新紀元，因為這台印表機可以用隨手可得的工具製成，而且機器本身可以自我複製，也就是說，這台機器能製造本身的零件。RepRap已能製作它本身四八%的零組件，而且即將成為完全自我複製的機器。[9]

包伊爾出資成立的自造者工業公司（MakerBot Industries）是第一家從自造者運動中興起的企業，二〇〇九年，它在市場上推出一台稱為「杯子蛋糕」（Cupcake）的3D印表機。接著，市面上又陸續有更多功能、容易使用且較便宜的3D印表機問世，包括二〇一〇年的Thing-O-Matic和二〇一二年的複製者（Replicator）印表機。自造者工業公司對所有想要自己製造杯子蛋糕印表機的人，免費開放機器的組裝規格，另外，也直接出售這款印表機給為圖方便而偏好直接購買機器的顧客。

另外兩名先驅者查克「霍肯」・史密斯（Zach "Hoken" Smith）和布瑞・佩帝斯（Bre Pettis）則在二○○八年創立一個稱為「物宇宙」（Thingiverse，也是自造者工業公司所有）的網站。這個網站是3D列印社群的集散地，它握有通用公共授權（General Public Licenses）和創意公用授權（Creative Commons Licenses）架構下的使用者自創開源數位設計檔案（我們將在第三部詳細討論這些授權）。DIY社群高度仰賴這個網站，他們把它當成某種可以上傳與分享開源設計，及參與新3D列印協作的圖書館。

數位製造實驗室：第三次工業革命的「人民研發實驗室」

二○○五年數位製造實驗室的導入，讓自造者運動朝數位物品生產的民主化邁進了一大步。數位製造實驗室是一座製作實驗中心，它是MIT物理學家兼教授尼爾・傑森菲爾德（Neil Gershenfeld）的智慧產物。這個實驗室的概念來自MIT一個非常受歡迎的課程——「如何製造（幾乎）任何事物」〔"How to Make（Almost）Anything."〕課程。

數位製造實驗室最初是在MIT的位元與原子中心（Center for Bits and Atoms）創建，該中心起源於MIT的媒體實驗室（Media Lab），相關的任務是要提供一個對外開放的實驗室，讓任何人都能使用實驗室裡的工具來創造自己的3D列印專案。傑森菲爾德的數位製造基金會（Fab Foundation）章程裡，也強調該組織對開源、點對點學習的承諾。

這些實驗室配備了各式各樣的彈性製造設備，包括雷射切割器、路由器、3D印表機、迷你銑床和附帶的開放源碼軟體。設置這樣一座配備完整的實驗室，大約只要花五萬美元。[10] 目前世界各地有超過七十個數位製造實驗室，多數位於高度工業化國家的都會區域，但讓人十分訝異的是，也有很多實驗室位於開發中國家，由於這些國家迫切需要取得製作工具和設備，因此這些實驗室遂成為建立3D列印社群的灘頭堡。[11]

在世界上較偏遠且和全球供應鏈脫節的地區，即便只擁有製作簡單工具和物品的能力，都足以大幅改善當地的經濟福祉。絕大多數的數位製造實驗室是由各大學及非營利協會領導的社群主導型專案，不過，也有少數零售商開始探討在商場裡附設數位製造實驗室的構想，因為一旦商場裡設置這種實驗室，3D列印迷就可以在商場裡購買他需要的補給品，並利用那裡的數位製造實驗室來生產自己的產品。[12] 傑森菲爾德表示，整個構想是要提供工具和材料給任何一個人，讓他們得以建造自己想像中的任何物品。他的終極目標是要在二十年內創造一個《星艦迷航》版的複製器。[13]

數位製造實驗室堪稱第三次工業革命的「人民研發實驗室」。它將原屬世界級大學及全球大型企業的研發作業和創新，分送到各地的街坊和社區，成為一個眾人協同經營及使用的處所，這個過程也充分展現了點對點橫向分布力量。

生產活動民主化的種種發展，破壞了第二次工業革命垂直整合／中央集權化製造作業模式的根基。在世界各地廣設數位製造實驗室的寓意攸關重大，這代表未來每個人都能成為產消合一者，而且，很多人都注意到這個重大意義。當然，科幻小說作家是最先想像到這個影響的族群。

數位製造實驗室成爲駭客破壞現有經濟秩序的工具

柯利・多克托羅（Cory Doctorow）在二〇〇六年出版的《列印犯罪》（*Printcrime*）一書裡描述，未來的社會有一種3D印表機能列印出各種實體物品的複製品。在多克托羅筆下那個反烏托邦（dystopian）社會裡，一個勢力龐大的威權政府明文規定，以3D列印來生產有形商品的複製品是違法的。多克托羅故事裡的主人翁是個早期的產消合一者，他因從事3D列印行為而被監禁十年。服刑期滿後，這個英雄體認到，要推翻現有制度，最好的方法並不是列印更多產品，而是列印印表機。他公開宣布：「我將列印更多印表機，非常非常多印表機，讓每個人都擁有一台，就算因此坐牢也值得，這件事值得我付出任何代價。」[14]而數位製造實驗室就像是全新的高科技彈藥庫，讓DIY駭客能取得足以侵蝕現有經濟秩序的工具。

不久之前，駭客才將注意力轉向以3D列印生產的方式，來製造物聯網基礎建設裡的某些零組件。其中，再生能源收集技術相關產品是他們最優先的考量。全錄（Xerox）公司正在開發一種特殊的銀墨水，這種墨水能取代目前作為太陽能電池的半導體的矽。這種銀墨水的熔點比塑膠低，所以，使用者能把積體電路列印到塑膠、纖維和薄膜裡。如果能DIY列印出像紙那麼薄的太陽能板，每個人就能以愈來愈低的成本，建置自己的太陽能收集技術，太陽能源的邊際成本也將更加貼近零。全錄公司的銀墨水流程還處於實驗階段，不過，這項產品讓我們意識到，全新的3D列印製造技術，確實有可能在製造層面開啟非常大的可能性。[15]

要將3D列印轉化為真正本地化且自給自足的流程，用來製造纖維的原料必須非常充足，而且能在本地取得。辦公室用品供應商史泰博公司（Staples）在它位於荷蘭阿爾梅勒（Almere）的店面，導入了莫科科技公司（Mcor Technologies）製造的一款3D印表機，這台機器是用廉價的紙張作為原料。列印流程稱為選擇性分層沉積（Selective Deposition Lamination，SDL），它能印出和木材完全相同色彩的堅硬3D物品。目前這些3D印表機已被用來印製工藝產品、建築設計模型，甚至顏面重建的手術模型，更重要的是，紙張原料的成本只要過往各種原料的五%左右。[16]

其他印表機所採用的原料甚至更便宜，所以，材料成本幾乎降到零。倫敦皇家藝術學院（Royal College of Art）的研究生馬寇斯・凱瑟（Markus Kayser）發明了一台太陽能燒結3D印表機，利用太陽和沙子來列印玻璃物品。二〇一一年時，這台太陽能燒結機在撒哈拉沙漠測試成功。它只使用兩片太陽能板，但配備一個聚集陽光的透鏡，用來把沙子加熱到熔點。當沙子熔化後，軟體就會將熔化後的沙子導入，一層層建構出一個完整的玻璃物品。[17]

另外，Filabot是一款漂亮的新裝置，它大約只有鞋盒大小，可以研磨並熔化塑膠製的舊家具，包括桶子、ＤＶＤ片、瓶瓶罐罐、水管、太陽眼鏡、牛奶罐等等。研磨過的塑膠殘渣會被注入一個送料斗和筒子，筒子裡的加熱線圈會將之熔化。熔化後的塑膠會通過噴嘴，被送進填料滾軸，製造出塑膠纖維，並儲存在線管裡，等待列印。一台組裝好的Filabot只要價六百四十九美元。[18]

多樣化的３Ｄ列印可使用的回收原料

荷蘭有一個叫德克・凡德・寇伊傑（Dirk Vander Kooij）的學生，他將一台工業用機器人的程式加以重新設計，再用它來連續印製客製化的家具，而他使用的材料是舊冰箱的塑膠材質。這台機器人可以印出各種不同顏色的椅子，而且設計時間不到三個小時。他的３Ｄ印表機一年內可生產四千張客製化的椅子。[19]其他家具印表機也都使用回收的玻璃、木材、纖維、陶瓷甚至不銹鋼來當原料，這說明了３Ｄ列印生產流程可使用的回收原料確實非常多樣化。

如果３Ｄ列印生產者都已經開始印製家具，那有沒有想過印製擺放家具的建築物？沒錯，工程師、建築師和設計師目前正爭先恐後地企圖將３Ｄ列印建築物導入市場。儘管目前相關技術仍處於研發階段，但情勢已明顯顯示，建築物的３Ｄ列印將改造未來幾十年的建築業。

貝洛克・寇斯尼維斯（Behrokh Khoshnevis）博士是南加州大學的工業及系統工程教授兼快速自動數位製造技術中心（Center for Rapid Automated Fabrication Technologies）主任。在美國國防部、國家科學基金會（National Science Foundation）和國家太空總署（NASA）的支持及資金贊助下，寇斯尼維斯正在實驗一種稱為「輪廓工藝」（contour crafting）的3D列印流程，最終目的就是要列印建築物。他已創造了一種獨創式複合纖維混凝土，這種混凝土可以透過擠壓來成形，而且非常堅固，印出來的牆壁能夠耐受整個建築流程。他的團隊已成功利用一台3D印表機，建構出一道長五英尺、高三英尺、厚六英吋的牆壁。值得一提的是，在輸注的過程中，用來列印牆壁的黏性材料並沒有導致機器的噴嘴被沙子和各種粒子阻塞。

寇斯尼維斯雖承認這只是第一步，不過，他熱情洋溢地表示，這片印刷出來的牆壁是「是繼中國長城之後，最具歷史意義的牆」。他還補充，人類歷經兩萬年的建築歷程，「現在終於即將展開建築物建造流程革命。」[20]

二〇二五年，3D列印建築物興建法將蔚爲風行

寇斯尼維斯表示，這種巨型印表機每台成本將高達數十萬美元，但相較於傳統建築設備，它的成本實在非常低。利用列印方式來建構新房子的成本有可能遠低於標準建築成本，因為它使用廉價的複合材料以及3D加法式生產流程，這種流程使用的原料和人力都比傳統建築工法少。他相信，到二〇二五年時，3D列印建築物興建法將成為世界各地最具支配力量的產業標準。

寇斯尼維斯並不孤單。MIT的一個研究實驗室也利用3D列印技術，探討要如何在完全不投入人力的情況下，一天內創造好一棟房屋的骨架。若要一個建築工人完成那樣的完整房屋結構，得花上一個月的時間。[21]

荷蘭建築師詹傑普・魯伊森納爾（Janjaap Ruijssenaars）目前正和英國3D列印公司莫諾萊特公司

（Monolite）的董事長艾恩瑞可・迪尼（Enrico Dini）合作，這兩個歐洲人宣布將用沙子和人造繩索，印出六英尺乘以九英尺的骨架，而且會在這些骨架裡灌入加強纖維的混凝土。他們希望能在二〇一四年蓋好一棟兩層樓建築物。[22]

利用月球當地的永續原料3D列印建築物，節省運送成本

迪尼也和世界上最大建築公司之一佛斯特合夥公司（Foster + Partners）及歐洲太空總署（European Space Agency）合作，共同研究利用3D列印技術在月球上建造一棟永久性基地的可行性。這些建築物將以月球上的土壤為印製原料。他們的目標是要利用可在月球上就地找到的永續原料，來建造人類在月球上的聚集地，當然，這是為了節省從地球運送原料到月球的鉅額物流成本。佛斯特合夥公司的薩維爾・德・凱斯戴里爾（Xavier De Kestelier）表示：「針對地球上的極端氣候區域設計建築物，本來就是我們的日常業務之一，所以，我們深知如何利用本地永續材料來獲取環境利益，而我們的月球聚居地也是依循相似的邏輯來構思。」[23]

他們的計畫是要使用迪尼的D型（D-Shape）印表機來印製這批月球建築物，每一棟建築物都得花費一個星期的建構時間。這些建築物是中空的閉孔結構，看起來有點像小鳥的骨骼。鏈狀的圓屋頂和多孔式牆壁的設計，是為了承受微流星體和太空輻射而設計。這棟建築物的地基和可膨脹的圓屋頂，將以太空船從地球運送到月球。佛斯特解釋，D型印表機將月球的土壤（稱為風化層，regolit）一層層印出來，沿著骨架向上興建。佛斯特公司的建築師已經利用模擬材料，建構了一塊重達十五噸的原型建築磚。第一棟月球建築物將蓋在月球的南極，因為這個位置的太陽照射時間非常長。[24]

雖然3D列印建築是還處於非常初期的開發階段，但據推估，未來二十年間，隨著生產流程變得愈來

愈有效率、成本愈來愈低廉，這種建築將出現指數成長。以傳統的建築技術來說，設計建築藍圖的成本相當高，建築材料很貴、要耗費非常多人工成本，而且得花很久的時間才能完成結構，但3D列印就不同了，這種建築方式不會受上述種種因素限制。

未來，建築成本和原料價格不相上下

3D列印建築法可以利用地球上最便宜的建築材料，也就是沙子和岩石，而且幾乎所有被丟棄的廢料都能派上用場，更重要的是，材料全都來自就地可取得的來源，因此，除了可省下傳統建築材料的昂貴成本，還能節省高額的物流成本。一層一層逐步建造好一個結構的加法式製造流程，又可以進一步節省建築過程中的材料用量。相關的開源程式也幾乎免費；相反地，若以傳統建築方法來說，光是聘請一個建築師來繪製藍圖，就得花上非常多的時間和費用。3D列印建築物骨架的完成不用耗費很多人力，而傳統建築方式不僅費人工，耗費的時間也是3D列印建築法的好幾倍。最近，就地收集再生能源的趨勢，讓啟動3D印表機所需的發電邊際成本有可能趨近於零，在這種情況下不難想像，至少在不久的未來，一棟小建築物的興建成本可能只略高於收集鄰近地區的岩石、沙子、回收材料和其他原料的成本。

3D列印汽車Ubree，第一台新世代汽車原型

不管是在月球或在地球，任何人都需要運輸工具才能往返不同地點，如今，第一輛3D列印汽車Ubree已經完成道路測試。Ubree車款是加拿大溫尼伯市的柯爾生態公司（KOR EcoLogic）所開發。這款車是一輛兩人座的混合電動車〔Ubree是都會電動（urban electric）的縮寫〕，它的設計是利用太陽能及風動力來運轉，而這些動力可以透過一輛車大小的車庫，每天收集。這輛車的時速可高達四十英里。[25] 如果有

長途駕駛的需要，使用者可以切換到酒精動力備用引擎。[26]Ubree雖然只是第一台正式完成的第三次工業革命新世代汽車原型，不過，一如當年亨利・福特推出的第一輛大量製造汽油動力內燃式引擎汽車，我們也能從這輛3D列印汽車的製造方式和動力來源，預見到未來經濟和社會的可能整體趨勢。

要生產福特先生那種汽車，需要興建巨大的中央集權化工廠，才能配合汽車組裝線上繁雜的原料運送和儲存作業。而要將生產線上所有必須工具全部安裝完成，也必須花費非常多資本，因此，這些生產線必須能長期大量產出相同的車款，才足以確保合宜的投資報酬。多數人都知道一個故事，有一個顧客問福特會為這輛車選擇哪個顏色，他幾乎不假思索就回答：「只要是黑色的就好。」[27]

福特生產線的減法製造流程其實很浪費，因為有很多原料得經過切割和刨削，才能做成組裝汽車用的零組件。另外，汽車本身是由幾百種零件組成，所以需要很多人用很多時間來組裝。而一旦汽車組裝完成，還必須運送到全國各地的經銷商處所，當然，這也得花費額外的物流成本。即便福特有辦法利用第二次工業革命所帶來的新效率來創造垂直整合的作業，並達到足夠的經濟規模來提供相對便宜的汽車，讓數百萬人得以成為有車階級，但生產和使用每一輛汽車的邊際成本永遠也不可能趨近於零，尤其是將汽油價格列入考慮後。

但3D列印汽車的生產邏輯則非常不同。這種3D列印汽車可以利用幾乎能就地取得的免費材料來製作，所以，可省去罕見材料的昂貴成本，還能節省將材料運送到工廠並就地儲存的成本。3D列印汽車的多數零件都是以3D列印的塑膠製成，只有底盤和引擎例外。[28]汽車的其他部分是一層層製造出來的，也就是以一個連續流程，將一個單元加到另一個單元之上，而不是將眾多不同的零組件組合在一起。也因如此，新的生產方法使用的原料較少，組裝時間較短，而且使用較少人力。以Ubree車款來說，十片車殼全是用一部高六英尺的3D印表機印出來的，材料完全沒有浪費。[29]

調整開放源碼軟體，便可列印客製化汽車

從事3D列印生產活動時，並不需要投入鉅額資本來配置工廠工具，另外，若要改變生產模型，也無需耗費漫長的前置期。只要調整開放源碼軟體，就可以為單一顧客或某一批使用者噴印出不同客製化規格的汽車，額外增加的成本並不多。

由於3D列印工廠可以設置在任何可連結到物聯網基礎建設的地點，所以這種工廠運送汽車的費用也較低，因為只要運送到附近的地區或本地；而中央集權式工廠製造出來的汽車，則必須運送到各個國家，物流費用當然較高。

最後，駕駛3D列印汽車的成本也趨近於零，因為它使用的是就地收集的再生能源。Ubree每英里的燃料成本只有〇・〇二美元，燃料成本大約只有豐田汽車Prius車款的三分之一。[30]

自造者的基礎建設，讓次文化轉變為全新經濟典範

直到今日，參與自造者運動的人多半是駭客、3D列印迷和社會創業家，他們秉持樂活的心態，用新的方法來列印專屬個人和通用的具體物品。這場運動受到四個原則驅動：新發明的開源分享、協同學習文化的促進、自給自足社會的信念，以及對永續生產作業的承諾。不過，在表象之下，更激烈的歷程即將展開，雖然這個歷程還不成熟，而且多數人仍對此一無所知，但它的發展潛力卻相當可觀。如果將3D列印文化的所有不同環節全部結合在一起，就會發現，一個可能改變文明發展路線的強大新經濟典範，已在二十一世紀建構完成。

想想看，目前世界各地正興起一股ＤＩＹ文化，這股文化在「以位元來安排原子」的概念支持下，獲得強大的力量。一如一個世代前為了分享新資訊而自創軟體的早期駭客，現在的ＤＩＹ玩家也以創造自己的印刷及分享軟體為樂。若將３Ｄ列印迷創造的很多產品結合在一起，就可以組成第三次工業革命「自造者基礎建設」的所有必要節點。

３Ｄ列印最具革命性的一面，就是即將完成的「自造者基礎建設」，它將把３Ｄ列印從一種只屬於３Ｄ列印迷的次文化，轉變為一個全新的經濟典範。這個發展將會衍生很多新的商業運作，而這些運作的效率和生產力，將會促使人類生產及配送商品與服務的邊際成本趨近於零，從而讓我們擺脫資本主義時代，進入協同主義世代。

運用當地資訊，保護地球永續

若想一窺「自造者基礎建設」的歷史意義，可以先從一群本土的草根維權主義者發起的適當科技運動（Appropriate Technology Movement）出發。這場運動是從一九七〇年代起展開，最初是受到甘地（Mahatma Gandhi）的著作所啟發，而後來夏瑪齊爾（E. F. Schumacher）和伊凡・艾李奇（Ivan Illich）的著作，以及我個人的鄙作《熵：全新的世界觀》（*Entropy: A New World View*）一書（希望這麼說不會顯得太囂張），也為這場運動注入了新動力。

新一代的ＤＩＹ迷（多數是和平及人權運動的老兵）在適當科技的旗幟下，鬆散地結合在一起。有些人宣揚「回歸土地」的社會風氣，而且他們說到做到，陸續搬遷到農村地區。還有些人則是留在大都市的貧窮都會街坊，非法占用廢棄的街坊建築物。他們宣稱自己的任務是要創造「適當科技」，意思就是指可以用本地可取得的資源做成的工具和機械，但資源的使用必須善加管理，不能大規模剝削環境生態，而且，可以經由一個協同的文化來共享資訊。他們的口號是：「全球思維，在地行動」（think globally and act locally），意思是指在自己本地的社區，以有助於保護地球的永續方式生活。

這場運動一開始是從北半球的工業化國家展開，但很快就在南半球的開發中國家形成一股更強大的力量，因為世界各地的窮人們亟欲在全球資本主義經濟體系的邊緣，創造屬於他們的自給自足社區。

免費軟體運動：資訊免費和智慧財產權的矛盾

特別值得一提的是（至少事後回顧來說是如此），適當科技運動興起後十年，一場完全不同的年輕科技迷運動接著展開。這些年輕人是IT文化裡的電腦怪胎和電腦迷，他們全都熱愛電腦程式設計，而且樂意在協同學習社區裡熱心分享軟體。他們組成了免費軟體運動（Free Software Movement），目標是要創造一個全球協同共享聯盟（我將在第三部詳細討論這場運動）。他們的口號是「資訊想要免費」（information wants to be free），這個口號是史都華・布蘭德（Stewart Brand）帶頭提出，他是少數扮演適當科技運動與駭客文化橋樑的人之一〔布蘭德編輯的《全球概覽》（*The Whole Earth Catalog*）雜誌，將適當科技運動從一個利基型次文化，升級為更廣泛的文化現象〕。不過，很少人記得布蘭德有關軟體革命的其他評論。他在一九八四年第一場駭客研討會中表示：

> 一方面來說，資訊想要它是昂貴的，因為資訊確實非常寶貴。對的資訊在對的地方出現，會改變你的一生。但另一方面，資訊想要它是免費的，因為取得資訊的成本正與時遞減。於是這兩種理念纏鬥不休。[31]

布蘭德早就察覺到智慧財產權和開放源碼取用權之間即將浮現的矛盾。隨著分享資訊的邊際成本趨近於零，那個矛盾最後演變成了資本主義者和協同主義者的戰爭。

適當科技運動的科技層次當然比較低，它追求重新找回並更新因世人一窩蜂擁抱工業時代而遺忘的傳統高效率技術，但也沒有忘記要開發較新的技術，尤其是再生能源相關的技術。他們偏好簡單而非複雜的技術，而且偏好可以利用本地資源和知識重頭開始複製的技術，目的當然是要堅守本地自給自足的原則。

但年輕科技迷卻有點不同。他們多半是非常聰明的工程師和科學家，是ＩＴ革命的先驅，本身就像是高科技文化的縮影。他們的目光鎖定全球，而不僅是本地，而他們的社區也像是網路社群空間的雛形。

不過，這兩場運動卻有一個共同點：它們都秉持共享社區的觀念，也認同協同而非專屬、取用而非占為己有的道德信念。

３Ｄ列印是第三次工業革命基礎建設量身訂做的技術

現在，３Ｄ列印將這兩場重要的運動結合在一起，因為它既是極端高科技，又是適當的科技。大致上來說，它被當成一種開源科技在使用。印製物品的軟體指示是全球分享的，不是個人私下占為己用，但原料卻是可在本地取得，所以，這項技術可以在全球各地應用。雖然３Ｄ列印提倡自給自足的本地社區，但生產出來的產品還是可以在幾近零邊際成本的情況下，透過網站來行銷，讓全球的用戶群都有辦法取用。

３Ｄ列印也將縮短了意識型態的疆界，不管是自由意志論者、鼓吹自己動手做的人、社會創業家或鼓吹公有制社會的人，全都偏好一種分散、透明的協同經濟及社會生活方式，而不喜歡中央集權化與專屬的生活方式。３Ｄ列印正好讓上述不同的敏感人士得以結合在一起，它藉著眾人對階級勢力的深惡痛絕，以及對「點對點」橫向分布勢力的強烈承諾等，將整個社會緊密聯繫在一起。

在最先進的工業經濟體，３Ｄ列印的風潮正快速席捲，這樣的發展一點也不足為奇。美國企業迅速掌握這項新技術的領頭羊地位，但未來幾年，德國似乎有急起直追的態勢，因為一般認為，它的3D列印技術是專門為分散、協同與橫向分布的第三次工業革命基礎建設的資訊生產模型量身訂做。

德國：促進3D列印的理想領導者

德國在推動可供3D列印生產活動連結與運作的物聯網技術平台方面，腳步遠遠領先其他主要工業國家。誠如先前提到的，德國已突破「二〇%發電來自分散式再生能源」的目標，而且到二〇二〇年時，估計該國有三五%的電力將來自再生能源發電。[32] 過去十年間，德國也將一百萬棟建築物轉化為局部綠色微功率發電廠。意昂集團（E.ON）和其他電力與公用事業公司，目前正積極在傳輸電網上安裝氫及其他儲存技術。德意志電信公司（Deutsche Telekom）也開始在該國六個區域內測試能源網路，而戴姆勒（Daimler）公司也在德國各地興建氫燃料站網路，為該公司二〇一七年將推出的燃料電池汽車做準備。[33]

由於當地的3D印表機可連上德國各地的物聯網基礎建設，故也得以享受到物聯網所帶來的效率及生產潛力等利益。這讓德國的3D列印生產者得以大幅超越美國的同儕，因為美國的3D列印公司還得忍受沒有效率與過時的第二次工業革命基礎建設，而這些基礎建設的生產力能量早就過了高峰。

長久以來，外界向來認定德國的中小型工程設計公司，是世界精密工程設計領域的第一流廠商，也因如此，他們的確是促進3D列印的理想領導者。目前已經有十家德國企業參與3D列印的開發。同屬世界級參與者的德芮達科技公司（EOS）和概念雷射公司（Concept Laser）都位於巴伐利亞邦。[34] 德國改採第三次工業革命基礎建設的方法既傳統又橫向，就傳統的部分而言，它從上到下貫徹物聯網的實行；而就橫向來說，地方社區將當地的建築物改造成微功率發電廠，安裝微功率電網，同時導入電動交通運輸。

開發中國家的自造者基礎建設發展型態，則是最純粹的橫向發展模式。在貧窮的都會外圍地區或與世隔絕的小鎮和鄉村，基礎建設向來非常匱乏，至多只能取得零零落落的資本，技術專業、工具和機械等也幾乎付之闕如，但正因如此，3D列印對這些地方來說，更代表著一個重大且迫切需要的契機，因為它有助於建構第三次工業革命的自造者基礎建設。

普林斯頓大學（Princeton University）研究生馬爾辛・賈庫伯斯基〔Marcin Jakubowski，他擁有威斯康辛大學（University of Wisconsin）的聚變能源（fusion energy）博士學位〕正開始描繪用來建構世界各地第三次工業革命自造者基礎建設的3D列印藍圖，另外還有為數眾多受社會促動的年輕發明家，也紛紛加入這個行列。賈庫伯斯基以一個疑問作為出發點：一個社區需要哪些原料和機器，才足以創造永續且合宜的生活品質？他和那一群向來熱心提倡開源適當科技的團隊，找出五十種讓現代生活得以存在的最重要機器（我們每天使用的工具），從拖拉機到烤麵包機到電路製造器等，換言之，他們釐清了哪些工具對耕種、建造住所和製造物品最為重要。[35]

3D列印技術讓每個社區都擁有「地球村建築工具箱」

這個團隊主要聚焦在生產活動用的工具，而目標是要編寫可利用本地取得原料（主要是廢棄金屬）來印製這五十種機器的開放源碼軟體，因為這麼一來，每個社區就都能擁有一個「地球村建築工具箱」，進而組成屬於它自己的第三次工業革命社會。

到目前為止，賈庫伯斯基這個專供農民及工程師使用的開源生態網路，已利用3D列印技術，生產出上述五十種機器裡的八種原型：推土機、旋耕機、微型拖拉機、鋤耕機、通用轉子、鑽床、多功能鐵工機……還有一個電腦數值控制的氣炬桌，用來進行金屬薄板的精密切割。[36]他們將以上3D列印產出機器的設計和生產指示，全部公開發表在這個團隊的網站上，所以，任何人都能複製。這個團隊目前正著手研究另外八種原型的技術。

在一個世代以前，任何人都難以想像要如何從頭一點一滴地開始打造一個現代文明社會。開源生態利用系統化的整合法，創造了足以建構一個現代經濟體的完整機器生態，在此同時，包括阿波羅佩迪亞（Appropedia）、霍托佩迪亞（Howtopedia）和務實行動（Practical Action）等其他3D列印團隊，則是扮演開源3D列印設計的儲存所，所有願意自己動手做的人都有能力利用這些設計，印製各式各樣有助於建構第三次革命自造者經濟體系的必要機器。[37]

3D列印產品連結能源網路，迷你物聯網成形

就其本身而言，以3D列印技術來生產關鍵耕種、建築和製造用的工具和機器，意義並不是那麼大。要讓這些機器真正發揮最大效用，就必須讓所有機器連結上一個電力基礎建設。等到3D自造者運動將3D自造者經濟體系的所有「物品」全都連接到能源網路時，真正的革命才算展開。一旦這個情況發生，經濟典範就會轉變。因為當3D列印生產的物品都能透過一個能源網路全部連結在一起，每個社區就等於擁有一個迷你物聯網基礎架構，可以節點對節點地向外延伸，進一步連結各個地區的眾多社區。

世界上最偏遠地區的社區早就建置了微功率電網——也就是本地的能源網路，而這在一夜之間改造了當地經濟的發展。印度有四億人口（多半是在鄉村地區）迄今無電可用，而就在二〇一二年七月該國爆發史上最嚴重的斷電危機（導致七億人無電可用）後，微功率電網終於「一舉成名」。因為就在全國多數地方都陷入斷電的恐慌之際，一個位於拉賈珊（Rajasthan）農村地帶的小村莊，卻得以維持日常的商業運作，當地燈火一如往常地通明。村人們照舊播放著剛買來的電視，他們的DVD播放器也正常運轉，酪乳機器沒有停擺，電風扇也照常吹拂著，這一切都是拜綠色低功率電網之賜。

印度微功率電網讓小農莊免於斷電之苦

就在斷電事件爆發前幾個月，一家名為葛蘭姆電力（Gram Power）的小型新創企業，在印度這個渺小的卡瑞達拉科西米普拉（Khareda Lakshmipura）村莊，設立了印度第一座智慧微功率電網。這家公司是加州大學研究所畢業的社會創業家亞希拉傑・凱坦（Yashraj Khaitan）和他同事傑柯・迪金森（Jacob Dickinson）所創辦。

當地微功率電網的電力是來自一組連接到一棟磚造變壓所的太陽能板。這個變壓所裡有很多電池可供這個村莊儲存電力，供夜晚或陰天時使用。他們利用一台小型電腦將資料傳回該公司位於賈伊普爾（Jaipur）的辦公室，並以木製電線桿的電線，將電力從變電所傳輸到村莊的各個家庭，為超過兩百位居民提供綠色電力。每個家庭都配備一台智慧電表，使用者可以透過這個電表知道自己使用了多少電，也能查詢每天不同時段的電價。[38]這種綠色電力遠比印度國家電網所提供的電力便宜，而且有了綠色電力後，居民不再需要忍受燃燒煤油燈的高汙染和灼熱感，更降低了罹患呼吸道及心臟疾病的風險，而這些疾病在印度隨處可見。

當地一名母親接受《衛報》（*Guardian*）訪問，她提到，電力已改造了這整個村莊的生活。她解釋：「現在孩子們晚上可以讀書。以前，住在這裡就好像住在叢林裡。現在我們終於感覺自己也是社會上的一分子了。」[39]

葛蘭姆電力公司被NASA選為二〇一一年世界十大潔淨科技創新者（Clean Tech Innovators）之一，從那之後，它又和另外十個村莊合作，建置微功率電網，期望能在二〇一四年為另外四萬個村民引進綠色電力。[40]它也在尋找其他可就地取得的再生能源來源，包括地熱和生質能源。該公司目前正和印度政府協商，將微功率電網擴展到另外一百二十個村莊，期許能讓超過十萬個家庭有電可用。[41]

葛蘭姆電力公司是眾多透過印度鄉村崛起、協助本地村莊建立綠色微功率電網來傳輸電力的新創企業之一。休斯克電力系統公司（Husk Power Systems）是位於比哈爾邦（Bihar State）的另一家新創企業，這個邦有八五％的人口無電可用。該公司是藉由燃燒來自稻殼的生物質，為它的九十個本地電廠發電。這些電廠利用微功率電網將電力傳輸給四萬五千個農村家庭。以一個約一百個家庭組成的村莊來說，建置一個微功率電網的成本通常大約只要兩千五百美元，而且只要短短幾年的時間，這些村莊就能回收所有投資，在那之後，生產及傳輸額外一千瓦電力的邊際成本就會接近零。[42]

當地方的微功率電網連上網路後，也可以和其他地方彼此連結，建構成一個最終連結到全國電網的地區性網路，在這個過程中，中央集權式電力結構將被改造為分散、協同且橫向分布的電力網路。推估到二〇一八年時，微功率電網占全球再生能源發電業務的營收，將達七五％以上。[43]

開發中國家貧窮區域微功率電網（這是以本地生產的再生能源為動力）的大量建置，提供了運轉3D印表機所需的必要電力，而3D印表機則能生產建構二十一世紀自給自足與永續社區所需的工具和機械。

在自己家裡大量製造的經濟遠景

看著印度和世界各地所發生的種種轉變，我不由得聯想到甘地在七十多年前提出的高見。當時有人問甘地有何經濟願景，他回答：「大量製造，但當然不是以武力來達成……它是大量製造沒錯，但卻是在人民自己的家裡大量製造。」[44]夏瑪齊爾將甘地的概念歸納為：「不是大量製造，而是由大眾製造。」[45]甘地後來又繼續描繪一個如今對印度乃至世界其他國家更有實質意義的經濟模型（以現在的時機來說，這些模型比他提出這些觀點時更有意義）。

甘地的觀點和當時的一般見解互相牴觸。在政治人物、商業領袖、經濟學家、學術界人士和普羅大眾齊聲讚頌工業化生產模式的那個世界裡，甘地卻力排眾議，宣稱亨利・福特的理論背後存在一個巨大的謬誤。甘地相信，為了大量生產，企業勢必得採取垂直整合模式，在這種情況下，就會產生經濟勢力中央集權化及壟斷市場等固有傾向，進而對人類造成嚴峻的不利影響。[46]

他警告，那樣的情境：

> 最終將會引來災難……因為儘管你將在無數地區生產物品，但是權力卻還是集中在一個精選的核心圈子裡……它將會把無限的力量全數賦予一個人類代理機構，後果不堪設想。舉個例子，這麼大的控制權將造成所有人都必須依賴那個權力，才能取得光、水甚至空氣等。我認為那將是很恐怖的。[47]

甘地深知，大量製造模式的設計是要藉由更精密的機器，以更少人力與更低成本來生產更多產品。然而，他察覺到，大量製造的組織邏輯裡存在一個固有矛盾，這個矛盾局限了它的前途。甘地的理論是，「如果所有國家都採用大量製造體系，最後根本不可能有足夠大的市場能吸納它們生產的全部產品。這麼一來，大量製造勢必走到終點。」[48]一如馬克思、凱因斯、瓦西里・列昂季耶夫（Wassily Leontief）、羅伯・赫伯納（Robert Heilbroner）和其他聲望卓著的經濟學家，他主張，資本主義者追求效率和生產力的渴望，最終將形成一股企圖以自動化操作模式取代人力的頑強欲望，結果導致愈來愈多人失業，也愈來愈沒有足夠的購買力來採購他們大量製造出來的產品。

自主生產，把生產和消費結合在一起

甘地提出一個替代建議，他認為應該由大眾在自己的家裡和附近的街坊，從事本地製造作業，這就是他所謂的自主生產（Swadeshi）：「把工作帶給人民，而不是要人民去工作。」[49]他諷刺地問：「如果把個人的生產乘上好幾百萬倍，難道無法獲得超大規模的大量製造效果嗎？」[50]甘地強烈相信，生產和消費必須重新結合在一起（這正是我們現在所主張的產消合一者），而除非多數生產活動是在本地進行，且多數（但非全部）產出都是在本地消耗，生產和消費就不可能重新結合[51]。

甘地對支配第一次及第二次工業革命的權力關係觀察入微，見解也異常敏銳。他看著英國工業化機器大量進入印度疆界，狼吞虎嚥地吞噬印度豐富的自然資源，但這些機器在餵養英國富有的菁英和愈來愈多中產階級的同時，卻導致印度人民變得更貧窮。眼見數百萬的印度鄉村同胞被壓抑在全球工業金字塔的最底端受苦受難，無怪乎他會對中央集權化的資本主義體制發出不平之鳴。

不過，甘地對蘇聯國家的共產主義實驗也未心存幻想，因為這個體制口頭上鼓吹著「眾人休戚與共」的共享原則，但實際上卻實施比資本主義工業化流程更嚴厲的中央集權式控制。

自主生產村：本地自給自足，但和鄰村彼此依存

甘地從未在自覺的情況下，對外闡述「每個文明世界的通訊／能源組合式基礎架構將決定其經濟勢力的組成及分配方式」的概念。不過，他直覺地感受到，隨著整個社會的工業結構（不管是在資本主義或社會主義體制的庇護下）持續發展，社會上也漸漸形成一套指導性的假設，包括應以中央集權化的方式來控制生產及配送流程；人性效益概念至上；以及應持續追求更多物質消費（但其實並不知道追求那麼多物質

的理由是什麼）等假設。相對地，他的哲學則強調在自給自足的社區從事分權化（decentralized）經濟生產；追求手工人力而非工業化機械勞力；重視道德及精神層面的經濟生活，而非一味追求物質滿足。甘地認為，「對社會的無私承諾」是治療猖獗的經濟剝削和貪婪的解藥。

甘地理想中的經濟體系是以本地的村莊為起點，進而向外延伸到全世界，他寫道：

> 我的自主生產村概念是：它是一個完全共和體，無需仰賴鄰村來取得生存所需，但卻和很多其他鄰村彼此依存，這種依賴關係是必要的。[52]

甘地：以個人爲中心的「海洋圈」

他對金字塔式組織的社會深痛惡絕，並偏好他所謂的「海洋圈」（oceanic circles），所謂海洋圈是由小到大的社區組成，最初是個人社區，接著一圈圈向外擴散到涵蓋全人類。甘地主張：

> 從最基層開始就必須獨立……每個村莊都必須能自給自足，而且有能力管理本身的事務，甚至包括保衛社區免於全世界的傷害……這並不代表它完全排除對鄰村或世界的依賴或求助。整個結構是在共同的力量自由且自願的情況下形成……在這個由無數村莊組成的架構裡，隨時都會有更大且向上延伸的圈子產生。生活將不是一個以底部來支持頂部的金字塔，而是一個以個人為中心點的海洋圈。
>
> ……因此，最外圍的圈子將不會以權力來壓迫較內圍的圈子，反而會給予所有被包含在大圈子裡的所有小圈子更多力量，在此同時，大圈子也從這些更小的圈子中獲得力量。[53]

在為這個願景而戰的同時，甘地也刻意和古典經濟學理論保持距離。亞當・斯密主張每一個人在市場上追求私利是天經地義的，而甘地認為亞當・斯密「事實上，他只看得見個人利益，不在乎社會的利益」的那一席話，根本就是一種詛咒。[54]他相信，在一個有道德良心的經濟體系，社區的利益絕對凌駕在個人私利之上，而且主張若非如此，人類的快樂就會減少。

對甘地來說，個人財富的累積並無法帶來快樂，活在一個有同情心和移情的世界裡才會快樂。他甚至表示：「增加不會讓人得到實質的快樂和滿足，蓄意且自願減少需求才會。」唯有自願且蓄意減少需求，一個人才可能更堅定且自在地和其他人協同生活在一起。[55]他也將自己的快樂理論和對地球的責任綁在一起。早在永續發展觀念成為時尚的前五十年，甘地就像個先知般地公開表示：「地球提供的資源足夠滿足每個人的需要，但不足以滿足每個人的貪婪。」[56]

甘地的大眾製造概念和協同世代理念不謀而合

甘地理想中的經濟體系和第三次工業革命以及隨之而來的協同世代，存在著驚人的哲學相似性。甘地「自給自足的鄉村社區結合在一起，向外擴散成為涵蓋全人類的更大海洋圈」的觀點，恰恰呼應了第三次工業革命經濟典範中，社區微功率電網連接到更分散與協同的橫向網路的情況。他認為快樂是優化個人和共享社區關係（而非自發性地在市場上追求個人私利）的概念，也反映了協同世代追求高品質生活的新夢想。最後。甘地相信大自然是一種充滿內在價值（intrinsic value）的有限資源，需要管理而非掠奪，這個信念也呼應了現代人的一個全新體悟：「每個人類的生命價值，最終取決於他在所有生物集居的生物圈裡所留下的生態足跡產生了什麼樣的影響。」

雖然甘地擁護橫向經濟勢力的概念，而且也了解到地球環境是支持地球所有生命的一個廣大社區，但活在工業世代的他在宣揚自己的本地經濟勢力哲學時，卻經常陷入苦戰。因為工業世代的通訊／能源組合式基礎架構有利於中央集權、上級管理下級的商務運作，以及垂直整合經濟活動的發展，而他鼓吹的概念（在本地自給自足的社區推行傳統手工藝）相對站不住腳，畢竟自古以來，印度一直都是用這種經濟模式，但大量印度人民並未因此變得富饒，而是長久深陷在貧窮和孤立狀態。

但甘地所未能體察到的是，隱藏在資本主義體制核心的一個更深層矛盾，讓他極力擁護的那種高度分散與協同橫向分布經濟體系有可能躍為主流。換言之，不斷追求新技術以提升效率和生產力的結果，將促使邊際成本趨向於零，最後可能讓很多商品和服務變得幾乎免費，進而促成一個富饒的經濟體系。

如果甘地察覺到，導入新溝通科技、新能源體制後，隨之產生的分散與協同模式，及橫向點對點排列的生產及配銷組織模型，能促使資本主義達到趨近零邊際成本的最高生產力水準，並讓數億人民成為產消合一者，他應該也會一樣訝異，因為那樣的情景和他極力主張的大眾製造概念非常相似。

如今，物聯網基礎建設提供了讓甘地的經濟願景得以實現的必要工具，並帶領數億個印度人脫離悲慘的貧窮生活，得到一種能長久延續的生活品質。物聯網實現了甘地對更優質經濟體系的追求，而那樣的經濟體系更是物聯網固有的一環。物聯網不僅能為印度寫下更強而有力的歷史，也能在世界各地追求正義和永續未來的新興國家寫下新的一頁。

第七章
能容納二十億學生的教育殿堂

在一個零邊際成本的社會，匱乏被豐饒取代，那個世界將和我們所習慣的世界大不相同。「如何讓我們的學生做好迎接資本主義市場被協同共享聯盟取代的準備」等問題，已迫使一般人重新思考現有的教育流程。目前我們的學習教育法正遭受徹底的檢視，教育的財源和傳遞方式亦然。短短兩年內，幾近零邊際成本現象已深深滲透到高等教育領域，因為眾多大規模公開網路課程，讓數百萬個學生得以在接近零邊際成本的狀態下取得大學學分。

在資本主義世代，為了讓學生做好擔任技術性從業工人準備而設計的教育模型，被奉為神聖不可侵犯的模型。教室被轉化為工廠的縮影，學生則被當成機器，他們只能聽從命令，透過不斷重複的流程來學習新知識，而且必須時時展現自己的效率。老師則像是工廠領班，指派標準化且要求僵固答案的作業給學生，而且還指定完成期限。「學習」被分解為各自為政的不同學科。一般人認定教育就應該要追求實用及實效性，所以鮮少討論「為何」，一直著重在各種事物的「如何」。而這一切的目標，就是要讓學生成為有生產力的員工。

一個能容納二十億學生的教室

從資本主義世代轉型為協同時代的歷程，也逐漸在扭轉教室裡的教育方法。上級指揮下級的權威式指令，漸漸被更協同化的學習體驗取代。老師逐漸從講師的身分轉化為促進者（facilitator）。傳授知識的重要性漸漸降低，但創造關鍵學習技巧卻愈來愈重要。總之，新的教育法鼓勵學生多做整體性思考，且重提問而輕背誦及記憶。

在傳統的工業化教室，學生被嚴厲禁止質疑師長權威，而同學間分享資訊和概念更被視為作弊。當然，孩子們也迅速透過這樣的模式，體會到「掌握知識就掌握力量」的道理，也知道學習過程中所獲得的知識是一種寶貴資源，能讓自己畢業後在競爭激烈的市場上，擁有其他人所沒有的優勢。

知識是人人皆可取得的公共分享財

但在協同時代，學生將把知識視為和社區同儕之間的一種共享經驗。學生在一個知識共享的社區裡，像軍隊般共同學習。老師則扮演引導者的角色，安排各種調查項目，讓學生在小組環境下進行研究。這麼做的目標是要模擬協同創造力，而那正是年輕人參與網路社群空間時會經歷到的情況。從老師一手掌握階級權力，轉變為由整個學習群落掌握橫向權力的歷程，等同於教育法的一場革命。

傳統的教室將知識視為客觀但不相關的事實，但在協同的教室裡，知識涵蓋所有體驗，代表一種整體的意義。這個方法鼓勵學生拆除各種學術學科之間的藩籬，以更整合的方式來思考。多學科和多重文化研究，讓學生變得能愉悅地接受不同觀點，且更懂得在各種不同傑出人才裡尋找協同合作的機會。

在資本主義的環境下，一般人會順理成章地把學習當成一種自主性的個人體驗，也會把取得的知識視為某種專屬財產，這是有原因的，因為那個環境也是用相似的條件來定義人類的行為。但在協同時代，學習被當成一種群眾外包（crowdsourcing）流程，而知識則被當成一種人人皆可取得的公共分享財，這呼應了「人類行為天生就極度社會化與喜好互動」的新興定義。隨著威權學習形式轉化為更橫向的學習環境，今日的學生也得以做好在明日的協同經濟體系下工作、生活和發光發熱的準備。

世界各地有很多學校和社區都已開始應用全新的協同教育法。這些教育模型的設計，是要讓學生擺脫傳統教室的局限，讓他們在多元開放的共享聯盟、虛擬空間、公共廣場和生物圈裡學習，不會被圈禁在教室那種隱私空間裡。

全球協同教室擺脫傳統教室的局限

現在，世界各地的教室全都可透過Skype和其他程式即時連結在一起，協同完成共同的指派作業。即使是相隔幾千英里的學生，也能透過虛擬組隊的方式來分組，一起讀書、做簡報，彼此辯論，甚至一起升級。總之，全球協同教室正快速成為事實。目前，免費線上社群「Skype教室」（Skype in the Classroom）已有六萬零四百四十七名教師註冊加入它的全球教室專案，而且它也設定了連結世界各地一百萬間教室的目標。[1]

另一個網路學習環境「協同教室」（Collaborative Classrooms），則是讓成千上萬個老師得以在一個全球教育共享聯盟，共同透過網路來創作課程，並彼此分享最佳課程計畫，而且這些全都免費。目前已經有超過十一萬七千個教師分享開源課程（open-source curricula），將眾多社群聚集在一個無國界的全球教室裡學習。[2]

如今，學習經驗不僅從被圈圍起來的教室向外溢散到網路的虛擬空間，也滲透到構成公共廣場的周遭街坊。近年來，有數百萬個美國小學生、中學生和大學生參與社區的「服務學習」（service learning）。服務學習將正式教育和對文明社會的參與結合在一起。

最好的學習方式：透過實際生活和工作的社區來學習

鼓吹服務學習的人向來秉持一個基本假設：「學習絕對不是一種可以獨力完成的事務，最終來說，學習是一種經驗分享和協同冒險，所以，最好的學習方式，是透過一般人實際上生活與工作的社區來學習，唯有如此，才能達到最佳實踐效果。」學生通常會透過自願參與非營利組織的活動，藉由為自身所屬社區的更廣大利益奉獻而學習。這種以經驗為基礎的學習，將讓學生的視野變得更開闊，並從中了解到，學習不僅是累積足以促進個人私利的專屬知識，更重要的是探索整個社區。

學生可能透過服務一個有大量移民人口居住的街坊，而學會當地人平日交談的方言——那或許是一種外國語言。如果他們透過社會研究課來學習貧窮的動態，可能就會自發性地去擔任食物銀行或流浪漢庇護所的義工。在華盛頓州岸線市（Shoreline）的愛因斯坦中學（Einstein Middle School），四名代表社會研究核心學科（英文、數學和科學）的教師，召集一百二十名八年級學生，參與一個跨學科協同服務學習課程，共同研究貧窮和無家可歸的議題。

其中，社會研究科老師要求學生舉辦牛津飢荒救濟委員會（Oxfam）樂施貧富宴，並邀請地方機關裡平日專責協助社區貧窮居民的相關人員來演講，讓學生了解和貧窮有關的複雜議題。接著，學生連續五個星期，每星期在西雅圖市中心區八個專為服務貧困社區而設的據點擔任志工。學生幫忙準備餐點，配送食物及其他必需品給無家可歸的遊民，而且還要和他們交談，以培養彼此間的關係。英語課則要求學生閱讀《地鐵求生一二一》（*Slake's Limbo*），這個故事是描寫一個年輕男孩逃家後，住在紐約市地鐵系統的地道，並因此體驗到無家可歸和飢餓究竟是什麼樣的感覺。而在數學課裡，老師讓學生檢視貧窮的經濟學。接下來，這些八年級生針對特定的局部及整體貧窮情況撰寫報告，發表線上雜誌，同時安排一場夜間展覽，為學生和社區展示各種和貧窮有關的議題。[3]

將學習環境延伸到公開的共享聯盟後，學生得以了解到，人類是一種天生具有移情能力的高度社會化生物，故對我們來說，協同經驗是最核心的關鍵，而唯有累積這些經驗，才可能成為更大社區裡的一環。

生物圈是一個由眾多關係構成的共享聯盟

學習社區的見解不僅被延伸到各個虛擬空間和街坊，也擴及生物圈最遙遠的角落。學生漸漸體會到，整個生物圈其實是一個無形的共享聯盟，人類的所有社區只是這個共享聯盟中固有的一環。經過近乎兩個世紀的工業教育課程，一種全新的協同課程正重新將整個生物圈視為一個由眾多關係構成的共享聯盟，不再像工業時代的教育，將地球貶抑為一個有用資源的被動儲存處，而且還把這些資源視為可供利用、開發、製造與轉化為供個人牟取私利的生產資本和私人財產。相反地，新的協同教育讓學生體認到，生物圈的眾多關係必須透過共生共榮的方式慢慢建立，而唯有這樣的互動模式，才能讓整個地球上的所有生命都變得繁榮興盛。

威斯康辛大學綠灣分校（University of Wisconsin at Green Bay）的學生，每學期都花兩星期的時間，親自到哥斯大黎加的卡拉拉國家公園（Carara National Park）熱帶保護區，從事實地考察工作。這些學生和生物學家及公園員工合作，將本地植物群和動物群登記在目錄，並追蹤這個公園的生態條件。除了追求較技術性的目標，學生也參與一些非技術性的工作，幫忙修復自然小徑、建築橋樑、興建生物野外站，以及在公園比鄰的城鎮植樹等。

這項服務學習體驗的設計，是為了讓學生融入熱帶生態系統的複雜生物動態，另一方面也要讓他們有機會協助管理與保護這個生態。[4] 美國很多高中都會參與保護環境的服務學習計畫。新罕布夏州愛塞特高中（Exeter High School）的學生監控校園和鄰近街坊的空氣品質，結果發現怠速的汽車和巴士對空氣品質造成顯著衝擊，於是，他們發動社區實施一個不允許怠速的政策，有效改善了校園內外的空氣品質。[5]

這些例子和其他無數環境服務計畫的學生，不僅透過相關課程了解到人類活動對環境的眾多衝擊，也學會應採用哪些必要補救措施來扭轉損害，讓本地生態系統恢復健康。很多參與過這些課程的學生，更養成了一種「善加經營生物圈群落」的個人使命感。一個參與過哥斯大黎加服務學習計畫的學生，談到了這次經驗對他的世界觀和個人行為產生了多大的影響：

> 保護哥斯大黎加雨林和保存這個地區的生物多樣性真的極端重要，而讓地球保有充足與原始資源也一樣攸關重大。我每天都會默默告訴自己，我的行為會危害到這個世界，所以我總是努力縮減自己對環境的衝擊。[6]

美國教育已納入服務學習，改善學生問題解決技巧

工業世代特有的化約主義（reductionist）學習法（以個人獨自且私下學習為基礎）正逐漸式微，取而代之的是更系統化的學習經驗，這種新學習方法的設計，是要了解讓所有人才凝聚為一個更大共同體的種種微妙關係。在新的學習架構下，世界各地的學習環境都努力教導學生，如何做好在一個開放生物圈共享聯盟裡生活的準備。愈來愈多教育法都特別著重於人類和大自然之間的深刻生物聯繫，同時讓學生接觸海

洋和大地物種的多元化生活形式，教導他們認識生態系統動態，並協助他們用另一種方式來看待人類和這個系統動態的關係，從而改變自己和它的互動方式，以永續的概念和生物圈的所有要素共存共榮。

這些教育創新計畫正逐漸改造我們的學習經驗，原本的教育方式教導學生如何在一個重視私人財產關係的封閉生活裡謀生，但現在則是要設法讓學生做好在虛擬開放共享聯盟空間、公共廣場和生物圈生活的準備。

二十五年前，只有少數教育機構會安排服務學習，而且多半也將它視為次要活動，但如今，它已成為美國教育流程的重要環節之一。從校園聯盟（College Compact）最近針對美國各學院及大學所做的服務學習調查，便可約略了解高等學習機構對投入服務學習課程的承諾，以及開放共享聯盟學習對學生所服務之社區的影響。

這份報告涵蓋一千一百所學院和大學，它發現有三五％的學生組織參與服務學習計畫。接受調查的學院和大學中，有一半要求將服務學習列為至少一項主修科目的核心課程內容之一；另外，有九三％的學校表示它們有提供服務學習課程。二〇〇九年時，大學生奉獻了相當於七九・六億美元的志工時間來服務社區。[7]另外同樣令人印象深刻的是，在美國不同地區進行的小學和高中研究調查也發現，相較於沒有參與服務學習計畫的學生，服務學習改善了學生的問題解決技巧和對認知複雜性的了解，另外，他們課堂行為和標準測驗的表現也都改善了。[8]

實體教室的沒落

在工業化國家，教育和道路、大眾運輸、郵政服務和醫療等一樣，目前大致上都還隸屬公共領域，而且向來被視為由政府管理的一種公共財。

但美國在教育的傳遞上向來屬於一個局部例外的案例。初級和次級學校向來主要是公立學校，但長久以來，非營利民間學術機構也都投入這個領域。最近，以營利為目的的學校，尤其是特許學校（charter schools）更開始進入市場。而在高等教育領域，目前還是由公共與民間非營利學院及大學支配，營利機構所占比例仍相當低，重要性也不高。

不過，節節高升的教育成本已醞釀一個危機——數百萬個學生愈來愈沒有能力負擔四年制大學學位的費用，因為在非營利菁英學院及大學，一年的學費就高達五萬美元，即使是公家出資的高等教育機構，一年的費用也高達一萬美元。[9] 就算是有能力取得學院貸款甚至政府補助的學生，一樣得背負到中年前都無法擺脫的龐大負債。

愈來愈高的成本讓各大學和學院倍感掣肘，因而漸漸轉向企業贊助者求助，希望能從企業端取得捐贈資金或營業收入。企業當然也要求這些學院和大學投桃報李，並趁機一步步侵蝕這些高等教育機構的「獨立性」，要求他們把更多作業私營化，包括飲食服務、住宿與訪客設施到一般維護等。校園裡的企業廣告也更加猖獗，例如，運動館和演講廳常見到《財富》雜誌五百大企業的標誌。愈來愈多的大學研究設施（尤其是自然科學相關）變成共同管理，企業向大學租用實驗室，並和學術機構簽訂各種非公開的協議合約，從事專屬那些企業的研究。

在這種情境下，知識被圈禁在學術機構的高牆之後，除了最富有的族群，沒有人負擔得起取得這些機構認證的代價。不過，這一切即將改變。網路革命那種分散、協同及點對點的力量，已開始侵蝕這些阻絕各個社會階層且看似所向無敵的高牆，在學術圈發動猛烈的攻擊。這股強大的突襲力量其實來自學術界內部，而點燃這股風潮的火種，和在各個不同領域引爆多面向技術革命，並促使各個領域的邊際成本趨近於零的要素相同。

大規模網路公開課程，造福世界各地學子

這場革命是從史丹佛大學教授薩巴斯汀・史隆（Sebastian Thrun），在二〇一一年開了一堂免費人工智慧（AI）課程後展開，這堂課和他在大學裡傳授的課程非常類似。在學校裡面，通常大約有兩百名學生會選史隆教授開的課程，所以，他原本預期只有幾千人會來報名登記。沒想到課程一開始，世界各國（北韓例外）竟有十六萬名學生來註冊，他們坐在史上單一科目最大「教室」（譯注：虛擬教室）的電腦前。史隆說：「這讓我畢生難忘。」最後，這些學生當中，有二萬三千人完成課程並順利畢業。[10]

能透過一個虛擬課程場合對更多學生授業解惑，當然讓史隆感到興奮，畢竟若採傳統教學方式，他幾輩子也無法教那麼多學生，不過，箇中的諷刺也讓他非常震驚。史丹佛大學學生要上他這種世界級教授的課，一年得花五萬美元以上的代價，但讓世界各地其他所有潛在學生上這堂課的成本卻幾乎是零。史隆後來進而發起一家叫Udacity的網路大學，目標是要為世界上每個年輕人提供最高品質的教育，尤其是以前從來沒機會接觸到這種學習層次的開發中國家貧民。就這樣，網路學習開始快速發展。

參與史隆的網路課程實驗的兩個電腦工程領域同事安德魯・吳（Andrew Ng）和達芙妮・寇勒（Daphne Koller），後來成立了一個以營利為目的的網路大學網站——課程世代（Coursera），它是Udacity的競爭者。Udacity的課程是自行開發，但Coursera的創辦人則是採用其他途徑，它將某些最頂尖的學術機構納入一個協同聯盟，為學生提供由世界上某些最優秀的大學教授負責講授的完整課程。

Coursera的創辦人最初是引進賓州大學、史丹佛、普林斯頓和密西根大學，在這些重量級大學的加持下，Coursera也得以建構一個美好的願景。非營利教學聯盟edX是在Coursera之後成立，它是由哈佛大學和

MIT共同組成。在我撰寫本書之際，參與Coursera的大學有九十七所，edX成員也擴展到三十所以上的大學。這種新教育現象就稱為MOOC，誠如我在第一章提到的，它代表大規模網路公開課程。

MOOC三階段：上課、測驗、結合虛擬和現實

Coursera的模型和其他課程類似，這個模型是建立在三個基礎之上。首先，課程是由五至十分鐘的視訊片段組成，視訊內容包括教授的解說和各種視覺及圖形效果，甚至包括一些簡短的訪問及新聞，這些內容讓學習經驗變得栩栩如生、更吸引人。學生可以依照自己的學習速度，暫停並重播演說片段來回顧教材，進而吸收講授內容。另外，每一堂虛擬課程進行前，學生都會收到預先準備好的教材，而有興趣更深入探究相關主題的人，也可以要求提供選擇性教材。

第二個基礎是練習和精通。每一個視訊片段結束後，課程便會要求學生回答問題。這個系統會自動為學生的測驗題答案評分，即時給予回饋，讓學生了解自己的表現。研究顯示，這些跳窗式測驗題是促使學生更加投入的強大誘因，這種設計讓課程變得比較像智力測驗遊戲，而不像令人難以忍受的枯燥課程。另外，每一堂課結束後也都會指派作業，而且每個星期都會為作業評分。需要使用人力評分的課程，是由同學透過一個點對點流程來進行相互評估，換言之，學生必須為彼此的表現負責。

藉由評斷同學表現來學習的概念，頗受線上學術圈認同。為評估點對點評分相對於教授給分的精確性，普林斯頓大學的Coursera網路大學社會學導論教授米契爾・唐尼爾（Mitchell Duneier）做了一個測試。他和他的教學助理為幾千份期中考及期末考測驗打分數，再拿這份評分結果和同學點對點評估的分數進行比較，最後發現相關性為〇・八八。在總分二十四分的情況下，同儕平均給分是一六・九四分，而教授的給分是一五・六四分，非常接近。[11]

最後一個基礎是虛擬與現實生活研究小組的組成，這些小組跨越了政治疆界和地理範圍，將整個學習過程轉化為一個全球教室，「教室裡」的學生彼此教學相長，效果一點也不亞於老師的授課。參與edX的大學藉由要求校友及志工擔任線上指導人及討論小組組長的方式，來強化研究小組的能力。舉個例子，哈佛大學教授葛瑞高瑞・納吉（Gregory Nagy）聘請先前協助他授課的十名研究生，主持他一個極受歡迎的課程——古希臘英雄概念（Concepts of the Ancient Greek Hero）[12]MOOC線上研究小組。從Coursera及edX課程畢業的學生都會收到結業證書。

群眾外包線上學習法的設計，是要促進一種以共享聯盟為基礎的分散、協同與點對點學習經驗，也就是讓學生得以做好迎接下一世代的準備。二〇一三年二月時，Coursera大約有兩百七十萬名來自一百九十六個國家的學生，他們報名參與的課程更高達幾百種。[13]

edX在二〇一二年開辦的第一堂課有十五萬零五百個學生報名登記。edX校長，也是前MIT人工智慧實驗室處長安南・阿加爾瓦（Anant Agarwal）提到，報名參加第一個虛擬課程的人數，幾乎等於MIT創校一百五十年來所有校友的總數。阿加爾瓦教授說，他希望在十年內吸引十億名學生參加。[14]一如其他投入開創MOOC新紀元的學術界人士，阿加爾瓦認定這只是教育革命的冰山一角，這股風潮很快就會橫掃全世界。他表示：

> 這是教育界兩百年來最大的創新……它將再造教育界……將改造全世界的大學（且）促使全球的教育趨向民主化。[15]

傳統的實體教室能激發學生追求知識的熱情，這種虛擬學習經驗也能嗎？《衛報》記者卡蘿・加德瓦拉德（Carole Cadwalladr）撰寫一篇和MOOC有關的文章時，提到自己的親身經驗。加德瓦拉德報名參加Coursera的遺傳學及演化導論（Introduction to Genetics and Evolution）課程，和來自世界各角落的三萬六千名虛擬同學一起學習。她說視訊授課內容並沒有特別讓她感到興奮。不過，當她察看線上班級論壇後，真的獲得了畢生難忘的經驗。她寫道：

> 論壇上的流量簡直驚人。有成千上萬人提出（和回答）有關突變遺傳因子重組的問題。各研究小組是以自然的方式形成並壯大：哥倫比亞組、巴西組、俄羅斯組等。還有一組上Skype，有些甚至是現實生活中會見面的小組。總之，他們實在是非常勤奮！

加德瓦拉德說：「如果你是個對教學不再存有幻想的老師，或者你認識這樣一個老師，邀請他們來Coursera，這裡有太多人想要學習。」[16]

結合實體的混合教室和學分證明，MOOC克服了孤立感等難題

儘管學生對MOOC的看好度持續上升，但教育從業人員卻發現，實際上修完課程並通過考試的人占參與者總數的比例，通常遠比在實體教室上課並確實完成課程的學生低。最近一份研究發現，三二%的學生未能完成網路課程或中途退出，但接受傳統教育模式的學生僅一九%出現類似狀況。

教育從業人員精確點出導致網路課程完成率偏低的幾個導因，最主要的原因是孤立感。和教室裡的其他學生互動，能營造一種共同體的感覺，這是促使一般人鞭策自己跟上群組腳步的重要激勵因素。同學們可以互相幫忙解決科目上的問題，而且有助於鼓勵彼此更認真投入。另外，研究也發現，多數MOOC

學生是在半夜十二點到凌晨兩點間收看網路授課內容，但這個時段通常比較疲倦，無法集中注意力在課程上。在家學習的MOOC學生也經常容易分心，例如他們比較可能會經常離開座位，到廚房拿個點心或一邊從事娛樂行為等。

參與MOOC的大學已開始著手解決孤立感的問題，它們提供一種所謂的「混合教室」，學生在網路上登記入學後，也可以和其他學生及教職員一同參與教室的專案。新的研究發現，將MOOC客製化，加入有限的校園授課時段後，學生的學術表現比未參與線上教學的學生明顯改善。

另一個導致學習動力降低的原因是，早期MOOC只提供「結業證明」和分數，不過，從二〇一三年起，這些課程也開始授與學分證明。Coursera和美國十所最大的公立學校系統結盟，提供有學分的免費網路課程，讓一百二十五萬多名學生得以享受公立大學網路教育的機會。不過，某些參與的大學要求，若想取得課程學分就必須接受校園監考。參與課程計畫的大學教職員也可以選擇將MOOC客製化，加入他們自己的教學時段。「完成修業者可取得課程學分」的條件，是改善學術表現及完成修業的關鍵因素之一。

史丹佛大學建置網路課程的成本大約是一萬至一萬五千美元。含有視訊內容的課程成本大約是這個數字的兩倍。不過，將課程傳送給學生的邊際成本只有頻寬成本，這部分幾乎免費（每個人的邊際成本約三美元至七美元，大約是一杯星巴克大杯咖啡搭配一片餅乾的價格。）[17]

那麼，這些網路大學如何因應MOOC的固定成本？舉Coursera為例，參與的大學必須付費給Coursera，作為使用Coursera平台的費用，這部分是每名學生八美元；另外，報名的學生每人額外還要繳交三十至六十美元的上課費用，但這些費用加起來，還是幾乎等於免費。[18]相反地，典型的公立高等教育機構如馬里蘭大學（University of Maryland），州內學生每堂課要收取八百七十美元的費用，而非本州學生收費更達三千美元。[19]有趣的是，教育從業人員發現，如果ＭＯＯＣ要求學生支付費用（即便是小額的象徵性費用）來作為他們參與這堂課與通過考試的驗證費用，學生確實修完這個課程的機率就明顯上升。[20]ＭＯＯＣ大學聯盟也計畫提供收費的「優質服務」，甚至討論是否應該向有意接觸頂尖學生的企業收取接洽費。[21]

世界級的大學目前也在賭，它們指望能藉由ＭＯＯＣ平台的全球觸角和能見度，吸引世界上最優秀、最聰明的學生到校園裡上學。它們效法商業領域的世界級企業，希望能藉由提供免費網路課程給數百萬甚至數千萬名學生，進而吸引極小百分比的學生到實體校園裡求學，藉此抓住長尾（long tail，譯注：指追求為數眾多但低交易金額的商機）並獲取利潤。它們打的如意算盤是，免費提供知識贈品，除了能幫助數百甚至數千萬個原本沒有能力負擔這種教育的網路學生，還能吸引足夠數量的頂尖學生來校園就讀，維持學校的實體業務。

企業開始認同ＭＯＯＣ的學分認證

當世界上最好的教育可以在幾乎零邊際成本的情況下傳遞，而且透過幾乎免費的網路來授課，還有什麼事能阻止合格的大學為了賺取微薄的手續費，而承認學生的ＭＯＯＣ學分認證，讓學生取得學院的文憑？雖然雇主一開始可能對於ＭＯＯＣ的學分抱持懷疑態度，但隨著愈來愈多學院和大學採用這個模式，企業的疑慮有可能漸漸消退。事實上，相較於到一般平凡實體學院上一些沒有名氣的教授的課程、隨便混個文憑的學生，雇主可能寧願尋找從世界上某些領導性學術機構的ＭＯＯＣ畢業且取得學分的員工。

總部設在華盛頓特區的「教育界」（Education Sector）智庫政策處長凱文・卡爾（Kevin Care）在一篇名為〈高等教育年史〉（Chronicle of Higher Education）的評論中，談到學院及大學所面臨的兩難，他的見解確實切中要點：

這一切的一切，在在顯示高等教育經濟已經崩潰，並沿著邊際成本重組。為ＭＯＯＣ第十萬名註冊學生提供服務的成本幾乎等於零，而這就是價格也等於零的原因。開源教科書和其他免費網路資源，也將驅使支援性教材的價格漸漸降到零。[22]

卡爾所言再明白不過，不管菁英大學可能藉由提供免費教育機會給數億學子，取得長尾上的什麼「邊際價值」，相較於實體高等教育系統所流失的整體營收來說，這些價值實在微不足道，因為網路教學的邊際成本幾近零，所以相關課程幾乎也等於免費。當最佳教育機會可透過網路免費取得，還有任何學術界人士或社會創業家真心相信，傳統、中央集權化的實體教育機構會有繼續生存的空間嗎？

ＭＯＯＣ當道，傳統大學該如何不被淘汰？

當然，我並不是說傳統的學院和大學將會徹底消失，只不過，它們的使命將大幅改變，而它們的重要性也將隨著ＭＯＯＣ的突襲而日益式微。目前各大學行政單位和教職員依舊熱切期待，世界級的網路大學課程能吸引學生到較傳統、可創造營收的教育機構；他們到現在都沒有搞懂，在一個全球虛擬共享聯盟裡，教育的邊際成本趨近於零，而這已漸漸成為高等教育的新教學典範，到最後，實體學習模式只能扮演更有限且狹隘的補強式角色。

既然教育的成本將趨近於零，沒有多少利潤空間，那為何還有那麼多大學汲汲營營於ＭＯＯＣ的參與？首先，這和理想主義關係密切。長久以來，教育界人士一直夢想將世界的知識傳遞給每個人。很多學術界人士認為，一旦我們取得必要工具，不這麼做是不道德的。不過，第二個原因是，他們體認到如果自已退讓，其他人就會一窩蜂湧進，而且如今已是如此。一如其他領域也因新技術而面臨邊際成本可能趨近於零、且商品及服務幾近免費的情況，他們都體認到，透過一個協同、網路連結的共享聯盟來優化人類福祉的願景實在是太吸引人，沒有人能全盤否定或不理會MOOC的大趨勢。總之，傳統的學院和大學將必須更積極去適應MOOC的學習方法，並在持續興起的協同共享聯盟裡找到適合的位置。

第八章

即將失去工作的上億勞工

引領通訊、能源、製造和高等教育領域邊際成本趨近於零的ＩＴ及網路技術，也對人力造成類似的影響。巨量資料、先進分析法、演算法、人工智慧和機器人等，正逐漸取代製造產業、服務產業和知識及娛樂部門的人力，這讓市場經濟體系裡的數億工人有機會在二十一世紀上半葉獲得解放，不再需要勞動。

勞工工作的終結

一九九五年時，我出版了《工作的終結》（*The End of Work*）一書，我在書中主張：「愈來愈精密的軟體技術，將帶領文明世界愈來愈接近一個幾乎沒有工人的世界。」[1]當時，《經濟學人》雜誌針對「工作的終結」主題刊載了一篇封面故事，雜誌的編輯們評斷，我的預測是否會成為先見，還有待觀察。從那時迄今，我早在一九九五年提出的預言──ＩＴ促成的自動化，將使得經濟體系幾乎每個領域發生「科技取代人力」的現象，已經成了令人頭痛的事實，導致世界各國共數億人失業或未充分就業（underemployed）。事實上，我的預測的確有一點瑕疵，那就是我當初的見解還太過保守。

二〇一三年，美國有兩千一百九十萬名成年人失業、未充分就業、怯志（discouraged，譯注：指過去四個星期沒有主動找工作）或甚至已不被納入官方統計數據。[2]二〇一一年，世界各地有二五%的成年勞動力失業、非充分就業、怯志，或不再找工作。[3]國際勞動組織（International Labor Organization）報導，二〇一三年將有超過二・〇二億人失業。[4]

生產力上升，勞工數卻減少的特殊情況

儘管失業的原因有很多，經濟學家卻直到現在才終於承認，科技取代人力是造成失業的主要元兇。《經濟學人》雜誌及其他人在我出版這本書後十六年，回顧「工作的終結」議題後，問：「當機器聰明到足以成為工人，會發生什麼事？換言之，當資本成為勞動力，將會發生什麼事？」[5]《經濟學人》在一篇社論上提到：

> 這就是社會評論家傑瑞米・里夫金在一九九五年出版的《工作的終結》一書中所力促的觀點……里夫金先生當初的預言主張，社會正進入一個全新階段——生產人類消耗的商品和服務所需的工人愈來愈少……這個流程顯然早就展開。[6]

其實，並不是我特別明察秋毫，相關的跡象其實隨處可見，只不過，在經濟順遂成長的時候，多數經濟學家都太過執著於傳統經濟理論，以致於對我傳達的訊息充耳不聞，傳統的理論認定需求是供給創造出來的，而新科技雖然具破壞性，但卻能降低成本、刺激消費，進而促進更多生產、誘發革新，並創造新型態的工作機會。如今，經濟學家終於開始注意到我的觀點，他們注意到，在大衰退期間，世界上雖然有數

千萬個工作機會消失，而且是不可逆的消失，但世界各地的生產力卻屢創新高峰，產出也持續上升，而在此同時，從業的工人數卻漸漸減少。

美國製造業是最主要的例子，即使在進入大衰退期以前，都有大量統計數據讓經濟學家非常難堪。在一九九七年至二〇〇五年間，美國的製造業產出成長六〇%，但大約在同一段期間（二〇〇〇年至二〇〇八年），卻有大約三百九十萬個製造業工作機會消失。

經濟學家將這個分歧的情況歸因於一九九三年至二〇〇五年間生產力激增三〇%所致，他們認為這是促使製造業者在使用較少工人的情況下，還能生產更多產出的原因。而那段期間生產力的上升來自機器人等新科技的應用，以及工廠現場使用運算及軟體。那促使品質改善且價格降低，但也導致工廠持續不斷地裁員。[7]到二〇〇七年，製造業者使用的設備（電腦及軟體）約是二十年前的六倍，單位工時所使用的資本也增加一倍。[8]

二〇〇八年至二〇一二年間的大衰退導致工人苦不堪言，但產業界卻藉由愈來愈多軟體和創新的使用，提升生產力、縮減薪資支出，進而維持獲利能力。這些作為的影響非常驚人。密西根大學經濟學教授兼美國企業研究院（American Enterprise Institute，位於華盛頓特區的一個保守派智庫）訪問學者馬克・佩瑞（Mark J. Perry），針對這些現象做了一些運算。

根據佩瑞的分析，到二〇一二年年底，美國經濟已徹底從二〇〇七年至二〇〇九年的衰退中復原，GDP達一三・六兆美元（以二〇〇五年的美元為基礎），這個數字比經濟衰退前的二〇〇七年高二・二%，以實際產出的金額計，約增加二千九百億美元（二〇〇七年的GDP約一三・三二兆美元）。

佩瑞評論道，雖然實質產出比二〇〇七年衰退前的水準高二・二%，但二〇一二年時，產業卻只用了一・四二四億個勞工（換言之，那一年的勞工數比二〇〇七年少了三百八十四萬人），就多生產了更多的商品及服務。佩瑞的結論是：「大衰退促使企業裁撤邊緣性勞工，並學會如何以更少勞工做更多事。」[9]終而刺激生產力及效率大幅提升。

雖然佩瑞和其他人現在才察覺生產力上升但勞工數減少之間這個令人煩惱的關係（以前經濟學家總相信生產力提升能促進就業機會的成長），但其實這種分歧現象早就出現，我們可以回溯五十多年前的歷史，從中找到相關的證據。

這個矛盾的第一批跡象是在一九六〇年代初期ＩＴ革命剛展開時浮現，當時電腦剛被導入工廠生產現場，相關技術稱為電腦數值控制科技（computer numerical control technology）。舉個例子，有了數值控制技術後，電腦程式得以儲存金屬板碾壓、車床、焊接、螺栓或塗漆模式等相關指示，進而指示機器如何生產一個零件，並指揮工廠生產現場的機器人為產品塑形，或將零件組裝成產品。很快地，數值控制被視為堪稱亨利・福特導入移動式生產線以來，最顯著的製造技術新發展。[10]

電腦數值控制工具讓工廠變成機器管理，而非人的管理

電腦數值控制帶動生產力巨幅提升，而這只是電腦化科技（由一小群專業人士和技術性勞動力負責設計與管理）穩定取代人力的漫長過程裡的第一步而已。芝加哥的寇克斯經營諮詢公司（Cox and Cox）曾估算電腦及ＩＴ取代勞工的影響性，它宣稱，有了數值控制機器工具，引爆了經營管理革命——變成機器的管理，而非人的管理。[11] 李特顧問公司（Arthur D. Little）的亞倫・史密斯（Alan Smith）更是直言不諱，他宣稱，電腦驅動的數值控制工具的問世，意味經營階層擺脫了人類勞工的束縛。[12]

將時光向前快轉五十年。如今不管是在高度工業化的國家或開發中國家，由電腦程式運轉的近無人工廠都已漸漸成為常態。鋼鐵工業是最典型的例子。一如汽車產業和其他使用大量藍領工人的第二次工業革

命主要製造業企業，鋼鐵產業目前也正經歷一場革命，工廠生產現場的勞工因這場革命而快速減少。電腦化程式和機器人的使用，讓過去幾十年的鋼鐵產業得以裁撤眾多勞工。在美國，一九八二年至二〇〇二年間，鋼鐵產量從七千五百萬噸擴增到一・二億噸，但鋼鐵廠工人卻從二十八萬九千人降到七萬四千人。[13]

工作機會因全自動化而減少，已成各國製造業常態

美國和歐洲的政治人物及一般大眾，全將藍領工作機會的流失，歸咎於企業將製造作業搬遷到中國等廉價勞動市場。但導致工作機會減少的元凶，其實是一股更具深遠影響力的力量。在一九九五年至二〇〇二年間，全球經濟體系共有兩千兩百萬個製造業工作機會被裁撤，但世界各地的生產量卻增加三〇％以上。美國有一一％的製造業工作機會因自動化而消失。即便是在中國，IT及機器人的使用促使生產力上升（這讓工廠得以在減少工人的情況下提高產出），工廠勞工也減少一千六百萬人。[14]

長期以來高度依賴中國生產設施的眾多廉價勞工的製造業者，目前正開始將生產活動轉回本國，利用比中國勞動力更廉價且更有效率的先進機器人來生產產品。飛利浦（Philips）公司位於荷蘭的新電子工廠裡，設置了一百二十八支運轉飛快的機器人手臂，它們的速度快到不得不用玻璃將之隔開，以免工廠裡的少數監督人員受傷。而飛利浦的荷蘭機器人化工廠的電子產品產出量，和該公司位於中國的生產設施產量相當，但使用的勞工數卻只有中國設施的十分之一。[15]

中國的大型製造業者因擔憂落後其他同業太多，也紛紛以更便宜的機器人來取代廉價勞工。生產iPhone的巨型中國製造商富士康公司（Foxconn），計畫在未來幾年內建置一百萬台機器人，而在這個過程中，它的大量勞動力也即將陸續遭到淘汰。富士康公司執行長郭台銘打趣地說，他在全球各地共雇用一百萬名勞動大軍，但他偏好一百萬台機器人。他曾說：「人也是動物，要管理一百萬隻動物，頭痛得要

死。」[16]

機器人勞動大軍，便宜、高效率、高生產力

世界各地的機器人勞動大軍正快速增加。二〇一一年，美國和歐盟的機器人銷售量增加四三％，這促使製造產業快速邁向幾乎無勞工的生產模式，也就是產業所謂的「全自動化」生產。[17]中國、印度、墨西哥和其他新興國家也快速體認到，世界上的廉價勞工其實不像漸漸取代人力的資訊科技、機器人和人工智慧那麼便宜、有效率且有生產力。

即使是原本過於複雜以致無法自動化的製造業，都已成為電腦化的「受害者」。紡織產業是第一個工業化的產業。儘管蒸汽動力技術和後來的電力及電力工具等促使生產力上升，但服裝的製造多半還是靠手工。不過，現在的新資訊科技、電腦化及機器人已開始取代愈來愈多原本需要使用人力的製程。電腦輔助設計（Computer-aided design，CAD）讓設計服裝所需的時間，從幾個星期減少為短短幾分鐘。電腦化乾燥及修整系統也取代了傳統的人工。服裝儲存、處理、包裝和運輸的電腦化，也大幅提升了效率和生產力。

服裝製作本身也因電腦化程式的輔助而使用更少的勞工。五十年前，一個紡織工人要負責運作五台機器，每台機器每分鐘能讓線通過織布機一百次。如今，機器的速度大約是前者的六倍，而且一個作業員一次更能監督一百台織布機。換言之，每個勞工的產出增加為原本的一百二十倍。[18]

如今，發明網路的美國國防先進研究計畫署（Defense Advanced Research Projects Agency，DARPA），也開始將焦點轉向長久以來向來被視為紡織創新的聖杯（holy grail）的縫紉流程，希望能促進這個流程的自動化。美國國防部的軍隊服裝預算為四十億美元，它迫切希望將制服製作的直接人工成

本降到零，所以提撥一筆補助金給軟體衣著自動化公司（SoftWear Automation, Inc），希望能將服裝製造領域所剩無幾的手工製造部分，完全予以自動化，以電腦驅動的機器人來取代人，完成這件精細的工作。如果成功，新的自動化系統將會導致承包商雇用來生產軍隊服裝的五萬人失業，但邊際勞動成本卻能降到接近零。[19]

自動化前置成本降低，中小型製造業也可跨入門檻

多年來，自動化的前置成本一直都非常高，所以，除了最大規模的製造企業，其他公司都難以進行這樣的工程。但近幾年來，自動化的成本大幅降低，所以，連中小型製造業者都能藉由自動化來大幅提升生產力，同時降低薪資支出。

舉個例子，韋伯汽車產品公司（Webb Wheel Products）是美國一家生產卡車煞車器零件的廠商，它最資淺的員工是杜山V550M機器人（Doosan V550M），短短三年內，它的年生產量已達到三十多萬個鼓輪，產量增加二五％，而工廠生產現場完全沒有增加任何一個工人。[20]

如果製造部門目前這種以技術取代人工的速率延續下去（產業分析師認為速度只會加快），那麼，到二〇四〇年，工廠就業人數將剩下幾百萬人（二〇一三年還有一・六三億人），大量製造型工廠勞工的時代也將走到終點。[21]雖然製造機器人、創造新軟體應用來管理生產流程，以及維護與升級程式及系統等，都還需要使用到人類勞工，但隨著智慧科技愈來愈有能力自行改編電腦程式，前述專業與技術性勞工的工作機會也將日益減少。姑且不論前置成本，自動化生產額外商品的邊際勞動成本將日益趨近於零。

物流產業的革命：電子郵件取代郵政公司、亞馬遜網站引進自動化設備

物流產業是另一個明明可以將多數流程自動化，但卻和紡織業一樣，高度依賴人力的產業，它目前還是非常依賴人力來搬運貨物。現代人能在短短幾秒內將電子郵件傳遞到世界各地，這已重創了各國的郵政服務系統。短短十年前，美國郵政服務公司還是美國最大的企業，有超過七十萬名員工，但到二〇一三年，它的員工數已遽減到五十萬人以下。即便美國郵政服務公司對它的分類及管理系統自動化相當引以為傲（這套系統一度被譽為世界上最先進的系統），但目前都面臨幾乎被撲滅的命運，因為愈來愈多的寄信業務被電子郵件取代。[22]

在整個物流產業，自動化作業正快速取代勞工的地位。既是物流公司又是虛擬零售商的亞馬遜網站（Amazon），目前正在為它的倉庫補強智慧自動化引導汽車、自動化機器人和自動化儲存系統，它淘汰掉物流價值鏈的每個環節裡較缺乏效率的人力，期許盡可能達到零邊際勞動成本的目標。

目前，隨著無人駕駛汽車的導入，那個目標似乎指日可待。無人駕駛汽車在智慧道路上行駛的情節原本被貶抑為科幻小說的空想，但這個前景很快就會成真，而人類駕駛將迅速成為過去。目前光是美國就有大約兩百七十萬名貨車司機。[23]到二〇四〇年時，無人駕駛汽車（其邊際勞動成本為零）有可能促使美國多數貨車司機遭到淘汰（我將在第十三章更詳細討論無人駕駛汽車）。

服務業、白領階層也將被自動化取代

白領勞工及服務產業勞工遭自動化作業、機器人和人工智慧淘汰的情況，也和製造業及物流業一樣顯而易見。過去二十五年間，秘書、檔案管理人員、電話接線生、旅行社人員、銀行行員、出納員和其他無

數白領服務工作機會，已都隨著自動化而漸漸消失，故相關邊際勞動成本漸漸趨近於零。

後勤辦公室就業顧問公司哈基特集團（The Hackett Group）估計，自大衰退時期迄今，美國和歐盟流失了二百萬個工作機會，那些職務主要是和人力資源、財務、資訊科技和採購有關，而其中有一半的工作機會流失，導因於自動化所造成的科技取代效果。[24]

自動化也對零售產業造成深刻的侵害，令人擔憂的是，十個美國人當中，就有一個人受雇於零售產業。後勤辦公室作業、倉儲和運輸等工作機會，幾乎絕對會被自動化取代，至於銷售人員呢？長久以來，零售產業的觀察家假設，由於銷售人員和顧客之間存在特殊的人際關係，故這類職務比較免於被裁撤的命運，但這個想法似乎已顯得過度樂觀。

現在的販賣機和販賣亭幾乎什麼東西都能賣，包括沐浴用品組、iPod甚至金幣。二〇一〇年的零售銷售金額中，有七千四百億美元是透過自動服務機器交易完成。產業觀察家預期這個數字將在二〇一四年竄升到一．一兆美元。[25]

沃爾瑪廣設自助結帳系統，威脅銷售員工作機會

沃爾瑪百貨（Walmart）更已設置了自助結帳的終端機，而且計畫二〇一三年年底在超過一千兩百家分店安裝額外一萬台的終端機。這家零售業巨擘也在它位於科羅拉多州丹佛市一帶的四十家店面，擴展它的掃瞄式自助結帳系統：購物者從貨架上拿取產品後，在將產品置入購物車前，必須用他們的iPhone應用程式掃瞄產品上的條碼。等到購物完畢，按下「完成」鍵，這個應用程式就會提供一個客製化的QR碼。接著，自助結帳終端機會掃瞄智慧型手機上的QR碼，將所有商品項目的價格全部加總起來，再詢問顧客要以什麼方式付款。[26]

雖然實體零售商為了降低勞動成本而將愈來愈多作業自動化，但這些廠商的市場占有率，還是繼續遭到網路零售商的蠶食鯨吞，而網路商店的邊際勞動成本更是趨近於零。表面上看起來，實體商店的銷售量看起來還算健康，甚至強勁。例如，實體商店銷售金額大約占二〇一一年整體零售銷售金額的九二%，而網路零售金額僅約占八%。[27]但如果更深入探究，觀察成長率數字，就會發現實際上並不是那麼樂觀。實體商店零售銷售金額每年只成長二・八%，但網路零售商的年度成長率卻達一五%，這令人不得不質疑，在邊際勞動成本極端的網路零售模式競爭下，固定成本與薪資支出居高不下的實體零售模式還能撐多久。[28]相關受害者的名單正持續增加。

邊界（Borders）書店和電路城（Circuit City）等曾經叱吒風雲的大型實體零售商，早已成為低邊際勞動成本的網路零售趨勢的受害者。由於預期到二〇二〇年時，網路零售商店數將增加一倍，愈來愈多已承受邊際利潤率降低之苦的實體零售商，可能不得不向虛擬零售模式屈服。[29]

實體零售商目前的處境可謂四面楚歌，在不知不覺當中，它們已淪落為顧客閒逛或用來處理網購產品和衣物等的場所。iPhone的查價應用程式讓顧客得以在商店裡掃瞄一項產品，接著當場察看網路上的價格，而亞馬遜或其他虛擬零售商的標價當然比店面的價格便宜。

網路購物、實體取貨，商店淪爲迷你配銷中心

有些實體商店正設法還擊只想利用店面試穿衣服或鞋子尺寸，事後再透過網路購買的「試衣族」。維吉尼亞州薩克森鞋店（Saxon Shoes）的老闆蓋瑞・威諾（Gary Weiner）是全國鞋品零售商協會（National Shoe Retailers Association）的董事，他對愈來愈多零售商所憎恨的「展廳現象」（showrooming，指在商場看好或試好商品後，再上網購買）表達憂慮。威諾表示，很多年輕人進了店面後，甚至直接了當地對店

員說：「我媽要我來試試我的尺寸，這樣她才能透過網路幫我買這些東西。」[30]現在已經有一些商店開始收取瀏覽費用，希望能遏止試衣族風氣。但另外也有些零售商擔憂，如果收取瀏覽和試衣費，會導致消費者徹底抵制他們的店面，而這樣的擔憂有可能是正確的。[31]

因此，有許多零售商已開始試著順應網路購物風潮，鼓勵顧客透過它們的網路商店購物，再到實體商店取貨，換言之，這些商店實質上已成為迷你配銷中心。儘管如此，這樣的作法還是可能淪為權宜之計，因為維持實體商業業務的經常性成本非常高。

隨著愈來愈多零售業務虛擬化，百思買（Best Buy）、塔吉特（Target）和沃爾瑪等眾多大型實體連鎖百貨零售商，將可能試圖走在潮流的前端，擴大業務的網路化。但其他廠商的業務量，尤其是傳統的百貨公司如梅西（Macy's）、諾德史特龍（Nordstrom）和馬可斯百貨（Neiman Marcus）等，勢必會持續縮減或甚至凋萎。現在，網路服裝店也早就提供虛擬試衣服務，網路顧客可以提供自身尺寸、性別、年齡、胸圍、腰圍和臀圍資料給網路賣家，從而創造一個自己的虛擬模型。只要點一下滑鼠，顧客甚至可以從不同角度來觀看服裝合身與否。

愈來愈多零售產業分析師預測，絕大部分的實體零售貿易即將滅亡。ZDNet的科技編輯傑森・帕洛（Jason Perlow）表示，諸如7-Eleven等便利商店、華格林（Walgreens）等藥局和克羅格（Kroger）等連鎖超市等的營運，還是能維持下去，另外，諸如瑰柏翠（Crabtree & Evelyn）等奢侈品店和少數大型實體連鎖百貨零售店如沃爾瑪等，也還維持得下去。但多數實體零售業務將日益萎縮，尤其隨著原本被禁止網路購物的年輕世代達到法定年齡，這個情況將更加明顯。

帕洛表示，雖然實體零售商模式不會消失，但十年內，零售足跡將明顯沒落，而在來自網路的激烈競爭下，只有最強大的實體企業才有能力倖存。[32]

一如自動化快速導致人類勞工減少的其他產業，虛擬零售業也產生相同的影響。隨著社會上的邊際勞動成本漸漸趨向於零，整個世界也漸走向幾乎沒有勞工的狀態，實體零售業四百三十萬名勞工的未來看起來並不樂觀，甚至前景黯淡。[33]

連知識勞工都能被智慧機器取代的未來

二〇〇五年時，自動化取代製造及服務產業勞工的觀察性證據，已多到不能以奇聞來看待，那已是一種普遍現象。不管走到何處，勞工似乎都在消失，我們被愈來愈多取代人工的智慧機器包圍，這些機器會和我們說話、聽我們說話，引導我們、為我們提供建議，和我們做生意，娛樂我們，甚至看顧我們。一開始，無服務人員的場合經常讓人感到有趣、有時會讓人覺得討厭，甚至害怕。不過，現在這些都已經很普遍。儘管如此，直到二〇一〇年前後，諸如《和機器賽跑》（*The Race Against the Machine*）、《柳暗花明》（*Light at the End of the Tunnel*）、《世界已被演算法統治》（*Automate This*）之類的書籍大量問世，世人才開始正視自動化對就業機會的衝擊。這些書籍的作家上脫口秀節目大談相關主題，他們傳達的「無勞工世界」訊息，漸漸引起社會媒體圈的注意，甚至引來政治制訂者、智庫研究人員、經濟學家乃至歐巴馬總統的評論。

但這一切的一切都只是開始而已，「自動化與工作機會的未來興衰」很可能會成為全球政策辯論的重要題目。就某種程度來說，大衰退後所出現的失業型復甦（jobless recovery）現象，促使這個討論主題變得更加熱門。GDP上升與工作機會減少的分歧現象已明顯到不容忽視，只不過，事到如今，卻還是只有少數經濟學家願意向前一步，承認古典經濟學理論的根本假設（生產力創造的工作機會比它摧毀的工作機會少）不再可靠，這讓我感到很不可思議。

我料想自動化相關辯論即將變得更加激烈的原因是，巨量資料的採用、愈來愈精密的演算法及人工智慧的進步等相關創新，在在促使技術進一步提升，而這已影響到長期以來認定不會受自動化及科技取代人類勞力所衝擊的專業職務。如今，電腦程式的設計已經讓電腦能夠辨識型態、提出假設、自我編製回應程式、貫徹解決方案，甚至解譯溝通內容，乃至將某種語言的複雜隱喻，即時且精確地翻譯成另一種語言（且其精確度不亞於世界上最優秀的翻譯人員）。

哈佛畢業律師也比不上，人工智慧驚人的統整效率

目前，ＡＩ的進展已經被應用到非常廣泛的專業學科，用以提高效率及生產力，同時減少人力的使用。電子探索（eDiscovery）是一個能篩選數百萬篇法律文件的軟體專案，它能迅速搜尋行為模式、思路、概念等等，不僅搜尋速度遠比哈佛大學畢業的頂尖律師快，而且能明快地提出分析結果，即使是受過良好訓練的法律學者，都無法和它一較高下，當然，因此而節省的人力也令人印象極為深刻。

《紐約時報》記者約翰・馬爾柯夫（John Markoff）引用了一九七八年一個轟動的訴訟案件為例。這個案件牽涉到五家電視製片公司、美國司法部和哥倫比亞廣播公司（ＣＢＳ）。當年這些製片公司的律師和律師助理，共花了幾個月的時間讀遍六百多萬篇文件，這的確是個極端艱鉅的任務，但他們也因這些人力付出而收了二百二十萬美元的費用。相較之下，二〇一一年一月時，加州帕羅奧圖（Palo Alto）的黑石探索公司（BlackStone Discovery），利用eDiscovery的軟體來分析一百五十萬篇法律文件，費用還不到十萬美元。

美國一家化學公司的律師比爾・赫爾（Bill Herr）以前在幫客戶處理案件時，總習慣召集一大群律師

大軍，在演講廳裡閱讀大批文件，常常一讀就是幾個星期，他說：「從法律人員配置的觀點來說，這代表我們配置到文件檢視工作的人力不能再向客戶請款，換言之，負責這件工作的很多人將可能沒事可做。」[34]另一家eDiscovery公司自由意志公司（Autonomy）創辦人麥克・林奇（Mike Lynch）推估，新搜尋軟體問世後，一個律師就能做以前五百個律師的工作，而且精確度更高。赫爾用過eDiscovery後發現，律師以人工進行研究的精確度只有六〇%，所以，他發牢騷地說：「想想看我們花了多少冤枉錢在精確度只比擲錢幣的機率高一點點的事情上！」[35]

運用巨量資料和演算法，精準預測暢銷單曲和賣座強片

未來能免於受ＩＴ及巨量資料（以演算法處理）傷害的專業技術猶如鳳毛麟角。隨著型態識別（pattern-recognition）軟體滲透到每個專業領域，各個不同領域的知識性勞工（放射線研究者、會計師、中階經理人、圖表設計師，甚至行銷人員等）都已能感受它的威脅。

麥克・麥瑞迪（Mike McCready）是一家新創企業「音樂X光公司」（Music Xray）的老闆，該公司利用巨量資料和演算法，來辨識什麼樣的音樂有機會一舉成名。該公司在短短不到三年的時間內，和五千多個藝術家簽訂唱片錄製合約，並利用精密的軟體來比較某一首新歌和以前錄製好的老歌的結構，進而評估這首新歌突破重圍、登上排行榜的潛力。該公司根據這些分析結果，預測某些無名藝術家的歌曲將會成功，而根據最後的成果來看，它的預測精準到令人印象深刻。

Epagogix開發的類似軟體程式，則是分析什麼樣的電影劇本有機會成為電影產業的賣座強片。[36]它成功辨識出賣座片的紀錄，讓這整個產業將演算法評估列為一種必要程序及成本。未來有了這種預測工具相助，企業將不再需要聘請昂貴的行銷代理人來舉辦代價高昂的焦點團體（focus-group）活動或執行其他行

銷研究創新計畫，因為這些行銷研究的精準度，可能低於經過演算法過濾的群眾外包巨量資料的精準度。

巨量資料和演算法甚至被用來製作平易近人的體育報導文稿，相關報導內容不僅包含非常多資訊，而且相當引人入勝。例如，十大聯盟網路（Big Ten Network）利用演算法，在球賽結束後短短幾秒鐘內，將它的原創內容張貼出來，人類撰稿人也因此面臨被淘汰的命運。[37]

贏過人腦的「華生」電腦，具備思考和回應問題的能力

二〇一一年，IBM的一部電腦和大眾化電視益智節目《危險邊緣》（*Jeopardy*）的常勝軍肯恩・詹寧斯（Ken Jennings，他保有七十四勝的紀錄）比賽，最終勝出，這讓人工智慧向前邁進了一大步。這部電腦就是「華生」（Watson），它是根據IBM已故的董事長命名。目睹自己心目中的《危險邊緣》英雄在「萬事通」華生面前崩潰，電視觀眾當然是萬分驚愕。這個較量結果為IBM贏得了一百萬美元的獎金，而一手打造華生的IBM當然也引以為傲。根據該公司的說法，華生是一個認知系統，它有能力整合自然語言處理、機器學習，以及假設的歸納與評估，因此具備思考與回應各種疑問及問題的能力。[38]

目前華生已開始應用在實際用途。透過華生系統，IBM醫療分析法（IBM Healthcare Analytics）將有效分析儲存在幾百萬個病患的電子醫療紀錄及醫療期刊裡的巨量資料，進而協助醫師快速且精確地做出診斷。[39]

IBM對華生的期許，絕對不僅止於滿足研究產業的特殊需求和提供後勤辦公室巨量資料管理等服務。IBM目前是以「個人助理」的定位來推銷華生，企業（甚至消費者）可以藉由輸入文字或即時口語表達等來和華生交談。IBM表示，這是人工智慧首度從簡單的問答模式進步到對話模式，整個過程允許更多人際互動，而且對於個別的疑問也能答出客製化的答案。[40]

ＡＩ智慧的語言認知障礙，在可預見的未來將不再成爲問題

科學家會告訴你，ＡＩ產業最困難的挑戰，就是突破語言障礙。要了解一種語言的各種複雜隱喻和格言所代表的豐富意義，並同步將之轉化為另一種語言，堪稱所有認知工作中最困難的一項，也是人類最獨具的一種能力。多年來，我在很多演講簡報、會議甚至必要的社交場合中，和很多優秀的口譯人員有過密切互動。他們總能毫不遲疑且精準地用另一種語言，完整地將我談話的意思轉達給其他人，轉達的不僅僅是文字內容，還包括隱含在我的語氣中的微妙意涵、抑揚頓挫甚至臉部表情及肢體語言，他們的口譯能力經常讓我感到驚愕。能力中等的口譯人員基本上就比較拘泥於字面的翻譯，他們看起來有點像是機器，有時候還會斷章取義，讓人感到混淆。不過，最優秀的口譯人員就像是藝術家，有能力同時悠遊於兩種不同的認知角色。

長久以來，我一直認為無論ＡＩ如何發展，都不可能打敗世界級的口譯人員。儘管如此，從最近ＡＩ方面的進展來看，那一天似乎有可能漸漸接近。獅橋公司（Lionbridge）是一家針對網路顧客支援業務提供即時翻譯服務的公司。它能即時翻譯使用者原創內容，讓顧客得以用自己的語言來表達各種問題。它的GeoFluent外掛軟體服務程式解決方案（採用微軟的翻譯技術）能提供三十九種語言的交叉翻譯。雖然GeoFluent的流利程度還比不上最優秀的口譯人員，但已足以打破語言藩籬，讓早已在網路上聚首的三分之一人類，首度能共同展開全球性的交談，這樣的盛況歷史首見。當然，這項技術的發展也讓我們得以加速朝全球共享聯盟與協同時代邁進。[41]

預期大約在十年內，商人、勞工和旅遊者都能配備一項強大的行動翻譯應用程式，讓他們能輕鬆透過網路或面對面和說其他語言的人交談。而隨著ＡＩ能以幾近零邊際勞動成本的方式提供翻譯服務，十五萬

至三十萬名受過高等教育但代價昂貴的口譯人員，多數都將面臨和收銀員、檔案管理員及秘書等一樣的命運，這是另一個將前途無「亮」的專業勞動業別。[42]

我們正面臨工作本質巨變的大環境，第一次工業革命終結了奴隸和農奴勞工；第二次工業革命讓農業和手工人類勞動力巨幅萎縮；第三次工業革命則將讓製造業及服務業的大量受薪勞動力，乃至知識部門多數支領薪資的專業勞動力漸漸被淘汰。

少數擁有高深技術的專業和技術勞工才能存活

內建在物聯網裡的ＩＴ、電腦化、自動化、巨量資料、演算法和ＡＩ等，正快速促使生產及遞送眾多商品及服務的邊際勞動成本趨近於零。隨著我們繼續朝二十一世紀前進，除了少數無法預見的例外，社會上具生產力的經濟活動將愈來愈受智慧科技左右，而屆時將只剩少數擁有高深技術的專業及技術性勞工，被雇用來監督這些智慧科技。

智慧科技大規模取代大量受薪勞動力和支薪專業勞動力的情況，正開始摧毀資本主義體制的運作模式。經濟學家所憂心的是，當生產力在智慧科技的帶領下持續上升，使得整個經濟體系對人類勞動力的需求日益降低，屆時市場資本主義將會演變成什麼樣子？未來生產力將和就業背道而馳；以前，生產力能促進就業機會，但現在卻逐步導致就業機會消失。不過，由於在資本主義市場裡，資本和勞動力是相輔相成的，那麼，如果只有少數人能保住有薪階級的地位，市場上就不會有足夠的買方能向賣方購買商品和服務，在這種情況下，又會發生什麼事？

首先，逐漸崛起的零邊際成本經濟體系，將劇烈改變我們對經濟流程的見解。「所有權人和勞工」以及「賣方和消費者」的舊典範正開始瓦解。愈來愈多消費者將成為自己的生產者，這讓前述幾種角色變得幾乎沒有差異。產消合一者將愈來愈有能力生產、消費，並和協同共享聯盟裡的其他人共享自己的商品和服務，而且相關邊際成本將漸漸趨近於零，而這將促使各種組織經濟生活的新方法成為主流，取代傳統的資本主義市場模型。

社會資本的累積和市場資本的累積一樣重要

第二，隨著市場經濟體系每個部門的工作逐漸自動化，人類勞工漸漸被釋出，並轉移到發展中的社會經濟體系。因此，在即將到來的世代，協同共享聯盟內部深度利害關係的建立，將變得和市場經濟體系中的勤勉不懈一樣重要，社會資本的累積也變得和市場資本的累積同等重要。未來，當我們在衡量一個人的生命價值時，他對社區的歸屬感，以及追求卓越及人生意義的積極度，將遠比他擁有的物質財富重要。

別說這一切的一切聽起來很虛幻，別以為這短期內不可能發生，因為數百萬個年輕人已經摒棄舊秩序，開始根據新的秩序在過日子。網路世代的成員自認是玩樂者，不是勞動者，他們將自己的個人屬性視為天賦而非技巧，而且偏好透過社群網路來表現自己的創造力，而不是花很多勞力去完成閉門造車式的指派任務或在市場上執行自發性的任務。

對愈來愈多年輕人來說，建構在共享聯盟之上的新興社會經濟體制，能提供更大的潛在自我發展機會，而且保證能讓人獲得比資本主義市場傳統就業機會更強烈的心靈報酬（第十四章將更完整地探討資本主義市場經濟體制轉變為協同共享社會經濟體制後，就業機會的遷移）。

如果蒸汽引擎將人類從封建制度的藩籬中解放，讓他們大膽去追求資本主義市場裡的物質私利，那麼，物聯網就是將人類從市場經濟體系中解放，促使他們以協同共享聯盟為基礎，轉而追求非物質的共同利益。

在一個幾近零邊際成本的社會，我們將能在幾乎免費的情況下，滿足很多（但非全部）基本物質需求。在一個豐饒而非匱乏的經濟體系，智慧科技將為我們代勞多數吃力的工作。等到我們的孫子在半個世紀後回顧眼前這個大眾市場就業年代，也會像我們現在回顧過往奴隸時代一樣，感到難以置信。對他們來說，完全以一個人的產品或服務產出量和物質財富來衡量人的價值，似乎是非常不開化甚至粗暴的，而且對生活在一個高度自動化的世界、且多數人仰賴協同共享聯盟為生的後代子孫來說，我們目前的生活方式簡直是嚴重折損人類的價值。

在協同共享聯盟裡，賣方和買方將被產消合一者取代，財產權式微，但開放源分享成為主流，到時候，取用的能力將變得比所有權重要，市場將被網路取代，生產資訊、取得能源、製造產品和教導學生的邊際成本全都將接近零。但這產生一個核心的疑問：這個全新的物聯網基礎架構，要如何取得讓上述所有發展成真的資金來源？（第十二章將另外探討未來要如何治理與管理一個幾近零邊際成本的社會）。

公共財邊際成本的爭議

早在一九三〇年代和一九四〇年代，就有人提出這個和資金來源基礎架構有關的疑問。當時這個疑問被稱為「邊際成本的爭議」（Marginal Cost Controversy），這個問題引發經濟學家、企業領袖和政府政策制訂者之間的激烈辯論。當時，這個疑問看起來還是個抽象的議題，但如今，它卻已成為擺在整個社會面前的重大政治議題之一。我們要如何為一個幾近零邊際成本的社會取得資金來源？我們選擇的解決方案，將決定二十一世紀後續人類經濟、社會及政治生活的組織模式。

一九三七年十二月，即將從世界計量經濟協會（Econometric Society）總裁職位退休的經濟學家哈洛德・霍特林（Harold Hotelling）在該協會的年度會議中，發表了一篇〈與稅收及鐵路和公用事業費率問題有關的全體福祉〉（The General Welfare in Relation to Problems of Taxation and of Railway and Utility Rates）的深奧研究報告。

霍特林用以下評論作為開場白：「最高全體福祉就是以邊際成本銷售所有事物。」[1] 當然，如果企業真的以邊際成本銷售自家產品，它們很快就會因為無法回收資本投資而倒閉，所以，每一個企業家在銷售每單位產品時，都會把前置成本附加在價格裡。

然而，霍特林指出，某些種類的商品（公共財）是非獨享性（nonrivalrous，亦稱非排他性）的，因為每個人都需要能取用這些商品，例如道路和橋樑，水及下水道系統、鐵路、電網等。這些公共財通常是一些可供推動所有其他經濟活動的基礎建設，而且必須耗費高額的資本支出。而由於這些都屬於非獨享性的財物，所以採用自然獨占是比較好的，因為競奪道路、橋樑、水及下水道系統和電力傳輸網，將造成非常巨大的資源浪費。

但這一切的一切引來一個疑問：去哪裡找基礎建設和諸多公共財的財源？霍特林主張，如果使用這些公共財時只需要支付邊際成本，全體大眾都將明顯受惠，在這種情況下，建立公共財的固定成本，最好是來自全體稅收。霍特林偏好以所得稅、遺產稅和土地價值稅來支應公共財所需財源。他的理由是，如果政府一開始就以稅收來作為非獨享性基礎建設之經常性成本的財源，每一個人都會變得更有餘裕。[2]

霍特林舉橋樑為例，來闡述自己的論點：

> 免費橋樑的興建成本不會比收費橋樑高，經營成本卻比較低；不過，因為社會橫豎都必須支付興建

成本，只是支付方式不同，故若橋樑免費，社會將獲得更大的利益，因為橋樑獲得使用的程度將較高。然而，如果收費，無論費率多低，都會導致某些人浪費時間和金錢繞遠路去走比較便宜的管道，甚至導致某些人完全不到橋的那一端。[3]

霍特林承認，雖然利用稅收來支應公共財的經常性費用，可能會對某些納稅人造成負面的影響（這取決於稅收的型態），尤其是對富人的影響最劇，但以遺產稅和土地稅來說，相較於全體福祉方面的收穫，這對國家最有錢的人來說只是小小的負擔。

霍特林的結論是，政府應該以一般性收入來支應發電廠、水利工程、道路和其他高固定成本產業的固定成本，這樣才能降低這些產業的服務及產品的收費中所隱含的邊際成本。[4]當時很多舉足輕重的經濟學家都認同霍特林的主張，相信那是實現公共福祉的最合理方法。

然而，並非所有經濟學家都被霍特林的無礙辯才說服。比較傳統的自由企業擁護者雖承認公共財確實是非獨享性的，尤其是構成基礎建設的公共財，不過，他們卻主張，由於這類公共財的需求會延續非常久的時間，故導入額外單位產品到市場上的平均成本會持續降低，所以，根據「愈來愈低的平均成本」來收費會比較合理，因為這樣不僅能讓企業回收原本的投資，而且也能阻止政府干預國家的經濟生活。

一九四六年時，經濟學家羅納德・寇斯（Ronald Coase）加入反對霍特林的行列，針對霍特林的理論提出異議，他主張霍特林所倡議的社會補貼，將導致生產要素分配失調、所得分配失調，甚至可能產生當初設計這個機制時想要規避的那類損失。[5]

寇斯並不反對霍特林有關「價格應該等於邊際成本」的意見，不過，他也認為價格必須足以支應所有成本。他建議採用一種多階段訂價計畫（multipart pricing scheme），使用公共財的人除了應支付運費的邊際成本價格，也應支付額外費用。這麼一來，使用者所支付的運費，會比納稅人稍微多一點，畢竟有些納稅人壓根兒沒有用這項服務。寇斯相信，多階段訂價法將讓邊際成本和所有成本得以回收。[6]

我不想在此贅述邊際成本爭議的種種細節，總之，寇斯將整個潮流扭轉到對自由市場有利的方向。一九四六年時，一般約定成俗的見解已明顯朝「不受妨礙的市場」的擁護者傾斜，這些擁護者主張，應該將自然獨占權留給民間部門，企業的訂價應該高於邊際成本，以達回收資本的目的，同時取代公共補貼政策。直到如今，這條路線的理論依舊占有支配地位。喬治華盛頓大學法學院（George Washington University Law School）的法學教授約翰・達菲（John Duffy）表示：「總之，現代公用事業的理論家通常不建議採用全面性的公共補貼，來達到『以邊際成本作為訂價』那個不切實際的神聖目標。」[7]

自然獨占的民間企業反而享有最多的政府補助

事實上，主張「政府不應為創造公共財及服務的基礎建設提供財源」，以及「自然獨占者必須能夠將價格設定在邊際成本之上，以回收固定成本」等論述相當不誠實。反對政府補貼的很多市場派經濟學家，根本不願意正視一個醜惡的事實：所謂公用事業的民間企業不僅幾乎享受壟斷的地位，而且還獲得最多的政府稅收補貼。

以美國來說，有超過一半的聯邦稅收補貼流向四個產業——金融、公用事業、電信和石油、汽油及管線業。除了金融業，其他產業都具備公用事業的所有特徵。在二〇〇八年至二〇一〇年間，天然氣與電力公用事業獲得超過三百一十億美元的政府補貼，電信業獲得超過三百億美元，而石油、汽油和管線業也不遑多讓，獲得二百四十億美元的補貼。[8]

在一九八〇年代解除管制（deregulation）和民營化（privatization）運動展開前，多數工業化國家的這三個產業其實都屬國有產業，而且由國家提供財源，消費者因此得以享受相對便宜的價格。但在美國，這些產業主要還是受民間部門掌控。電力和天然氣公用事業雖受政府監理，但政府允許它們將價格設定在高於邊際成本的水準，也因如此，這些企業不僅能享受營運獲利，還能獲得豐厚的政府補貼。

那些補貼甚至還不含政府以專利權形式，賦予這些企業的智慧財產權保護。雖然這些智慧財產權的發想原本是為了鼓勵發明，並協助創業家回收投入資金，但長久以來，它卻扮演著不同的功能，讓自然獨占者得以透過它們提供的商品及服務，享受第二種壟斷權，這些權力讓它們的訂價得以遠高於邊際成本。

如果不是網路迅速興起，世人還對這一切渾然不覺。網路讓取得資訊的邊際成本趨近於零，接著，收集太陽、風及其他豐富再生能源、用3D列印生產物品，和高等教育的網路課程等的邊際成本也急速降低。

物聯網是歷史上第一個通用目的的技術平台，它有潛力促使經濟體系眾多領域的邊際成本降到趨近於零。而這就是「邊際成本的爭議」對人類的未來至為關鍵的原因。物聯網基礎建設的潛力是否能有效發揮，關鍵取決於這個平台的財源來自何方。爭奪主控權的角力早就展開，不過多數都是在幕後進行，世界各地的監理委員會、法院、立法機關、企業董事會、公民社會組織以及學術圈全都加入戰局。到目前為止，一般大眾只意識到其中非常片段的討論內容，但隨著年輕世代即將出來為自己偏好的經濟未來而戰，那樣的情況很可能在未來幾年內改變。

人民擁有物聯網的支配權

問題在於，產消合一者能否利用「開放源碼取用」和「點對點協作」等方式，找到一個能讓這個新基礎建設在實現幾近零邊際成本方面發揮最大潛力的方法？又或者固守舊式資本主義模型的企業利害關係者，將利用智慧財產權保護、監理政策和其他立法手段，以對它們有利的方式來使用物聯網基礎建設，讓價格繼續維持在遠高於幾近零邊際成本的水準，繼續從中牟取龐大利益？

要釐清這兩股勢力何者勝出，跟著錢走就對了。在第一次及第二次工業革命時，民間資本的大量累積，促使一群創業家勇於認購並進而掌握重大基礎建設的控制權，同時也隨之取得監理基礎建設的立法、司法乃至執行權。雖然政府補貼多數基礎建設開發案和隨著這些建設而成長的關鍵產業，但主導這場戰局的卻是民間資本，至少美國是如此。誠如先前提到的，在雷根總統／柴契爾夫人（Thatcher）透過去管制化的大洗牌，極力推動將公共企業賣斷給民間部門以前，歐洲和其他國家的多數關鍵基礎建設產業，所有權都歸屬於政府，尤其是非獨享性公共財相關的產業。但在鼓勵自由市場的包裝之下，民營化風潮了延續近三十年。

然而，物聯網資金來自有錢資本家或企業股東的程度並不是那麼高，資金多數來自數億個消費者和納稅人。首先，讓我們先從扮演物聯網基礎建設的溝通媒介——網路開始談起。

誰擁有網路？事實上，幾乎每個人都擁有它，但卻沒有人能支配它。網路是由一套公認的協定組成的系統，這套協定允許所有人透過電腦網路和另一個人溝通。雖然它包含一個由眾多大型企業（負責鋪設電纜、提供有線及無線連結、安排流量路線和儲存資料等）組成的實體網路（這是網路的骨幹），但這些企業都只是單純的提供者和促進者。另外，雖然還有一些網路企業和非營利網路組織存在於網路並協助統籌內容，但網路本身是一個虛擬公共廣場，所有付費連結網路的人都允許進入，也能加入對話。網路已經帶領二十七億人進入這個令人垂涎的特區，而這裡取得和發送各式各樣溝通內容的邊際成本正趨近於零。[9]

物聯網的財源從何處來？

現在，網路更漸漸和分散的再生能源結合在一起，建構出新經濟典範的神經系統，接著，問題變成：物聯網的財源是誰提供的？大致上來說，漸漸興起的智慧基礎建設（尤其是能源網路）的財源是由消費者自行提供，政府支付的金額愈來愈少，而且政府提供的資金主要只是用來刺激新促成技術的研究和開發。

綠色能源收購制度已成為促進分散再生能源的主要工具。地方、地區和中央政府保證在設定期間內（通常是十五至二十年）以高於其他能源市場價值的溢價來收購綠色能源，以鼓勵早期採用者投資設置風力、太陽能、地熱、生質及小型水力再生能源發電廠，並將因此創造的新綠色電力回饋到傳輸網上。

隨著愈來愈多個人透過這個網路回饋再生能源，整個產業的規模將漸漸擴大，進而鼓勵製造業者投入新資金來革新原來的收集技術，提高效率和生產力，促使成本繼續降低，而這一切的一切都將刺激市場進一步成長。

效率和生產力的提升促使再生發電成本降低，最後將讓這些全新綠色電力的價格得以愈來愈靠近傳統石化燃料及核能電力的市場價格。而隨著全新的再生電力逼近平價水準，政府就能開始降低收購溢價，最終，當綠色電力達到平價後，甚至能逐步淘汰收購制度。

能源收購制度驅動再生能源網路的發展

目前已有六十五個國家設立綠色能源收購制度，其中有一半以上是開發中國家。[10] 事實證明，能源收購制度的確是驅動再生能源網路發展的強大政策工具，全球有接近三分之二的風力和八七％的光電產能是在能源收購制度的鼓勵下建立。[11]

能源收購制度的財源通常來自對所有國人的電價微幅調整（來自每個人每個月的電費帳單）或稅收。換言之，能源收購費用不是由電力公司將額外成本轉嫁給消費者，就是由納稅人透過政府補貼的形式來支付，所以，整個社會轉換為再生能源機制的財源，來自消費者和納稅人。

在能源收購制度成立初期，大型太陽能和風力發電公司最可能藉由興建大型且集中的太陽能及風力發電園區，利用這種溢價牟取利益，而興建這些設施的財源全都來自對數億小型電力消費者漲價。有些電力及公用事業公司甚至設立直屬的子公司來收集風及太陽能源，接著再將這些能源以溢價回饋到母公司，而母公司並不用買單，付費的是該公司的電力消費者，這種種作法讓公司得以獲取由廣大納稅人買單的利益。

但隨著愈來愈多大眾發現大企業從中剝削的惡行，並體認到自己也有機會成為產消合一者（自家綠色電力的生產者兼消費者），數百萬名小型企業老闆和屋主紛紛加入這個行列，成為分散式再生能源模式的主要驅動力量，並進而扭轉被剝削的命運。目前已經有數百萬個為能源收購制度買單的消費者開始透過這個制度獲取利益。他們投入自有資本，在自己所在的地點建置再生能源收集技術。雖然前置資本投資非常高，但銀行和信用合作社已開始針對這些投資提供低利綠色貸款。放款人願意以較低利率放款的原因是，出售綠色電力到電網的溢價將能確保貸款的正常償付。

一般人從能源消費者轉變為產消合一者的現象，代表著電力產生及使用方式的一個重大轉折點。二十世紀的石油、煤炭和天然氣巨型企業原本藉由和銀行及其他金融機構串通，並利用有利可圖的政府補貼，累積並使用大量金融資本來取得國家電力供應的控制權。但如今，數百萬個小型參與者正開始利用能源收購制度（這個制度的財源來自他們每個月電費的小幅漲價），投入資金到自己的再生能源革命。

推動綠色電力，德國領先群雄

德國堪稱帶領歐洲轉用綠色電力的領頭羊，到二〇一一年年底時，該國已建置完成的再生能源產能中，只有七％屬於大型傳統電力及公用事業公司所有，例如意昂集團、萊茵集團（ＲＷＥ）、羅騰堡能源集團（EnBW）和瓦坦佛爾歐洲集團（Vattenfall Europe）。相對地，個人卻握有四〇％的再生能源產能，能源利基參與者占一四％，農民一一％，各種高能源使用量的工業企業約九％，而金融企業占一一％。小型地區性公用事業和國際公用事業則約持有七％。[12] 其中，幾乎有一半的德國風力葉輪機屬於各地區的居民所有[13]。其他歐洲國家的模式也相同。總之，消費者正漸漸成為產消合一者，開始生產自己的綠色電力。

法國天然氣公用事業蘇伊士環能集團（GDF Suez）執行長葛瑞爾德・瑪斯崔烈（Gerard Mestrallet）表示，短短十年前，歐洲的能源市場還幾乎完全被少數區域壟斷者支配。瑪斯崔烈說：「那種好日子已永遠不再，現在某些消費者已成為生產者。」[14] 德國能源公司萊茵集團的執行長彼得・特林姆（Peter Terium）也承認，歐洲正出現一股從中央集權式電力大規模轉換為分散式電力的風潮，而且他表示，較大型的電力及公用事業公司必須適當調整，因為長期以後，傳統發電業務的獲利能量將遠低於近幾年的水準。[15]

如果十年前有人說，歐洲大型電力和公用事業公司將崩潰，因為數百萬個小型分散式再生能源微型發電參與者，已開始為電網生產自己的綠色電力，別人一定會認為他是在幻想。瑪斯崔烈說，但現在這場革命已成為事實。[16]

能源網路成本昂貴，但比起電力耗損的成本便宜太多

將綠色電力供應到電網的多數成本，將是由消費者和小型企業老闆透過電費漲價和稅金等方式來支付，此外，能源網路的多數建置成本也是由他們自行買單。就在不久前，美國政府提撥了三十四億美元的聯邦復原法（Federal Recovery Act）基金，配合民間部門資源提供的等額或更多金額，共計將投入七十八億美元來支持電網的現代化。[17]這筆金額聽起來或許高得嚇人，但如果想一下企業和消費者每年因電網效能低落導致電力中斷、節電和斷電等而產生的成本，這筆錢實在算不了什麼。「電力損耗和中斷，每年至少讓美國人付出一千五百億美元的代價，大約是每個男女老幼各負擔五百美元。」[18]

美國多數電力中斷案件，都導因於電力傳輸線過於老舊，或是電線採地面配置模式所致，到現在，美國還有大量的電線懸掛在腐蝕的木桿上。問題是，氣候變遷引發的較極端氣候事件（冬天的暴雪、春天的暴雨和洪水，還有颶風等）愈來愈常導致電線桿傾倒、電線滑落，相關單位也因此常不得不採取大範圍的節電或斷電措施。在美國，由於極端氣候事件無情重創老舊鬆垮的電力傳輸線（這些電線老早就應該地下化），以往偶爾才發生的電力損耗，現在經常在美國多數地方發生。更甚的是，「超過一〇％的用電其實是因傳輸效率不彰而無端損耗掉。」[19]若能在地底下建置安全、數位化且分散式的二十一世紀智慧電網，電力損耗量將大幅降低，電力中斷的情況也將明顯改善，同時沿線的電力傳輸效率都能提升。

根據美國電力產業的非營利智庫「電力研究所」（Electric Power Research Institute，EPRI）所完成的一份研究，未來二十年間，估計每年將耗費一百七十億至兩百四十億美元來逐步導入全國能源網路，累計總成本約四千七百六十億美元。[20]相關成本確實不便宜，但如果比較一下這些投資的報酬，就不算太貴。美國國防部每年花在建造新航空母艦的金額也大約是這麼多，而如果以能源的角度來看，皇家荷蘭殼牌公司二

○一一年的營收是四千七百億美元，也大約等於用二十年期間來建造一個全國能源網路的成本。[21]

當然，ERPI提出的數字或許太低，它是採用極低價及陽春的規格來估算能源網路智慧化（包括建置智慧電表和鋪設額外的電線等）的成本。其他研究顯示，如果把能源儲存、每台機器的電線配置、家電用品、電網的恆溫控制器和巨量資料（來自能源網路上數十億個節點）的IT管理成本等列入考慮，相關金額有可能高達二・五兆美元。一流的能源分析師瓦克列夫・史密爾（Vaclav Smil）提醒我們，即使是這個數字，都還沒有納入現有石化燃料及核能發電廠的沖銷成本，這些電廠的重置價值（replacement value）至少高達一・五兆美元。[22]

若務實估算，相關成本大約將高達一・二兆美元左右，而建置期間則會延長到三十年以上。電力公司當然會把建造能源網路的部分成本，以漲價的方式轉嫁給顧客。儘管如此，漲價幅度應該相當小，而且可輕易應付。剩下的成本將由地方、州和聯邦政府以直接支出、補貼、獎勵金和津貼等方式吸收。第一次及第二次工業革命的通訊／能源基礎建設的財源，也都是透過民間結合公共投資來解決。

共享協同時代，整體能源效率將從一四%提升至四○%

ERPI的研究顯示，涵蓋整個美國大陸的能源網路建構完成後，顧客的「能源節省」金額將高達約兩兆美元，遠遠超過前置基礎建設的成本。[23]然而，那兩兆美元甚至還沒有把潛在生產力的巨幅提升考慮進來，因為當將所有經濟活動都被內建到一個網路化的智慧物聯網基礎建設時，這套基礎建設將連續不斷地使用巨量資料回饋和最先進的分析法及演算法，提高社會上每個角落的熱力效率及生產力。誠如先前所述，整體能源效率將從第二次工業革命的高峰一四%，急速竄升到第三次工業革命的四○%，因此而衍生的生產力提升，將帶領我們朝幾近零邊際成本的社會跨進一大步。

目前已有十四個國家正逐步落實智慧電網，其中絕大多數案例的能源網路財源，都是藉由提高消費者電費和透過人民與企業稅收取得。[24]能源網路的許多財源將被用來重新安裝電線、建造變壓所和其他組成這個實體運作系統的眾多硬體要件。剩下的多數資金則將被用來開發足以統籌數百萬產消合一者所生產、儲存和分享的複雜綠色電力流量的智慧通訊技術。

分散與協同的特質，讓網路效力最大化

誠如第五章所述，每一棟建築物裡的每一個裝置，都將配備連結到物聯網的感測器和軟體，進而將即時的電力使用資訊，傳達給在地的產消合一者和網路上的其他人。整個網路裡的每個成員都會知道每一件家電用品（包括恆溫控制器、洗衣機、洗碗機、電視、吹風機、烤麵包機、烤箱和冰箱等）在任何一個時間點的電力使用量。

這種連續不間斷的資訊回饋，讓在地的產消合一者得以適切規劃自己的電力用量，而由於這個系統具備分散與協同的本質，因此也讓系統中數百萬個能源參與者，得以用各種有助於將整個網路的效率最大化的方式來分享電力。舉個例子，數百萬個能源產消合一者可以重新編製自己的節點程式（這是一個自願系統），這麼一來，如果空調需求因本地熱浪來襲而急速竄升，他們的恆溫控制器就會自動提高一度或兩度，或者洗衣機會自動轉換為較短的清洗循環，以節省電力的使用量，讓整個系統的電力需求逐漸降低。而協助電網度過瓶頸的產消合一者，將能在下一期電費帳單中獲得費用減免。

但是，亟欲透過智慧電網獲利的公用事業公司，一定還是會設法箝制整個網路的溝通。雖然安裝在數百萬棟建築物裡的智慧電表是由顧客買單（成本其實是轉嫁到消費者每個月的帳單），但所有權卻歸屬這些公用事業。這些公用事業公司也會想方設法，把能源網路管理流程中的必要溝通管道封鎖起來，讓數百

萬個實際出資建構智慧電力系統的企業和屋主，難以享受到這個系統的完整利益。

幸好這些公用事業最終可能無法得逞。目前已經有數十家企業在市場上推出能幫產消合一者將建築物中每一項家電產品全部連結在一起，同時透過無線網路和整個電網溝通的全新網路，連結智慧能源裝置。[25]戴夫・馬汀（Dave Martin）是美國新創企業縱橫能源公司（Intwine Energy）的總裁，該公司的業務是促進無線智慧電網的連結。一如相信能源網路無線介面將大有可為的其他人，馬汀也認為，以前那種中央集權式的專屬通訊方法將成為過去，未來將是分散、開放、協同與橫向分布模型的天下：

> 我們相信，由於屋主和公用事業有能力利用配備寬頻設備的房子裡的現有網路連結，也懂得使用全球資訊網，因此，他們將不再那麼依賴專屬的「封閉」系統，而且將因此獲得顯著利益。[26]

馬汀指出，使用無線網路和遠端裝置來規劃、管理及將能源配送到能源網路各個角落的優點，是敏捷、機動、簡單以及成本降低等。他解釋了採用無線智慧電網連結的理由：

> 我們的系統能強化屋主和公用事業之間的協同合作，有了這套系統，能源使用者就能根據自己的生活方式，量身訂做本身的能源管理作業，而能源生產者無需設計與部署它們的專屬系統，一樣能實現他們的必要管理承諾。[27]

無線網路裝置將讓數百萬人獲得直接掌控自身能源生產及使用方式的權力，另外，他們也能透過一個遍布整個大陸的能源網路，將管理能源的邊際成本降到趨近於零。

改造社會上所有基礎建設並推展第三次工業革命，聽起來有點令人卻步，而且驚嚇程度比第一次和第二次工業革命有過之而無不及。那兩次革命都在四十年內就開花結果。而這一次，整個流程可能進展更快，主要原因是，網路的全球連結，讓數十億人得以積極投入新通訊／能源組合式基礎架構的擴建。那麼廣泛的參與度，將促使能源網路以類似網路過去二十年的指數成長速度，快速橫向擴張。

潔淨的網路：改變人類消費資源的方式

一群新世代的年輕創業家目前正開始使用社群媒體，號召同儕依照當初大家共同投入通訊網路的模式，一起投入能源網路。在這個過程中，他們不斷創造各種新技術來解放隱含在物聯網基礎建設裡的潛在熱力效率和生產力。

那個網路就是所謂的潔淨網路（Cleanweb），這場草根運動是二〇一一年在美國及世界各國展開。這個網路的兩名年輕創業資本家桑尼爾・保羅（Sunil Paul）和尼克・亞倫（Nick Allen），在《麻省理工學院科技評論》（*MIT Technology Review*）網站上，描述了潔淨網路的願景：

> 我們相信，下一個機會就是我們所謂的「潔淨網路」——一種善加利用網路、社群媒體和行動通訊模式的潔淨技術，它將改變人類消費資源的方式，帶領所有人和這個世界友好相處，與他人互動，同時追求經濟成長。[28]

潔淨網路運動（也稱為能源ＩＴ或潔淨ＩＴ）可能即將以光一般的速度，驅動典範的轉移，在這個過程中，傳統的企業運作將遭到淘汰，留下一大群錯愕的企業領導人，無奈地感嘆為何自己沒有及早注意到這些線索。當年網路世代開始創造應用程式，並採用社群媒體來分享音樂、視訊、新聞和資訊時，眾多傳統媒體及娛樂產業人士也一樣只能乾瞪眼。

要了解這個變化的速度將有多快，應該先回頭檢視一下以臉書創辦人馬克・祖克伯為名的祖克伯法則（Zuckerberg's law）。祖克伯發現社群媒體領域也是呈現指數成長，這條成長曲線和摩爾發現的運算能力成長曲線，以及史旺森發現的太陽能技術成長曲線非常類似。祖克伯利用臉書內部組合的資料，說明每年透過網路分享的資訊量都成長一倍，而且，他預測在可預見的未來，這個加倍流程將延續下去。廉價電腦和行動裝置的激增，讓一般人得以更輕易地透過社群媒體，將自己日常的生活分享給另一個人。舉個例子，音樂串流服務應用程式Spotify能將你聽的每一首歌張貼在臉書上。導入短短幾個月內，透過Spotify和其他應用程式分享的「聽取」數，就高達十五億次。

目前蘋果公司也為iPhone設計了一個稱為「尋找我的好友」（Find My Friends）功能，它讓蘋果公司得以追蹤任何一個人的所在位置，並將這項訊息分享給共同網路上的其他人。[29] 現在，允許能源網路上的所有人共同生產與分享綠色電力的相似應用程式也已問世。

週末駭客馬拉松：研發利用網路管理綠色能源的應用程式

目前，「潔淨網路運動」持續在世界各地舉辦週末駭客馬拉松（hackathon），這些活動聚集了眾多軟體開發者、社會創業家和環保人士，所有人共同努力創造能讓數百萬人成為能源網路參與者的應用程式，而被評為最佳應用程式的開發者都能獲獎。

在紐約舉辦的潔淨網路駭客馬拉松活動中，有數百名開發者被分組為十五個團隊，經過二十八個小時不眠不休的投入，參與者最後發明了許多利用網路技術來管理綠色能源的應用程式。紐約駭客馬拉松的優勝者之一是一個名為Econofly的小組。消費者可利用他們的網站來比較各種家電用品的能源效率評比。另一個優勝者Parkifi是協助用戶利用無線寬頻上網（Wi-Fi）熱點，來尋找紐約一帶公園的應用程式。第三個優勝者是nycbldgs.com網站，它利用紐約市創造的能源資料，繪製一份包含市區所有建築物的地圖，同時將各個建築物的能源用量和二氧化碳排放予以排序。它的目標是要找出可以翻新改造為微功率發電廠的建築物，並標出堪稱先進綠色設計與能源效率「冠軍」的建築物。[30]

潔淨網路運動的概念是要使用ＩＴ、網路和社群媒體來聚集一些志同道合的夥伴，在落實能源效率和導入再生能源收集技術的同時，一起締造橫向的經濟規模。這代表收集能源效率資訊的流程將獲得簡化，並讓人得以用更低的成本投資再生能源技術，整體投資難度將明顯降低。

Mosaic是潔淨網路中一家使用網路群眾募資方式，在屋頂設置太陽能板的企業。再生能源的多數財務成本並不是耗用在太陽能板上（太陽能板愈來愈便宜），而是耗用在「軟性成本」，包括潛在顧客的尋找、設點評估以及融資等成本。以美國來說，太陽能公司每爭取一個新顧客，大約要花兩千五百美元。據估計，ＩＴ解決方案（利用社群媒體）能促使太陽能的成本降低七五％，讓它變得比煤炭還要便宜。[31]

巨量資料的力量，賦予用戶控制自身能源的能力

美國的潔淨網路運動正透過一個名為「綠紐」（Green Button）的聯邦政府創新計畫取得巨量資料。這個計畫是在二〇一一年啟動，它鼓勵電力及公用事業公司以自願的方式，提供容易取用的即時能源用量資料；由於數百萬個家庭及企業的智慧電表已建置完成，所以這類資料的確是可取得的，而且是有史以來首度可以取得。在能源網路的基礎建設中，智慧電表是關鍵的資料收集點。這些企業的顧客可以下載這

項資料，取得更有效率管理自身能源使用情況的必要資訊。不到一年，即時取用自身能源使用資料的顧客數，就暴增到三千一百萬個。[32]

諸如O電力公司（Opower）、艾特榮公司（Itron）、第一燃料公司（First Fuel）、第二代效率公司（Efficiency 2.0）、經濟狗公司（EcoDog）、貝爾金公司（Belkin）和誠信建築物公司（Honest Buildings）等企業，目前正急著開發能使用綠紐巨量資料的新應用程式和網路服務，希望能賦予用戶控制自身能源未來的能力。[33]

社群媒體讓豐富的個人能源用量資料得以發揮更大的影響力。研究顯示，通常金錢並非促使一般人改變能源生活形態的關鍵要素。研究人員發現，通常一個人會願意改變自身能源使用的概況，都是基於遵守一個永續生存的共同承諾，或是受集體賦權（collective empowerment）意識所驅動。

影響個人改變能源生活型態，社群媒體是關鍵要素

能透過社群媒體分享個人能源資料後，就能針對新的能源管理方法展開點對點的對話，所以，這是能源管理的強效方法。不管是透過社群媒體分享能源使用訣竅、彼此影響並改用新應用程式來提高能源效率、共同聚集在能源合作社，以更便宜的方式來建置再生能源，或是純粹為了娛樂而進行友誼競爭等，全都能大幅強化這個全球永續維權主義社群的力量。

臉書在二〇一二年和自然資源防務委員會（Natural Resources Defense Council，NRDC）、O電力公司及十六家公用事業公司合作，啟動「社群能源應用程式」（Social Energy App）。參與者可以在Green On Facebook能源應用程式或Opower的網站上註冊。這個應用程式會將用戶的能源帳單資料拿來和美國各地類似家庭的能源帳單進行排序，同時會拿用戶及其臉書友人的帳單進行比較。參與者可以和其他人展開

提高能源效率和降低能源用量的競賽，同時成立對探討各種綠色能源創新計畫有興趣的群組。這個社群能源應用程式也提供一些訣竅和一個平台，供所有參與者分享能源建議。臉書公司領導內部永續經營計畫的瑪麗・史卡特・林恩（Mary Scott Lynn）表示：「這個應用程式的目的是要促進節能行為的社群化，同時營造一種對話氛圍，鼓勵眾人討論能源效率的優點，目前這樣的對話並不存在。」林恩相信，「過去所有建構能源網路社區的計畫，似乎都沒有考慮到為環保行動融入社群概念，而融入這個概念後，這些計畫將可能變得更完整。」[34]

潔淨網路運動將IT、網路、行動通訊及社群媒體和再生能源結合在一起，創造了一個強大的組合。這場新運動的先驅之一談到了網路和再生能源結合的寓意。多明尼克・巴蘇托（Dominic Basulto）說：「想想一旦綠色能源以摩爾定律成長，潔淨網路會有多大的潛力！」他在「大思維」（Big Think）部落格上評論，有些社會創業家：

> 曾認為「潔淨技術」和「網路」投資事業不相容，但他們現在卻兩頭得利：在投資網路或行動通訊的未來時，他們也可以同時投資太陽能公司。如果矽谷能促使潔淨網路以原始運算能力過去二十年的擴展模式成長，它的潛力將非常大。[35]

每個人都享有免費Wi-Fi

隨著「讓每個人都有免費Wi-Fi可用」的建議被提出，產消合一者愈來愈有機會實現以下目標：為自己的綠色能源生產提供財源，並在幾近零邊際成本的條件下，以自己的無線裝置來監督這些能源的使用和配送。二〇一三年二月，負責監理美國電信產業的監督機關聯邦通訊委員會（Federal Communications Commission，FCC）投下了一顆震撼彈。該委員發表一份提案，表示將在美國各地建造「超級Wi-Fi網路」，讓每個人都能免費連結無線網路。FCC打算要求電視台和其他廣播業者將閒置的政府電波頻道賣回，讓政府將之重新用在公共Wi-Fi網路，以便實現這個計畫。重新獲得使用的廣播頻率將可涵蓋一英里以上，能夠滲透牆壁和圍籬，讓使用者能免費透過網路，用手機打電話，同時在家裡和公司免費使用Wi-Fi連線，最後促使網路的使用成本大幅降低。[36]

一旦社會能以幾近零邊際成本的通訊方式，來管理幾近零邊際成本的再生能源，它就等於取得了擴建物聯網的關鍵運作平台，並進而得以改變經濟典範。FCC這個引發高度爭議的提案，已導致美國最大電信公司如美國電話電報公司（AT&T）、T-Mobile、英特爾和威訊等的無線傳輸業者，和一樣令人畏懼的網路及IT公司如Google和微軟等公司槓上。畢竟前者當年為取得FCC的無線電頻譜執照，已付出數十億美元的代價，而一旦這個計畫付諸實行，這些業者可能損失價值一千七百八十億美元的無線產業。[37]但後者則主張免費Wi-Fi連線將加速導入數百萬個組成未來物聯網的裝置[38]，Google甚至已經開始在曼哈頓的雀兒喜（Chelsea）一帶和矽谷的某些街坊提供免費Wi-Fi。[39]

免費Wi-Fi以終端使用者爲中心，將取代電信業者的服務

產業分析師不約而同地預測，免費Wi-Fi有可能取代電信業者的服務。[40]FCC也抱持相同觀點，一個FCC官員表示：「我們希望我們的政策能以終端使用者為中心，而不是以電信業者為重。」[41]

過去十年，劇烈的科技進展已將電磁波頻譜（electromagnetic spectrum）從一種罕見珍貴資源，轉化為類似太陽能、風力和地熱等幾乎可能無限量取得的資源，也因如此，FCC才會有此提案。無線電廣播

在一九二〇年代興起時，一旦有兩家以上的廣播業者所在位置非常接近，而且使用同一個頻譜或非常接近的頻譜，就會彼此干擾到對方的廣播訊號，讓通訊內容變得令人難以理解。

到一九二七年時，無線電廣播業者的大量增加，更導致無線電接收變得一團混亂，這個亂象最後迫使國會通過無線電法（Radio Act）來建立聯邦無線電委員會（Federal Radio Commission，ＦＲＣ），它的任務是要判斷哪些頻道可以使用、允許誰使用。[42]其後的一九三四年通訊法案（Communications Act of 1934）將頻譜分配任務交付那時剛成立不久的聯邦通訊委員會[43]。ＦＣＣ接下管理頻譜的任務，換言之，它負責將特定位址的特定頻率許可證，發給某個廣播業者或其他實體，讓它們擁有獨家使用權。也因如此，頻譜才會被視為一種罕見的寶貴資源，當然，它也代表一種價值非凡的商業資產。

但如今，管理無線電頻率的新技術問世後，「頻譜乃罕見寶貴資源」的概念已失去意義。這個新現實漸漸改變廣播通訊的本質。智慧天線、動態頻譜接取（dynamic spectrum access）、感知無線電技術和網狀網路（mesh networks）等眾多新技術，藉由更有效率且靈活的使用，逐漸將頻譜擴充為一種豐饒的資源。這些新技術可以將一個傳輸訊號集中傳輸到使用者的天線，避免其他天線的干擾。另外，這些技術也能感測到其他傳輸內容，並分享閒置的頻譜。這些技術能掃瞄頻譜、搜尋暫時閒置的可用區塊。在一個無線網路裡，無線電甚至能彼此統籌資訊，允許平行傳輸（parallel transmissions），同時將特定時頻（time-frequency）區塊的效用提升到最高水準。

美國國家電信暨資訊管理局（National Telecommunications and Information Administration，ＮＴＩＡ）在二〇一〇年提出一份有關未授權頻譜之未來使用方式的報告，它在報告中評論：「一旦那種科技可取得，無線電頻譜的能量將呈指數成長，而且倍數達到十的好幾次方。[44]ＮＴＩＡ那篇報告的結論是：「就算只實現其中一小部分潛力，今日的頻譜短缺疑慮可能就會消散，以發放執照的方式來監理頻率的傳統作法，可能會大幅轉變。」[45]

很多產業觀察家表示，新技術將使電波變得極端豐富，所以政府再也沒有理由對頻譜的取用進行配給，在服務的提供上也不能有先後的差別待遇。[46]在近期的未來，每個人都將能一起分享地球上豐饒的電波，幾乎能免費彼此溝通，一如我們共享太陽、風和地熱的豐富免費能量。

透過Wi-Fi網路進行的開放式無線通訊，正快速超越傳統的授權有線通訊。comScore的一份研究發現：「二〇一一年十二月時，美國的Wi-Fi連線驅動了四〇・三%的行動網路連結，以及九二・三%的平板網路連結。」[47]更有意思的是，思科公司的一份報告揭露了一個事實：只有三五%的行動資料用途是在「行進中」使用，但有四〇%是在家裡使用，二五%是在工作時。[48]而在二〇一二年，三三%的行動資料被卸載（offload）到Wi-Fi網路。思科這份研究預測，到二〇一七年時，這個百分比將超過四六%。[49]

透過Wi-Fi網路進行的開放式無線通訊模式，將對智慧電網的管理產生特別顯著的影響。因為目前智慧電網的通訊已有七〇%是採用開放式無線策略。[50]

未來幾年，透過免費Wi-Fi網路來使用開放式無線連結可能成為常態，不僅美國如此，幾乎所有地方也都一樣。對所有人類來說，這種模式的優點多到令人難以拒絕，就算是傳統有線電信傳輸業者強力阻撓，也無濟於事。傳統上透過專屬、中央集權式有線通訊網路來溝通的模式將成為歷史，對生活在二十一世紀中期的未來年輕人來說，那種溝通模式將成為一種令人覺得好奇的古董。

擺脫政府和市場的支配

我們正逐漸認清一個深不可測的新現實。長久以來，我們對匱乏經濟學深信不疑，以至於幾乎沒有人相信這個世界會轉變為一個豐饒的經濟體系。不過，我們的世界確實可能成為一個豐饒的經濟體系。新的通訊技術正逐步地將廣播頻譜由一種罕見寶貴資源轉化為豐饒的資源，一如資訊、再生能源、3D列印和網路大學課程等。然而，走向豐饒經濟的路途還是充斥各種路障，這些障礙隨時都可能導致我們延緩進入協同世代，甚至中途脫軌。最大的挑戰在於找出一個能引導整個社會邁向新典範的治理模型。而追求那樣一個模型的信念，又帶領我們回歸到邊際成本的爭議，而這個爭議導致近七十年前的兩個偉大經濟學家彼此對立。霍特林和寇斯分別支持兩種截然不同的社會治理模型，霍特林熱情主張公共基礎建設財應由政府管理，但寇斯則偏好由市場治理。

命中注定的是，寇斯在邊際成本的爭議發生後，寫了一篇有關頻譜民營化的論文，這個非凡成就讓他獲得諾貝爾經濟學獎。他主張應一次性賣斷所有頻譜，將頻譜交由企業專用，並在市場上交易。

寇斯相信，就判斷資源該如何分配來說，市場機制的效率遠比政府監理者和科層體制高。若以當今的語言來表達，他主張：「政府不應該介入挑選贏家和輸家的事務。」不僅因為它缺乏和買賣雙方市場價值主張（value propositions）有關的最新關鍵資訊，也因為政策制訂者容易受特殊利益團體的擺弄和影響。

多數經濟學家都被寇斯的理論說服，所以，最後連FCC也和寇斯站在同一陣線，開始透過公開拍賣的方式，將頻譜租約分配給最高出價者。[51] FCC拍賣租約的決定並非完全出於無私。政府所持的理由是，從純粹財務觀點出發，將寶貴的頻譜租約拿來出售，總比將之免費提供給使用者更有道理，因為這樣能幫國庫賺進幾十億美元的收入。政府方面認為，對政府和人民來說，出售頻譜租約將能創造一個雙贏的局面。

然而，這種雙贏協同關係是以一個假設為基礎：頻譜是一種罕見的資源，所以是極端寶貴的商業資產。但到一九九〇年代末期，新科技的導入將頻譜從罕見資源轉變為豐饒的資源後，那個假設遂開始崩潰。工程師主張，就算頻譜不算無限資源，也一定是可再生的資源，尚未被開發的巨大頻譜能量，足以讓使用頻譜的邊際成本趨近於零。

社會評論家和一小群影響力強大的經濟學家，隨即把握頻譜轉趨豐饒的機會，開始從社會的角度來探討這個議題，並主張不讓數億人有能力以幾近零邊際成本的狀態彼此溝通，等同於不給予他們自由言論權。畢竟美國和世界各地如今有非常多的通訊，是透過電子郵件、智慧手機和平板電腦進行。在協同時代，諸如臉書和推特等社群媒體，將成為一般人愈來愈常使用且不可或缺的通訊工具。

協同經濟新典範下的一個治理實體：網路連結共享聯盟

諸如哥倫比亞大學的艾利・諾姆（Eli Noam）、哈佛大學的尤查伊・班克勒（Yochai Benkler）和賓州大學華頓商學院（Wharton School）的凱文・韋巴赫（Kevin Werbach）等新一代學者，聯合起來和傳統市場派經濟學家打對台。他們全都主張，FCC管理與控制無線電寬頻的作法不僅沒有效率，而且很浪費。然而，這群新維權主義人士也不認同寇斯的追隨者（這些追隨者主張市場管理是取代政府管制的唯一替代方案）。他們主張，如果剩下的電波被出租或出售給民間部門，電信巨擘將占用大量頻譜，導致其他人被他們壟斷，而且，這些業主將掌握國家絕大多數的通訊管道，讓數百萬個產消合一者和數十萬家企業無法享受幾乎免費的通訊管道，當然也就無法取得隨著免費通訊而產生的經濟、社會和政治利益。

所以，他們支持第三種能讓國人的通訊擺脫政府及市場控制的替代方案，而且稱這個新治理模型為「網路連結共享聯盟」（Networked Commons）。網路維權主義者談的並不是自古以來流傳下來的老舊封建共享聯盟，而是一種屬於二十一世紀的高科技共享聯盟，這個聯盟有能力善加管理因物聯網而變得可能的分散、點對點橫向分布經濟活動。總之，他們主張網路連結共享聯盟，將成為協同經濟新典範下的一個治理實體。

當然，他們不只是鼓吹電波的治理。因為ＩＴ運算、無線電信和網路技術被用來組織與管理資訊、綠色能源和電力、３Ｄ列印產品、網路高等教育、社群媒體行銷和外掛式潔淨運輸及物流網路等的程度愈來愈高，所以，網路連結共享聯盟將成為涵蓋整個物聯網的治理模型。雖然所有新數位共享聯盟成員都不認為政府或市場會突然變得無能，但他們發現，這兩者的缺陷等於都在為第三種替代方案創造空間，讓這個替代方案成為愈來愈主流的角色，到最後，這個幾近零邊際成本的世界裡的多數地方及地區性經濟、社會及政治事務，都將以這個模型來管理。總之，協同共享聯盟已站上世界舞台。

第三部

共有資源的崛起

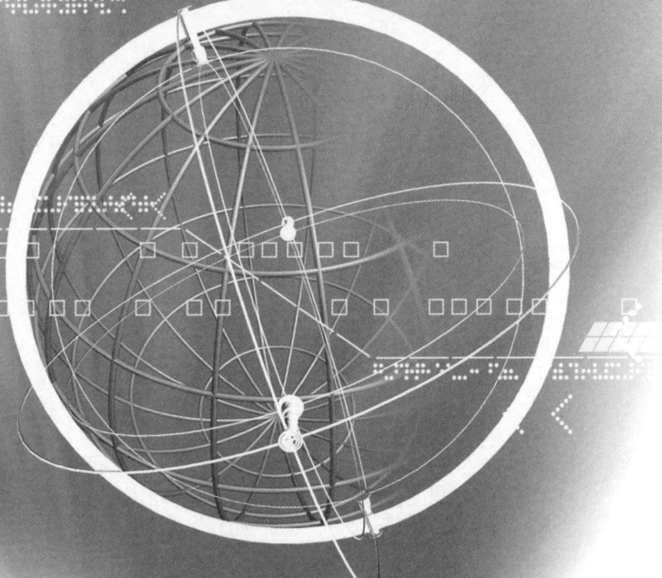

第十章

共有資源的悲劇？

雖然大多數人對於共有資源的治理所知甚少（如同第一章與第二章所述），但是這種模式其實比資本主義制度更早出現，而且事實證明，在中世紀封建制度期間，共有資源確實是一個有效管理經濟生活的治理模式。可惜到了現代，這種模式先被啟蒙哲學家玷汙，最近又被傳統經濟學家摒棄，設法以無所不在的私有財產制度和市場交易模式取而代之。

當代對於共有資源的描述中最為人所知的可能是，葛瑞特・哈丁（Garrett Hardin）於一九六八年在《科學》（*Science*）期刊發表的這篇論文〈共有資源的悲歌〉（The Tragedy of the Commons）；不過這篇論文也對共有資源做出最負面的評價。

哈丁是加州大學聖塔芭芭拉分校的生態學教授，他針對「開放給所有人的公有牧地」提出這種假設狀況：每位牧民都想在公有牧地上放牧愈多頭牛。想像一下，如果大家都這麼做，都想在同一塊公有牧地上放牧愈多頭牛，最後牧草地的狀況就會惡化，弄到大家都自食惡果。當土地持續受到侵蝕，牧民的內心只會更加掙扎，因為大家要在牧草地貧瘠前，讓自己取得最大的放牧效益。這種短視近利的競賽勢必會讓資源逐漸耗竭。哈丁寫道：

在這種情況下，悲劇就發生了。每個人都被困在驅使自己不知節制地增加放牧牛隻頭數的制度裡，然而資源卻是有限的。在人人深信可以自由取用共有資源，所有人一窩蜂地各自追求一己私利的社會裡，大家等於一起走向毀滅，因為這種對共有資源的自由取用，就是帶領大家走向毀滅的禍因。[1]

就算公有牧地受到一些牧民的照料，由於「搭便車困境」（free riders dilemma）所致，最後還是無法避免發生共有資源的悲歌。換句話說，如果牧地開放給所有人，那麼大家都能搭便車，利用設法管理資源者的好意，不必付出心力照料牧地，隨心所欲放牧更多牲畜。要是這種坐享其成的人數超過管理人數，公有牧地的毀滅就是在所難免的後果。

哈丁以這句預告宣言做結論：「共有資源的替代方案，仔細盤算起來就讓人心驚膽跳。」[2]哈丁這位滿腔熱忱的生態學家堅信，讓中央政府機關全權負責管控，才是有效復育地球生態系統日漸惡化的唯一之道：

如果在擁擠的社會裡無法避免毀滅，那麼人們必須對個人心靈外的一股凝聚力量做出回應，套用英國政治哲學家湯瑪斯・霍布斯（Thomas Hobbes）所言，這股力量就是「利維坦」（Leviathan）。[3]

危害生態資源的眞正禍首另有其人

哈丁對於共有資源的描述確有其事，但卻忽掉讓共有資源模式歷久不衰的最顯著因素，那就是自我調整、自我施行協定，以及參與成員同意在違反規定時需接受相關處罰。沒有這些協定和罰則，共有資源的悲歌勢必會發生。也就是說，哈丁把治理這部分遺漏掉了。

我發現奇怪的是，哈丁選擇把共有資源說成是要為解放現代社會肆無忌憚的貪婪與破壞負責的元凶。其實，受獲利驅使及被政府殖民和新殖民政策煽動的市場導向資本主義體制的不知節制，才是真正的罪魁禍首，讓十八世紀到二十世紀這段期間，開發中國家的資源受到掠奪，人力被大規模地剝削。

共有資源再受矚目

直到最近，經濟學家和歷史學家才把共有資源當成跟封建制度密切相關的一種獨特經濟模式。然而，過去二十五年來，年輕一輩的學者和從業人士開始重新審視共有資源這種治理模式。他們發覺要是把指導原則和假設加以更新和重新設計，共有資源或許能為轉型經濟提供一種更實際的組織模式，讓商務集中管控邁向分散式、橫向擴展、點對點生產，也讓市場中的財產交易日漸式微。同時，人們愈來愈倚重在網路上取得可分享的物品與服務，在精心安排經濟生活時，社會資本也比市場資本更受到重視。

到了一九八六年，也就是哈丁那篇論文幾乎把共有資源理論蓋棺論定的十八年後，卡洛．蘿絲（Carol Rose）試圖開棺一瞧究竟，讓那些早已被打入冷宮的構想起死回生。這位西北大學法律教授寫了〈共有資源的喜劇〉（The Comedy of the Commons）這篇論述，對哈丁先前那篇論文提出嚴厲的答辯。她為共有資源這種治理模式的積極辯護，喚醒學界的注意，也激勵一群學者和從業人士支持共有資源，讓共有資源再次受到矚目。

蘿絲開宗明義地提醒讀者，並不是每件事或每樣東西都適合私人所有制。海洋、漲潮時被淹沒的陸地、湖泊與河流、森林與峽谷、山林小徑、開放陸地、空曠區域、鄉間小路、道路與橋樑以及我們呼吸的空氣，全都具備公共財的特質。雖然這一切都能私有化為可在市場交易的財產形式，但通常這一切都是由政府監管，只不過情況未必總是這樣。蘿絲指出：

在完全私有財產和政府掌控「公共財產」這二種類別外，還有「本質為公共財」這種獨特類別，既不是由政府完全掌控，也不是由私人機關徹底管理。這是由整個社會集體「所有」及「管理」的財產，即使為個體所有，其所有權也凌駕於任何政府管理者的所有權之上。[4]

以法律界來說，這些就是所謂習慣法保障的權利，在英美法和各國法律政策中可以找到，是存在久遠的一般權利，比方說社區有權使用公用地放牧動物或從當地森林砍伐木材，從當地沼澤田野取得泥煤或草皮，使用道路或在當地溪流垂釣，或是在「公共用地」上舉辦節慶活動。這種慣俗權利的有趣層面在於，在大多數情況下通常有非正式或正式的管理協定，以確保共有資源受到妥善的管理。

後來，二十世紀財產史傑出權威學者之一、多倫多大學教授克洛弗德・麥克弗森（Crawford Macpherson）指出，我們太習慣把財產當成是讓他人無法使用某樣東西、或無法從某樣東西受惠的一種權利，以至於忽略掉以往對財產的觀念其實是：取得共有財產的慣俗權利，也就是在水道上自由航行或在鄉間小路自在行走、自由出入公共廣場的那種權利。[5]

參與「共有資源」的權利，是最根本的財產權

蘿絲以進入公共廣場這種慣俗權利做說明，指出這種權利老早就被當成社交生活不可或缺之物。至少在網路出現前，公共廣場是我們溝通、社交、沉迷於彼此陪伴、建立社區連結和創造社會資本與信任之

處，而這些正是滋養社區的必備要素。因此，參加節慶和體育活動或在步道上聚集，這種權利自古以來就被當成是所有權利中最基本的一種。被包含在內並能自由取用，這種權利就是參與「共有資源」的權利，是最根本的財產權，而私有財產權這種包含、擁有和排除的權利，只是對規範做出一種有限制的偏離。不過，在當代社會裡，私有財產權幾乎已經被納入規範。

蘿絲針對在公共廣場進行大眾節慶的慣俗權利，做出一針見血的觀察，這項觀察跟目前針對人們自由進出網路社交空間之權利所做的辯論密切相關。蘿絲表示，關於公共廣場的節慶、舞蹈、體育賽事和其他社交活動，有愈多人參與，對每位參與者的重要性就愈高。[6]蘿絲認為：「這種現象跟『共有資源之悲歌』恰恰相反，而是『共有資源的喜劇』，俗話說『人多才熱鬧』就是最佳詮釋。」[7]

蘿絲的看法如此非比尋常的原因在於，她早在全球資訊網（World Wide Web）出現前，就在一九八六年寫出這麼精闢的見解。她用簡潔的文字描述這個最重要的問題：財產權何時該交由私人管理，何時該信任共有資源？蘿絲表示，權責有疑問的財產實際上必須能由私人獨占，但是大眾的權利必須凌駕於私人所有者的權利之上，因為在使用者人數沒有限制、也就是為大眾所使用時，財產本身才最有價值。[8]蘿絲認為，物品和服務的「公共性」（publicness）創造了財產的「租用」，而像警力這種政策，就保護這種公眾創造的租用不會因為私人堅持而遭到獨占。[9]

蘿絲對於哈丁的〈共有資源的悲歌〉這篇論文所做的猛烈抨擊，以及她對共有資源的喜劇之積極倡議，引起相當大的迴響。四年後，在印地安納大學和亞歷桑納大學任教的經濟學家伊莉諾・歐斯壯（Elinor Ostrom）出版著作《共有資源的治理》（*The Governing of the Commons*），率先針對共有資源近千年的發展史，以經濟學和人類學的角度，寫出最全面的分析。歐斯壯的研究讓學界讚嘆不已，就連經濟學界也給予高度肯定。歐斯壯對於以往共有資源治理成敗原因所做的精闢分析，以及她對確保共有資源管理日後的成功提出的實用解決方案，讓她在二〇〇九年贏得夢寐以求的諾貝爾經濟學獎，成為獲此殊榮的首位女性。

歐斯壯雖然是徹頭徹尾的經濟學家，但她卻勇於擔任起人類學家的角色。她研究瑞士阿爾卑斯山到日本村落的共有資源管理方案，從中發現讓治理模式發揮效益的原則。在研究初期，她費心解說自己分類的共同資源體制中，有許多體制在漫長發展史中，歷經乾旱洪水、戰爭瘟疫以及重大的政經變革。事實證明，共有資源機構治理體制堅不可摧，值得我們從全球日漸密不可分、人類在環境、經濟和社會面臨許多挑戰與機會等觀點，重新思考共有資源治理的重要性。[10]

歐斯壯的研究否定哈丁提出的「所有」共有資源注定滅亡這項主張。先前，哈丁認為大家都有搭便車、坐享其成的心態，而且長久以來經濟學家對於共有資源治理的存疑，從亞當・斯密以來就認為個人在市場中只會追求一己的立即利益。[11]

關鍵在民主化自我管理協定共識並自願遵守

歐斯壯的發現卻恰好相反，管理放牧牲畜的草地、捕漁、灌溉系統、森林等共有資源，個人通常要以社區利益為重，把一己私利擺在其次，而且要以長久維護共有資源為優先要務，個人當前狀況擺在其次，即使個人陷入困境也一樣。在各種情況下，讓共有資源得以運作的黏著劑就是，所有成員以民主參與方式對自我管理協定達成共識並自願遵守。就是這種持續合作與回饋，創造社會信任的連結，如此世世代代延續下去。這種社會連結避免共有資源僵化與失效，事實證明，在最壞狀況下，這種「社會資本」就是讓共有資源持續運作的重要資產。歐斯壯在她對共有資源管理發展史的研究中提到：

違反規定就會出現幾千個機會，可以取得極大的利益，相較之下這樣做所受到的制裁根本不算什麼。在西班牙胡塔斯的旱季裡偷水，有可能讓整季農作物免受破壞。不支付菲律賓灌溉系統的日常維護費用，或許就能讓農人在其他方面賺取必要所得。在瑞士或日本的山區共有資源非法伐木，或許就能大賺一筆。在誘惑如此眾多的情況下，這些個案的成員對規定的高度遵守，實在令人刮目相看。[12]

在歐斯壯調查的共有資源體制中，全都建立制裁和罰則以落實成員認同的管理協定。不過歐斯壯表示，令人驚訝的是，幾乎在每個個案研究中，違反規定的處罰都相當輕，而且跟違規取得的利益相比，處罰簡直微不足道。[13]

彼此監督的活動幾乎總是由成員自己負責。這種私下監督讓任何違規行為更不可能發生，不僅是因為大家「無處可躲」，也因為違規者可能覺得自己背叛親友鄰居的信任，而感到羞愧。

共有資源治理的成功經驗：瑞士小鎮托貝爾、阿爾卑斯山區

瑞士小鎮托貝爾（Töbel），當地人口只有六百人，是歐斯壯研究的許多成功個案之一，這個小鎮成功治理共有資源已超過八百年。托貝爾的務農家庭在私有土地上耕種蔬果穀物，並收割乾草在冬季時餵養牛隻。當地牧民在夏季月份時，則是到大家共有的阿爾卑斯山牧草地上放牧牛隻，由這些牛隻的乳汁製成的乳酪，就是當地經濟的重要命脈之一。[14]

一四八三年制定的托貝爾共有資源公約協定，在後續幾世紀裡再三更新修訂。這項協定說明維護阿爾卑斯山牧草地、森林、荒地、灌溉系統，以及連結私人土地與公共財產的小徑道路之治理協定。[15]

位於瑞士的這個共有資源有制定已久的限制，只允許當地居民有權使用共有資源，並利用特殊規定確

保居民不會過度放牧。早在一五一七年制定的一項公約限制就明訂：「居民在公有牧草地放牧的牛隻，不得超過冬季時可餵養的牛隻頭數。」[16]為了確定每個家庭每年分配到多少乳酪數量，在冬季開始時就先算好夏季能送到山區放牧的牛隻頭數。[17]

托貝爾的共有資源公會召開年度大會討論管理、審查規定並推選治理幹事。公會負責收取罰金、安排山區小徑和道路的維護、修理基本設施，並向成員收取費用以執行公務。通常，費用會依據每戶人家擁有的牛隻數量來收取。公會也會在要砍伐用來施工和取暖的樹木上做標示，並安排哪批樹木由哪些人家所有。雖然每戶人家有自己的農地、花園、葡萄園和種植穀物的田地，但是共有資源式的約定，就提供共有資源基礎設施的分享，包括穀倉、糧倉和多樓層住宅單位。[18]

幾百年來，托貝爾藉由對本身共有資源的審慎管理，一直持續維持高水準的生產力。雖然每戶人家享有自家土地的私人所有權，但是大家繼續基於一個實際的理由，繼續保有對其他資源的共同占有權。羅柏特・麥克・奈汀（Robert McC. Netting）在《人類生態學》（*Human Ecology*）中發表的一篇研究中寫道，「共有資源治理提倡對特定類型資源的取用及最適生產，同時要求整個社區遵守保障這些資源免受破壞的必要保護措施。」[19]托貝爾不是特例，在瑞士阿爾卑斯山區中，有八成以上的地區利用一種混合式的體制進行管理，在農業方面採取私有財產制，在使用牧草地、森林和荒地時則採取共有財產制。[20]

多年來，我跟太太卡洛經常喜歡造訪阿爾卑斯山區的這些社區，這些村落的生活品質之高，一直讓我們讚嘆不已。這裡的居民似乎已經在傳統和當代、混合式共有資源管理、通曉市場機智和開明地方治理當中，取得巧妙的平衡。瑞士阿爾卑斯山區的村落，等於幫共有資源治理永續運作的實務打廣告，也幫共有資源治理做了清楚的示範，讓大家知道當共有資源成為當地生活不可或缺的核心時，這種治理方式能做到什麼程度。

瑞士阿爾卑斯山區也不是這方面罕見的寶貴特例。其實，從開發中國家的傳統務農社區，到美國郊外社區治理共同利益發展那種最複雜的共管公寓協議，類似的共有資源協議實例已經多達幾千個。

在研究由政府管控、私人管理及共有資源治理這三種主要管理模式的優缺點時，並沒有哪一種模式總是比其他模式更好或更差。究竟哪一種管理模式最好，多半是要看個案的特殊情況而定。

有時基於某些目的，私人財產協議效率十足，但是如果這樣就以為把萬事萬物都交由私人管理（自由市場經濟學家大都這樣倡導），認為這樣做再好不過，那就太不切實際了。尤其是在處理讓大家都能成長繁榮所需的公共財時，更不能這樣做。難道我們希望每個海灘、每個湖泊河流、森林郊區、道路橋樑，全都築起柵欄隔開，把整個地球的多元生態系統都交由私人管理，讓財產所有人獨享收取門票和使用資源的權利？或者更糟的是，讓他們有權利完全不讓我們使用這些共有資源？經歷過生態系統和資源被商用及住宅不動產開發商強取破壞的人，就很難支持下面這種說法：私有市場始終是為大眾謀取最多福祉的最有效手段。

同樣地，雖然政府在道路、供水系統、郵件遞送和公立學校等許多公共財的監督管理上，已經做到令人讚賞，但是在了解讓當地各種狀況變成一種獨特體驗的複雜動態時，政府在這方面的表現通常就不及格。一體適用的做法和協定常會導致可怕的不當管理，尤其是負責監督的匿名各官僚，跟所管理社區沒有任何關係時，情況更是可怕。

共有資源管理的七項設計原則

如果共有資源存在一個不可或缺的主題，那麼社區本身的成員就是最清楚如何治理自身生活的人。如果資源、物品和服務的存在本質上為公眾所有，並且由公眾取用能發揮最大效益，那麼最好的做法通常是由整個社區共同管理。

在針對讓共同資源治理奏效進行幾年的實地調查和研究後，歐斯壯跟同事提出讓每個調查個案奏效所不可或缺的七項「設計原則」：

一、共有資源的有效管理需要「清楚定義界限」，明訂得以挪用共有資源的對象。

二、必須建立挪用共有資源的規定，限制資源可被使用的時間、地點、技術和數量，並制定規定詳述可挪用資源能分配的勞力、資源和資金數量。

三、共有資源協會必須保證那些受到挪用規定影響的人，共同以民主方式決定這些規定，並因時制宜修改規定。

四、共有資源協會應確保共有資源相關活動的監督者就是挪用者，或是這些人必須對挪用者負責。

五、原則上，違反規定的挪用者應受到其他挪用者或負責人員的分級制裁，以防止過度處罰破壞成員日後的參與意願，並對社區產生敵意。

六、共有資源協會應該制定程序，儘快以低成本的私人調解方式，迅速解決挪用者之間的糾紛或挪用者與協會人員之間的糾紛。

七、政府法令承認並接受共有資源協會所設規定的合法性。如果政府管理機關不對共有資源協會的自我管理職權提供最起碼的認定，還將其視為非法，那麼共有資源的自治就不可能持續下去。[21]

以上這七項設計原則似乎在世界各地的共有資源協定中一再出現。早在全球通訊時代來臨前，跟外界鮮少接觸的孤立社區就提出類似的管理模式，讓人不禁好奇其中是否有一股普世皆然的常態在運作。

歐斯壯跟同事在實驗室裡測試這個觀念並發現，當實驗對象面臨共有資源問題又無法彼此溝通、被迫各自匿名做出決定時，最後總會過度使用資源。不過，在被允許彼此公開溝通的情況下，這種過度使用資源的情況就會大幅減少。實驗室裡的研究也透露，實驗對象願意付費制裁違規者，展現出大家一起「付出代價制裁他人」的決心。[22]

歐斯壯也發現，當實驗對象能對撤銷及是否處罰他人及罰金多少自行制定規則時，他們在實驗室裡就會傾向採取一種相當接近最適狀態的撤銷制度，必須處罰其他成員的情況也少之又少，但是若有必要，他們也願意這麼做。歐斯壯團隊從這些實驗得知，人們在能自行設計管理共有資源的規定時，就能憑直覺做到這七項設計原則，也讓世界各地的共有資源管理有做法和方向可以依循。[23]

這一點讓大多數經濟學家不知所措，因為經濟學長久以來憑藉的構想就是，人類天生只追求一己私利，個人設法讓本身擁有最大的自主性。對許多市場導向的經濟學家來說，「自由選擇追求集體利益」這個構想根本就是一大詛咒。其實，他們最好趕緊鑽研演化生物學家和神經認知科學家的發現。過去二十年來突然出現許多研究和發現，正在動搖人們長久以來抱持的這項信念：基本上，人類各自追求功利，在市場中四處尋找機會剝削他人來中飽私囊。

以共有資源治理引導經濟活動，更適合人類的生物本能

我們現在得知，人類是最群居的物種，以腦部擁有相當大又極度複雜的新皮層自豪。對人類來說，最嚴重的懲罰就是遭到排斥。認知科學家告訴我們，我們的神經迴路天生就能體驗同理心，感受到他人的不適，而演化生存主要是仰賴我們集體的社交性，而不是依靠自我導向的習性。以共有資源治理引導經濟活動，一點也沒有違背常理，反而比由市場這隻匿名又看不見的手，在零和遊戲中機械化地獎勵自利行為的

刻板做法，還更適合我們的生物本能。

可是，為什麼大家突然對以共有資源作為社會治理模式大感興趣呢？答案當然不是三言二語就可以說清楚，但我在此至少可以提出一些相關因素讓大家略知一二。

英美兩國分別在柴契爾夫人和雷根執政時，主導一波將公共財與服務民營化的經濟運動，運作方式就是出售電信網路、廣播頻道、發電及輸電網、公共運輸、政府資助科學研究、郵政服務、鐵路幹線、公有地、探勘權、供水與地下水服務，以及數十種長久以來由政府單位管理，監督社會大眾福祉，被當成公共信託的其他活動。

公共財民營化，剝奪公民的「集體」權力

開放經營權和民營化這股風潮迅速席捲其他國家，其影響範圍與規模的程度大到驚人。政府一夕之間就被掏空，變成一個空殼子，把掌管社會事務的龐大權力轉交給民間企業。大致說來，大眾身為公民的「集體」權力被剝奪掉，淪為數百萬名在市場中被迫捍衛自己的無名小卒，而且這些市場日漸由幾百家全球企業掌控。這股去權現象以光速進行，讓大眾根本沒有時間反應，更沒有時間參與這個過程。事實上，儘管從政府到民間的權力轉移幅度如此之大，但是當時大家根本沒有進行廣泛的討論。所以，即使這樣做的後果讓大眾深受影響，但大眾卻根本不知情也無從參與。

在極大程度上，自由市場經濟學家、企業領導人、新自由主義學者和主張革新的政治人物，比方說美國柯林頓總統和英國首相布萊爾（Tony Blair），這些人有辦法把市場說成是經濟進步的唯一關鍵，並嚴厲斥責批評者守舊又跟不上時代，或者更糟的是把批評者說成是在幫蘇聯政府辯護。蘇聯帝國的貪汙、效率不彰和經濟表現停滯不前，最後引發整個帝國的瓦解，這件事每次都被拿來當成代罪羔羊和前車之鑑，

讓大家以為把所有經濟理智交給市場，讓政府對最基本的公眾職能也放手不管，就更能確保社會福利。

大多數社會大眾對這種做法表示順從，有部分是因為他們對政府管理物品與服務感到挫折與失望，然而這種不好的感受其實是商界急於搶奪並善用這塊經濟大餅而策劃的謀略。

因為長久以來這塊大餅一直由政府管理，讓市場無法觸及，而且在大多數工業化國家，國家管理的物品和服務向來享有令人稱羨的業績，比方說火車準時抵達、郵政服務值得信賴、政府廣播品質優良、電力網絡讓家家戶戶燈火通明、電話網路穩定可靠、公立學校數量夠多等。所以，民間企業只好想方設法破壞公營機構在大眾心中的良好形象。

民間企業覬覦公共財所帶來的極高獲利

最後，自由市場意識型態占上風。但是不久後，大家開始驚嚇、開始觀察也開始明白，民間企業就在一眨眼之間，掌握並大口吞食地球上產生最多財富的一塊大餅，把這些財富拿來滋養企業利潤，利用足夠的影響力輕易甩開阻礙本身至高無上地位的任何挑戰。

隨著政府把公共財與服務民營化，不再提供跟私有市場對等的平衡勢力時，受到影響的轄區民眾開始尋求另一種更能反映本身利益與感受的治理模式。這些轄區民眾已經對現有管理模式不抱幻想，一邊是政府集中管理、時而不人道的官僚作風，一邊是堅決要從人們生活各層面汲取利益、錙銖必較且一手操控的商業毀滅力量。於是，這些民眾開始尋求一個用更民主與協同方式安排經濟生活的治理模式，所以他們再次發現共有資源治理模式這塊瑰寶。

社區也開始經歷當地生態系統日漸惡化的窘境，生態系統先在政府手中運用地緣政治力量而受到破壞，後來在政府開放經營權後，全球企業霸權把世界各地變成符合他們對廉價勞力的需求，也要求政府放寬環保法規。

在環境資源減少和即時氣候變遷開始對當地農業生產力與基礎設施產生毀滅性的衝擊，而對社區的生存造成極大的威脅時，一個又一個社區開始淪為這種可怕損失的受害者。在政府無法有效回應，任由不對當地社區負責的全球企業機器擺布時，公民社會組織和當地企業紛紛發現，共有資源才是他們可以開始仰賴，藉此重新取得經濟平衡的第三種治理模式。

最後，二十世紀最後二十五年出現的新型技術，為龐大的新經濟命脈和權利敞開大門，也引發全球討論地球剩餘資源多寡，及多少資源該被圈地自用和民營化或交由公共信託管理。這次，這股圈地自用的推進力，還滲透到組成地球的核心要素。

生技產業設法為組成生命的所有藍圖（意即基因）申請專利。電信業鼓吹政府把電磁頻譜賣給民營企業，把原本由政府獨享跟社會溝通與傳播資訊的廣播頻道交給民間。現在，奈米技術產業正試圖為以原子層級操控實體世界的流程申請專利。

共有資源治理模式的發現緣由

一九七九年時，我第一次跟新一波高科技圈地運動接觸，當時奇異公司聘請的微生物學家安南達・查克拉巴蒂（Ananda Chakrabarty）為解決海洋石油汙染，而利用基因工程設計了微生物，向美國專利商標局（U.S. Patents and Trademark Office，PTO）申請專利。[24]後來，美國專利商標局否決查克拉巴蒂的申請案，認為依據美國法律，自然存在的生物體不能受到專利保護，除非是無性生殖的植物，才透過國會法案取得特別專利保護。

查克拉巴蒂的案子一路上訴到美國最高法院，我就是在這個時間點透過人民事務委員會〔People's Business Commission，不久後改名為經濟趨勢基金會（Foundation on Economic Trends）〕這個非營利組織介入。我們的組織代表專利商標局提出主要的「顧問」簡報。我們跟專利商標局主張，即使在用途和功能上將基因加以螯合、純化、分離和鑑定，但基因不是發明，只是對大自然的發現。畢竟，化學家從未得到允許能將周期表上的化學元素申請專利，即便他們也主張分離、純化和鑑定功能特質，認為化學元素是發明而不是發現。儘管如此，專利商標局還是拒絕給予基本化學元素任何專利。[25]

在由我同事泰德・霍華德（Ted Howard）準備的簡報中，我們提出警告表示，如果給予專利，就等於打開大門，讓組成物種演化略圖的所有基因要素都能申請專利。在給予私人企業擁有基因密碼所有權的情況下，就可能讓最寶貴資源（生物本身）被圈地自用，淪為市場中被剝削、銷售和獲利的商品。[26]我跟幾位企業說客一起坐在最高法院法官辦公室裡聆聽雙方口頭爭辯，心裡想著地球基因庫可能被圈地自用，對人類來說這可是一個重要轉捩點，在未來勢必會對我們的物種和其他生物造成深遠的影響。

開放基因專利獲利誘人，業界圈地自用爭相申請

但是，法院最後以五比四的些微差距，決定給第一個基因工程生物授予專利。首席法官華倫・柏格（Warren Burger）特別指出我們在簡報中的主張「危言聳聽」，還說我們認為這項決定會把地球的基因傳承轉移到私人企業手上，會對社會造成數不清的後果，這樣想根本就錯了。[27]

就在最高法院做出這項判決的幾個月內，第一家生技公司基因科技（Genentech）就在一九八〇年發行股票上市，以每股三十五美元的價格發行幾百萬股。股價在上市交易第一個小時內就飆漲到八十八美元，當天收盤時，基因科技的市值就增加三千五百萬美元，成為有史以來股價漲幅最大的個股之一，而且

這家公司根本還沒有賣出任何產品。[28]接著，農業、製藥業、化學公司和生技新創企業加入這場競賽，決心為基因密碼申請專利。

七年後，我們當初提出「危言聳聽」的警告成真了。一九八七年，專利商標局推翻本身長久秉持生物不受專利保護的立場，規定所有基因工程多細胞生物，包括動物在內，都可以申請專利。專利與商標局局長唐納・奎格（Donald J. Quigg）力排眾議，讓大家清楚知道人類被排除在外，只因為美國憲法第十三條修正案禁止人類受到奴役。[29]儘管如此，基因改變人類胚胎也改變人類的基因、細胞株、組織和器官，這一切都可能申請專利，這樣做等於將人類所有部位開放申請專利。

此後，生命科學企業在世界各地如雨後春筍般出現，從地球各角落尋找罕見寶貴的基因和細胞株，包括人口中土著人種的基因，從中找出對農業、製藥業和醫學界可能產生的商業價值，並趕緊為每項「發現」取得專利保護。經濟趨勢基金會在過去三十二年內，投注大多數心力在專利局、法庭和立法機構會議室裡，對抗業界圈地自用。

一九九五年時，經濟趨勢基金會找了二百多位美國宗教領袖，組成一個聯盟，包括基督教各大教派領袖、天主教主教，以及猶太教、伊斯蘭教、佛教和印度教的領袖，共同發聲抗議開放針對動物、人類基因、器官、組織和生物給予專利。這是二十世紀裡針對特定議題，將最多宗教領袖聚集在一起的最大聯盟，可惜這樣做並沒有什麼幫助。[30]

早些年，大約在一九八〇年代中期，我開始明白在法律和政府法規監督都鼓勵商界把地球共有資源圈地自用的資本主義體制裡，反對生物受到專利保護，此舉根本徒勞無功。如果政府跟民間企業的步調一致，那麼還有其他機構可能管理地球生物和其他資源嗎？

我發現有關共有資源的一點點資訊，這些資訊大都是隱密的人類學研究，很少出現在正式史料中。

大致說來，就算在論述英國封建時期經濟結構的教科書上，有關共有資源發展的篇幅也不過只有幾小段文字。不過，當我繼續探索下去，我開始找到更多跟世界各地共同資源有關的故事，這些故事幾乎都是封建時期的經濟協定。這一點讓我明白，「共有資源」或許可以應用到更廣泛多樣的現象，所以我開始撰寫一本以共有資源和圈地自用為主題的書，內文從歐洲封建時期農地圈地自用開始講起，再論述到十六世紀探險發現時代的海洋共有資源；後續則提到十八世紀後期以專利、版權和商標等形式，引進智慧財產權，這種知識共有資源的圈地自用；再來則是二十世紀初期將無線電頻道授權給私人企業，這種電磁頻譜的圈地自用；最後是二十世紀後期授予基因專利，這種基因共有資源的圈地自用。

以共有資源和圈地自用的觀點作為這種歷史故事的架構，讓我發現過去五千年的人類史中，存在一個更有說服力的說法。我在一九九一年初將我的發現出版成冊，並以《生物圈政治學》（*Biosphere Politics*）為書名。我在那本書裡力勸大家，重新開始探討全球共用資源，並建議重新思考以共用資源作為二十一世紀的管理模式，或許有足夠的號召力，讓各行各業不同利益團體為共同主張團結一致。

二〇〇二年時，經濟趨勢基金會把理論付諸實踐，召集來自五十個國家的二百五十個組織，到巴西阿雷格雷里港（Porto Alegre）參與世界社會論壇（World Social Forum），支持「基因共有資源共享公約」（Treay to Share the Genetic Commons）。與會組織包括農會、女性團體、互惠貿易倡導人士、生技行動分子、有機食品協會、宗教團體、環境組織以及消除飢餓行動組織和緊急援助組織。這項公約的前言聲明，地球的基因遺產是人類共享的共有資源，由人類代表本身物種及其他生物進行託管。公約前言寫道：

> 我們聲明以下事實普世皆然且不可分割：
>
> 不論是生物形式及具體表現形式，地球基因庫本身價值的重要性都在本身功用與商業價值之上，因此

必須受到所有政治、商業和社會機構的尊重與保護。

不論是生物形式及具體表現形式，地球基因庫都存在於自然界，因此就算是在實驗室裡進行純化與合成，也不得要求智慧財產權。

不論是生物形式及具體表現形式，全球基因庫是人類共享的一項遺產，因此是人類共同的責任。

而且，由於我們對於生物學的知識日漸增加，讓人類肩負起一項特別義務，代表我們本身物種及其他生物，善盡保育與福祉的管理職責。

因此，世界各國宣布，不論是生物形式及具體表現形式，地球基因庫就是全球共有的一項資源，必須受到所有人共同保護和維護。世界各國也進一步聲明，地球基因庫製造的基因和產品，其自然、純化或合成形式與染色體、細胞、組織、器官和有機體，包括選殖、轉殖和嵌合有機體在內，都不得由政府、企業、其他機構或個人，聲稱為可協議商用基因資訊或智慧財產權。[31]

這項公約發布至今，陸續有一些協會和組織設立，負責管理全球基因共有資源，並避免更進一步的圈地自用。

設立種子儲藏室，以備不時之需

卡利・福勒（Cary Fowler）創辦的非營利獨立協會「全球作物多樣性信託」（Global Crop Diversity Trust）就跟研究機構、保育團體、農會、個別栽種者和其他農業利益團體合作，保存全球日漸減少的植物基因資源。基於本身使命，全球作物多樣性信託已經在世上最偏遠的北極地區，挪威斯瓦爾巴群島的一處冰層地底深處，設立一個地下儲藏室。

這個長年有冰層冷凍的地下迷宮裡，密封存放從世界各地蒐集來的幾千種稀有種子，留給人類後代子孫以備不時之需。這個地下儲藏室被設計成自動防止故障危害的貯藏所，可存放多達三百萬種農業使用的種子，並確保發生戰爭和天災人禍時，種子在此存放安全無虞。全球作物多樣性信託的運作，就像是一個管理全球規模共有資源的自治團體，本身跟幾千名科學家和作物栽種者形成一個網路，持續搜尋作物種子和野生種子，並將其栽種以增加種子庫，同時也把作物和種子樣本送往挪威的種子庫進行長期儲存。[32]二〇一〇年時，這個信託機構推動一項全球方案，將人類賴以生存的二十二種主要糧食作物的相關野生品種，加以安置、分類與保存。

這個基因共有資源倡議的強化，剛好出現在新科技和電腦技術加速基因研究之際。生物資訊學這個新領域已徹底改變生物研究的本質，就像資訊科技、電腦和網路技術徹底改變再生能源生成與3D列印等領域一樣。

根據美國國家人類基因體研究院（National Human Genome Research Institute）整理的研究，基因序列成本暴跌的速度，超過摩爾定律對電腦運算能力提出的指數曲線。[33]哈佛大學與麻省理工學院共同開設的博德研究所（Broad Institute）觀察到，就在過去幾年內，基因序列的費用已經重挫一百萬倍。[34]以讀取一百萬對DNA的費用為例（人類基因體約包含三十億對），就從十萬美元暴跌到六美分。[35]這表示在不久的未來，有些基因研究的邊際成本將趨近於零，讓大家可以免費使用寶貴的生物資料，就像在網路上取得資訊那樣。

基因排序和其他新的生物科技正帶領我們走上研究民主化的道路。《華盛頓郵報》（*The Washington Post*）科學記者查恩俊（Ariana Eunjung Cha）表示：

在一個世代以前，選殖生物基因的流程需要用到幾百萬美元的複雜設備，以及持續幾年的反覆摸索。現在，只要網路購買二手零件，花幾天時間在車庫裡，就能完成生物基因選殖流程。36

二十年前，只有為政府或產業工作的一小群科學家，才有機會進行生物研究並具備這方面的專業知識。但現在，幾千名大學生和熱衷此道者都有機會這樣做。由於擔心全球各地的生命科學企業正迅速將地球生物資訊轉變成智慧財產權，因此環保人士更加把勁，全力避免他們認為最可怕的圈地自用運動發生。他們的努力正獲得年輕一輩研究人員的注意，這些年輕人在網路時代長大，把開放基因資訊共享當成是一種權利，而這項權利就跟自由取用其他資訊的權利一樣重要。

日後就有幾近免費的基因研究和相當便宜的應用，這個驚人想法讓採取共用資源管理科學成果的前景，變成一個相當實際的選項。現在，以基因研究與應用的共有資源管理為主題的科學論文和提議，正搶占社群媒體的版面，管理基因創新的共有資源協會也正在激增中。

開放基因共同資源已成爲公衆議題

年輕一輩的科學家要求開放基因共同資源，已迫使這個問題變成公眾議題。大眾日漸支持基因資訊共享，這股壓力讓美國最高法院只好推翻原先給予生物專利保護的部分規定。二〇一三年六月，美國最高法院全體一致通過，跟乳癌有關的基因是自然發現，而非人類發明，因此先前發給米瑞德基因公司（Myriad Genetics）的一項基因專利就此失效。雖然這項決定是重新開放基因共有資源的首要步驟，但是實際上卻不如表面看來那樣影響重大，因為微幅修改自然生成基因的新選殖技術，還是維持原先為人類發明的認定，因此受到專利保護，讓生技、製藥和生命科學企業繼續在地球基因庫中，將某個部分圈地自用。

免費共享地球生物知識的這股浪潮，就跟一九九二年到二〇〇八年間推動免費共享軟體、音樂、娛樂和新聞的情況類似，當時資訊生成的邊際成本暴跌，讓Linux、維基百科（Wikipedia）、Napster和YouTube這些企業趁著開放共有資源而異軍突起。

環保人士和軟體駭客變得志趣相投

「免費基因資訊」這股運動跟過去三十年的「免費軟體」運動相似，都支持把傳統受智慧財產權保護的資訊開放共享，也各自面臨可怕的敵人。免費軟體運動早期領導人明白，大媒體、電信業和娛樂社區會嚴陣以待，不計代價地補強可能為這股暴動揭開序幕的智慧財產法規漏洞。環保人士面臨類似的情況，只是他們的敵人是生命科學產業、製藥企業和農企業。

雖然這兩個運動都以共有資源為依據，但是隨著生物資訊學這個新領域的誕生，讓這兩個運動也開始有同樣的技術背景。研究人員開始使用電腦運算技術解譯、下載、分類、儲存和重組基因資訊，為生物產業時代創造新類型的基因資本。電腦運算和精巧先進的軟體程式提供一種新語言將生物學概念化，也作為一種整理媒介，妥善管理生技經濟中的基因資訊流。如同我在一九九八年出版的著作《生物科技的世紀》（*The Biotech Century*）中指出：「電腦運算技術和基因技術正逐漸融合，打造一個強而有力的新技術實境。」[37]

現在，全球各地的分子生物學家忙著參與史上最大規模的資料蒐集專案。在政府、大學和企業實驗室裡，研究人員忙著將從細菌到人類的整個基因體建立基因圖譜和排序，期能找出利用基因資訊獲取經濟效益的新方式。

分子生物學家希望到二十一世紀中期時，已能下載並分類數萬種活生物體的基因體，這個龐大的基因庫將涵蓋在地球上居住的許多微生物、植物和動物的演化藍圖。透過這個資料蒐集專案產生的生物資訊數量，龐大到只能由電腦進行管理，並以電子資料方式儲存在幾千個遍布世界各地的資料庫中。舉例來說，要是我們以電話黃頁簿的方式，將整個人類基因序列印出來，以曼哈頓地區厚達千頁的電話黃頁簿來說，就要印上二百冊，這種資料庫包含超過三十億筆資料。[38]以更進一步的比喻來說，要是我們打算把有關所有人類多樣性的資料印出來，這個資料庫的大小至少是先前資料庫的四次方，或者說規模是先前所提資料庫的一萬倍。

基因體的圖譜和序列只是開始，理解和記述基因、組織、器官、有機體和外在環境之間的所有關係，以及引發基因突變和表現型反應的擾動，至今仍不在任何複雜模型系統的能力範圍內，唯有透過一種跨領域的做法，倚重資訊科學家的電腦運算技能，才有希望完成這項艱鉅的任務。

比爾．蓋茲在生物資訊學領域砸下鉅資

現在，電腦業巨擘比爾．蓋茲（Bill Gates）和華爾街垃圾債券大王麥可．米爾肯（Michael Milken）這些重量級人士，就在生物資訊學這個新領域砸下重金，希望促進資訊與生命科學的協同合作。

電腦不只被用於解譯和儲存基因資訊，也被用來創造一個模仿複雜生物有機體、網路和生態系統的虛擬生物環境。這類虛擬環境協助研究人員設計出新的假說和情境，後續利用這些假說和情境在實驗室裡對新的農產品和藥品進行測試。生物學家在虛擬生物實驗室中工作，只要敲打幾個按鍵就能設計出新的分子合成物，避開實際在實驗室裡嘗試合成分子通常需要花上幾年時間的費力流程。研究人員利用３Ｄ電腦模型，就能在螢幕上測試各種不同的組合，把不同分子結合，看看會產生怎樣的交互作用。

日後，科學家打算利用新的資訊時代電腦運算技術，設計出各式各樣的新分子。化學家則正熱絡討論，是否可能設計出能自我複製、傳導電力、偵測汙染、抑制腫瘤、抵銷古柯鹼影響，甚至能阻止愛滋病（AIDS）的化合物。

目前熱衷於將資訊技術與生命科學結合的蓋茲表示：「在當今資訊時代裡，生物資訊可能是我們正在解譯並設法決定改變的最有趣資訊，問題是要怎麼做，而不是做不做。」[39]

現在，電腦運算技術的觸角正延伸到其他各個領域，成為形成再生能源、3D列印、工作、行銷、物流、運輸、保健和線上進修教育的溝通媒介。社會重組的新電腦運算語言已經讓包括資訊駭客、生物駭客、3D列印駭客和潔淨網路駭客等不同利益團體聚在一起。把這些團體結合在一起的力量，就是對協同開放資源經濟與共有資源治理模式的由衷承諾。雖然市場不會被徹底去除掉，政府也不會從治理這個等式中完全消失，但是參與這波新運動的人們都抱持共同的信念，認為點對點共有資源管理是最好的治理模式，能確保近零邊際成本社會的利益得以實現，而非遭受阻礙。

第十一章
開放共享vs.專利保護的世紀大戰

共有資源治理模式的新支持者組成的勢力，不只是一種政治運動，他們代表更深遠的社會轉型，其衝擊可能跟資本主義時代開始時，對社會的影響從理論變成意識型態世界觀那樣顯著並持久。

身為產消合一者的協同主義者，跟身為投資人的資本主義者，這兩派人馬之間的拉鋸戰雖然才剛開始，卻正形成二十一世紀上半時期最關鍵的經濟戰役。我在本書第一部審視讓社會轉變到第一次工業革命的通訊技術和能源技術之結合，後續如何引發工作者跟自己的工具分開，股東投資人跟所持股份企業管理的分隔。現在，第三波工業革命結合新的通訊技術與能源技術，正賦予消費者權利，讓消費者成為自己的生產者。結果，在近零邊際成本瓦解資本主義市場運作的情況下，新的產消合一者在全球配銷網路的共有資源中，正逐漸協同合作，共享物品與服務。協同主義者跟資本主義者之間展開的經濟衝突，就體現出日後幾年可能重新定義人類旅程本質的文化衝突。如果這個即將出現的文化故事有一個潛在的主題，那麼這個主題就是：「凡事民主化。」

自由文化運動（Free Culture Movement）、環境運動以及重新主張公共共有資源這項運動，就是現正上映文化戲碼的共同製作人。這些運動各自把本身獨特的隱喻，帶進這齣文化戲碼的劇本裡。同時，他們也日漸引用彼此的隱喻、策略和政策提案，在單一框架下彼此更密切地整合。

如果說自由文化運動有引爆點可言，也就是有那麼一個時刻激起駭客的希望和想像，那個時刻或許是他們被自己人刺激了，因為有人打算揭發電腦運算和軟體革命的商業層面。一九七六年時，年輕氣盛的蓋茲就寫了一封信公開譴責駭客，他除了謾罵宣洩自己的不滿，還含蓄地提出警告：

大多數電腦玩家必須明白，你們當中大多數人使用的軟體都是偷來的。硬體必須付費購買，但軟體卻變成某種共享的東西。誰會關心開發軟體者是否得到報酬？這樣公平嗎？……事實上，只有我們花大錢投資開發個人電腦使用的軟體……但是我們現在根本沒有什麼誘因，開發這種讓電腦玩家使用的軟體。說白了，你們的所作所為就是偷竊。[1]

蓋茲這樣發洩並非事出突然，運算和軟體業正趨近成熟。在麻省理工學院、卡內基美濃大學和史丹佛大學這些大學技術重鎮的玩家——駭客文化，就是在更輕鬆有趣又饒富創意的學界環境裡，學生們合作共享運算和軟體，這些人必須面對的是，其中有些人決心把這種新的通訊革命帶進市場。蓋茲是第一個劃清界限的人，曾在麻省理工學院人工智慧實驗室工作的另一位年輕駭客理查・史托曼（Richard M. Stallman）則是接受挑戰，大膽跨越界限。

所有軟體都是自由軟體

史托曼主張，軟體程式碼很快就會成為人與人和人與物之間的溝通語言，把這組新的溝通媒介圈地自用和私有化，讓少數企業決定取用條件並加收租金，這樣做實在太邪惡也太不道德。史托曼聲稱所有軟體都應該是自由軟體，軟體的自由代表的是如同言論自由的自由概念，而不是免費啤酒的免費概念。史托曼跟蓋茲的立場南轅北轍，蓋茲把自由軟體當成偷竊，史托曼則把自由軟體當成言論自由。

史托曼決心要設計一個讓軟體散布、合作和自由的技術手段，他召集世界各地最頂尖的軟體程式設計師組成一個聯盟，一起提出一個可由任何人取用及修改的自由軟體所組成、名為GNU的開放系統。後來，史托曼一群人在一九八五年，創立自由軟體基金會（Free Software Foundation），並明訂組織信條依據的四項自由：

> 以任何目的執行程式的自由。研究程式如何運作及依照個人運算需求改變程式的自由。隨意發布軟體副本以協助他人的自由。將個人修改的版本隨意分發給他人的自由，藉此讓整個社群因個人修改的版本而受惠。[2]

史托曼在聲明中還提到，要設計一個名為GNU通用公共授權條款（General Public License，GPL）的自由軟體授權方案，確保上述四種自由獲得保障。史托曼戲稱這些許可權為「著佐權」（copyleft），也就是使用版權法的替代版本。[3]不像傳統版權給予持有者禁止他人複製、修改或散布作者著作複本的權利，「著佐權」允許作者提供所有獲得複本者，複製、修改或散布複本的權利，並要求後續產出的複本或修改版本也必須接受同樣的授權協定。[4]

通用公共授權條款，爲自由文化運動奠定基礎

通用公共授權條款成為設立軟體自由共享這個共有資源體制的一項工具。這項授權條款包含歐斯壯提

出有效管理任何共有資源所需的許多變數特質，最重要的是把一切包含在內並禁止排除在外，以及管理取用和撤銷的權利，對自我管理的監督制裁與協議，資源的增加與管理，這裡指的資源是軟體程式碼本身。通用公共授權條款和後續由軟體共有資源中幾百萬人產生的其他自由軟體授權，利用一套正式同意的運作原則，提供一個自由合作的合法方式。通用公共授權條款也為後續演變的自由文化運動奠定根基。後來成為自由文化運動代表人物的哈佛大學法學教授勞倫斯・雷西格（Lawrence Lessig），率先提出「程式碼即法律」這個貼切中肯的說法。[5]

就在史托曼公開提出GNU開放系統和通用公共授權的六年後，芬蘭赫爾辛基大學的年輕學子林納斯・托瓦茲（Linus Torvalds）就為個人電腦設計出一個像Unix作業系統的自由軟體核心，可與史托曼的GNU計畫相提並論，並且是依據自由軟體基金會的通用公共授權條款進行軟體的分送。Linux核心使得作業系統本身可讓世界各地成千上萬的產消合一者，透過網路一起合作，改善自由軟體程式碼。[6]

現在，世上速度最快的五百台超級電腦中，有九成是使用GNU／Linux，這些開放系統也被《財富》五百大企業採用，甚至用於平板電腦和手機的內建系統。[7]哥倫比亞大學法律暨法律史教授艾本・莫格倫（Eben Moglen）在一九九九年時，寫到Linux的問世對軟體發展的重要性：

> 由於托瓦茲選擇依據自由軟體基金會的通用公共授權條款來發表Linux核心……世界各地成千上百的程式設計師選擇為此軟體核心的後續發展貢獻心力，我們確信他們的努力會讓自由軟體得以永續長存，並成為一項專利產品。大家都知道，其他人都能測試、改善和重新分送修改過的軟體。[8]

事實上，GNU／Linux證明這件更重要的事：在全球共有資源中，自由軟體合作就可能打敗資本市場中的專利軟體開發。莫格倫繼續寫道：

Linux核心的發展證實，網路集結全球程式設計師的能力遠超過任何商業製造商所能負擔，程式設計師們不分階級參與最後涉及數百萬行電腦程式碼的開發專案，這種由無償志工進行的跨地域合作，規模大到史上前所未見也令人難以想像。[9]

自由軟體運動當然會遭受批評，就連資訊科技社群本身也有反對聲浪。一九九八年時，這項運動的一些主要人物就分道揚鑣，另外設立開放原始碼促進會（Open Source Initiative）。該會創辦人艾瑞克・雷蒙（Eric S. Raymond）和布魯斯・裴倫斯（Bruce Perens）提出警告，自由軟體伴隨的哲理包袱嚇跑商業利益團體，他們特別擔心自由軟體可能跟零成本這個概念結合。民營企業想到零成本，就聯想到零邊際成本，也就是零獲利和免費贈品。他們認為這等於是要商業社群在哲理上做出一大躍進。[10]

開放原始碼軟體，替代自由軟體運動

所以，他們提出開放原始碼軟體這個替代方案。自由軟體和開放原始碼軟體兩者之間的差別主要在於感受不同，而非實質差異。兩者其實仰賴同樣類型的授權協議。不過，雷蒙和裴倫斯急著吸引企業社群進來，他們認為如果授權沒有跟「持有專利資訊是邪惡不道德的」這種哲理扯上關係，就更容易說服企業社群了解開放原始碼的好處。[11]

史托曼和雷蒙都承認，自由軟體和開放原始碼軟體在實務上的差異微乎其微。不過，史托曼認為在用詞上的改變會弱化整個概念，讓整個運動變得不明確，也敞開大門讓企業社群藉由鼓勵授權協定上的些微改變，削弱自由軟體運動長久以來的成果。史托曼以「開放原始碼是一種開發方法論，自由軟體則是一種社會運動」這句聲明，簡述兩者之間在做法上的差異。[12]

史托曼承認，開放原始碼會讓更多企業使用自由軟體，但這並不是因為企業認同自由軟體的前提，而是因為基本上這種安排能讓企業吸引更多使用者而受惠。史托曼提出警告：「不久後，這些使用者會因為一些實質優惠，重新改用專利軟體。」儘管如此，開放原始碼軟體一直遙遙領先，也吸引大部分企業社群，並持續獲得學界和公民社會的支持。[13]

不過，自由軟體和開放原始碼軟體提案更專注於確保程式碼這種新媒體語言的普及取用。原本這是一項科技迷的行動，後來隨著網路發展日漸成熟而轉變成一種社會運動。突然間，幾百萬人互相連結，創造一個嶄新的虛擬社交沙龍。社群媒體的出現，讓討論主題從原始碼轉變成一般交談。網路成為虛擬的全球公共廣場，是大家分享音樂檔案、影片、照片、新聞和八卦的聚會地點。突然間，自由軟體運動成為規模更大的自由文化運動的一部分。雷蒙用「市集」（bazaar）這個隱喻形容忙碌的虛擬空間，充分掌握人們運用無數種形式與表達，結合構想、宏願和夢想，在這個虛擬空間裡參與彼此的心靈展演。[14]

現在人們日漸明白，網路是人類創造社會資本、而非市場資本的地方。世上每位年輕人都希望參與其中，製作影片和照片讓大家瞧瞧，互相分享下載音樂的技巧，在部落格上發表構想與觀察，在維基百科上貢獻自己一小部分學術知識，希望自己的付出可能對其他使用者有幫助。

人類的社會性出現這種質變，正帶領我們超越血緣關係、宗教聯繫和國家認同，轉而形成一種全球共識。這股文化現象規模之大前所未見，也正由為數高達二十七億的業餘玩家主導。文化的全球民主化因為網路這個溝通媒體而成為可能，因為網路的運作邏輯就是分散、協同和橫向擴展。而這種運作邏輯，剛好對民主自治的開放共有資源形式有利。

在率先發現網路這個把文化民主化的媒體，對人類社會性有如此深遠重要性的先知者中，哈佛大學法學教授雷西格也名列其中。「文化」一詞被區分為高低兩類，前者意指創造持久價值的社會資本，後者則被歸類為大眾的低俗娛樂。

網路已經透漏出這個文化規模有多麼可觀，超過二十億名業餘玩家現在發現自己領先了，他們把這個社會故事從專業菁英重新導往社會大眾。但是，這場文化的民主化並沒有保障。雷西格跟其他人提醒大家注意商業社群的反撲勢力，當商業和專業利益掛鉤，加強對智慧財產權的保護，就會阻撓網路作為點對點創造力論壇這種獨特協同行為的可能性。

網路是媒體，也是公共領域

文化是由菁英或大眾創造，主要是看媒體特質而定。燃煤發電和蒸氣的應用，引爆印刷革命也帶動書籍與期刊的蓬勃發展，後來電力革命的出現，帶動電影、廣播和電視等產業，並掀起對版權保護的支持。媒體集中化的特質和稿件的界限輪廓，就把文化內容「個人化」。[15]

印刷採用個人著作權這個概念。雖然個人作者先前早就存在，比方說古希臘哲學家亞里斯多德或中世紀哲學家暨神學家聖湯瑪斯•阿奎那，但是這種人其實少之又少。在手抄書籍那種文化時代，通常書籍手稿是由幾百位不具名的抄寫員，長年累月地抄錄。抄寫員可能詳述一兩句話，更動一小部分文本的意思，所以抄錄稿不算是作者稿件。而且，抄寫員認為自己的角色就是複製者。就算少數幾位作家能在著作上具名，他們也不認為自己是本身思想的創造者，而認為構想是憑空出現，以幻覺或靈感的形式呈現，被他們偶然發現。構想這個概念可能只是發自內心，就算不是完全無法理解，這種獨特的創意見解可能也讓人覺得奇怪。

印刷的出現讓任何人都能把自己的想法寫下來、印出來並廣泛流通，讓別人可以閱讀，因此讓寫作民主化。結果，著作權法的採用，引進擁有個人想法與文字這種新奇構想。而擁有個人文字就一定會讓人這麼想：個人想法是個人勞務的產品，因此是可在市場販售的個人成就。印刷和隨之出現的著作權法，是史上首次將溝通這個共有資源做了部分局限（在抄寫或口述文化中，人們根本難以相信，個人竟然可以擁有本身言辭，並向傾聽言辭者收費）。

印刷書籍則是把溝通局限在另一個層面。在口語文化中，人與人之間的溝通乃即時發生。人們以一種開放式的做法讓思想自由流動，因此談話主題通常天馬行空，從一個主題換到另一個主題。相較之下，書籍是一種單向交談，通常是依據一個中心主題或一組構想作為主要結構，印刷在頁面上的文字就不再更動，從封面到封底的文本也因此受到局限與束縛。

雖然語言是人類分享體驗的一種手段，但讓印刷如此非比尋常的原因在於，印刷創造個人獨自的體驗。印刷把溝通私有化。個人自己閱讀書報，無法跟作者進行交談。作者和讀者各自沉浸在自己的世界裡，無法參與「即時」對話。閱讀的獨自特質強化這種概念：溝通乃是純粹發生在個人心智的一種自主行為。閱讀切斷溝通的社會特質，在閱讀時，個人退到一個封閉空間裡，離開溝通這個共有資源。其實，這種溝通的局限，創造出幾百萬個自主世界。史學家伊莉莎白・埃森斯坦（Elizabeth Eisenstein）指出，閱讀文化比口語文化更為個人也更加自主。她寫道：

社會可能被當成一大堆個別單位，或者說個人的地位凌駕於社會團體之上，這種想法似乎比較適合印刷時代的閱讀大眾，而非口語時代的聽眾。[16]

相較之下，網路消弭界限，讓作者權變成一種長年累月、協同合作的開放流程，而不是透過時間取得版權的自主封閉流程。雷西格注意到網路上文化創作的混合拼貼特質。網路世代並沒有使用太多文字撰寫，而是用較多的圖像、聲音和影片來溝通。網路這個媒體的分散特質，更容易跨越不同文藝類型進行混搭和拼貼。由於在網路上複製任何東西的邊際成本幾近免費，因此網路世代從小就認為分享資訊跟分享交談沒有什麼不同。網路這個媒體的互聯性和互動性，迫切需要協同合作，讓雷西格所說的「混搭」（remix）文化異軍突起，混搭文化意指大家拿別人的東西再大作文章，利用媒體組合把自己的版本加進某個主題裡，進行一場永無止盡的遊戲。「這些混搭就是交談。」雷西格說，就像先前世代不會在交談時跟對方收費，網路世代同樣認為網路交談不必付費，只不過他們的交談具有不同的特質。[17]

創用授權條款，保留部分權利

這種溝通的新混搭形式幾乎已經跟口語溝通一樣便宜，雖然現在這種交談出現在二十七億人口之間。[18]但是，要確保全球交談及其所創造的協同文化不受阻斷，就必須找出合法的手段，讓這個新的共有資源保持開放。二〇〇一年時，雷西格跟幾位同事一起創立創用（Creative Commons，CC）這個非營利組織。這個組織依循史托曼及自由軟體運動中其他人士的帶領，授予著佐權，也就是所謂的創用授權條款，讓任何參與創造文化內容者可以免費使用。這類授權條款提供一些選項讓作者標示自己的內容，並決定自己想要把內容擴及他人的自由權限。「保留所有權利」是著作權的關鍵特質，許多作者都會這樣標示，但是創用授權條款則以「保留部分權利」取而代之。雷西格對此提出說明：

自由權可能是分享作品或混搭作品，抑或兩者皆是。限制權可能用在作品使用只限非商業用途，或唯有使用者也給予他人同樣的自由權，抑或兩者皆是。創作者可以結合這些自由權和限制權，產生三種不同層級，共六種授權。[19]

雷西格提出他最喜歡的例子，說明創用授權條款的實際運作：

舉例來說，歌手柯林・穆奇勒（Colin Mutchler）寫了〈我的人生〉（My Life）這首歌，然後把他用吉他彈奏這首歌的影片上傳到一個免費網站，讓其他人可以依據創用授權條款下載這首歌。十七歲的小提琴家蔻拉・貝斯（Cora Beth）下載這首歌後，增加一段小提琴演奏的音軌，並把歌名改成〈我的人生改變了〉（My Life Changed）。接著，她把這首歌上傳到原先的網站供他人任意使用。後來，我看到這首歌出現許多混音版本。重點是，這些創作者能符合著作權進行創作，不會被告或被律師阻撓他們進行創作。[20]

創用授權條款已經在網路上爆紅，到二〇〇八年時，創用授權條款的授權作品數量已經多達一億三千萬，連一些知名唱片公司的作品也包含在內。[21]光是Flickr網站上就有二億張創用授權條款授權的照片。[22]二〇一二年時，也就是YouTube推出本身創用授權條款影片庫的一年後，YouTube網站上這類授權影片就多達四百萬支。[23]維基百科則在二〇〇九年依據創用授權條款，將本身的內容重新授權。[24]

創用授權條款也建立一個科學共有資源。研究人員認為，著作權法讓研究進度變慢，尤其是專利禁止即時共享資訊，阻止科學家之間的協同合作，也阻礙創新的出現。最糟的是，受到智慧財產權保護讓財力雄厚的大企業，像是生命科學企業、農企業、製藥公司等，取得阻撓創意和減少競爭的一項利器。現在，世界各地的大學和基金會贊助的實驗室裡，有愈來愈多的科學家放棄為基因資訊申請專利這種構想，轉而支持在開放原始碼的網路中上傳他們的研究，在妥善管理的共有資源中，跟同儕們自由分享。

哈佛大學醫學院的個人基因體計畫（Personal Genome Project）一直落實創用授權條款，[25]這是一項長期的世代研究，目標是將十萬名志願者的基因體和紀錄進行排序與公開，進而提升個人化醫學這個領域的研究。[26]由一項創用授權條款涵蓋的所有基因體資料都將放進公共網域，並讓科學家們可以在網路上自由取用，以供本身進行實驗室研究。[27]

傳統著作權和專利保護受到極大威脅

儘管創用授權條款相當成功，但是雷西格會利用每次機會讓自己跟他口中「日漸壯大的廢除著作權運動」區隔開來。[28]他認為著作權在日後這個時代裡還是占有一席之地，只是在靠市場和共有資源存活的世界裡，著作權必須為開放原始碼授權留點餘地。我認為短期來說，雷西格的看法是對的，但是長遠來看，不見得是這樣。

專利和著作權在依據稀少性安排的經濟結構中可以成功發展，但是在依據充裕性安排的經濟結構中，卻派不上用場。在邊際成本幾近為零的世界裡，有愈來愈多的物品和服務幾近免費，保障智慧財產權有什麼用呢？開放原始碼授權的大舉崛起，已經對傳統著作權和專利保護造成嚴重的挑戰，因為創意作品正從單一作者權轉移到長期內的多重協同輸入。

同時發生的情況是，數量日益激增的巨量資料正由幾百萬人共享，這群人又將自己的意見加入這個龐大的資料混合體中。跟大家對資訊自由的要求一樣，大家也希望巨量資料能分散開放。讓巨量資料變得重要的原因是，這類資訊有幾百萬人付出心力提供意見和來源，讓大家可以將巨量資料進行分析、找出模式、得出推論並解決問題。在一個分散、協同合作的社會裡，幾百萬人的資料一起對集體智慧做出貢獻，這群人正日漸要求他們的知識能在開放共有資源中跟大家共享、讓全體受惠，而不是以擁有智慧財產權的形式被區分開來或加以局限，並被少數人掌控。

共有資源的新敘事模式

開放原始碼授權立意良善，其設計宗旨是要鼓勵文化民主化。把這種法律工具附加到共用資源的管理做法上，那就好上加好。人類大多數社會生活在公共領域中取得最理想的狀態，這個構想讓「共有資源」變得合情合理。畢竟，我們就是在公共領域裡創造社會資本並建立信任。但是，我們能依賴開放原始碼授權、共用資源管理和公共領域這種模糊概念來打造一個新社會嗎？這些雖然是合法工具和管理處方，但就其本身而言，卻不夠資格作為一種世界觀。其中缺乏的要素就是涵蓋一切的整體敘事，一個有關人類旅程未來前景、能讓現實合理呈現的新故事。

資訊技術、網路和自由文化運動的領導人們都心知肚明，在自由軟體授權和創用協議獲得巨大成功之際，唯獨缺少這個敘事要素。雖然他們有衝勁，但是他們的行動主義比較屬於遇到事情就做出反應，比較缺乏遠見。他們發現自己只是在滅火，而不是另闢新戰場。由於必須在資本主義市場財產關係集中化這種舊有典範之內，本身便很難打破成規，憑空創造出嶄新的事物。

自由文化理論家開始努力解決這個較重要的問題：找出一種敘事，表達本身直觀卻未完成的願景。二〇〇三年時，杜克大學法學教授暨創用授權條款創辦人詹姆斯・波伊爾（James Boyle）發表〈第二次圈地運動與公共領域的建立〉（The Second Enclosure Movement and the Construtction of the Public Domain），這篇論文，隨即引發一場跟找出那個整體敘事有關的討論。

雖然我不認識波伊爾，但是他寫的這篇論文，跟經濟趨勢基金會和其他環保人士及支持基因共有資源開放的基因行動人士所做的努力有關。也就是說，我們要求人類基因體及其他所有基因體，都是演化的「共同遺產」，因此不能被局限為私有財產。[29]

波伊爾發現，在生物資訊學這個新領域把電腦建模跟生物研究之間的界限變得模糊之際，開放原始碼基因體可能讓生物研究從狹隘的企業利益中解放出來，讓地球基因資源的管理變成人類的共同責任。[30]

波伊爾把這個例子牢記在心，跳脫自由文化行動主義跟傳統市場捍衛者之間的日常交戰，徹底思索人類未來的另一種前景，一種跟我們現有方向截然不同的前景。他的想法以一種觀察形式提出，相當發人深省。他寫道：

> 至少，我們能擁有更多智慧生產與創新生產的自由世界。這件事至少有一些可能性，甚至有希望成真。史托曼說：「這裡指的『自由』代表的是如同『言論自由』的自由概念，而不是『免費啤酒』的『免費』概念。」但是我們可以抱持希望，這兩種目標都能達成，大多數智慧和創新生產既能免於集中控制，也能以低成本或零成本取得。當生產的邊際成本為零，運送和儲存的邊際成本也趨近於零時，創意流程就是附加物，大多數勞務都不用錢，所以這世界看起來有點不一樣。至少，這是可能的未來，或者說是可能未來的一部分，而且是我們不該未經三思就排除在外的那種未來。[31]

可是，我們要怎麼做才能獲得那種未來？當然不是走回頭路，只能找新方式利用法律來管理公共領域這種模糊的合法概念。波伊爾跟其他有志之士都清楚，他們需要一個能把鬆散構想集結起來的概論，以便提供一個架構讓大家討論自己所想打造的世界。

波伊爾開始明白，跟自由文化運動並行二十年的環境運動，已經順利發展出能讓本身運動有所啟發的一個嚴謹概念，甚至可能讓這兩個運動以一個較大的敘事方式做結合。

跨國境和平公園，跨越國界共同保育生態資源

當代環境運動一直都有雙重現象。生態科學家繼續鑽研組成地球生物體系複雜動態的模式與關係，而行動人士則運用取得的知識，推動各種新方式好好整頓人類與大自然之間的關係。舉例來說，早期行動人士把大多數心力放在保護瀕臨絕種的個別物種。當生態學家對於有機體與其環境之間錯綜複雜關係有更多的了解時，他們開始明白，如果他們打算拯救個別物種，就必須把焦點擺在拯救物種的棲地。因此，生態學家更進一步地領悟出，瀕臨絕種物種通常是因為獨斷的政治、商業和住宅界限加諸到生態系統上，中斷生態系統並損害錯綜複雜的生態動態，而導致自然植物群和動物群逐漸減少。

一九九〇年代時，行動人士掌握資料，開始推動跨國境和平公園（transborder peace park），這個新的開發概念目前正在全球各地落實。跨國境和平公園的使命是讓原本因為國界受到中斷的自然生態系統重新連結，進而恢復遷移模式，也讓原本存在不同生態系統中的許多複雜生物關係得以恢復。

跨國境公園等於跟目前強調環境的圈地自用、私有化和商業開發這種敘事劃清界限，支持恢復及管理區域生態系統共有資源的生物多樣性，讓生物多樣性再次恢復完整。以重要性來說，自然界限凌駕於政治和商業界限之上，這個構想已經產生影響，讓這個社會敘事重新導向，從個人私利、商業研究和地緣政治考量，轉移到自然的整體福祉。

跨國境公園代表一個重大逆轉的實驗性開始。在經過五百年地球環境共有資源被日漸圈地自用後，跨國境公園讓這個共有資源重新開放，雖然只是以非常有限的方式，意義卻非比尋常。

讓生態學這門學科如此激進的原因是，生態學強調地球是一個互相影響的複雜系統，需要彼此共生並協同運作，以維持整體運作正常。達爾文把重心放在個別生物和物種，把環境降級為資源背景，生態學卻把環境視為組成它本身的所有關係。

地質演變過程和生物演化過程，兩者具有共生關係

生態學原先是從研究本土棲地和生態系統開始。二十世紀初期，俄羅斯科學家弗拉迪米爾・沃納德斯基（Vladimir Vernadsky）把生態的概念擴大，將地球整體生態運作包含進來。沃納德斯基跟當時的傳統科學思維分道揚鑣，當時傳統科學思維認為地球的地質過程演變跟生物演化過程無關，地球只是讓生物進行演化的環境。沃納德斯基在一九二六年出版對日後產生重大影響的鉅作，假定這個激進理論：地質演變過程和生物演化過程，兩者具有共生關係。沃納德斯基指出，地球上惰性化學物質的循環，受到生物品質和數量的影響。結果，生物後來也受到地球上惰性化學物質循環的品質和數量所影響。他把這個新理論稱為生物圈（Biosphere）。[32]他對於地球演變方式提出的這個構想，改變科學家們理解及研究地球運作的基本架構。生物圈的定義如下：

> 地球上有生物存在的範圍，以及地球大氣層中讓任何形態生物自然存在的環境，共同組成一個整合的生命系統及維生系統，即稱為生物圈。[33]

生物圈的範圍從海平面向上方擴展約四十英哩至同溫層，有最原始的生命形式居住其中。在這個狹小範圍內，地球的生物過程和地球化學過程在一個決定地球生物演化路徑的複雜編排中，彼此持續地互動。

蓋亞假說：地球是可自我調節的有機體

一九七〇年代時，隨著大眾對於全球汙染和地球生態系統不穩定的認知增加，讓生物圈科學大受矚目。英國科學家詹姆斯・拉伍洛克（James Lovelock）與美國生物學家琳恩・馬古利斯（Lynn Margulis）發表的蓋亞假說（Gaia Hypothesis），在科學界帶動一波新風潮，讓科學家們日益關切工業汙染對生物圈造成的衝擊。

拉伍洛克跟馬古利斯認為，地球像一個自動調整、活生生的有機體般運作，地球上的地球化學過程和生物過程彼此互動並相互監督，確保地球溫度維持相對穩定平衡，讓地球適合生物繼續居住。這兩位科學家舉出地球調節氧氣與沼氣的例子做說明。氧氣太多讓全球有發生大火之虞，但氧氣太少卻可能讓生物窒息死亡。拉伍洛克跟馬古利斯推論說，氧氣濃度上升超過可接受程度時，就會產生某種警訊，觸發微生物釋放更多沼氣（甲烷）到大氣層中，以降低氧氣含量，直到地球再次達到穩定狀態。[34]

蓋亞假說受到全球跨領域科學家的採用，包括地球化學、大氣科學和生物學等領域的科學家都認同這個假說。科學界已經達成某種共識，大家齊心研究地球化學過程與生物過程之間的複雜關係與共生迴饋循環，了解地球如何讓溫度維持在一個穩定狀態，讓生物得以成長茁壯。目前，科學界對生態學採取一種更新、更整體性的做法，把個別物種的適應與演化當成一個更大規模整合過程的一部分，也就是整個地球的適應與演化過程的一部分。

如果地球像一個自我調節的有機體般運作，那麼對地球生物化學平衡造成損害的人類活動，就會導致整個系統產生災難性的不穩定。在第一次和第二次工業革命期間，將大量的二氧化碳、甲烷和氮氧化物排放到大氣層中，就對地球造成那樣的損害。現在，工業排放物造成地球溫度不斷升高，引發全球暖化，已經大幅改變地球的水文循環，讓生態系統突然迅速惡化，陷入過去四億五千萬年來的第六次生物大滅絕，對人類文明和地球未來健全狀態帶來可怕的後果。

現在，人類很快就驚覺到，生物圈是我們跟所有物種共有且無法分割的重要社群，確保生物圈的福祉，才能確保我們的福祉與生存。這個大家日漸明瞭的意識伴隨著一股新的責任感，人們在住家、企業和社群中，要以促進生物圈健全狀態的方式，進行個人生活和集體生活。

波伊爾跟同事用心鑽研如何運用環境觀點類推，創造所謂「文化環境主義」（clutural environmentalism）。文化環境主義是一種公眾領域不可分割性的理論系統，意指可能在一個共有概論下聯合所有不同利益與提案。這項工作仍在進行中，波伊爾等人還在尋找這個共有概論，因為他們認定的類推關係其實是聯合所有物種的一種共通架構。這套治理生物圈的概論也支配社會的整體福祉。

資本主義時代對地球生態系統進行的圈地自用、私有化和商業剝削，雖然已經大幅提高極少數人的生活水準，卻讓生物圈本身付出代價。當波伊爾、雷西格、史托曼、哈佛大學資訊法學教授尤查伊・班克勒等人，齊聲哀悼以可在市場交易的私有財產形式局限各種共有資源所招致的後果時，地球所受到的傷害，遠比言論與創作的自由這個問題更加嚴重。陸地與海洋、乾淨水共有資源、大氣共有資源、電磁頻譜共有資源、知識共有資源和基因共有資源，這些共有資源的圈地自用，已經阻斷地球圈內部的複雜動態，危及所有人類及地球上居住的所有生物的福利與福祉。如果我們正要尋找一個結合所有人利益的一項概論，那麼恢復生物圈社群健全似乎是最顯而易見的選擇。

自由文化運動和環境運動的歷史重要性其實在於，兩者挺身而出對抗圈地自用這股勢力。藉由重新開放各種共有資源，人類開始思考自己是生物圈的一部分，並依此採取行動。我們漸漸明白，最根本的創意力量是彼此重新結合，把我們自己放進涵蓋組成生物圈共有資源這個較大的關係系統中。

如果我們藉由提升文化要做的是對意義的追尋，那麼我們就可能在探討自己跟密不可分生物圈的關係中，找到我們要追尋的意義。但是如果我們無法團結一致、協同合作，以頌揚地球生物的方式重新思索人類旅程的本質，那麼這樣做又有什麼意義呢？

網路通訊具有的分散、協同合作、橫向擴展的特質，其實既是一個媒體，也是公共領域。後來，這個領域變成社會共有資源。網路是一個聚會場所，讓人們聚在一起創造所需社會資本，凝聚一體期能擴大同理心，也把組成生物圈共有資源，以及跟我們共同生存卻常不被承認的其他許多社群包含進來。

這種社會共有資源只是指我們物種的棲地，是生物圈的一個分區，結果公共領域中運作的自然成熟生態系統之最適福祉，就由同樣的能量定律決定。在像亞馬遜雨林這種頂極生態系統中，熱力效率達到最佳狀態。物質的消耗不會大幅超過生態系統吸納和回收廢棄物及補充庫存的能力。在頂極生態系統中，共生和協同作用等關係將能量耗損減到最小，並將資源做最適當的運用，提供充沛資源滿足各物種的需求。

同樣地，在經濟體系中，當邊際成本趨近為零時，就達到最適效率狀態。這時，生產與配銷每增加一個單位和廢棄物的回收所需的能源支出最少，等於是把資源可用性最適化。這裡說的能源是以時間、勞力和電力生成的形式呈現。

保育地役權如同文化界的創用授權條款

就連開放文化共有資源和環境共有資源所用的法律工具都出奇地相似。舉例來說，保育地役權（Conservation Easement）就是仿效文化界的創用授權條款，制定一套合法的保育條款進行運作。我太太跟我在維吉尼亞州藍山一帶擁有一塊土地，這塊地被重劃為黑熊、白尾鹿、紅狐狸、野生火雞、浣熊和當地其他原生物種的野生保護區。這塊地受到保育地役法的規範，意即我們擁有的土地所有權，在土地使用上受到限制。雖然我們夫妻擁有這塊地，但是我們不能將土地分割出售，也不能在土地上興建某種建物。

保育地役法可能要求這塊土地維持野生動物棲地的原始狀態，或是基於景觀和美學的理由保持開放空間。跟創用授權條款一樣，地役法的目的是要將土地所有權跟獨自享用權加以區分，藉此倡導共有資源。

地役法改變公共領域的某些用途，從而修正圈地自用。這項法律工具跟開放資源創意授權有異曲同工之妙。以這兩個例子來說，實際目的就是徹底改變資本主義時期對地球各種共有資源進行的圈地自用，重新開放並恢復共有資源，讓生物圈得以重新獲得療癒並成長茁壯。

重點是，共有資源不是只存在於公共廣場，也延伸到地球生物圈的各個角落。我們人類隸屬這個延伸地球各地的物種演化家族。生態學正教導我們，整個生物家族的福祉由各成員的福祉決定。共生關係、協同合作和回饋創造出一種大規模協同的形式，讓這個家族保持活力，也讓生物圈這個大家庭繼續存活。

我跟大家分享一個跟共有資源有關的個人趣聞。大概在二十五年前，我首度開始以共有資源的演變、授權和重建作為撰寫主題時，我猜我當時對這項主題的著迷，讓我整個人都被控制。我每到之處都看到圈地自用這種情況，身為社會行動分子，我只要一有機會就忍不住發表高見，談談共有資源這種新做法的可能性。所以我拚命推動以前我們常說的「參與式民主」（participatory democracy），後來這個說法被點對點參與（peer-to-peer engagement）取代。結果，我這樣發表高見的行徑在朋友和同事之間被當成笑柄，我太太更是對此嗤之以鼻。要是我提到自己正在寫的一本新書或辦公室正進行的提案，大家就會不留情面地跟我說：「別再提共有資源，請告訴我們，你不是要說這個。」

大概在一九九〇年代中期，我開始聽說有人因為這種罕見的「共有資源苦惱」飽受折磨。這種苦惱開始擴散，我所到之處都聽到圈地自用和共有資源這些字眼。這些字眼在社交圈裡充斥，也像傳染病一樣在公共廣場擴散，甚至在虛擬空間裡迅速傳播開來。全球化就是滋生地，全球化是一個命名不當的比喻，假藉新全球「互連性」之名，掩飾政府解除產業管制和公共財與服務的民營化。

將地球上的人類資源和自然資源私有化，交到幾百家大企業手中。並用全球化做標籤，這種矛盾影響一個世代的學者和行動分子，他們對全球化的想法剛好相反，他們認為全球化應該是在共享地球慷慨給予我們的資源時，提高更大規模的參與，把生物圈各物種的福祉考慮進來，而不是只考慮人類自身。

全球化與重新開放全球共有資源的對戰

一九九九年時，由非營利組織和工會、女性團體、環保人士、保護動物人士、農場組織、公平交易行動分子以及學界和宗教團體組成的幾萬名行動分子，在西雅圖走上街頭，進行大規模抗議。當時，世界貿易組織（World Trade Organizatio，WTO）大會正在當地舉辦。這群人的目標是要求開放公共共有資源，抗議人士把華盛頓會議貿易中心附近的市中心街道擠得水洩不通，封鎖各個十字路口，阻擋世界貿易組織代表參與預定會議。就連西雅圖市議會也加入抗議行列，市議會通過一項不記名投票，決定宣布西雅圖為多邊投資協定（Multilateral Aggrement on Investment，MAI）的自由區。國際媒體也紛紛加入，聲援抗議人士的勢力日漸壯大。在全球會議即將舉辦的那幾天，倫敦《獨立報》（*Independent*）還寫了一篇社論抨擊世界貿易組織，內文提到：

> 世界貿易組織運用本身權力的方式，正日漸引起各方質疑，這個組織根本是要接管世界。該組織做出

一連串的裁決，誓言協助拯救世界貧窮和保護環境的措施，說穿了通常是保障私人企業取得健全利益。[35]

這場抗議最後有超過六百人被捕，成為反全球化浪潮的轉捩點。現在，大眾反全球化的勢力崛起，已不容小覷。[36]

這次街頭示威遊行有一個面向值得注意。行動分子中有許多是電腦駭客，他們協助安排示威遊行的後勤作業。這是率先利用電郵、聊天室、網路即時廣播、虛擬靜坐抗議和手機來協調整個活動動員狀況的抗議活動之一。在街頭示威期間利用資訊科技和網路媒體協調後勤作業，等於是為十二年後開羅和其他中東熱區在「阿拉伯之春」（Arab Spring）時的街頭抗議做預告。

駭客有正當理由加入環境人士、工會人士和公平交易行動分子的行列。一年前，美國國會通過《Sonny Bono著作權期間延長法案》（*Sonny Bono Copyrigh Term Extension*），並由柯林頓總統簽署生效。[37]這項法案將著作權保護延長到作者死後七十年內。同年，美國參議院批准，送交柯林頓總統簽署《數位千禧年著作權法案》（Digital Millennium Copyright Act，DMCA），落實世界智慧財產權組織（World Intellectual Property Organization，WIPO）的兩項公約。[38]這些公約和國際法令規定，使用技術和其他方法規避保障著作權保護的實務皆屬違法。這些實務被稱為數位版權管理（digital rights management，DRM）。

自由文化運動就是因為這兩項劃時代法令而出現，因為這兩項法案的唯一意圖就是，防止受著作權保護之物透過網路自由流通。一九九九年時，雷西格質疑Sonny Bono法案，一路上訴到美國最高法院。

聚集在西雅圖的抗議人士很清楚他們在抗議什麼，他們反對人類知識和地球資源被私有化。反全球化人士的口號就是「拋棄現行做法」。但是他們對內及對外讓社會大眾質疑的是，為什麼要這樣做？如果不支持透過私有化進行全球化，那要支持什麼？大概就在這個時候，推翻圈地自用、恢復人類生活各面向的共有資源，這種構想就從學界耳語逐漸普及，形成一股公眾怒吼。大眾要求開放公共廣場共有資源、土地共有資源、知識共有資源、虛擬共有資源、能源共有資源、電磁頻譜共有資源、通訊共有資源、海洋共有資源、乾淨水共有資源、大氣共有資源、非營利共有資源以及生物圈共有資源。

實際上，過去兩百年由資本主義統治的這段期間內，在市場中被圈地自用、私有化和商品化的所有共有資源，突然間都受到詳細的檢視和審查。非營利組織紛紛設立，推動方案支持重新開放生物圈中跟人類有關的許多共有資源。全球化浪潮面臨一股強大的反對勢力，也就是致力於推翻圈地自用、重建全球共有資源的各種運動。

英國地產大亨哈洛德・山謬爾（Harold Samuel）爵士說過：「房地產有三件事最重要，那就是地點、地點、地點。」這句話現在已經變成陳腔濫調，但是要了解從西雅圖那次街頭抗議起，過去十四年來世界各地出現的自發性公眾示威浪潮，這句話就再貼切不過。看似突如其來的大規模示威如雨後春筍般出現，在各大洲推翻政府並引發社會動亂。雖然抗議活動訴求的社會主題相當廣泛，但是這些活動都有一個共同特質。就本質來說，這些示威活動比較像是臨時起意、蜂湧而至，而非精心安排的活動，也大多群龍無首、非正式並且是由網路發動。不管是哪個抗議活動，參與者聚集在全球大都市的重要廣場，他們架起帳篷對抗當權勢力，建立一個為頌揚社會共有資源而設計的替代社群。

傳統共有資源的解放，從取回公共廣場開始

要求開放公共共有資源全球運動的初期領袖暨作家傑・沃加斯柏（Jay Walljasper）表示，雖然媒體相當關注年輕人使用臉書、推特和其他社群媒體這些虛擬共用資源，籌劃二〇一一年中東發生的抗議活動，

「但是傳統共有資源在這些造反活動中的重要性，卻沒有受到應有的矚目，像人民聚集發表不滿、展現力量和陳述新家園願景的公共場所就乏人問津。」[39]沃加斯柏提出，「民主運動需要仰賴一個實際共有資源，讓人們能以公民身分集會，也就是需要一個廣場、大街或公園，或是開放給大眾使用的其他公共場所。」[40]

行動分子支持許多議題，這些議題由一個共享的象徵主義加以結合，那就是他們決心要求取回公共廣場，藉由這樣做來重新開放其他許多被特定利益團體和少數特權沒收、商品化、政治化和圈地自用的共有資源。阿拉伯之春革命運動時，在解放廣場聚集對時局不滿的年輕人、在美國占領華爾街的抗議人士、在伊斯坦堡格茲公園的示威群眾，以及在巴西聖保羅街道上怒吼的社會底層人士，就站在一個正逐漸形成的文化現象前線。這個文化現象的根本主題就是，反對各種不同形式的圈地自用，並建立一個透明、無階級之分、協同合作的文化，而這些人就是共有資源的新支持者。

共有資源是不必支付使用費或花錢的共有財產

已故的強納生・羅伊（Jonathan Rowe）是新網路共有資源的遠見人士之一，他為共有資源這個構想做出最佳定義，他寫道：

> 說到「共有資源」就讓人一頭霧水……不過，共有資源是比政府和市場更為基本，是我們大家共同繼承的廣大領域，是我們通常不必支付使用費或花錢的共有財產。大氣和海洋、語言與文化、人類各世代累積的知識與智慧、社群非正式支援體系、我們渴望的和平與安穩、組成生命基礎的基因，這些就是共有資源的所有面向。[41]

我特別喜歡自然學家麥克・伯根（Mike Bergan）對共有資源特質說的一句妙語，這句話直指核心地點出目前資本主義人士與協同合作者之間的奮戰。他提醒大家：

> 想要拿走我們大家共享並同等受惠之物，再把此物轉手給他人以謀求一己私利者，大家千萬別相信。[42]

已故學者歐斯壯的弟子暨雪城大學伯德圖書館副館長夏洛蒂・赫斯（Charlotte Hess），已經完成共有資源樹狀圖，並將許多分枝做好分類。她很快就把「新的共有資源」跟以往的共有資源做區分，指出兩者的共同點並強調彼此的差異。

共有資源不論新舊，都界定出人類管理地球資源的方式。共有資源意指被大眾所有並集體管理之物，共有資源一詞說明的是一種治理形式。赫斯提醒我們，除非取得可用的技術方法加以管理，否則資源就無法成為共有資源。狩獵與採集食物者享有大自然的恩賜，但是他們並沒有管理大自然。共有資源是隨著農業和遊牧業興起而出現，海洋則直到海上航行交通工具發明後，才成為一項共有資源。

到了現代，各種新技術讓人類可以在地球生物圈中開發新的共有資源，管理先前無法治理的資源。印刷術的出現、電力（以及後來的電磁頻譜）的發明、在大氣層中飛行、還有基因與奈米科技的發現，全都開啟人們前所未知或未探索的管理領域。這些新的領域可以藉由政府、私有市場或共有資源的方式加以管理。

共有資源式的點生產，由不同動機和社交訊號所驅使

如同第三章所述，第一次工業革命和第二次工業革命結合新的通訊技術和能源技術，需要有龐大的

資金挹注，也必須仰賴企業垂直整合和集中管控的機制，才能達到規模經濟，這一切條件在政府的協助下，就把經濟交到資本主義手中。到了第三次工業革命，結合通訊技術和能源技術的物聯網比較借重社會資本、而非市場資本的推動進行橫向擴展，並以一種分散、協同合作的方式籌組，讓共有資源在政府參與下，成為更好的一種治理模式。

哈佛大學資訊法學教授班克勒表示，雖然目前自由軟體受到過度關注：

> 其實這只是更廣泛社會經濟現象的一個例子。我認為我們正在見證數位網路環境中第三次生產模式的出現，這種新模式影響範圍既深又廣。我把這個模式稱為「共有資源式的點生產」（Commons-based peer-production），以便跟企業與市場的財產與契約式的生產模式加以區分。新生產模式的主要特質是，個人組成的群體遵照不同動機和社交訊號所驅使，而非依據市價或管理命令，協同合作順利進行大規模專案。[43]

儘管人們對此充滿期待，但是如果我們認為共有資源模式勢必會決定人類未來旅程的走向，這樣想就錯了。協同合作者的勢力崛起之際，資本主義勢力正日漸分裂。全球能源企業、通訊巨擘和娛樂業除了少數例外，都正利用第二次工業革命確立自己的地位，並有既存的典範和政治主張做後盾。不過，電力運輸公司、營建業、資訊科技業、電子業、網路和運輸業正迅速創造新的產品與服務，改變本身經營模式，以便在由政府以各種方式協助、市場與共有資源混合的第三次工業革命中，搶攻市場占有率。

在我創辦的社會企業ＴＩＲ顧問集團中，我們每天在為城市、區域和國家設計第三次工業革命的重大計畫時，就體驗到這種治理現實狀況的新組合。我們目前協助社群建構物聯網資訊基礎架構的新提案，就是協同合作式的安排，市場與共有資源並行運作，彼此供應所需，或是以合作管理的方式協同運作，通常由政府制定法規標準、規範和財務誘因。彼德・巴恩斯（Peter Barnes）在其著作《資本主義3.0：討回共有資源的指南》（*Capitalism 3.0: A Guide to Reclaiming the Commons*）中所設想未來的情景，就跟我們每天協助各國所做的工作一樣。他這樣解釋：

> 資本主義2.0版跟3.0版之間的關鍵差異就是，後者把我所說的共有資源領域的一套機制包含在內。在資本主義3.0版中，經濟不是只有企業主導的私部門這個引擎，我們可以藉由兩個引擎的運作來改善經濟制度：其中一個引擎努力管理私人獲利，另一個引擎致力於保存並提升眾人共有的財富。[44]

我也可以明確告訴大家，在即將揭開序幕的這個時代，全球將努力界定這種將在新時代成為主軸的基礎架構。雖然日後資本主義市場與協同共有資源將會共存，但有時兩者會合作發揮綜效，有時則是互相競爭，甚至成為勁敵。最後，這兩種模式究竟誰會勝出、誰會成為贏家，就要看社會建立的基礎架構而定。

第十二章
通訊、能源、物流共有資源的智慧架構

哈佛大學資訊法學教授班克勒是最熱心倡導也最明確表達共有資源做法的人士之一，他也領悟到如果受到所有權基礎架構束縛，通訊的共有資源還是讓人難以捉摸。他在個人說服力十足的著作《網路財富》（*The Wealth of Networks*）中的最後幾頁提出，如果未來世代打算享受網路資訊經濟帶來的無窮利益，就必須創立一個共有基礎架構。他寫道：

> 要讓富含社交生產實務的網路資訊經濟蓬勃發展，就需要一個核心的共有基礎架構，有開放給我們大家使用，進行資訊生產與交換所需的一套資源。所以就需要實體資源、邏輯資源和內容資源，藉此為通訊產生新的陳述並加以編碼，再進行傳送與接收。[1]

到此為止，都沒有異議。但是，班克勒的分析漏掉一個關鍵要素。布萊特・弗里希曼（Brett M. Frischmann）在個人著作《基礎架構：共享資源的社會價值》（*Infrastructure: The Social Value of Shared Resources*）中提出的論點，跟班克勒的分析和解決方案吻合，也直接點出這項失誤。弗里希曼表示：「班克勒並未徹底審視是什麼構成核心共有基礎架構，或是為了確保公眾對共有基礎架構的永續取用，會面臨怎樣的挑戰。」[2]他解釋：

跟那些主要基礎架構有關的核心共有基礎架構，應該在一個不分彼此的基礎上，讓大家可以使用……但是這樣做首先會遇到的難題是，界定哪些資源是主要資源，並說明基礎架構資源的這個關鍵部分，為何應以一種不分彼此的基礎加以管理……一旦這項障礙克服了……該用什麼機制手段達成共有資源的管理呢？[3]

弗里希曼指出，班克勒向來支持開放無線網路和由政府提供某種通訊基礎架構，但弗里希曼質疑這樣是否足夠。多虧班克勒、艾利・諾姆、大衛・波利爾（David Bollier）、凱文・韋巴赫及其他推動開放無線網路人士的努力，最近美國聯邦通訊委員會提議撥出一個不發放執照的頻譜，以供設立一個免費的全國無線通訊網路。此舉非同小可，等於政府表態，決心支持設立一個開放的通訊共有資源。

如果這當中有一個設想出了問題，那個問題可能是對能源在主要基礎架構中扮演的關鍵角色有所誤解。我在本書開宗明義地提到，歷史上發生過的重大經濟革命都是基礎架構的革命，讓這種重大基礎架構革命產生轉變的是，有新的能源制度伴隨新的通訊媒體出現。史上每次能源革命都引發獨特的通訊革命。能源革命改變社會的時間與空間範圍，讓更複雜的生活安排成為可能，這一切都需要新的溝通媒體來管理和協調新的機會。想想看，如果沒有迅速低廉的蒸氣印刷和電報，要籌劃蒸氣發動的都會工業革命之生產與分配會變得多麼複雜；如果沒有中央控管電力、尤其是電話通訊、廣播和電視的集中管理，那麼籌劃石油、汽車和郊區大眾消費者文化的管理會有多麼複雜難搞。

或者，以現在的情況為例。班克勒和其他人主張，新的網路通訊支持一種網路共有資源的管理形式，由於網路這個媒體本身就有分散和協同合作的特質，讓點對點生產和經濟活動橫向擴展成為可能。我們以這個論點做假設，美國還是受到垂直整合與高度集中的化石燃料能源體制支配，需要更多資金挹注才能運作。只要化石燃料能源是構成全球經濟各層面的基礎，那麼要靠這些燃料來得到物資、取得電力和後勤運作的每家企業，就不得不繼續使用一種垂直整合的經營模式和集中管理，以達成本身的規模經濟與永續營運。

傳統的能源體制如何接受削弱資本主義的通訊革命？

提倡網路基礎架構共有資源的人士能想像得到，在高度資本化和以化石燃料為主的能源體制中，如何推動分散、協同合作、點對點、橫向擴展的通訊革命？換句話說，高度資本化和以化石燃料為主的能源體制，會欣然接受可能開放資源、對再生能源進行點對點管理、推廣3D列印，並以促進零邊際成本社會及削弱資本主義體制為目標的通訊革命嗎？

從另一方面來看，分散、協同合作、點對點、橫向擴展的通訊媒體，就十分適合管理也具有分散特質、最適合由協同方式進行籌組、支持點對點生產，並在社會各領域橫向擴展的再生能源。網路通訊和再生能源兩者結合為一個重要基礎架構，形成一個密不可分的組合，而共有資源管理則最能滿足這種架構的運作邏輯。如同第一章所述，這種重要的智慧基礎架構是由三個彼此連結的網路組成，也就是通訊網路、能源網路和物流網路。當這三個網路以物聯網這個互動系統彼此連結時，就提供跟社會變動有關的巨量資料流，而這些資料被放在全球開放的共有資源中，讓所有人可以共享和取用，並讓人類全體一起追求「生產力的極致」和零邊際成本的社會。

但是，究竟要以什麼方式來治理組成物聯網的這三個彼此連結的網路，目前政府、資本主義企業以及開始崛起以共有資源為主之社會經濟的支持者，還在多方角力、互相較勁，各自胸懷壯志要成為新時代的主宰。

通訊共有資源

我們先從這個新共有資源基礎架構的通訊網路講起。網路是由政府、民間企業和公民社會這三個主要利害關係團體所組成的一個混合式基礎架構。直到現在，網路一直被當成一個全球共有資源，並由三個主要利害關係團體在治理上扮演協同角色。

網路的技術治理包括建立標準與管理協定，這部分一直委由非營利組織負責，包括網路工程任務小組（Internet Engineering Task Force）、全球資訊網聯盟（World Wide Web Consortium）以及網路指定名稱與位址管理機構（Internet Corporation for Assigned Names and Numbers，ICANN）。雖然ICANN現由學界、企業和公民社會等利益團體組成的一個國際董事會治理，[4]至少就理論上來說，上述這些組織全都開放任何人參與。不過，由於這些組織本身具備高度專業的技術特質，通常由技術專家尋求一致共識，針對管理運作做出決定。

但是，網路的治理還是比我們所猜測的更為棘手，也更不明確。二〇〇三年時，三個主要利害關係團體的代表齊聚日內瓦，召開資訊社會世界高峰會（World Summit on the Information Society），討論網路治理，後來又在二〇〇五年六月在突尼斯召開第二次高峰會。之後，由聯合國秘書長設立一個網路治理工作小組，負責調查網路治理並適時提出行動方案。[5]

這個工作小組取得共識後，提出一個後來被一百七十四個成員國採用的治理架構，這個架構明訂：

> 網路治理是由政府、民間企業和公民社會依據一套形塑網路演變的共享原則、標準、規定、決策程序和方案，各自善盡職責所進行的發展與應用。[6]

這種由三個利害關係團體共同治理的模式意義重大。以往，能討論全球治理議題的團體局限於政府和民間企業，公民社會最多只具有觀察員和非官方代表的身分。不過，隨著網路的出現，讓世人體認到把公民社會排除在外根本站不住腳，因為許多參與者早就在網路這個新媒體上參與點對點生產，成為除了公部門和私部門外的第三部門。

設立網路治理論壇，共同商議治理政策

在有了經過認同的三方治理模式後，就以聯合國團體為名，設立一個多重利害關係團體的組織，並命名為網路治理論壇（Internet Governance Forum，IGF），共同商議治理政策。網路治理論壇定期開會，確保政策商議反映出網路的分散、協同合作、橫向擴展等特質。世界各國紛紛設立區域和國家的網路治理團體，為這個全面拓展的新通訊媒體的集體自治管理，提供一個網路做法，而不是一種由上而下式的治理模式。[7]

不過，聯合國畢竟是代表全球政府的一個組織。當初在突尼斯召開的資訊社會世界高峰會取得共識的一項條文，就由聯合國加入正式文件中，授權秘書長展開一項「提高合作」的步驟，希望藉此：

> 讓各國政府在跟網路有關的國際公共政策上平起平坐、善盡職責，但是不影響國際公共政策議題的日

常技術與運作事務則不在討論範圍內。[8]

各國政府關切會對大眾福利與主權利益產生影響的網路相關議題激增，包括虛擬空間商業活動的課稅、保護智慧財產、維護網路安全防止網路攻擊和扼止政治異議。於是，各國政府紛紛立法因應，其中有些法令甚至威脅到媒體不可或缺的這項特質——開放、普及與透明。難怪目前有很多國家開始推動政府對網路採取新型態的控制，包括俄羅斯、伊朗、中國、南非、沙烏地阿拉伯、印度與巴西都這麼做。

二〇一一年時，俄羅斯、中國、烏茲別克斯坦和塔吉克斯坦向聯合國大會遞交一份提案，要求針對資訊社會制定國際規範。這項提案並未針對多方利害關係團體的做法制定規範，而是增加政府對網路的管控。[9]這項提案的前言明確地聲明：「網路相關公眾議題的政策權力，隸屬國家主權。」[10]

網路中立性，網路供應商和最終服務者的爭奪戰

私人企業也開始偏離原本的三方利害關係聯盟，藉由價格區別設法增加營收與獲利，這項舉動有可能損害網路的指導原則之一：網路中立性（network neutrality）。這項原則確保網路為一個不分彼此、開放普及的通訊共有資源，讓每位參與者都能享有同等的取用和參與。

網路中立性這個概念源自於網路的點對點設計結構，這種結構對使用者有利，而不是對網路供應商有利。雖然使用者要支付上網費用，而這項價格是依據網路服務供應商提供的速度或品質而異，但是使用者一旦上網後，不論使用哪一家網路服務供應商，所傳輸的封包都被一視同仁，以同樣的方式處理。

現在，各大電信及有線業者等網路供應商都想改變遊戲規則，想掌控網路資訊交換來獲取商業利潤。這種掌控能讓他們制定不同費率，比方說針對取得特定資訊或優先傳輸（把具時效性的封包優先傳輸）收

取較高的費用或應用服務費，或是根據使用者要求封鎖特定應用服務，這些當然都是依據所需的差別款項而定。

但是，網路中立性的支持者主張，網路應該保持「愚笨」（stupid），讓幾百萬名最終使用者藉由開發自己的應用服務，進行協同合作與創新。就是這種「分散式智慧」（distributed intelligence），讓網路成為如此獨特的通訊媒介。如果網路供應商獲得對存取內容及內容傳輸方式的集中管控，就會讓最終使用者失去權力，也會損害分散式協同合作與橫向擴展智慧所產生的創意。

不過，網路供應商當然不這麼認為。在美國，AT&T、威訊和有線電視業者主張，他們在追求新獲利結構時受到不公平的限制。AT&T前任執行長艾德・惠特克（Ed Whitacre）接受《商業週刊》（*BusinessWeek*）採訪時就大吐苦水地說：

> 現在，他們想要做的是，免費使用我的線路，但我可不打算讓他們那樣做，因為我們已經投入這麼多資金，我們必須取得報酬。[11]

事實上，AT&T有取得報酬，使用AT&T線路的網路服務供應商或其自家顧客都支付資訊封包傳輸費用。不過，AT&T和其他網路供應商想要使用各種差異機制，從這個過程中再多賺一點錢。

掌控德國六〇%網路連結的德國通訊巨擘德意志電信公司，就在二〇一三年五月宣布，要針對所有顧客加諸網路下載量的限制，因為資料流量激增，預計到二〇一六年時資料流量將增加為四倍，此舉當然引發眾怒。不過，更具爭議的是，德意志電信表示，該公司會針對想要提高網路資料下載量的顧客，推出升級方案。更氣人的是，德意志電信還宣布，要透過自家網路電視服務接收資訊流量，而不是透過Google、

YouTube和蘋果公司這些競爭者。[12]

德意志電信此舉公然損害網路中立性，馬上引發德國法規團體的反彈。德國電信監理機關——聯邦網路管理局表示，該局正在審查德意志電信的這項提案，調查這項提案是否違反禁止服務供應商將顧客分級，以收取不同費率的網路中立性協定。[13]

基本上，針對網路中立性所進行的奮戰，就是一場典範之戰。第二次工業革命的電信巨擘們，正急著想取得對網路這個新媒體的掌控，也想要強勢取得集中命令管控權，讓他們能限制網路內容與流量，大幅提高本身的利潤，並藉由本身「線路」所有權的力量取得獨占權。最終使用者也決心維持網路是一個開放的共有資源，設法找出新的應用服務促進網路協同合作，並大舉推動向零邊際成本與自由服務邁進。

在這種雙方角力的情況下，政府似乎受困其中，左右為難，想要討好兩邊，一邊是資本主義模式，另一邊是共有資源模式。雖然聯邦通訊委員會先前支持網路中立性，但是這個機構在二〇一〇年發布一項開放網路命令，明訂三項重要規定，以確保網路的開放與自由，只做到這樣，似乎改變本身長久以來對支持網路中立性的嚴格承諾。這項命令的前二項規定要求管理實務的透明性，並禁止封鎖應用軟體與服務。不過，第三項規定卻給網路供應商一線希望，讓他們有可能重新掌握主動權，讓網路能如他們所願圈地自用。第三項規定明訂：「固定寬頻供應商不得在傳輸合法網路流量上，進行無理的區分。」[14]

第三項規定引起不少迴響。有些人認為這項規定讓業者「有所醒悟」，有些人則認為這根本就是對業者的「投降協定」。弗里希曼就幽默地說：「何謂無理還有待商榷。」這話似乎道盡大家對於聯邦通訊委員會真正打算做什麼的臆測。[15]

Google、臉書和推特等社群網站，轉賣個人資訊從中牟利

而且，不只是惡形惡狀的電信巨擘和有線業者使勁想從外面擠進來，試圖把網路圈地自用。就連網路內部也有人意圖這樣做。網路上一些最知名的社群媒體網站正加快腳步，要找出新的方法將網路這個新媒體圈地自用、商業化和壟斷。而且他們的胃口可能比電信巨擘和有線業者還大得多。

二〇一〇年十一月號《科學人》雜誌的一篇報導中，全球資訊網發明人提姆・伯納斯—李（Tim Berners-Lee）在網路上線二十週年當天，發表一封公開信表達他對網路現況的憂心。

伯納斯—李發明的「全球資訊網」設計簡潔，成效精準，讓任何人隨時隨地能跟其他人分享資訊，不必要求許可或支付權利金。全球資訊網的設計宗旨就是開放、通用存取和分散。

遺憾的是，全球資訊網上規模最大的應用業者中，像Google、臉書和推特正利用讓他們如此成功的參與規則賺錢，把收集到的巨量資料賣給競標商和企業，讓這些企業使用巨量資料進行目標式廣告和行銷活動，進行研究、開發新產品與服務及許多其他商業提案。其實他們這樣做，根本是剝削共有資源，滿足本身的商業目的。伯納斯—李在公開信中提出警告：「大型社群網站正把使用者張貼的資訊，跟全球資訊網的其他部分隔開」，開闢出圈地自用的商業場域。[16]

雖然網路是共有資源，網路上的應用服務卻是非營利組織（通常以共有資源形式運作）和覬覦市場的商業企業共同參與的混合體。維基百科和Linux屬於前者，Google和臉書則是後者。

雖然網路上應用服務使用者都知道，像亞馬遜網站這類網站是完全商業導向，但是大家對於Google和臉書這類網站就比較沒有那種想法，因為Google和臉書提供應用服務讓使用者有機會連結許多免費服務，從全球最重要的搜尋引擎到地球上規模最大的家族相簿都包含在內。對網路使用者來說，螢幕邊緣出現的

那些小廣告，雖然有點不便卻還能忍受。不過，Google、臉書、推特和其他社群網站正把進入他們系統的巨量資料扣押，提供自家網站進行加值服務，或把資料賣給第三方。

伯納斯—李說明這些業者取得資料只供自己使用的關鍵就是，要了解使用者在進入社群網站時，本身的全球資源定位器（universal resource locator，URL，俗稱網址）發生什麼事。每位使用者的網址讓使用者能前往網路上的任何連結，成為互聯共有資源的資訊空間中的部分流動。但是，有人連結到自己不知情的商業導向社群媒體網站時，網站業者就馬上取得使用者的個人重要資訊，並把這些資訊加以封存和商品化。至少到最近為止，網站業者還是這樣做。[17]

伯納斯—李解釋使用者資料是如何被封存的：

> 通常，臉書、LinkedIn、Friendster和其他社群網站是在使用者進入網站時取得資訊，例如你的生日、電郵信箱、喜好、朋友圈和相片中標籤的人物，利用這些資訊來提供價值。網站業者收集這些資料，儲存到功能強大的資料庫，並重複使用資訊提供加值服務，但僅止於本身的網站。一旦你在使用網站某項服務時輸入個人資料，你就無法在其他網站輕易使用這些資料。每個網站是彼此隔絕的獨立筒倉。沒錯，你使用的網頁是在全球資訊網上；但是，你的資料不是。你可以存取在某個網站上建立的人名清單，但你沒辦法把那份清單或上面的項目寄到另一個網站。會發生這種隔離是因為每則資訊並沒有一個網址。資料之間的連結只存在於同一個網站內。因此，你輸入愈多資料，你就被那個網站綁得愈死。你的社群網站成為一個重要平台——一個內容的封閉筒倉，而且你無法徹底掌控自己在這個網站內的資訊。[18]

社群媒體網站把對我們所知道的一切跟第三方分享，我們應該為此感到憂心嗎？我們當然應該憂心，畢竟誰也不想被目標式廣告打擾。不過，更邪惡的是，醫療保險業者正利用這類資料，得知你是否在Google上搜尋過特定疾病；你應徵的公司正分析你在網路上留下的資料，打聽你的個人社交紀錄，試著找出你可能有什麼怪癖和習性，甚至是有什麼反社會行為。

當然，並非所有社群媒體網站都是商業導向。像維基百科等許多社群媒體都是非營利組織，也徹底奉行共有資源治理模式。不過，由商業機構經營的社群媒體網站，就是以伯納斯—李描述的經營模式作為標準作業程序。伯納斯—李繼續說道：「這種結構獲利愈被廣泛使用，網路就會變得更加分裂，我們能享用的單一、普及的資訊空間就愈少。」[19]

新形式的剝削，虛擬世界的企業壟斷出現

伯納斯—李正在暗示，有一股更邪惡的勢力在運作中。有沒有可能網路本身的運作特質，例如分散、協同合作、點對點、橫向擴展架構等，剛好提供一個儲存個人寶貴資料的寶庫，可供探勘、重新整理並銷售給唯利是圖的企業，進行目標式廣告和行銷活動？更糟的是，在第二次工業革命的企業逐漸失勢之際，這種新形式的商業剝削是否正在虛擬空間創造企業壟斷？

在二〇一二年時，Google每天要處理來自一百八十多個國家的三十億筆搜尋。[20]二〇一〇年時，Google在美國搜尋引擎市場的市占率達六五・八％，在德國為九七・〇九％，英國是九二・七七％，法國九五・五九％，澳洲則是九五・五五％。[21]Google在二〇一二年的營收就高達五百億美元。[22]

二〇一三年三月，臉書在全球社群網路市場奪下七二・四％的市占率，並號稱有效用戶數超過十一億。換句話說，地球人口中，每七個人就有一個人是臉書的有效用戶。[23]講到衡量每位訪客每個月在最受歡迎社群媒體網站上所花的時間，臉書就從中脫穎而出。臉書的訪客每個月平均在這個網站上逗

留四百零五分鐘，這個數字是訪客每個月在後續最受歡迎的六個社群媒體網站上逗留時間的總和：Tumblr（八十九分鐘）、Pinterest（八十九分鐘）、推特（二十一分鐘）、LinkedIn（二十一分鐘）、Myspace（八分鐘）、Google+（三分鐘）。[24]至於臉書的營收，在二〇一二年的營收就有五十億美元。[25]二〇一二年時，推特的註冊用戶有五億人，其中二億人為有效用戶，其餘用戶大多是追蹤他人動態。[26]該公司預計二〇一四年的營收將超過十億美元。[27]

像亞馬遜網站和eBay這種商業網站，雖然有協同共有資源的特質，但很快就成為線上獨占企業。根據佛瑞斯特研究公司（Forrester Research）進行的一項調查，每三位網路使用者中，就有一位是從亞馬遜網站開始搜尋產品，相較之下，從傳統搜尋網站開始搜尋產品的比例只有一三%。[28]亞馬遜網站有超過一億五千二百萬的有效顧客帳戶、超過二百萬的有效賣家帳戶，還有能服務一百七十八個國家的全球物流網路。[29]二〇〇八年時，eBay就在美國網路拍賣市場奪下九九%的市場占有率，也在大多數工業國家締造同樣耀眼的佳績。[30]該公司在二〇一二年的營收高達一百四十億美元。[31]

現在，新社群媒體網站的優勢普及到，讓使用者根本不知道自己多常提及它們。舉例來說，法國政府最近做出一項規定，禁止廣播業者在節目中提到臉書或推特，除非報導內容直接跟這些公司有關。不出所料，這項決定引起一些媒體權威人士在推特上發文，抨擊法國官僚人士好管閒事。不過，法國政府提出一項令人信服的論點，認為廣播業者要是繼續在新聞和娛樂報導中提及臉書和推特，就等於幫這些公司免費打廣告，圖利市場領導者，讓原本就大幅落後的其他競爭者遭到忽視。[32]

藉由推動網路共有資源做掩飾，行獲利之實

哥倫比亞大學法律教授暨美國聯邦貿易委員會（U.S. Federal Trade Commission）資深顧問吳修銘

（Tim Wu）提出一個跟新企業巨擘有關的有趣問題，他認為這些新企業巨擘正在虛擬空間中攻占大批殖民地。吳修銘問：「一週不用Google有多難？或者，一週不用臉書、亞馬遜網站、Skype、推特、蘋果、eBay和Google有多難？」[33] 吳修銘指出這個令人不安的新事實：年輕世代受到網路這個新通訊媒體所吸引，因為網路承諾開放、透明和加深社會協同合作，但這卻為業者推動網路共有資源其實是想增加獲利的角色做掩飾。吳修銘寫道：

目前，網路上的主要行業大都由一家企業獨大或少數企業寡占。舉例來說，Google「擁有」搜尋，臉書是社群網路龍頭，eBay在網路拍賣業呼風喚雨，蘋果公司則在線上內容遞送占有主導地位，亞馬遜網站則是網路零售巨擘。

吳修銘繼續問，為何網路看起來愈來愈像大富翁遊戲，不管任何產業，最後只有一個勝利者？[34] 有些評論家表示，如果大家對這些新企業參與者的意圖還有任何疑慮，只要搜尋一下近期的專利取得，就能消除這些疑慮。在二〇一一年到二〇一二年這短短二年內，新專利取得的數量就足以讓最經驗老到的智財權律師驚訝不已。二〇一一年時，蘋果公司、微軟和其他公司得標買下北電網路（Nortel）價值四十五億美元的六千件專利；Google以一百二十五億美元買下摩托羅拉公司（Motorola），取得一萬七千件專利；微軟以十一億美元向美國線上公司（AOL）買下九百二十五件專利；而臉書則以五億五千萬美元，向微軟購買六百五十件專利。[35]

現在，愈來愈多通訊產業分析師、反托拉斯律師和自由文化運動倡議人士在問，在虛擬空間的這些新重量級企業是否真的跟二十世紀的AT&T和電力與公用事業公司一樣是「自然獨占」，因此他們本身具有合法身分，沒有違背反托拉斯法，或是依照法規被當成公共事業。這群人認為，如果沒有嚴格遵照這些方針，那麼網路成為共享連結的全球共有資源這個承諾就會付諸流水，原本這個世代對於點對點合作這種社會精神特質所寄予的厚望與宏願，也會跟著幻滅。

共有資源倡議人士聲稱，當Google這種搜尋引擎成為一項「不可或缺的設施」，因其提供一項人人所需的普及服務，而替代搜尋引擎的表現又相對失色，就讓大家只能使用Google，真的沒有其他選擇。在這種情況下，Google開始看起來並讓人覺得像是自然獨占企業。於是，有些意見開始出現，要求「搜尋中立性」（search neutrality），並呼籲政府比照立法確保網路中立性的做法，來確保搜尋中立性。他們提出警告，由私人企業經營獨占市場的搜尋引擎，有可能基於商業考量或政治因素而操控搜尋結果。

推特趨勢背後的黑手，演算法中立性不易維持

其他人也擔心像推特這類社群媒體網站可能操弄排名，這是用戶經常參與的功能之一。舉例來說，推特有一項功能名為推特趨勢（Twitter Trends），能找出目前最潮最熱門的主題和議題。有人就質疑，找出趨勢及排名趨勢的演算法公司是否在程式上動手腳，有意無意反映出管理階層的偏見。在維基解密醜聞爆發期間，朱利安・阿桑奇（Julian Assange）的支持者就懷疑推特刻意操弄推特趨勢。[36] 現在，產業觀察家也開始提問，我們如何維持「演算法中立性」（algorithm neutrality）？

康乃爾大學通訊教授塔勒頓・葛拉斯畢（Tarleton Gillespie）表示，演算法操弄並非毫無可能，尤其在演算法由商業參與者設計時，更可能基於財務或意識型態等因素而在資料上動手腳。葛拉斯畢寫道：

我認為，有關推特趨勢這類工具的爭論，我們日後會更常看到。當愈來愈多的線上公眾交談在某些特

定的私人內容平台和通訊網路發生時，這些服務供應商就會尋求更複雜的演算法來管理、策展和編排這些龐大的巨量資料……我們必須承認，這些演算法並不中立，也必須知道這些演算法是依據政治選擇進行編碼，並以一種特定方式表達資訊。[37]

葛拉斯畢表示，當大眾更仰賴演算法將資訊分類、評等及訂定優先順序，我們就必須找出某種方式制定協議和法規，確保演算法的透明與客觀性，尤其是在資料和演算法大多由商業參與者控制的情況下更該這麼做。[38]如果不這麼做，只是指望企業會心存善念，在整個流程中保持誠信，那就太天真，也太有勇無謀了。

社會共有資源的企業化現象

目前我們面臨的兩難困境是：當Google、臉書和推特這些企業繼續成長，這些網站的使用者愈多，就讓每位網路使用者都有利。但是，因為這些網站都由商業企業經營，他們感興趣的是能把使用者相關資訊賣給第三方並從中獲利，而使用者關心的是把自己的社交連結最適化。換句話說，問題出在企業把社會共有資源當成商業投資事業來經營。北卡羅萊納大學社會學教授澤奈普・圖費克齊（Zeynep Tufekci）將這種實務稱為「社會共有資源的企業化」。[39]

不過，並非所有人都擔心由少數企業壟斷網路。有些法律學者認為，經營社群網站業者跟電信公司或電力公司和公用事業無法相比，後者投入龐大的初期資本投資，建設實體基礎設施以保障本身的自然獨占。但這些法律學者認為，進入公用事業領域的新參與者會發現，要跟實體基礎設施都架設好又有死忠顧客群的老字號企業競爭，即便不是不可能，卻也難上加難。相反地，社群媒體市場的新參與者要應付的初期成本就少得多。

撰寫程式碼和推出新應用服務所耗費的成本，可能只是設立公用事業所需成本的一小部分，因此新參與者可以加入戰場並迅速取得主導地位，至少能取得競爭優勢。這些法律學者以Myspace和Friendster這兩個社群媒體市場領導者的例子佐證，幾年前這兩家公司在市場上的主導地位看似無法撼動，現在卻被臉書和推特等後起之秀改寫版圖。

自由市場倡議者也提醒大家，把Google、臉書和推特這些公司當成「社會公用事業」，並立法讓這些企業成為自然獨占企業，其實等於永久保護它們不受潛在競爭的威脅，那正是第一次世界大戰後AT&T的寫照。如同第三章所述，聯邦政府給予這家電信業巨頭自然獨占的身分，並以聯邦法律加以規範，其實就是保證AT&T在二十世紀大多數時間內，在電信市場擁有無法撼動的主導地位。

最後，反對立法將社群媒體巨擘當成社會公用事業的人士提出正當理由聲稱，法定公用事業通常嫌惡風險，因為沒有競爭壓力，所以迴避創新。在保障報酬和內訂固定價格的情況下，這類企業有什麼誘因，讓他們必須推出新技術和新的經營模式呢？

網路獨占企業的規模，實體商業界根本比不上

這些反駁論點引起各界共鳴。不過，Google、臉書、推特、eBay和亞馬遜網站等企業巨擘各自都投入數十億美元確保全球市場，這些企業的用戶規模比以往我們評量的企業顧客規模要大得多。當人類史上的大多數知識被集合在一起，由Google搜尋掌控時，這代表什麼？或者，當臉書成為連結十億人社交生活之虛擬公共廣場的唯一監督者，會是什麼景象？再想像一下，當推特成為人類唯一使用的八卦方式，當eBay成為全球拍賣市場獨大的擂台大師，亞馬遜網站成為大家上網購物最常去的虛擬市場，這一切究竟有何意

涵？答案是，實體商業界發展史中，沒有任何企業能跟網路這些獨占企業相比。

事實是，雖然這些企業在網路世界取得優先獲利的機會，能善用好構想賺錢，並用很少的資本投資就把市場領導者幹掉，但現在要做到這樣卻困難重重。Google、臉書、推特、eBay、亞馬遜網站等企業，目前都投資數十億美元擴展本身的用戶群，同時利用智財權的層層保護打造出穩固的圈地自用，這一切全都是為了從他們協助創造的全球社會共有資源中賺取獲利。

我們認為極不可能發生的情況是，掌握這些廣大社交領域的企業會藉由反托拉斯訴訟或以適當法規監督，而被當成全球社會公用事業看待，以逃避某種法規限制。因為監督的本質和程度，這問題目前還有待商榷。

可以確定的是，我們確實有必要解決對通訊媒體被商業圈地自用的擔憂，因為這個通訊媒體的存在是以提供一個普及的共有資源為立足點，讓所有人能以近零邊際成本跨越社交生活的各個層面，一起協同合作並創造價值。

能源共有資源

確保網路持續作為全球開放的共有資源，並將其橫向擴展架構的龐大社會利益與經濟利益最適化，這無疑是一項相當艱鉅的挑戰。善用網路這個新通訊媒體來管理橫向擴展的再生能源，並確保能源網路也維持一個全球開放的共有資源，這個挑戰的難度當然也不低。能源網路的建立已經跨越地方、區域、國家和各大洲，目前也正努力對抗商業利益的進入，就像通訊網路面臨電信業者與有線業者的艱難挑戰那樣。

在某些情況下，全球能源企業與電力公司及公用事業正聯手阻撓能源網路的形成。例如，這些業者試圖強行在智慧電網中制定集中控管的架構，讓業者能以商業利益為考量，把新能源圈地自用。

全球最大經濟體歐盟已經採取步驟，透過要求傳統電力公司與公用事業將電源（發電）與電網（送電）分離，以維持能源網路為一個開放架構。這項分離法規的產生是因為有幾百萬個小型新能源生產者受到大型電力公司和公用事業的阻撓，讓當地微型電廠很難和主要輸電網連結。傳統電力公司跟公用事業也因為差別措施遭到指控，他們提供企業夥伴產生的綠色電力更快速的連結，卻對其他電力生產者的綠色電力擺出官架子，作業一延再延，甚至拒絕接受。

電力公用事業也正努力開闢第二戰場，利用幕後謀略設計一個集中控管、私有且封閉的智慧電網，所有傳輸資料只有單方向流動，從產消合一者流向總部。目標是保留數百萬名新產消合一者在電價變動不同時段的寶貴資訊，同時也進行掌控，避免產消合一者在當天不同時段，善用電價較高時上傳電力到電網。

獲利機制是更有效率管理能源，銷售更少的電力

電力傳輸公司的這些努力似乎白費力氣，因為全球各國推行綠能源電力收購計畫（gree feed-in tariffs），鼓勵數百萬名最終使用者自行生產綠色電力，並透過能源網路共享電力。現在，愈來愈多電力傳輸公司開始了解能源產消合一者這個新事實，也紛紛改變本身經營模式，以適應新出現的能源網路。

日後，這些企業的營收會愈來愈倚重在這幾個方面：管理顧客的能源使用、減少顧客的能源需求、增加顧客的能源效率與生產力，以及將提升的生產力與節省的成本撥一部分作為貢獻。電力傳輸公司日後的獲利機制將是，更有效率地管理能源使用，以及銷售更少而非更多的電力。

在能源網路目前這個初期階段，有人已經針對管理分散式發電的最佳做法提出問題。一種新的共有資源模型正開始成形，而且有趣的是，這個模型其實是改良一九三〇年代美國為送電到農村，所提出的管理

電力共有資源之舊有模型。

新改革政策的大豐收

故事要從美國重量級統計學家哈洛德・霍特林在一九三七年的演說談起。霍特林建議美國輸電網應由政府付費興建，他主張電網是人人都需要的公共財，這種公共福利由聯邦出資才能達到最佳效益，而非允許交由民營公用事業來經營。因為如果由民營公用事業經營，一旦輸電網架設完成，邊際成本趨近於零，電價不會超過邊際成本，但消費者在使用電力時，卻不能以「租金」方式支付費用給民營公用事業。

我在第八章時並未提到，霍特林以當時新政府推行的一項計畫為例，說明他的構想有多麼優越。這項計畫就是田納西河谷管理局（Tennessee Valley Authority，TVA），是當時被認為最大的公共建設計畫。一九三三年五月十八日，小羅斯福總統（Franklin Delano Roosevelt）簽署通過田納西河谷管理局法案。這項計畫預計在一九三三年到一九四四年間，在包括田納西、肯塔基、維吉尼亞、北卡羅萊納、喬治亞、阿拉巴馬和密西西比等七個最貧窮州的田納西河谷一帶，雇用二萬八千名工人，興建十二座水壩和一座蒸汽發電廠。這項工程之浩大，等同於興建二十棟帝國大廈。[40]

低價銷售電力能源的主張，遭受質疑

聯邦政府會利用水力發電為美國許多最窮困社區提供價格低廉的電力，期望能刺激長期經濟成長。霍特林說明，將廉價水力發電帶進田納西河谷，能提高當地整體經濟生活的水準，也提高當地文化與知識的水準，而且以利益考量來說，當地人口共享的利益將大幅超越開發成本的金錢價值。[41] 但是，霍特林也

提出警告：「如果政府要求電價高到足以打平投資成本，或者甚至想要從中獲利，那麼當地共享的利益就會大幅減少到比政府能獲得的營收還要低得多。」[42] 因此，霍特林對此做出總結，「進行這項投資並以邊際成本、也就是以相當低廉的價格銷售電力能源，似乎是一項很好的公共政策。」[43]

霍特林承認，田納西河谷管理局計畫的成本將由美國所有納稅人支付，但他認為田納西河谷在經濟方面的改善，會透過當地農業輸出品的成本降低，讓美國其他地區間接受惠。而當地居民生活品質與收入的提升，也意謂著當地居民更有能力消費美國其他地區生產的產品。[44] 最後，霍特林表示田納西河谷管理局計畫的成功，將激勵美國其他地區進行類似的公共工程計畫。他提出以下推論：

> 政府既然有進行這類事業的意願，那麼基於同樣的理由，政府也會準備好在其他地區興建水壩、大興土木，並推動許多公共工程。這些工程都會讓社會的各個階層受惠。這種利益隨機分散的效果廣大，確保美國各地大多數人都能因為這類計畫的整體效益受惠，讓大家的生活過得更好。[45]

但是，自由市場倡議人士羅納德・寇斯並不認同霍特林的主張，他不認為政府能準確預測消費者需求，即使是大家都需要的公共財或服務，政府也未必預測準確。寇斯寫道：「我個人並不認為政府能在所有價格都依據邊際成本的制度下，準確預估個人的需求。」[46]

進一步檢視後，寇斯的第一項主張看似相當站不住腳。有人質疑當消費者能以反映邊際成本的價格來享受便利時，他們怎麼會拒絕以邊際成本供應公共財的自來水，轉而使用井水；或是拒絕使用政府興建的高速公路，寧可使用石子路；或者拒絕公共電力照明，反而使用火把？

至於蔓延效應，寇斯駁斥田納西河谷管理局這種成功的公共工程投資，會激勵美國其他地方群起效法這類計畫，他認為就算事實證明這項計畫成功了，也無法假設在其他地區存在的條件和成效會一樣。

一九四六年時，寇斯寫了第二次答辯給霍特林，當時美國軍人及其家人都急著使用存款，購買戰爭那幾年沒買的東西，彌補因為戰爭而失去的美好時光。當時，市場剛好成為推動消費者社會的引擎。在歷經長達十五年的經濟蕭條、世界大戰、政府配給物資的窮苦日子後，數百萬人準備好擁抱市場，自己決定該如何花用個人所得。

寇斯掌握當時的社會趨向，大多數經濟學家以他為首。因此，經濟學家普遍認為，決定美國經濟生活中誰輸誰贏的最佳裁判是市場，不是政府。只不過還有一項重點應該講清楚，在談到政府資助興建州際公路、退役軍人助學貸款、政府補助聯邦住宅管理局（Federal Housing Authority，FHA）房屋貸款等事宜時，美國大眾更願意對此抱持高度期望。

可惜的是，沒有學者對當時的歷史大感興趣，想弄清楚霍特林所說具有蔓延效應的最佳實例最後是否成真了。要是他們真的那樣做就會知道，寇斯急於反駁霍特林的理論及霍特林以田納西河谷管理局為個人理論佐證，以及寇斯提出的二次答辯，根本完全經不起時間的考驗。

深埋於歷史的事實是，電力共有資源的管理出現一個嶄新的機制，徹底改變美國二十世紀經濟發展方向，也為二十一世紀籌組能源網路提供不可或缺的共有資源經營模式。

由於民營公用事業對於鋪設電線到農村地區不感興趣，認為農村地區家庭戶數太少又太過分散，也沒有充裕的購買力負擔這項服務，因此聯邦政府打從一開始就涉足電力事業。

在一九三〇年代時，美國都市家庭有九〇％有電力供應，相較之下農村家庭只有一〇％有電力供應。[47]缺乏電力讓美國貧困人口中，大多對前途不抱希望，而大蕭條那些年的慘況更加深這種貧富懸殊。

田納西河谷管理局的成功，民營公用事業群起反彈

田納西河谷管理局計畫的目的就是，讓原本落後的農村地區邁入二十世紀，並以此計畫樹立榜樣，讓美國其他農村地區也群起效法。不過，此舉引發電力公司和民營公用事業的反彈。雖然他們對農村市場不感興趣，但是他們氣憤的是，聯邦政府大舉進軍電力市場，而田納西河谷管理局又被授權提供農人及農村社群「優惠」，以農人可負擔的費率銷售電力。儘管有這些反對聲浪，到一九四一年時，田納西河谷管理局已經是美國第一大電力能源生產者，而且其所生產的電力來自水力發電這種再生資源。[48]

民營公用事業界在保守商業利益團體的支持下提出訴訟，控告田納西河谷管理局是政府打算把美國變成社會主義社會的幌子。《芝加哥論壇報》（*Chicago Tribute*）就刊登一篇社論，指控田納西河谷管理局「在田納西河谷建立一個小俄羅斯」。[49]民營公用事業公司聲稱，憲法並不允許聯邦政府奪取生產電力的權利，這場官司一路上訴到最高法院，最後民營公用事業公司敗訴，法院重申這項法令符合憲法。

農人自行架設，締造農村電氣化傳奇

除了發電，田納西河谷管理局也被授權架設電線到當地社區，提高農村地區電氣化的程度。因此，小羅斯福總統在一九三五年簽署一項執行命令，設立農村電氣化管理局（Rural Electric Administration，REA），以讓美國每戶農村家庭都有電可用為使命。在一九三六年到一九三七年間，農村電氣化管理局就架設長達七萬三千英哩的電線，為超過三十萬間農場提供電力。[50]

農村電氣化管理局的成就令人欽佩。不過，事態日漸明朗，該局內部不可能召集那麼多技術專家和工作團隊，在全美農村地區架設自己的電線。在民營電力公用事業不願出手援助的情況下，農村電氣化管理

局採取在當時來說相當另類的激進做法，該局鼓勵當地社群的農人團結起來，設立電力合作社（在田納西河谷管理局一帶、賓州和西北沿岸已有一些農村電力合作社運作，事實證明這項做法相當成功）。

依據這項新計畫，農村電氣化管理局將提供聯邦低利貸款給當地務農社區，以供架設電線並提供技術與法務等方面的協助。這項計畫的願景是針對電氣化推動一種分散式的做法，讓當地農村電氣化合作社自行架設電線，互相連結創造出區域輸電網。農村電氣化合作社扮演一種非營利、自治的共有資源，並由成員以民主方式選出理事。

平均來說，農村電氣化合作社架設每英哩電線的成本為七百五十美元，比民營電力公司的估價還低四〇%。[51]農村電氣化合作社通常會把開銷壓低，讓當地農人可以投入時間架設電線，並把積欠合作社的錢還清。到了一九四二年時，美國有四〇%的農場電氣化，一九四六年時，全美有半數農場電氣化。[52]四年後，美國另外半數的農場也完成電氣化，這是一個了不起的成就，而且大多是由農人自行挑選必要技能，管理當地電器化合作社並協助架設電線。

生產力大增，經濟效益大到無法估計

從田納西河谷到加州的農村社區獲得的經濟利益，大到無法估計。電氣化拉長工作日的生產力工時，減輕農場的沉重負擔，大幅提高農場生產力，並改善數百萬農村家庭的健康與福祉。在推動農村電氣化管理局計畫的頭五年，就有超過一萬二千所學校完成電氣化。[53]有了電力與照明，學生的學習時數就能拉長，每天也能在做完雜事後寫寫家庭作業。

農村電氣化對電氣用品的製造與零售業也產生重大影響。農村電氣化管理局說服奇異公司和西屋公司（Westinghouse）生產較平價的電器用品，以半價銷售到農村地區，鼓勵數百萬農村家庭購買電器用品，享受電器設備帶來的便利。[54]在大蕭條時期經濟最慘淡的那幾年，農村家庭購買新電器用品，就讓電器用品業績增加二〇％，為原本疲弱不振的經濟注入一股活水。[55]

農村電氣化也增加全美農村地區的房價。一九五〇年代到一九八〇年代，隨著州際公路系統的完成，公路出口一帶的郊區興建數百萬戶住宅、辦公室和購物中心，引發都市移居郊區這股遷移潮，農村電氣化剛好為這股遷移潮提供輸電基礎設施。美國郊區化也為農村地區帶來新的商機，創造數百萬個新工作機會，締造美國史上最繁榮的經濟時期。[56]

事實證明，在支持聯邦政府資助田納西河谷管理局計畫的論文中，霍特林提倡的各項主張全都正確無誤。霍特林唯一沒說準的小事是，美國農村電氣化並不需要政府拿納稅人的錢砸重金完成。電力基礎設施大都是由政府以低利貸款方式，資助農村電氣化合作社，而且這些錢最後都拿回來了。[57]霍特林遺漏掉的是，政府未必要一肩扛起全部重擔，政府只要加速這個流程，並為整個流程背書保證就好。

最後，雖然農村電氣化合作社繼續取得聯邦政府的資助，但是在所有電力公用事業中，電氣化合作社取得的消費者人均聯邦津貼的金額最少，這項事實或許讓納稅人大感驚訝。[58]

若說寇斯為資本主義市場的優越著迷，而霍特林為政府管理的優越著迷，那麼事實告訴我們，在把公眾福利最適化時，反而是第三種做法占上風。那就是，由政府出面支持一種分散、協同合作、橫向擴展的經濟機構（意即合作社），才是將美國農村電氣化與轉型的最佳工具。這種自主管理的共有資源形式在十三年內以低成本締造的成就，是民營企業和政府花三倍時間也無法做到的。

現在，美國有九百家非營利農村電氣化合作社，遍及全美四十七州，為四千二百萬名顧客提供服務，架設電線超過二百五十萬英哩。農村電氣化合作社架設的電線，占全美電力分送線路的四二％。其所架設電線涵蓋的面積占全國面積的七五％以上，所傳送的電力占全美銷售總千瓦數的一一％。目前，農村電氣化合作社的總資產已超過一千四百億美元。[59]

最重要的是，美國農村電氣化合作社的七萬名員工為顧客提供成本價的電力服務，因為這種合作結構本來就不是以利益為導向。[60]

合作社的勢力再起

要了解合作社，就要先知道這件事：合作社的設計宗旨是要以共有資源的方式運作，但私人企業的組織結構卻是以獲利事業的方式運作。合作社的組織結構是為了實現跟私人企業截然不同的一套目標。

國際合作社聯盟（International Cooperative Alliance，ＩＣＡ）是一個代表全球合作社的組織，該聯盟將合作社定義為：

> 個人透過一種共同擁有並以民主方式管控的事業，彼此自願結合以滿足本身在經濟、社會與文化等方面的共同需求與宏願，而組成的一種自治聯盟。[61]

合作社的驅動力是合作而非競爭，是由宏觀的社會承諾而非狹隘的經濟私利所驅使。合作社的運作範圍就是本身的共有資源，而不是市場。國際合作社聯盟對此做出說明：

> 合作社是以自助、自行負責、民主、平等、公正與團結等價值觀為基礎……合作社成員相信誠實、開放、社會責任與彼此關照等道德價值觀。[62]

雖然合作社商業協定在人類史上老早就有跡可尋，但是現代合作社商業結構始於一八四四年的英國，當時有二十八名紡織工人組成一個名為羅虛戴爾公平先驅社（Rochdale Society of Equitable Pioneers）的合作社。這些紡織工人集資以成本價購買品質優良的日用品，這個組織可說是買賣麵粉與糖給成員的第一家合作社商店。

合作社的七項規定，共有資源管理的美好願景

羅虛戴爾公平先驅社為共有資源管理所制定的七條規定，後來成為各個合作社的標準章程。這些規定隨著時間演變經過修改並正式批准，成為國際合作社聯盟的合作社治理模型，也成為共有資源管理之願景與實務的縮影：

一、任何人均可成為合作社的社員，不受種族、宗教、性別、社會或政治派系的歧視。

二、合作社是由社員管理的民主組織，每位社員都享有一人一票的平等投票權。社員選出的代表負責管理合作社業務並向全體社員負責。

三、社員對合作社公平出資，並以民主方式管理合作社的資金。其中部分資金成為合作社的共有財產，由社員共同決定如何運用合作社資金，促進合作社發展與日常運作。

四、合作社是自治、自助的組織。雖然合作社可以也能與其他組織達成各種事業協定，卻要以確保社員本身的民主管理和自治為先決條件。

五、合作社為本身社員、主管與員工提供教育與培訓，鼓勵社員、主管與員工全力參與合作社推動的

方案、計畫與提案。

六、合作社要拓展網路共有資源，透過跨區域與跨國的合作，擴展並整合各合作社之間的交流。

七、合作社的使命是透過參與政策和計畫，推動所屬社群的永續發展。[63]

在資本主義市場及其伴隨的功利主義精神主導的世界裡，把人類行為當成是以競爭和私利為導向。所以，人類基於合作、公平和永續發展，而想採取合作社經營模式，這個構想似乎變得一點也不切實際。不過，至少目前有很多人已經在共有資源下運作的合作社聯盟中，安排自己的部分經濟生活。二〇一二年時，聯合國就正式承認該年為國際合作社年，但是在Google上搜尋當年的慶祝活動，卻只能查到一點點新聞。或許是因為全球媒體太集中在少數幾家營利導向的媒體巨擘手中，由他們決定哪些新聞才能報導。

事實上，目前合作社社員人數已超過十億人，也就是說，地球上每七個人就有一個人是合作社社員。而且，目前有超過一億人受雇於合作社，或者說受雇於合作社的員工人數，比受雇於多國企業的員工人數還多二〇%。全球三百大合作社的人數，相當於世界第十大國的人口數。在美國和德國，每四人就有一人是合作社社員。在加拿大，每十人就有四人是合作社社員。在印度和中國，有四億人加入合作社。在日本，每三戶家庭就有一戶是合作社社員。在法國，有三千二百萬人加入合作社。[64]二〇一一年六月，美國全國合作社商會（National Cooperative Business Association）執行長保羅・哈真（Paul Hazen）指出：

在美國，有二萬九千家合作社，社員多達一億二千萬人，在全美各地有七萬三千個營運據點。整體來說，美國合作社資產超過三兆美元，年營收超過五千億美元，發放的薪資和福利金額高達二十五億美元，並創造將近兩百萬個工作。[65]

其實，美國合作社的運作觸角伸入各個經濟領域，包括農業和食品生產業、零售業、保健業、保險業、信用合作社、能源業、電力生成與傳輸業以及電信業。下次你走進Ace Hardware連鎖五金行，你就是跟合作社做生意。美國合作社社員人數已超過三億五千萬人。[66]

全球有幾億人跟合作社購買食物，住在合作住宅裡，把銀行業務交由合作社金融機構處理。大多數美國人都不知道，美國約有三〇%的農產品和日用品是透過三千家農家所有的合作社行銷。[67]藍雷（Land O'Lake）奶油和威氏（Welch's）葡萄汁只是在雜貨店架上可以看到，由農業合作社行銷的知名食品品牌中的二項。[68]

歐盟有一千萬戶住宅，或說有一二%的住宅是合作住宅。[69]在埃及有將近三分之一的人口隸屬住宅合作社。[70]就連號稱私人擁有住宅比例最高的美國，也有超過一百二十萬戶住宅是合作住宅。[71]在巴基斯坦，合作住宅的比例則是一二%。[72]

信用合作社也在金融社群內扮演重要角色。在德國、法國、義大利、荷蘭、奧地利和芬蘭這六個歐盟國，信用合作社的帳戶就占所有存款帳戶的三二%，占國內貸款總額的比例也將近二八%。[73]在亞洲，有四千五百三十萬人是信用合作社的社員。[74]在法國，六〇%的零售銀行是透過合作社運作。[75]

在美國，信用合作社約有超過九千萬名社員，人數在全球各國中居冠，自從二〇〇八年全球金融風暴導致金融市場崩壞，信用合作社的勢力日漸抬頭。[76]美國信用合作社的存款金額增加四三%，同期內美國最大銀行的存款只增加三一%。[77]現在其資產將近一兆元。[78]

儘管合作社的業績傲人，但是在第一次和第二次工業革命期間，跟營利企業相比，卻仍然是市場上的次要參與者。將通訊與能源等相關業務集中管理所需的龐大資金，讓私人企業從這場競賽中脫穎而出，因為私人企業可以在股市和債市中累積足夠的資金。而且，製造與服務的垂直整合與擴大規模，也確保私人企業在資本主義市場中，能在前二個工業時代裡呼風喚雨。

零邊際成本社會中，合作社是唯一可能的經營模式

對中小企業來說，合作社是集資共謀生存的一種方式，這樣就能以相當優惠的折扣，跟上游供應商購買原物料和物品，同時又能共享行銷、物流和配銷通路來減少下游成本。藉由在市場外部一個共享的共有資源裡，像非營利企業般運作，合作社透過一種非營利經營模式的運作，就能以低邊際成本加速社員之物品與服務的流通。

現在，情勢突然逆轉了。如同前幾章所述，物聯網為數十萬家小企業帶來優勢，不過這些小企業必須透過這種具有分散特質、協同通訊與能源的新組態，加入生產者合作社，善用橫向整合的力量，才能讓優勢成真。

能把邊際成本降到趨近於零的新經濟基礎架構與典範的前景，讓仰賴足夠獲利而生存的私人企業變得岌岌可危。在近零邊際成本的社會裡，合作社是唯一可能的經營模式。

現在，有幾千個綠色能源與電力合作社，正在世界各地的社群裡如雨後春筍般出現，為跨區域與州際輸電網的點對點電力共享，建立起一個由下而上的共有資源基礎。

比利時、德國、丹麥和美國，綠色電力發展蒸蒸日上

歐盟有更多人投資合作社，而非投資股市，這一點實在讓人刮目相看。現在，信用合作社正帶頭為綠色電力合作社提供融資。比利時合作社Ecopower創辦董事德克・凡辛特加（Dirk Vansintjan）表示，在大

多數情況下，信用合作社率先投入並資助風力發電和太陽能發電的計畫。依據合作社七大治理原則其中一項的精神，合作社之間要盡可能地彼此互助，因此有愈來愈多信用合作社利用社員的資金，為Ecopower這類綠色能源合作社提供融資。Ecopower在一九九〇年創立時只有三十名社員，到二〇一三年社員人數已增加到四萬三千人，並且利用本身再生風力與水力能源設備，為弗拉芒（Flemish）當地的家庭提供綠色電力，占當地總電力需求的一・二%。[79]

在德國，綠色能源合作社家數也在國內各地激增。光是二〇一一年，這類合作社就增加一百六十七家。[80]德國斯圖加特的霍爾布普世能源合作社（Horb Ecumenical Energy Cooperative）就是其中的代表，這類合作社的影響力在於為當地社群發電進行傳輸，並使用當地社群適用的模式。這家合作社更是超前進度，在當地興建好幾座太陽能電廠。同前所述，德國目前所用的電力中，有超過二三%的比例來自再生能源發電，而其中大多數再生能源電力都是由當地合作社提供。[81]德國斯圖加特的再生能源合作社先驅——Bernhard Bok，表示這並不令人驚訝，因為：「我們正生活在一個合作社的國度裡。」[82]

丹麥也是建構物聯網基礎設施，力求社會轉型的先趨國家，該國大幅仰賴由下而上的合作社模型，建立一個永續發展的經濟典範。我搭機前往哥本哈根時，總喜歡在飛機降落前俯瞰這座美麗的港口，看著下方二十或三十個風力發電機深感讚歎，其中有半數的風力發電機就是合作社所有。[83]

丹麥人發現，有效落實這項新基礎設施的關鍵就是，說服當地社群，合作社就是建立公眾信任並取得當地支持新能源基礎設施的最佳工具。丹麥人對於珊索島（Samsø）燈塔計畫的成功感到自豪。這座小島上約有四千位居民，大家群策群力，在十年內就將小島燈塔與事業經營所需的電力，從原本百分之百靠由外輸入的燃煤電力，轉變成百分之百自給自足的再生能源。[84]當時某家知名企業開發商要建構風力電廠時，就遭到當地社群的反對，當地居民抗議的原因是，他們認為新能源的所有權應該歸他們所有。珊索島依照丹麥其他地區的模式，當地安裝的風力能源貯量有八○%由合作社或個人所有。[85]

當地居民向急於了解居民如何締造這項佳績的訪客說明，一切要歸功於民主參與和社群所有權。綠色能源合作社提供一個讓任何居民都能加入的共有資源，而且大家在治理該島及離岸的風力發電機之發展與管理的相關決定上，都有平等的發言權。透過這種方式，居民也成為風力發電的部分所有人，能因為綠色新能源更低廉的價格而受惠。

合作社也讓珊索島居民有機會參與更大的計畫，讓居民積極參與綠色能源合作社的決策與管理，共同建立社會資本、信任與善意。

在美國，農村電氣化合作社一直是綠色電力運動的先驅。全美農村電氣化合作社聯盟（National Rural Electric Cooperatives Association）就制定一個目標，希望到二○二五年時，社員所使用的電力中，有二五%的比例是來自再生能源。[86]二○○九年時，北達科他州農村電氣化合作社——北新電力合作社（Basin Electric）就投資二億四千萬美元，興建一百一十五百萬瓦的風力發電廠，這是全美第一大風力發電廠。[87]這項計畫破紀錄在短短四個月內就完成，成為全球第一大再生能源計畫。北新電力合作社服務美國西部九個州的二百八十萬名農村消費者，為改變當地能源從化石燃料到再生能源的轉型流程揭開序幕。二○○五年時，當地電力需求有九四%仰賴化石燃料，風力發電提供的電力不到總電力的一%。現在，當地所需電力有超過二○%為綠色電力，由當地風力發電廠提供。[88]

在新能源網路的建立中，農村電氣化合作社的表現也比民營公用事業和市營公用事業更為優異。在所有電氣化合作社中，有超過四○%的合作社已經在工業區、商業區和住宅區安裝先進的電表。[89]

產銷合一、和人分享，網路世代的新權力運動

現在，綠色電力合作社不只在農村地區營運成功，也在世界各地許多地方的都會區和郊區一帶穩住陣腳。德國針對都會電力合作社日後所扮演角色進行的一項調查發現，跟先前的假設恰好相反，綠色電力合作社並非只可能在農村地區發展。事實證明，都會綠色合作社目前的發展速度也不比農村綠色合作社來得慢。在德國進行的這項調查中，以德國規模最大的綠色能源合作社為例，就有八〇%的社員住在城鎮或較大的都市。在被問及他們為何成為綠色電力共有資源成員時，大多數人的回答都是「政治動機」，意思是他們想要積極參與規劃自己與所屬社群的能源前景。[90]

網路時代成長的世代認為，在分散、協同合作、點對點網路中創造價值，是他們理所當然的權利。所以，他們對於自行產生綠色電力並在能源網路上與他人共享這種做法，一點也不感到遲疑。他們發現自己生活在一個全球經濟危機日益深化、地球氣候變遷日漸可怕的困境中，而元凶就是經濟體制過度仰賴化石燃料能源，並由集中、由上而下的命令控制體系所掌管。要是他們能找出電信、媒體和娛樂巨擘們的缺失，指責這些業者阻撓個人在開放資訊共有資源中自由跟同儕協同合作的權利，那麼他們就不必害怕這些因為高電價、經濟蕭條和環境惡化而遭到指控的世界能源、電力與公用事業巨擘。

對於為數漸增的年輕世代來說，傳統能源和公用事業公司代表的是，權力集中的原型和讓世界百病叢生的萬惡根源。要治療世界這些病症，大家就要齊心透過開放、協同和民主管理的合作社，生產並分享乾淨的綠色能源，而且唯有透過授權才能讓這件事成真。令人欣慰的是，我們看到年輕世代在永續發展的號召下揭竿起義。現在，世人對於自由取用通訊的要求，這股聲浪正跟對自由取用綠色能源的要求結合。

物流共有資源

在談到建構一個共有資源基礎設施的組合時，還有一個領域要列入考量。人們開始利用網路通訊管理綠色電力的橫向擴展，也利用網路通訊建構讓當地運送與全球運送得以轉型的物流網路。通訊網路、能源網路和物流網路在一個共有資源上運作，一起整合為物聯網，就為協同時代的來臨打好根基。

雖然在世界各地，道路大都被當成公共財，但是我們用於在道路上來往及運送物資的運輸模式，卻是公營事業與民營事業共同參與的一種組合。每天有幾億人利用大眾運輸工具通勤，通勤列車、輕軌火車和巴士由納稅人繳稅補貼，以比成本稍微高一點的價格提供大眾服務。[91] 另外幾億人則是仰賴私人汽車，作為符合本身經濟考量的交通工具。還有人則是結合大眾運輸、私人汽車、自行車和步行來通勤。

大多數商品的陸路運輸都是由民營業者負責。經歷第二次工業革命、大型垂直整合的企業，都仰賴自家車輛和貨車車隊或外包其他民營貨運公司，進行物資、零件和其他補給品的儲存與運送，供應鏈中成品的流動也是如法炮製。不過，光靠民營貨運業者做運送，這種做法當然有其缺失。雖然針對物流運送，維持一個內部、由上而下、集中控管的做法，能讓民營企業對於本身的生產、儲存與配銷通路採取一種強勢措施，但是這種控制卻要付出很高的代價，會減損效率和生產力，也會增加二氧化碳排放量。

民營物流效率和生產力減損的五大原因

最近一項全球調查透露，民營物流在幾個方面導致效率和生產力減損，並增加二氧化碳排放量。第一方面是：光以美國來說，貨櫃車上路時，平均載貨量只達六〇%。全球運輸的載貨量更低，據估計效率可能低於一〇%。[92] 雖然卡車出車時通常載滿貨物，但是經過一站站物流據點，車上的貨物就愈來愈少，而且通常是空車返回。[93]以美國在二〇〇二年的情況為例，卡車平均行駛里程數中有二〇%的里程是空車行駛，將近空車的行駛里程數也相當高。

第二方面是：製造商、批發商、配銷商和零售商把產品長期存放在倉庫中，不但要支付高成本，這些倉庫所在地點也跟最終運送地點相距甚遠。以二〇一三年三月的情況來說，據估計當時美國企業存貨就價值一·六兆美元。[94]這些存貨代表閒置物品，也在企業經常費用中占了相當大的比例。倉庫的利用率會因為不同月份、不同產品線的季節特質而不同，有時利用率過低，有時則過高。

第三方面是：像食品和服飾這類時效性產品，就因為物流效率不彰，配銷商無法及時運送而賣不掉。在開發中國家，當地運輸和物流基礎設施不夠完備、不可靠又狀況連連，因此這類時效損失的狀況更為慘重。

第四方面是：產品通常以繞行路徑運送，而非以最快路徑運送，主要原因是仰賴集中管理、服務範圍涵蓋極廣的大型倉庫和配銷中心。

第五方面是：在由幾十萬個民營貨運業者主導的全球物流系統中，業者之間彼此缺乏共同的標準和協定，因此無法互相合作，利用最新的資訊技術和網路技術應用服務，以提高效率與生產力及降低營運成本的方式來共享物流資源。[95]

自由市場經濟學家認為，跟市場中物品與服務的私人交換結合，並由獲利動機主導的資本主義體制，就是以生產目的分配稀有資源的最有效率做法。不過，講到物流，也就是把這些物品服務加以儲存並運送給顧客的做法，這個流程通常既沒有效率，也沒有生產力。這一點，至少應該讓經濟學家們停下來好好想想，他們原先的主張是否正確。目前能源成本居高不下，原本閒置且效率不彰的物流系統負擔日漸加重，重新思考儲存和運送物資的方式就顯得特別重要。這種物流效率不彰的情況，導致二氧化碳排放量大幅激增。二〇〇六年時，美國貨車行駛里程高達二千六百三十億英哩，消耗數十億加侖的燃料，排放到大氣層的二氧化碳含量也刷新紀錄。[96]

物流是價值鏈裡的重要環節，經濟體制的驅動力

如果物流是經濟的一小部分，那麼情況或許還無關緊要。但是，物流是整個經濟體制的驅動力，是價值鏈各個環節裡，供應商跟買家接洽與做生意的流程。在二〇〇九年時，運輸占美國GDP的一〇%，金額約達一．四兆美元。貨運支出金額高達五千億美元，包裝支出為一千二百五十億美元，倉儲支出則為三百三十億美元。[97]

現在，新世代學者與物流專家正仰賴分散、協同合作、橫向擴展的網路通訊系統，以其開放系統架構和共有資源式的管理，作為在二十一世紀徹底改變全球物流的一種模型。不過，業界領袖對此可沒留情面，他們譏諷將網路課題與隱喻應用到物流的做法，他們想起以前資通訊業借用物流業的說法，將率先進軍網路通訊革命的做法概念化。

全球資訊網上線不久後，美國副總統艾爾．高爾（Al Gore）就談到打造一條「資訊高速公路」的必要性，並指出前一個世代打造跨州公路系統，已經結合道路運輸並產生外溢效果，包括促進郊區發展、製造業與零售業的地理位置往外擴散，以及觀光旅遊業的成長，這一切在美國二百年歷史中締造出最大的經濟榮景。[98] 彼此互相連接的州際公路體系的開放架構，讓汽車能在州際公路上暢行無阻，在美國東西兩岸穿梭。這種做法讓技術專家獲得靈感，把一個互相連結的通訊媒介概念化，讓資訊封包能在分散式系統中，輕鬆跨越不同的網路進行傳輸。

目前，物流業正借用網路的比喻，重新思考本身的做法。加拿大蒙特婁企業網路、物流與運輸跨大學

校際研究中心（Interuniversity Research Center on Enterprise Networks, Logistics, and Transport，CIRRELT）的班諾特・蒙特瑞爾（Benoit Montreuil）表示，就像以往數位世界採用超級高速公路的比喻，現在物流業應該採用分散式網路通訊的開放架構做比喻，重新塑造全球物流業。[99]

蒙特瑞爾描述物流網路不可或缺的特質，他指出其中有許多要素已經發揮作用，只不過尚未結合為一個透明開放的系統。首先，透過網路傳送的資訊封包，包含本身的標識及目的地路徑。資料封包從設備處各自被結構化，允許封包透過不同系統和網路加以處理，包括銅線、光纖、路由器、區域網路、廣域網路等。同樣地，利用物流網路，所有實體產品必須有一個能跨越所有物流網路運送的標準模組貨櫃。這種貨櫃必須有智慧標籤和感應器以供辨識與分類。從倉儲到運送至最終使用者這整個系統，必須依據同一套標準技術協定來運作，以確保點對點之間能夠輕鬆通行。[100]

新的交遞系統比起傳統點對點可節省一半時間

在物流網路上，傳統點對點和軸輻式的運輸，就由分散式、多區隔的複合運輸取代。這種做法不是由一位駕駛處理從產品中心到卸貨點，然後回程時前往最近據點取貨載回，而是把運送流程加以分散。第一名駕駛可能把貨物運送到附近的發貨中心，然後回程將另一個拖車和貨物載回。第二名駕駛則將貨物運送到下一個發貨中心，不管是經由卡車、火車或飛機做運送，如此反覆下去，直到貨物抵達目的地。

蒙特瑞爾說明在現有系統中，駕駛可能從魁北克載貨到洛杉磯再返回，來回要開一萬公里，至少要花二百四十個小時，也就是說從出貨起算，貨物在一百二十個小時後抵達洛杉磯。在分散式系統中，由十七位駕駛各自平均開三小時路程到卸貨站，每位駕駛都能當天來回。這種交遞系統（handoff system）能讓貨櫃在大約六十小時內送達洛杉磯，等於是傳統點對點系統所需時間的一半。網路追蹤貨櫃的處理狀況，也能馬上清楚貨櫃在各配銷點的延遲情況，確保交遞過程中不會造成時間上的延誤。

在現行物流系統中，大多數民營企業自己有一個或多個倉庫或配送中心，但是數量很少超過二十個。大多數獨立倉庫或配送中心，通常只跟一家民營業者簽約，很少處理超過十家企業的物流。這表示民營企業只使用到一些倉庫或配送中心，讓倉庫或配送中心跨洲際儲存和運送物品的業務受到限制。

但是，如果目前美國使用的五十三萬五千個倉庫和配銷中心，都能讓任何企業使用，情況會怎樣呢？[101] 如果這些中心透過先進分析和演算法加以管理，彼此連結一個開放式供應網站，企業就能使用這個系統，隨時以最有效率的方式來儲存物品及運送貨物。對於使用這個網路的每家企業來說，就能大幅改善能源效率和生產力，也能節省燃料及二氧化碳排放量。[102]

結合開放式供應網路和3D列印

蒙特瑞爾指出，如果存貨被存放在距離最終買家市場附近的幾百家配送中心，那麼開放式供應網路就讓企業能把前置時間減到趨近於零。而且，隨著3D列印技術日新月異，企業可以將產品程式碼傳到當地的3D印表機，就能列印出物品並儲存在附近配送中心，以供運送到當地批發商和零售商。

目前，這項技術已可供使用，還欠缺的是一套大家都接受的通用標準和協定，以及一個經營模式來管理區域、各洲與全球的物流系統。

唯有結合在一個物流合作社或其他形式的共有資源管理制度中，每家民營企業才能從身為這個較大網路的成員，利用這種新物流方式取得成本效益。整合式運輸服務供應商已經存在，日後也可能以合作社的方式來吸收社員並處理業務，將促使橫向規模經濟的物流網路的潛能發揮出來。利用開放式的物流基礎架構，整合式運輸服務供應商就有一個由幾千家倉庫和運送中心組成的通用施展空間，彼此形成一個合作社網路，讓每位客戶的物流需求取得最佳成效。

管理共有資源的暫存資源

組成物聯網的這三個關鍵基礎架構，都有一個類似的管理任務。大多數傳統共有資源在自我監督工作上的首要關切是，管理共有實體資源，避免庫存資源耗盡，但是組成物聯網的通訊網路、能源網路和物流網路卻不一樣。在協同合作的時代裡，這三個基礎架構共有資源必須管理暫存資源以預防壅塞。通訊網路必須自我管理，避免在不同無線電頻段傳輸資訊時的資料壅塞。能源網路必須管理尖峰和基本負載電力，避免造成壅塞，並在能源儲存與電力傳輸之間維持一個適當的平衡，以避免突波電流、電壓不足和停電。物流網路必須協調物流並平衡實體物資的儲存與運送，以避免物流壅塞，並將透過道路、鐵路、水路和航空的運送時程最適化。以這三個例子來說，網路共有資源的參與者愈多，共有資源各個成員取得的利益就愈多，但是防範壅塞的需求也就愈高。

在私人所有權的資本主義模式中，每家企業都是一座孤島，努力在同一個屋簷下垂直聚集經濟活動，以達成規模經濟。所以，依據本身營運特質的作用，這種模式無法管理需要數千位參與者主動協同合作的橫向擴大運作。在資本主義模式取代共有資源管理的情況下，各個私人企業會想盡辦法把本身的暫存物流最適化，即使讓其他企業因此付出代價也無所謂，結果只是加劇網路壅塞，減損網路運作能力，影響到系統中的每家公司並引發悲劇。不過，如果共有資源管理不當，同樣也會落入這種下場。

在完全以市場經濟為導向，各企業孤軍奮戰的制度下，根本無法實現通訊網路、能源網路和物流網路所能帶來的成本效益。不管企業多麼野心勃勃，都無法透過足夠的併購，達成身為橫向網路共有資源成員所能取得的效率與生產力。

如同第一章所述，每個社會都需要有通訊工具、有能源來源和某種流動性。通訊網路、能源網路和物流網路，透過物聯網而結合，提供一種認知神經系統和實際工具，把所有人整合到一個觸角延伸至社會全體並互相連結的全球共有資源中。這就是我們談到智慧城市、智慧區域、智慧大洲和智慧星球時的意涵。

第三次工業革命，最佳推動機制是共有資源管理

現在，藉由一個智慧全球網路，把人類的每個活動連結起來，正讓一種全新的經濟體應運而生。第一次工業革命和第二次工業革命的舊經濟體，仰賴需要巨額資本的通訊/能源組合來處理業務和物流網路，因此必須在集中命令控管下，籌組垂直整合的企業，以便達到規模經濟。事實證明，資本主義體系和市場機制是推動這種典範的最佳制度工具。

不過，第三次工業革命出現的新經濟體，有截然不同的本質，需要較少的融資資金，較多的社會資本，屬於橫向擴展而非垂直擴展，最佳推動機制是共有資源管理，而不是全然的資本主義市場機制。換句話說，資本主義市場的持續存活，就要看本身是否能在這種講究新效率與生產力的世界中，從日益分散、開放、協同合作及網路化的社會裡，替本身找到價值。

若說舊體系支持資本主義追求的自主與私利，那麼正在出現的新體制就支持人們與企業，在網路共有資源進行深入的協同合作。未來，政府與民間企業籌劃已久的社會經濟生活合作關係，將會讓位給以共有資源管理為主、由政府和市場力量輔助的三方合作關係，而且共有資源管理扮演的角色將日益重要。

第四部

社會資本與共享經濟

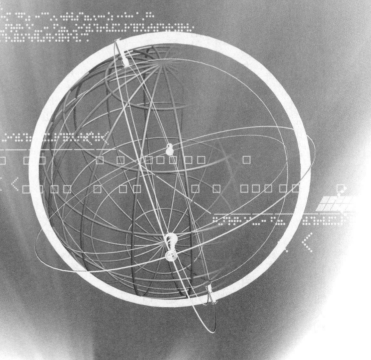

第十三章 從所有權到取用權的轉變

如果私人財產是資本主義體制的關鍵特質，那麼私有汽車就是私人財產的代表項目。在世上許多地方，有車的人比有房的人更多。汽車通常是人們最貴重的私人財產。長久以來，汽車所有權一直被當成是進入財產關係世界的一項儀式。

汽車（automobile）一詞傳達出這項典型的經濟構想：人類天生就有追求自主（autonomy）與移動（mobility）的本性，每個人都想在自己的領土裡稱王。美國人就一直跟「擁有自主與移動的自由」這種構想有關。汽車這種封閉的交通工具，最能讓人獲得一種自我主導的感受，透過汽車馬力讓人覺得個人實際權力得以擴張。自主意謂著當自己命運的主人，自給自足不必靠別人或接受別人的恩惠，換句話說就是得到自由。汽車代表極度的封閉，私有汽車反映出個人想要成為孤島、想要獨立和想要不受妨礙的渴望。我們也把自由跟暢行無阻的移動劃上等號。不受限制四處遊歷的能力，已經跟我們身體的自由感密不可分。在我那個世代，每個年輕人在第一次開自己的汽車上路時，都體驗過這種自由。在資本主義時代，我們以排外權這種負面字詞來定義自由。汽車成為我們對自由這個概念的慣用象徵。

然而，網路世代想到自由，開始不會聯想到負面字詞（例如排除他人權利），而是想到把他人納入的權利，這是一種積極正面的感受。對他們來說，自由意謂的是把個人生活最適化的能力，而這種最適化的生活要透過個人的多元體驗，以及一生中跟不同社群的關係來實現。自由是由在網路中跟他人接觸來做衡量，而不是由市場中的財產所有權來衡量。個人的關係愈深入、愈包含一切，個人所享有的自由就愈多。持續在臉書和推特這類社群世界裡與他人互動，讓個人覺得生活更有意義。對網路世代來說，自由就是在點對點的世界裡，不受限制跟他人協同合作的能力。

網路世代在思考自由的本質時已經產生改變，從所有權和排外權，改變為取用權和納入權。若有人對此事感到質疑，不妨看看下面這些令人大開眼界的統計數字。根據最近針對十八歲到二十歲的駕駛所做的一份調查，四六％的駕駛表示他們會選擇網路取用汽車的做法，而非自己擁有汽車。同樣讓人吃驚的是，「二〇〇八年時，十九歲以下已有駕照者的比例是四六・三％，但是一九九八年的比例卻高達六四・四％」。針對一九八一年到二〇〇〇年這段期間出生的三千名千禧世代消費者，進行三十一個偏好品牌調查時，前十大品牌中竟然沒有任何汽車品牌，全都是像Google這類網路企業。[1]

汽車共用模式顛覆傳統運輸模式

年輕世代正在改變本身跟汽車的關係，他們偏好共同取用，而不是個人所有。汽車共用模式已經日漸受到世界各地千禧世代的歡迎。有愈來愈多年輕人加入汽車共用俱樂部，只要繳交小額會費，就能在需要用車時有車可用。他們在加入會員時就拿到智慧卡，能在不同都市不同停車場取用汽車。會員可以透過網站或智慧型手機的應用程式事先預約車輛。雖然像Zipcar和芝加哥的I-Go是私人企業，但是許多這類業務是由非營利機構提供，比方說費城的Philly Car Share、舊金山的City CarShare和明尼亞波利斯的HourCar。

二〇一二年時，美國有八十萬人加入汽車共用服務。以全球來說，目前在二十七個國家有一百七十萬人採取汽車共用模式。[2]根據佛洛斯特／蘇利文顧問公司（Frost and Sullivan Consultants）最近進行的一項調查預測，到二〇二〇年時，歐盟的汽車共用機構將超過兩百家，汽車共用車隊預期將從兩萬一千輛增至二十四萬輛。據估計，汽車共用會員人數在不到七年的時間內，將從七十萬人成長到一千五百萬人，營收也將高達二十六億歐元。預期北美地區的汽車共用營收將更迅速成長，二〇一六年就超過三十億美元。[3]

當汽車共用網路逐漸擴大，汽車共用俱樂部會員擁有的車輛數目就隨之下降。由十一家知名汽車共用企業進行的一項調查發現，接受調查的會員在加入汽車共用模式前原本擁有汽車，加入後將私有汽車賣掉的比例高達八〇％。在加入汽車共用俱樂部後，家庭擁有的汽車數量當然也隨之減少，從平均每戶家庭擁有〇・四七輛汽車，減少到〇・二四輛汽車。[4]

有效降低碳排放量，大眾運輸使用量上升

汽車共用不但減少路上行駛的車輛數目，也降低碳排放量。二〇〇九年時，每輛共用汽車就減少十五輛私有汽車。而且，汽車共用會員的開車時數也比個人擁有汽車時減少三一％。這些汽車駕駛行為的改變，就讓美國的二氧化碳排放量減少四十八萬二千一百七十噸。[5]

另外，汽車共用行為也產生相當重要的跨界效應。根據二〇一一年完成的一項調查，一旦人們選擇汽車共用模式，通常就會改變本身的其他移動行為，增加使用自行車、步行和大眾運輸工具的時間。[6]尤其是過去五年內，在智慧卡、觸控螢幕自動服務機等技術的持續進步，自行車共用蔚為風潮，人們可以輕鬆租借和使用自行車，也能利用衛星定位系統查詢可使用的自行車，就能將自行車共用跟汽車共用和大眾交通工具合併使用。最新的創新發明——太陽能電動自行車則獲得較年輕世代的狂熱褒評。二〇一二年時，

北美地區就推動十九個自行車共用計畫，使用者超過二十萬五千人。[7] 以全球來說，就有超過一百個自行車共用業務，十三萬九千三百輛自行車提供服務。[8]

在美國和加拿大，五八％的新資訊科技公共自行車共享業務，是由非營利組織經營，二一％是由私人企業經營，一六％是公家所有並委託承包商經營。由此可知，非營利機構在其中扮演相當重要的角色，其會員人數占整體人數的八二％，提供服務的自行車數也占整體的六六％。[9]

自行車共用會員可依據年度、月份或天數、甚至是依據每次使用來付費。使用者只要拿會員卡或信用卡刷卡，或是以智慧型手機就能租用自行車。

環保又省錢的自行車共用和電動交通工具蔚爲流行

在尖峰時段經常塞車的擁擠都會區，自行車共用就變得相當受歡迎。根據巴黎的Velib'自行車共用和華盛頓特區的首府自行車共用（Capital Bikeshare）所進行的調查，有壓倒性多數的自行車共用者表示，自行車是更快更便利的交通工具，自行車共用也比開車更省錢。[10]

汽車共用當然也幫家庭省下不少錢。以美國來說，擁有一輛車每月平均要花費幾百美元，等於吃掉家庭月收入的二〇％，讓汽車成為房屋費用外的第二大成本。汽油價格居高不下，只是讓持有汽車的費用加重。利用汽車共用，使用者就不必負擔持有汽車的成本和固定成本，包括維修、保險、牌照費和稅金等。

在美國，車輛平均閒置時間高達九二％，讓車輛成為相當沒有效率的固定資產。[11] 因此，年輕世代寧可以時段區隔支付汽車使用費，因為這樣做比自行擁有汽車要划算得多。[12]

汽車共用服務也率先引進電動交動工具。在二〇一三年，巴黎市政府跟鄰近四十六個市政機關共同推動一項汽車共用合作案，在巴黎和郊區設立七百五十個充電站，提供一千一百五十輛電動車。[13] Autolib'

就是為數漸增的汽車共用新業務之一，為日漸投入實踐永續機動性的用戶群，提供零碳排放量的電動交通工具。佛洛斯特／蘇利文顧問公司預估，到二〇一六年時，每五輛汽車共用的新汽車中就有一輛是電動交通工具，每十輛共用交通工具也有一輛是電動交通工具。[14]

在點對點汽車共用實務中，個人車主可以在RelayRides這類網路上為自己的汽車免費註冊，讓其他使用者可以共用他們的車子。租用者可以制定每小時的租金及可供租用的時段，也能篩選要把車子租給誰。RelayRides負責審核使用者，並提供保險。租車者自行支付油錢和上路維修費用。租金則是六成歸車主所有，四成歸RelayRides所有。車主負責車輛的維護，由於所有新車和許多中古車都有基本保養維護，所以租車者只須支付汽車固定開銷。車主每年約賺進二千三百美元到七千四百美元不等，每小時平均租金約在五美元到十二美元。由於車主每月花在汽車的平均開銷為七百一十五美元，透過點對點共用，車主就能大幅降低汽車持有成本。[15]

ITPS協助規劃共用路線，完美接軌不同運輸模式

現在，汽車共用俱樂部日漸運用整合式運輸供應商服務（Integrated Transportation Provider Services，ITPS），協助會員從一種運輸模式轉變到另一種運輸模式。會員可能先採取汽車共用模式，然後在要轉搭輕軌火車時，在火車站前還車。搭乘輕軌火車出站後，就使用自行車共用模式，騎乘自行車到離目的地附近幾條街的自行車共用站還車。使用者智慧型手機上的整合式運輸供應商服務應用程式，讓使用者不會迷路。如果使用者想在途中停留並改變路徑，只要利用應用程式更改需求，應用程式就會在幾秒鐘內規劃新路線，並把沿路的交通流量和壅塞路段列入考量。

有些汽車製造大廠已經趕忙加入汽車共用的行列。通用汽車就跟RelayRides合作，由通用汽車提供金

援及點對點汽車共用網路，並提供通用汽車標準配置的Onstar系統，租車者就能利用手機輕鬆取用任何通用汽車車輛。通用汽車副總裁史蒂芬・葛斯基（Stephen Girsky）表示，該公司正逐步參與汽車共用，目標是想辦法擴大顧客接觸，降低美國大都市的交通壅塞，並解決對都市機動性的關切。[16]

通用汽車和其他汽車製造商也發現自己處於同樣難以防守的處境，資本主義企業正面臨其他經濟類型的衝擊。網路共有資源的崛起，正促使人們的機動性成本下降。短期內，因為擔心競爭對手搶得先機，所以沒有哪一家汽車製造商能袖手旁觀，各個業者都磨拳擦掌，至少要在這個新崛起的汽車共用共有資源的行動中參與某個部分。但是，汽車製造商接納汽車共用這種做法所得到的任何價值，必須跟本身汽車銷售量日漸減少這件事情做衡量。

還記得先前我們提過，汽車共用俱樂部的會員原本有車，但加入俱樂部後就把車賣掉的比例高達八〇%；另外，每一輛汽車共用交通工具，就讓路上行駛的私家車少掉十五輛。在汽車製造商已經歷微薄利潤，加上本身能在市場中發揮的空間相當有限的情況下，就算跨足汽車共用行業只會讓本身汽車銷售下滑，壓縮原本就很微薄的利潤，卻也不得不趕上趨勢。

汽車銷售量銳減，通用汽車仍全力支持汽車共用

二〇〇九年以前於通用汽車擔任研發規畫副總裁、現為密西根大學工程學教授的勞倫斯・伯恩斯（Lawrence D. Burns）一針見血地點出汽車業目前面臨的這種矛盾。伯恩斯自行計算後做出以下推論：

> 對於像密西根州安娜堡這種城市的每位居民來說，使用汽車共用的服務比使用私家車的費用便宜七〇%以上，投資成本也不到持有自用車的五分之一。[17]

令人訝異的是，伯恩斯承認採取共用、協調的交通工具提供同樣水準的機動性，約能減少八〇%的私有交通工具，人們在交通運輸方面的開銷也大幅降低。[18]不過，他認為從效率觀點來看，共用交通工具以自有交通工具二〇%的成本，提供足以相比的機動性，就算這樣做可能讓汽車製造與銷售量銳減八〇%，卻能替大眾謀求最多福祉，而且這種交易實在棒到令人無法拒絕。這位曾為通用汽車重量級人士明明知道，汽車共用這種做法會讓路上行駛的車輛數目大幅減少，卻願意大力支持經濟體制從私有汽車改為汽車共用的協同共有資源。

私有汽車是第二次工業革命時資本主義市場的主要核心。在更適合將社會大眾福利最適化的協同共有資源日漸崛起之際，汽車共用模式以分散、橫向擴展的做法提供使用者機會，也讓私有汽車淪為這股趨勢的受害者。現在的情況不再是市場馴服共有資源，而是共有資源馴服市場，那些高談闊論共享經濟是市場機會、而非資本主義之毀滅者的人，必須好好明白這項事實。

開放無人駕駛車輛上路，科幻小說情節真實上演

在無人駕駛交通工具的問世後，個人機動性從所有權邁向為共同取用，從市場邁向共享共有資源，這項轉變可能在這幾年加快腳步。二〇一二年時，加州州長傑瑞・布朗（Jerry Brown）簽署一項法令，核准無人駕駛車輛上路。內華達州和佛羅里達州也授權讓無人駕駛車輛上路。加州州長布朗在簽署這項法令時宣稱：「現在我們正目睹科幻小說成為明日的事實。」[19]

Google砸重金遊說讓這項新法令通過，目前該公司無人駕駛車輛的測試哩數已累積到三十萬哩。[20]通用、賓士（Mercedes）、BMW、奧迪（Audi）、富豪（Volvo）和福斯（Volkswagen）等汽車公司現在

也紛紛加入行列，開始測試無人駕駛車輛。Google的無人駕駛車是將豐田油電混合車Prius加以改造，使用攝影機、雷達感應器、雷射測距儀和連上全球衛星定位導航系統的Google詳盡地圖。[21]

有些車迷擔心無人駕駛車的安全性。不過，汽車工程師指出，九〇%的車禍是人為疏失造成的。[22] 跟人類駕駛不同，自動駕駛車輛不會分心、不會喝醉，也不會睡著。單就美國來說，每年因為車禍死亡的人數有好幾萬人，要是利用自動駕駛，就可能不會讓這麼多人喪命。[23] 根據美國知名市調公司J. D. Power and Assoicaites的一項研究調查，十八歲到三十七歲的駕駛中有三〇%的人表示，一定會或可能會購買無人駕駛車輛。這項調查結果顯示出，道路運輸這項革命性的改變確實潛力無窮。[24]

傳統主義人士則堅稱，大多數駕駛可能不予苟同，他們寧可享受自行駕駛的快感，更別說那種控制感。或許較年長世代會這樣，但我懷疑網路世代可能不會這樣做。對於習慣坐車滑手機的千禧世代而言，他們更感興趣的應該是坐車而不是開車。在協同合作的時代裡，時間變成稀有商品，注意力再寶貴不過，讓自己每天不必花幾小時開車，就多出幾小時能在虛擬空間裡進行更有趣的活動。

結合汽車共用和無人駕駛車輛，擁有汽車將成爲過去式

Google共同創辦人塞吉・布林（Sergey Brin）就希望不久的將來，有幾百萬名汽車共用會員群起要求汽車電子化。無人駕駛車把汽車共用會員載到目的地後，就自動開往下一個取車點或回到最近的汽車共用站，將電池充電並進站待命。

二〇一三年五月，賓士汽車公司推出全新的最頂級豪華房車S-Class，這款售價十萬美元的汽車具有部分自動駕駛與自動停車的功能，還能跟前車保持安全距離。母公司戴姆勒集團執行長迪特・柴奇（Dieter Zetsche）表示，賓士汽車的最新車款象徵自主駕駛的開始。[25]

產業分析師估計，無人駕駛車輛將在八年內商品化。布林則更樂觀地認為，完全無人駕駛的車輛不到五年內就會問世。[26]當人們可以利用手機通知，從汽車共用俱樂部的服務，「取用」無人駕駛車輛，讓車子利用衛星導航系統輕鬆載送他們抵達目的地，卻只要依照使用車輛的時間付費時，怎麼還有人想要「擁有」汽車和保養汽車呢？

如果還需要更多佐證，那麼我告訴大家，跟在市場中財產交換相結合的資本主義時代正逐漸失勢，協同共有資源的服務取用這股勢力逐漸抬頭，人們與汽車之間的關係逐漸改變，就是即將到來的這場大轉變的初步證據。

告別所有權，取用權時代來臨

我在二〇〇〇年時出版《付費體驗的時代》（*The Age of Access*）這本書，當時剛好是網路企業泡沫即將破滅的前夕。在全球資訊網問世的十年後，網路已趨近成熟。幾千萬人連結並探索這個新的虛擬世界，就像五百年前人們發現新世界的無窮機會那樣。人們一窩蜂地在虛擬世界裡劃分新領土，開發這塊沒有限制又沒有疆界的處女地。新的社群媒體空間每天出現，整個世代似乎對創造嶄新方式與他人協同合作並共享生活的可能性，感到肅然起敬。

但是在網路空間殖民化過程中誇張修辭的表象下，學者和行動人士開始提出質問，這個史上首度能將所有人種連結的新虛擬廣場，可能怎樣改變社會如何組成的基本條件。從這樣一個人人可以彼此接觸、連結、協同合作及創造新方式與地球上其他人互動，這種以往無法想像的社群空間會對我們所處的世界帶來怎樣的後果？

一九九八年時，我開始思考撰寫《付費體驗的時代》這本書，當時我在賓州大學華頓商學院研究所教授管理學。我的學生是來自世界各地的企業執行長，他們開始對網路感到好奇，想搞懂網路究竟是一個威脅或是一種機會，或者對他們經營事業的方式來說兩者皆是。就在那個時候，我開始深思一些問題。要是幾百萬名網路使用者開始避開商品的傳統市場通路，會是什麼狀況？要是他們替自己創造聚會場所，開始使用網路分散、協同合作的特質，創造橫向規模經濟，並開始在共有資源上彼此共享構想、資訊、甚至物品，跳過傳統資本主義價值鏈中間商及加價和利潤，藉由這樣做讓生產額外單位的邊際成本趨近於零，那會是怎樣的光景呢？當時，亞馬遜網站和eBay已經問世三或四年，將賣家到買家中間經手的企業家數大幅減少，讓成本跟著下降，提供一點潛在商業利益。

更重要的是，Napster剛在一九九九年成立，正把這個可能性發揚光大。Napster是一個點對點網路檔案分享網站，讓幾百萬人可以在這個共有資源上彼此免費分享音樂。突然間，一種新的經濟模式出現了。幾年內，其他網路檔案分享網站就紛紛跟進，讓音樂界為之屈服。

Napster改變這場經濟競賽的規則，許多賣家和買家消失了，由供應商和使用者取而代之。音樂光碟的所有權讓步給線上音樂庫。市場向網路共有資源屈服。由少數幾家大唱片公司控制的垂直整合產業，在幾百萬名買家向點對點協同業者投懷送抱之際，只好被迫投降。

企業轉型成「解決方案供應商」，掌管客戶的價值鏈

這股具有感染的力量會傳播開來嗎？修讀我管理學的企業代表和產業代表會為之動搖嗎？我詢問這群身兼企業執行長的學生，但是他們還不確定該如何回應這個現象。

我在《付費體驗的時代》中承認：

> 把市場和財產交換這種想法拋諸腦後，提倡人類關係的結構出現概念性的改變，也就是從所有權改變成使用權，這對時下許多人來說根本難以想像，因為從五百多年前到現在，人們早就習慣將土地和勞力局限自用並私有化成財產關係。不過，對愈來愈多的企業和消費者來說，可能發生的情況是，在未來二十五年內，所有權這個構想似乎會受到限制，甚至有可能變成落伍過時。[27]

在這本書出版十年後，我繼續在華頓商學院課堂上向企業領袖們提出同樣的問題。原本「不確定」的答案變成少數，因為在商業文化的各個層面，取用權已經超越所有權而居上風。現在，全球企業開始因應從所有權轉向取用權的世代轉變，他們不再強調銷售物品，而把本身商業實務的重心轉移到管好客戶價值鏈的各個面向，並自稱為「解決方案供應商」。他們努力在利潤快速消失且迅速變遷的經濟環境中，找出企業本身的關聯性。現在，隨著較年輕世代善用本身協同合作的力量，追求近零邊際成本社會的實現，而讓所有權逐漸邁向取用權，市場向網路共有資源屈服。能在這種轉變中不受影響的產業，簡直寥寥無幾。

目前，幾百萬人不但共用汽車和自行車，也利用網路共有資源共用住家、服飾、工具、玩具和技能。共享經濟是因為一連串原因而崛起。二〇〇八年夏天，第二次工業革命經濟在全球瓦解，就對世人敲下一記警鐘。在美國和其他地方，幾千萬個家庭發現本身被物資泛濫所困，家庭借錢買了很多東西，這些東西卻很少用到。當全球市場上每桶原油價格觸頂到一百四十七美元時，大家開始認清這項事實，購買力暴跌，景氣低迷不振，讓幾百萬人失業。世人開始憂心另一次的大蕭條即將出現，後來這次金融風暴後續時期就被稱為大衰退。

在失業又前途堪慮的情況下，幾百萬個家庭開始縮衣節食，只好靠存款過活，卻發現根本沒有存款可用。他們發現在史上最大的瘋狂購買潮鼓吹揮霍消費的二十年內，家家戶戶已經債台高築。看看這個統計資料就知道情況有多麼嚴重：二〇〇八年時，美國家庭債務總額就超過十三・九兆美元。要把這些債務還清，可要花上好幾十年的時間，經濟學家也警告，時下年輕人不可能享有爸媽和祖父母那些世代的生活水準。[28]

史上首度有幾百萬個家庭開始檢查自己不需要、甚至還沒繳清費用的物品，他們心裡不但納悶「我怎麼這麼倒霉？」也好奇「我為什麼買這麼多東西？」這是大家都納悶不已的問題，人們開始重新評估現代生活的本質。「我究竟在想什麼啊？」變成人們在「消費者社會」中，心裡不斷嘀咕卻未明說的疑問。有些人開始質疑累積更多物品、卻對本身的快樂與幸福感一點幫助也沒有，那麼這樣做有什麼意義呢？

在此同時，家長開始擔心氣候變遷將引發災難，這是兩百年來工業活動締造無數榮景所造成的惡果。一般中上階級者的財富比四百年前帝王和國王的財富來得多，卻讓地球生態環境付出慘痛的代價。他們的財富對環境造成的不利衝擊，可能會惡化到無法挽回，而讓子孫承受負擔和惡果嗎？

家庭開始明白以前被廠商推銷太多東西，企業投入幾十億美元打廣告，故意讓人們對消費上癮，人們最後受困其中，如今才會債台高築、坐困愁城。當許多人突然停下來，開始反其道而行時，就是眾人覺醒的時刻。要脫困，就要扭轉整個經濟制度，少消費，多存錢，並跟他人分享。日後，無法控制的消費將會被可共享的經濟所取代。

協同式經濟成爲主導典範，帶領其他可共用領域的發展

一股具影響力的新經濟運動突然出現，主要原因是較年輕世代有一項工具可用，讓這股運動得以迅速有效地推動，並且在一個全球共有資源上分享本身的收穫。網路具有的分散協同特質，讓幾百萬人找到適

當的搭檔，把自己用不到、別人卻需要的東西跟他人共享。共享經濟就在這種情況下應運而生，這是一種截然不同的經濟，更加仰賴社會資本而非市場資本。而且，這種經濟更加倚重社會信任，而不是來源不明的市場力量。

牛津大學與哈佛大學學者瑞秋・波茲曼（Rachel Botsman）曾在奇異公司和ＩＢＭ擔任顧問，她放棄本身事業生涯，投入新共享經濟。波茲曼說明通往協同消費的這條路，她指出這種社群網站已經通過三個階段，首先是讓程式設計師自由共享程式碼，臉書和推特讓人們共享彼此的生活，而YouTube和Flickr則讓人們共享彼此的創意內容。「現在，我們即將進入第四階段，」波茲曼說，「人們會說，『我可以把同樣的技術應用到實體世界裡的各種資產。』」[29]

在這個重要關頭，讓我再強調一下：雖然通訊網路是一項促成工具，因為它在未來幾年內將能源網路與物流網路合併起來，建立一個整合並可共享的通訊、能源與物流網路，形成一個物聯網，但它也大幅提升其他可共用領域的發展潛力，包括租賃、二手物品流通、文化交流以及專業與技術技能交流等。當這種情況發生時，協同式的生產與交易就會從原本的利基區隔，擴大為主導典範，而資本主義就會對共有資源做出回應，而不是反過來由共有資源對資本主義做出回應。

波茲曼掌握到在我們當中日漸崛起的這個新經濟典範的運作機能，她寫道：

每天，人們使用協同消費，分享、以物易物、租借、致贈和交換，透過科技和同儕社群重新定義。協同消費讓人們明白，產品與服務的取用權所帶來的利益遠超過所有權，而且這樣做不但省錢省時又省空間，還能交到新朋友，再次成為積極參與的公民……這些系統藉由增加使用效率、降低浪費、鼓勵開發更優質的產品，以及清除過度生產和過度消費造成的過剩，提供相當重要的環境利益。[30]

食衣住行，都可以和他人分享共用

我們擁有的大多數物品，在某些時間內都處於閒置未使用的狀態。共用房間或沙發已經成為熱愛分享者所分享的高價物品。Airbnb和HomeAway就是這類新創事業，他們透過網站將數百萬名有房子出租給潛在使用者的屋主連結起來。在二〇〇八年成立網站正式營業的Airbnb，短短三年後就號稱網站上登記的可租用房間數高達十一萬間，而且每天網站新增的可租用房間數多達一千間。[31]到目前為止，Airbnb的三百萬名訪客在一百九十二個國家、三萬三千個城市，訂房天數高達一千萬。[32]二〇一二年時，訂房率成長速度驚人，達到每年五〇〇%的成長，這種指數型成長曲線當然會讓全球連鎖飯店羨慕不已，甚至可能讓他們驚慌失措。[33]據估計，Airbnb將在二〇一四年以每晚在全球各地有更多的訂房數，超越全球最大連鎖飯店業者希爾頓（Hilton）和洲際飯店（InterContinental）。[34]

跟其他共享仲介業者一樣，Airbnb在為房客與屋主媒合的過程中，只收取微薄的服務費。Airbnb收取低服務費卻還能維持營運的原因是固定成本很低，每增加一次租房仲介交易，邊際成本都趨近於零。跟所有新設立的共享服務網站一樣，網路的橫向擴展潛力無窮，讓Airbnb這類新創事業能一展所長、後來居上，甚至在短短幾年內一舉超越原本在業界穩住陣腳的全球連鎖飯店業者。

Airbnb是在一個共享網路共用資源中運作的私人企業，主要競爭對手沙發衝浪（Couchsurfing）則採取不同模式。沙發衝浪原本是一間非營利機構，並維持這種營運模式到二〇一一年。當時，沙發衝浪已經在全球兩百零七個國家、九萬七千個城市，擁有五百五十萬名會員[35]（雖然在二〇一一年轉為營利事業，卻繼續維持免費服務，不過使用者可以選擇支付二十五美元終生會費）。[36]沙發衝浪提供的服務就是，讓會員跟其他會員免費交換住宿。

沙發衝浪本身的服務也和其較商業化的對手Airbnb有差異。沙發衝浪以促進社交為使命，本身比較不具商業性質，鼓勵會員在交換住宿期間彼此交流建立友誼，日後彼此能夠互相拜訪。該機構的目標是協助沙發衝浪客跟他們遇到的人們分享彼此的生活，促進文化交流與互相尊重。[37]有超過九九%的會員表示，他們很滿意自己的沙發衝浪經驗。[38]會員表示，從他們的拜訪中獲得超過一千九百一十萬份友誼。會員也參與超過四萬個不同的沙發客交流團體。[39]

玩具出租也是利用共享物品締造成功的一個行業，Baby Plays、Rent That Toy!和Spark Box Toys就是其中代表。會員每月只要繳交二十五美元到六十美元會費，每月就有四到十個玩具送到府上。這些玩具都經過消毒，以確保符合健康安全。家長都知道，孩童很快就會玩膩新玩具，然後玩具就被放進箱子、衣櫥或閣樓裡，有時一放就好幾年，上頭還布滿灰塵。利用共用玩具這種服務，幼童提早學會玩具不是一項擁有的物品，而是一種短期享用的體驗，也等於改變他們對於使用實體物品的想法。

就連所有實體物品中最私人的服飾，也從個人所有物徹底改變成一種服務。現在，連領帶這種東西都可以租用。美國華盛頓特區新創事業Tie Society，有三百多條設計師設計的名品領帶提供租借，這種領帶要是自行購買就要花大筆鈔票。但是，Tie Society網站會員每個月只要花十一美元，就能收到一盒消毒過的領帶可供使用，而且每個月可以挑選自己喜歡的領帶租借。[40]

對女性來說，這類服飾租借網站有Rent The Runway、I-Ella、MakeupAlley、Avelle和其他許多網站，這些網站跨越零售服飾業，將提供者與使用者結合在一起。購買設計師服飾、皮包和珠寶的女性可以透過這類網站，接洽想以售價部分比例的金錢租借物品者。

二手回收盛行，延長物品的生命週期

物品租借網站如雨後春筍般出現，二手物流通網站也不遑多讓。這一點並不令人意外，在回收塑膠製品、玻璃製品與紙製品的環境裡長大的年輕世代，當然會把他們擁有的東西也拿來回收。為了減少生產更多只有部分使用的物品，讓物品生命週期最適化這個構想，已經成為年輕世代的第二天性。對他們來說，永續性就是新節約。

免費回收網（The Freecycle Network，TFN）是共享回收物品這種共有資源的初期領導者。這家非營利組織在全球八十五個國家，有九百萬名會員，並組成五千個當地團體，會員把自己不會用到的物品刊登在網站上，提供社群中其他會員免費使用。免費回收網創辦人自豪地說，他們採用的回收共有資源模式，「正以一次一個禮物的做法改變世界」。[41]

ThredUP是另一個廣受歡迎的二手衣物交換組織。這個線上寄售商店，有四十萬名會員，原本以回收幼童衣物起家，最近開始跨足女性二手服飾交換。[42] ThredUP指出，平均來說，每位小孩到十七歲以前，因為成長而穿不下的衣物就多達一千三百六十件。[43] 家長就把小孩穿不下的衣物裝進ThredUP專用袋，放在住家前陽台，由ThredUP支付運費取件。ThredUP幫二手衣物找到新家時，衣物提供者就拿到點數，能用點數幫小孩在ThredUP網站上換取「新的」二手衣物。可共享商品寄售網站銷售二手衣物的折扣高達二五折，讓物品能不斷地易手（而不是被丟棄）。ThredUP把本身營運成功歸功於網站有辦法在分散、橫向擴展的網路中，將幾十萬名提供者和使用者結合在一起。會員可以瀏覽網站架位上的幾千件物品，替小孩找到適合的物品。ThredUP每月吸引大約三十八萬五千次造訪次數，二〇一二年時銷售超過三十五萬件物品，每月訂單成長率高達五一％。[44]

誰會反對協同消費和共享經濟這種構想呢？這些新經濟模式看似再有利不過。共享代表著人類天性最美好的一部分。減少消費成癮，奉行節約並培養一種更注重永續發展的生活方式，這不但值得讚賞，如果我們想確保人類能夠繼續生存，就非這樣做不可。

傳統零售業者，如何從共享經濟中找尋新利基點？

但是，即便是在這方面，還是有贏家跟輸家之分。目前仍占據主導地位的資本主義制度相信，藉由善用共享文化開闢新的財源，就能從協同經濟中找出價值。不過，不管資本主義制度能從日漸蓬勃發展的網路共有資源中勉強得到什麼獲利，但是跟資本主義本身失去的營運優勢相比，這些獲得都算不了什麼。

雖然飯店業者還是有人訂房，但是業者已經發現本身市場逐漸萎縮，因為有幾百萬名年輕人轉往Airbub和沙發衝浪訂房。規模龐大的連鎖飯店有相當高的固定成本，如何跟幾百萬個能以相當便宜、甚至近零邊際成本提供住宿的私人住家一較高下？

各行各業的零售業者現正面臨利潤逐漸消失的困境，在衣服、電器用品、玩具、工具和幾千種物品透過租借和二手物品流通網路，讓人持續使用的共享經濟中，這些業者正逐漸失去優勢。物品透過不斷易手來延長本身的生命週期，新物品的業績就會受到衝擊，銷售因此大幅銳減。

當我聽說二〇一二年上線的Yerdle這個生活用品共享網站時，零售業者面臨的困境確實讓我大為驚訝。這個網站的創辦人是跟企業社群關係密切並長期支持永續運動的資深人士亞當・韋巴赫（Adam Werbach）和安迪・魯本（Andy Ruben），韋巴赫是美國環境組織塞拉俱樂部（Sierra Club，或譯山岳協會）前任會長，魯本則是沃爾瑪百貨前任永續發展長。Yerdle為臉友們做媒合，臉友們有想丟掉或賣掉的物品，就可以拿到這個網站上來交換。Yerdle網站的會員除了交換衣物，還能交換任何東西，包括手機、電腦、運動設備、廚房用品、寵物配件等，幾乎你能想到的東西都能在這個網站上交換。

現在，Yerdle網站以當地社群為基礎。臉友如果有五十件以上物品要分享，就能聚集在一起，設立一個共享空間。有些網站有幾千件物品可供交換，針對想要分享物品的社群朋友，提供一站購足的體驗。每次分享交易並不收取費用，物品運費則由索取物品者支付。隨著Yerdle網站日漸成長，也允許當地網路擴大規模，成為地區網路，這樣物品除了賣給朋友，還能賣給陌生人。現在，隨著營運擴大，Yerdle網站打算收取小額交易費用以支付營運成本。

跟其他許多業者一樣，Yerdle網站的計畫協助推動流通經濟這個構想，也就是讓每樣東西都回收再利用，等到物品沒有使用價值才當垃圾丟掉。這種永續事業的邏輯十分有道理，但是當這兩位事業創辦人想要說服沃爾瑪這個零售業巨擘時，事情就會變得一片混亂。韋巴赫表示：「如果你能跟鄰居借一把鋸子，那麼零售業者的職責就是協助你這麼做，而不是只想著要賣你一把鋸子。」[45]或許韋巴赫說的對……但是，有可能這樣嗎？

韋巴赫和魯本用這套說法跟大家推銷本身的構想：「分享比購物更好玩。」而且現在似乎有愈來愈多人認同。但是，沃爾瑪怎麼說呢？這一點我很懷疑！不過，韋巴赫和魯本下定決心，至少要找出一個利基商機，吸引大型連鎖業者加入。他們倆人提出一些情境，讓零售業者知道自己能從共享運動中受惠，而非從消費者購物中獲利。舉例來說，如果Yerdle網站會員以前沒露營過，如今卻想露營，但是在不確定自己是不是喜歡露營前，不想花五百美元或更多錢買昂貴的露營設備。那麼，會員可能從Yerdle網站搜尋可用的露營設備。如果零售業者是Yerdle網站的贊助商或會員，這位想要露營者或許可以拿自己不要使用的二手物品，換到最新的露營設備，這樣等於皆大歡喜，網站會員換到自己想要的東西，零售業者也有生意可做。而且，這正是許多想在資本主義市場和社會共有資源之間維持巧妙平衡的社會企業家抱持的希望。

不過，關鍵問題是：個人忠誠度何在？如同提出長尾理論的作家克里斯・安德森和其他人所言，近零邊際成本共有資源主要被當成市場可以開發的新商機，或者本身就是一種目的，是一種新經濟典範，有能吸引一些市場參與並有溢出效應的應用？我相信大多數社會企業家的看法都屬於後者，但是至少他們急於找出一種負責任的方式，讓傳統資本主義體制參與新形成的網路共有資源。

非營利線上媒體《*Shareable*》雜誌報導協同消費經濟的新發展，該雜誌共同創辦人暨編輯尼爾・葛瑞弗洛（Neal Gorenflo）指出，美國零售銷售額在二〇一一年時達到四・七兆美元，協同消費當年的成交金額也將近一千億美元。葛瑞弗洛提出這個問題：零售業要怎麼做才能對抗這股可怕的經濟勢力，迅速採取協同消費這種主流做法？[46]

葛瑞弗洛概述一種追蹤系統，能讓零售業者能在物品不斷易手的共享經濟中，繼續掌握每項銷售物品的部分收入來源。零售業者的商品購買點可以是「協同市場的一個入口」[47]，透過包含多重持有者和使用者的產品生命週期來管理產品。每項物品的所有產品資料與交易資料都自動編碼，並有一個獨特辨識器提供物品不同使用者的紀錄資料。大型零售業者可以建立一個超大線上市集，讓每位購買者列出自己想要出租或交換的可分享物品。

葛瑞弗洛表示，這類計畫讓他可以掌控要怎樣管理個人資產，同時也能透過全球最大市集來分享自己的物品。他補充說道：「如果有這種服務，我每次交易時很樂意支付少許費用。」[48]葛瑞弗洛表示，在這種情況下，人人都是贏家。[49]零售業者繼續透過產品生命週期掌握營收，也可以受到鼓勵把某些產品當成收費服務，成為共享經濟的核心。透過產品整個生命週期取得價值，也激勵零售業者提升本身產品的品質和耐用性。使用者可以因為選擇增加而受惠，可以在短期低成本取用跟長期持有之間做選擇，同時也為減少浪費、促進永續發展的共享經濟盡一份心力。

這構想很有意思。它當然提供零售業者一項行動方案，但是聽起來比較像是給一點甜頭，卻不是真正提供大好機會。不管零售業者在產品後續生命週期拿到的交易費用金額有多少，當幾百萬人共享的二手物品愈多，購買的新物品愈少時，這種做法引發的損失，絕對讓零售業者得不償失。而且，問題不在於資本主義市場無法在共有資源中找到價值，而在於當社會經濟開始侵蝕市場經濟時，就會讓原本受到限制的利基區隔更加萎縮。

你家的後花園也能出租共享

現在，就連後院花園都能共享。SharedcEarth創辦人亞當・戴爾（Adam Dell）是一位網路企業家。戴爾想在位於德州奧斯汀的自家後院弄一個菜園，但他既沒有時間也沒有技能自己做。所以，他在二〇一〇年時在分類廣告網站Craigslist上刊登一則廣告寫道：「徵求技術人力，我提供土地、水和材料，我們可以共享收成，收成對半均分。」後來，他跟一位住在公寓但熱愛園藝的女士達成協議。[50]

戴爾跟許多網路高手一樣，看出將把自身經驗利用橫向擴展的潛在商機。在短短四個月內，SharedEarth上的共享土地面積就從八十萬平方呎，增加到兩千五百萬平方呎。戴爾的目標是，把人們後院幾百萬英畝未使用到的土地，轉變成耕種蔬菜的共有資源，他表示：

> 我認為SharedEarth這網站能產生很有意義的影響，那也是我的希望。只要想到，如果我們能讓原本棄之不用的一千萬英畝地變成菜園，為地球產生許多氧氣，消耗許多二氧化碳，又能栽種出許多食物，那是多麼美好的一件事啊。[51]

對於傳統農業來說，目前SharedEarth尚未構成嚴重威脅。戴爾認為，在不受阻撓的情況下，如果為數眾多想從事園藝者，能在原本未使用的土地上耕作，就能生產出高品質又在地的有機食物。他希望在這方面的努力能助長一股趨勢，遠離垂直擴展、農產品需透過長途運送的集中式農耕，轉而採用效率與效益並重，提供當地消費的分散式橫向擴展的區域型農耕。

戴爾補充說道：「我們提供一項免費服務，也沒有什麼經營模式！」其實，戴爾的說法應該更正為：SharedEarth確實有一個經營模式，那就是所謂的共有資源模式。[52]

社群支持農業，讓消費者成爲產消合一者

當這些園藝愛好者開始在小塊土地上共享收成，年輕世代農夫也跟都市消費者一起共享農作物收成。社群支持農業（Community Supported Agriculture，ＣＳＡ）的概念源自於一九六〇年代的歐洲和日本，並在一九九〇年代時，隨著網路的出現，在美國和其他國家迅速蓬勃發展。都市消費者在產季前先為栽種農作物支付訂金，向當地農人保證購買一定金額的農產品。事實上，這樣做讓消費者成為股東，報酬就是整個產季有農產品運送到府，或送到附近的配送中心。如果農人大豐收，股東就得到更多的農作物。同樣地，如果因為天候惡劣或其他狀況導致收成不佳，股東就有難同當，拿到的農產品就少些。

消費者跟農人一起分攤風險，形成一種互信關係，並培養社會資本。而且，這種做法把傳統垂直整合農業運作中的所有中間商都去除掉，大幅減少最終使用者取得農產品的成本。

許多社群支持農業的運作採取生態農業實務和有機農耕技術，去除使用化學肥料和殺蟲劑的高昂成本，也減少對環境的危害。另外，藉由去除塑膠製品包裝和農產品的長途運送，也更進一步地減少能源成本和環境成本。

網路一直是社群支持農業的最大促成者，讓農人跟消費者更容易在點對點網路中互相聯繫。社群支持農業的在地網站也讓農人和消費者能持續保持聯絡，分享有關農作物收成與送貨時程的最新資訊。社群支持農業讓提供者和使用者在社群共有資源中交易農產品，取代傳統市場中的賣家和買家。從某方面來說，藉由資助本身所消費最終產品的生產方式，讓消費者成為產消合一者。現在，世界各地有幾千家社群支持農業的企業，隨著年輕世代日漸習慣在共有資源模式的社會經濟中，運用更多商業選擇，社群支持農業這種企業的家數也就日漸增加。

病患導向的健康照護

如果說共享沙發、衣服和食物碰觸到人們日常生活中較為私人的層面，那麼分享個人醫療資料就觸及到上傳資料到共有資源的最私密領域。現在，有幾百萬人公開個人的醫療紀錄和健康現況等詳細資料，和大家分享自己的症狀、診斷結果和治療等資訊，眾人協同合作一起研究找出治療方式，加入支援團體提供慰藉，彼此加油打氣，帶頭組成支持團體催促政府、保險公司和醫療社群重新思考健康照護領域各層面對醫療保健所做的設想與協定。在美國，健康照護成本占GDP的一七．九%，病患正逐漸在一個可跟市場經濟比擬、撼動醫療理論與實務且規模龐大的健康共有資源上，成為自己的代言人。[53]

傳統上，健康照護是醫生跟病患之間的一種私人關係，醫生開立處方，病患被動地依據醫生的指示。突然間，健康照護轉變成一種分散、橫向擴展、點對點的關係，病患、醫生、研究人員和其他健康照護提供者在開放網路共有資源中協同合作，推動病患照護和社會健康。

當愈來愈多人開始在網路上查詢自己的病症，為自己的醫療狀況找出確切的診斷時，病患導向健康照護就這樣隨機應運而生。在這個過程中，病患在網路上遇到其他有類似狀況的病友，並且開始分享心得。已被醫生確診的病友開始在各種健康照護網站上分享個人病史，希望聽聽有類似病史者的看法。有些人則是不太滿意醫生採取的治療方式，他們開始搜尋跟他們一樣有疑慮的病友，希望得知其他替代治療方式。個人也開始比較不同藥物的副作用，尤其是同時服用不同藥物時。慢性病患或現行治療不足或無治療方式的重症患者開始集結起來，尋找可能的治療方式。其中更積極者開始籌組團體，提供情感上與實際上的支援，並且設立代言組織教育社會大眾了解他們的疾病，同時要求政府撥出更多經費找出治療方式。[54]

現在，這種社群網站多到無法計數，幾百萬人正投入、支援並彼此協助，讓醫療照護與公眾健康更加進步。其中最受歡迎的網站包括PatientsLikeMe、癌症線上資源協會（Association of Cancer Online Resources，ACOR）、淋巴管平滑肌增生症基金會（後稱LAM基金會）、Cure Together、胃腸道基質腫瘤病友團體Life Raft Group、自閉症研究中心（Organization for Autism Research）、脊索瘤基金會（Chordoma Foundation）和惡性平滑肌肉瘤研究基金會（LMSarcoma Direct Research）。

網路連結罕病病友，集體智慧期能找出治療良方

現在，許多病患導向健康照護網站是從病患個人故事發展出來的，這些網站通常處理尚未受到大眾注意、甚至連治療方式與用藥都所知甚少的罕見疾病。淋巴管平滑肌增生症是控制細胞成長的細胞途徑出現缺陷，而造成的一種罕見致命疾病。這種會破壞年輕女性肺部的疾病也跟一些癌症有關，像是黑色素瘤和乳癌。

二〇〇五年時，當時還是學生（現為哈佛大學醫教職員）的艾咪・法柏（Amy Farber）被診斷出罹患淋巴管平滑肌增生症，醫生提醒她，懷孕會加重病情。法柏急於找出治療方式，她跟傳統研究機構接

洽後發現，有關這種罕見疾病的研究相當少，就算有也是個別研究，很少看到協同合作的研究或有研究人員打算這麼做。在對處理這種疾病缺乏進展而倍感受挫的情況下，法柏跟哈佛大學醫學院教授暨癌症研究人員喬治・狄米崔（George Demetri）博士接洽。狄米崔一直想要使用網路連結全球病友，希望藉此善用病友對罕見癌症的經歷和見解。狄米崔希望所收集來的資料，或許能透露跟這類疾病本質和歷程有關的某種「集體智慧」，善用這些資料就能找出治療方式與用藥。兩人後來跟麻省理工學院媒體實驗室主任法蘭克・莫斯（Frank Moss）合作，這項協同合作後來演變成淋巴管平滑肌增生症基金會網站（thelamfoundation.org），讓病友能在網站上報告自己的健康狀況。

這些病友資料經過整理分析後，協助研究人員對應新的研究情境。這種集合眾人力量，利用群眾外包的研究方式，跟用於傳統研究的傳統隨機控制試驗大為不同，傳統做法要花大錢又耗時間，而且是研究人員由上而下的指示、把病人當成被動對象。LAM基金會網站跟健康照護共有資源上的其他罕病研究網站一樣，都是以病患的集體智慧為起點，協助判斷出研究規範。莫斯表示：「現在，我們真的把病患變成科學家，改變臨床醫師跟科學家和病患之間的勢力平衡。」

由吉列斯・弗瑞德曼（Gilles Frydman）創辦的癌症線上資源協會，設立一個更全面性的健康共有資源，讓超過六十萬名病患與照護者參與一百六十三個公眾線上社群，把病患導向健康照護這個構想做更進一步地應用。LAM治療聯盟（LAM Treatment Alliance）仰賴病患報告本身狀況和研究人員制定規範，但是癌症線上資源協會則讓病患與照護者分享科學資訊，共同參與「籌劃及發展資料蒐集與彙整的新方法論」，最終目標是為所關注疾病的研究制定方針。」[55]他們也為科學研究籌募資金，這些病友們正發展出弗瑞德曼所說的「參與醫學模式」（participatory-medicine model），把各種不同參與者集結在一個共有資源上，包括病患、研究人員、醫生、保險業者、醫療設備業者、照護者、製藥公司和醫學專業人員，大家協同合作為病患謀求最好的照護。

病患導向研究，即時取得救命資訊拯救病患

病患導向研究（Patient-Driven Research，PDR）甚至開始滲透到科學的核心領域。有些病友線上社群還設立組織和樣本資料庫，有些則進行細胞株測試，還有的則是設置病患登記檔並組成臨床實驗網路。[56]追蹤一千八百種疾病、有超過二十萬名病友參與的病患導向健康照護網站PatiensLikeMe，就發表第一份病患啟動觀察研究，駁斥一項傳統研究的發現。這項傳統研究指出，鋰鹽會減緩肌肉萎縮症（ALS）這種神經退化疾病的進程。[57]該組織表示已設計出一種新穎的演算法，能找出服用鋰鹽有類似病程的肌肉萎縮症病友。[58]PatientsLikeMe追蹤三百四十八位未經核准服用鋰鹽的肌肉萎縮症病患，並發現鋰鹽對於這類病患的疾病病程，並不具有可觀察的效果。[59]

雖然這個病患導向實驗或許不足以跟雙盲對照控制臨床實驗相比，但是這種做法的速度和所減少的成本，卻在研究領域成為一種有力的新做法。胃腸道基質腫瘤病友團體Life Raft Group的諾曼・薛澤（Norman Scherzer）說明，為何許多病患紛紛改以新出現的共有資源做法來研究本身的疾病：

> 速度是病患導向研究的最大好處之一。我們可以即時取得救命資訊來拯救病患，比專業研究人員取得資訊的速度要快得多。專業研究人員必須完成許多曠日廢時的步驟……那樣可能要花好幾年的時間。所以，專業研究本身就有時間延遲這項致命缺點，也就是有些人知道某項重要醫學突破到大家都知道這項發現之間的時間會拖得很久。[60]

雙盲對照控制的臨床研究耗費不菲，但使用巨量資料和演算法發現健康模式與影響的病患啟動觀察研究，或許能以近零邊際成本的方式進行。

這種開放來源的研究方式還在初期發展階段，經常因為缺乏證實而受到質疑，傳統隨機控制實驗雖然速度較慢，卻有經得起考驗的專業審查流程。支持者知道有這些缺點存在，但卻信心十足地認為，病患導向研究會開始制定適當的檢核，就像維基百科初期成立時，網站上的文章也經過驗證與確認的篩選過濾流程。現在，維基百科有一千九百萬名編輯，大批使用者會做事實查證並修改文章內容，確保這個開放來源網站的準確性能和其他百科全書相比。目前，維基百科是全球造訪人次第八大網站，吸引幾百萬名網友到這個集結全球知識的百科全書網站瀏覽。[61]

病患導向健康共有資源倡議者提醒我們，維基百科當初上線時，學界認為這種學術研究的民主化，會嚴重損害學界編纂百科全書的高標準。事實證明，他們的擔心根本沒有必要。病患導向開放來源共有資源健康研究的支持者也提出質問，在有嚴格科學標準可用的情況下，群眾外包的研究方式有什麼不好？

善用共有資源，你我都是醫生

目前也有跡象指出，年輕一輩的醫生正開始加入病患導向健康共有資源這個新運動。麻州綜合醫院專精癲癇的神經科醫師丹恩・霍克（Dan Hoch），就針對自己支持病友線上共有資源運動，寫了一篇精闢見解。他坦承醫學界一直有一種未明說的禁忌，不讓病患集結在一起，擔心這樣可能有損醫生的權威。他寫道：「我支持病患彼此互動，弱化醫生的核心角色，但是這樣做讓我很不安，我可能違反醫學界根深蒂固的某種禁忌。」[62]

霍克拋開自己的不安，決定調查BrainTalk Communities這個癲癇症支援團體，這個非營利網站社群是由霍克在麻州綜合醫院同事約翰・雷斯特（John Lester）所設立。當時，BrainTalk有三百多個免費線上團體，探討各種神經病症，包括阿茲海默症、多發性硬化症、巴金森氏症、亨丁頓舞蹈症和癲癇。目前，全球有超過二十萬人定期造訪BrainTalk網站。

霍克驚訝地發現，跟他原先的質疑恰好相反，這個網站中只有三〇%的貼文跟情感支援有關，其他七〇%的貼文則是社群成員彼此教育，讓大家了解疾病、治療選項、管理規範和副作用，並學習在日常生活中如何應付這些疾病。其中最有趣的發現是這個流程：社群成員彼此持續查證事實，進行一種自我修正，質疑沒有事實根據或可疑資訊。霍克表示，最讓他訝異的是，他體認到：「像BrainTalk社群癲癇團體這類線上團體，不但比任何個別病患更聰明，至少也比許多醫生、甚至比醫療專家考量得更為周全。」[63]

霍克以這個驚人自白做結論：

> 一直以來，我被教導要相信病患只能被臨床醫生「授權」……現在，情況似乎十分明白，不管有沒有臨床醫生的祝福，有愈來愈多病患可以賦予自己權力。[64]

現在，網路上有幾百個開放來源的健康共有資源。在未來幾年內，各國開始使用電子健康紀錄，把健康照護服務的遞送合理化時，這個數字將會大幅激增。二〇〇九年時，美國政府頒發十二億美元的補助，協助健康照護業者落實電子健康紀錄。[65]屆時，美國和其他國家都有巨量資料可用，如果利用適當的隱私保證機制，就能提供一個大型資訊庫，徹底改革健康照護領域。

Google利用巨量資料，預測流感下一個爆發地

利用巨量資料處理健康問題的可能性，在二〇一三年冬天成真了。當時，流感病毒在全球迅速蔓延。Google藉由分析人們在Google網站上搜尋流感相關議題的資料，有辦法精準確定流感會在哪裡爆發以及傳染強度，也能追蹤流感蔓延的即時狀況。雖然後續分析顯示，Google過度高估流感的傳染強度，有部分原因出在媒體過度報導，尤其是社群媒體的大幅報導，讓更多人在Google網站進行流感相關搜尋。不過，以這類資料作為初期警報機制來說，Google的追蹤結果確實相當可靠。因此，美國疾病控制暨預防中心（U.S. Centers for Disease Control and Prevention）後來讓Google成為正式合作夥伴，參與該中心的監控計畫。[66]

對傳染疾病來說，即時爆發傳染的追蹤，可說是控制疾病的關鍵所在。能夠動員當地健康照護服務，確保有流感針劑可用，並在必要狀況下迅速管控且提醒大眾，就能在流感疫情大爆發時發揮相當大的影響力。傳統監控系統可能要花一到二週的時間，從全美各地的醫生蒐集病患就醫資料，屆時流感病毒傳染強度已經到達高峰，甚至已經接近尾聲。Google追蹤人們的第一反應，也就是人們在網路搜尋自己的症狀是否與流感症狀相符，通常人們就醫前會先這麼做。

推特也被當成一項追蹤利器。推特使用者每天發出超過五億則推文。因為流感而身體不適者，通常會在病情嚴重的幾小時前就發推文，這當然提供一個即時資料，讓管理當局知道流感病毒的傳染狀況。

目前，流行病學家聲稱，對於事實證明可靠的監控模型來說，這些初期警訊追蹤工具只是輔助，或者說只是補充物。不過，人們逐漸形成一種共識，認為只要修正演算法去除雜訊，建立一個更準確的資料判斷，就能讓Google和推特的監控與追蹤變得更可靠，這種系統本身對於病毒傳染病之監控與抑制就更加重

要。[67]利用巨量資料追蹤全球流行病與接觸感染，就能省下數十億美元的健康照護成本，同時也能讓監控與呈報系統邁向近零邊際成本。

當研究人員在基因體醫學這個新領域，對於基因異常與環境誘因之間的連結有更多發現，他們得知雖然疾病可以被廣義地分類，比方說乳癌、白血病和肺病等，但是個別病患的疾病就算被診斷為是某種已知疾病，病情也會因人而異。基因體醫學就走在前端，以客製化的新做法治療疾病，把每位病患的病痛當成一種「罕見疾病」。

類似基因的相符DNA叢聚，預測未來的疾病風險

DNA排序成本不斷下降，讓個人得以使用巨量資料庫，開始跟有類似DNA排序者聯繫。日後，當DNA資料庫日漸擴大，而且人類DNA完整排序可供測試時，幾百萬人就能經過比對，在客製化病患導向的健康網路裡找到跟自己有共同遺傳基因者，並能比較病史，協同合作找出治療方式。這種更客製化的病患導向健康共有資源，也能創造足夠的橫向擴展，讓大眾開始關注某些疾病，促使政府、學界和企業投入更多心力研究那些疾病，並為這些共有資源的研究、臨床測試和治療籌募資金。

這些經過生物比對的個人DNA叢聚，也能利用巨量資料交叉對照彼此的生活型態，例如飲食習慣、抽煙及喝酒、運動健身和工作環境，將遺傳預設傾向性跟不同環境誘因之間的關係做進一步地關聯。由於這種比對人類DNA叢聚的做法，將涉及人們從出生到死亡的生命歷程紀錄，因此新開發的演算法當然要能精準地指出，不同人生階段可能承擔的疾病風險，並建議有效的治療方式。

個人能使用一種全球健康共有資源搜尋引擎，登入自己的基因組成，找到類似基因的相符叢聚，並取得個人不同人生階段健康風險的詳細陳述，以及最有效客製化醫學治療的清單，讓個人能以近零邊際成本

維持身體健康。據我推測，這種夢想到本世紀中期以前還無法成真。

器官移植是費用最昂貴的醫療手術之一，就連這方面也有令人興奮的好消息，新醫學突破正開啟大幅降低器官移植成本的可能性。在不久的將來，如果有必要移植組織和器官，就能利用３Ｄ印表機列印，而且能以很低或近零邊際成本的方式做到。人類身體器官的三維列印正在發展中。

北卡羅萊納州維克森林再生醫學研究所（Wake Forest Institute for Regenerative Medicine）最近已經利用活體細胞，列印一個人類腎臟的雛型。[68] 聖地牙哥的生命科學公司Organovo就使用３Ｄ生物列印技術，列印出功能正常的人類肝臟組織。[69] 澳洲臥龍崗大學（University of Wollongong）的ＡＲＣ電子材料科學卓越中心（ARC Centre of Excellence for Electromaterials Science）現正利用３Ｄ流程進行實驗，列印肌肉與神經細胞等活體組織。該中心的研究人員卡麥隆・費瑞斯（Cameron Ferris）說明生物列印技術如何運作：「我們使用跟噴墨印表機同樣的技術，只是以細胞型態取代墨水。」[70]

利用病患自體細胞重新製造組織，而非移植捐贈者的組織，就能避免移植器官出現排斥現象。

３Ｄ列印的「生物人工心臟」十年內問世

預計在未來十年內，３Ｄ生物列印補充組織，包括心肌補片、神經移植物、血管段和退化性關節的軟骨原骨，都將廣為使用。至於３Ｄ生物列印整個器官，則還要等上更多年的時間。

美國肯塔基州路易斯維爾心血管創新研究院（Cardiovascular Innovation Institute）的科學家史都華特・威廉斯（Stuart Williams）正在進行實驗，把抽脂手術時抽取的脂肪細胞跟膠原蛋白混合，用來列印一個完整的心臟。威廉斯認為，３Ｄ列印的「生物人工心臟」（biofficial heart）可能在十年內成真。[71]

ＡＲＣ電子材料科學卓越中心的戈登・華勒斯（Gordon Wallace）表示：「到二〇二五年時，我們可能已經能為個別病患，訂製功能正常的器官。」[72]在未來這幾十年內，3D生物列印人體備用器官，這種美麗新世界可能成為事實。跟其他形式的3D列印一樣，在這項新技術的規模逐漸擴大之際，複製生物備用器官的成本也將隨之暴跌。

現在的高成本健康照護大多很粗糙、資訊不足又費用高昂，在巨量資料文化和近零邊際成本社會裡，這種情況將成為歷史。

如同網路上的資訊民主化、能源網路上的電力民主化、利用開放來源3D列印的製造民主化、利用巨型開放式線上課程的高等教育民主化，以及共享經濟中的交易民主化，網路上健康照護民主化的可能性為這種社會經濟增加一個新的面向，讓協同共有資源在社會事務上，成為一股更重要的勢力。

廣告的末日來臨

共有資源上的共享經濟已經迫使傳統交易市場徹底改變本身的關鍵要素之一，那就是「廣告」。打從一開始，廣告一直是資本主義體制的驅動力。在資本主義尚未出現的時代，經濟活動看起來更像是一條平直線，而不是上升曲線，人類只要工時足夠養家活口就行，根本沒有儲蓄這種事。工業革命開始後，材料產出大幅增加，工資也隨之上漲。廣告的使命就是確保那些工資迅速流通，讓人們花錢消費工人生產的物品。如果說市場有一隻看不見的手，那當然是廣告讓需求不斷跟上供給日增的能力。

二十世紀初期，「消費」（consumption）一詞還帶有一種負面含意。消費原本用於形容結核病這種慢性消耗性疾病，早期的字典將「consumption」一詞定義為「浪費、搶奪和耗盡」。只有在一九二〇年代時，隨著現代廣告的出現，消費才改頭換面，從一種苦難的根源變成社會的渴望。廣告業將消費重新定位為一種流行心理，要大家擺脫節儉的老舊傳統，支持讚揚揮霍者並鄙視小氣鬼的新社會精神。於是，成為消費者就是成功的象徵，也是徹底現代化的縮影。到了二十世紀後半期，消費者社會開始接替文明社會，成為人們效忠和形成社會認同的主要社群。世貿中心和白宮遭受九一一事件攻擊後，小布希總統（George W. Bush）馬上對受到驚嚇的全國人民公開宣布：「美國經濟一如往常地運作。」小布希總統此話不假，他還催促消費者快去迪士尼樂園玩玩。[73]

二〇一二年時，美國廣告業總營收高達一千五百三十億美元，同期全球廣告業總營收為四千七百九十九億美元。[74]雖然廣告業看似蓬勃發展中，但是內幕人士都憂心忡忡。他們看到幾百萬人正從被動消費者，轉變成本身新聞、知識、娛樂與能源的點對點產消合一者（而且不久後，人們還有3D製造技術可用。）這群人也正透過協同經濟，和人們共享本身已經購買的物品，藉此減少在市場中的採購。他們選擇取用權、而非所有權，他們以「及時」（just-in-time）為基礎，使用從汽車到運動設備等各種物品。而且事實上，這一切活動就在一個資訊交流的邊際成本趨近於零的開放式網路共有資源上協議達成。年輕世代暗中擺脫傳統資本主義市場，雖然這股趨勢尚未達到頂點，卻已經以指數曲線成長，而且勢不可擋，也難以逆轉。

這表示廣告業者能利用的消費者市場正在逐漸縮小。而且，由於在這個共有資源上發展的社會經濟具有分散式、協同合作和點對點的特質，因此人們在做經濟決定時，比較少受到企業廣告活動所支配，而容易受到臉書、推特、YouTube和其他幾百個線上社群媒體網站上的「朋友」和同輩彼此交流的推薦、評價、口碑以及好惡所影響。

網友的評價勝過千萬廣告

最近突然有許多調查指出，消費者在進行採購決定時，把網路上其他消費者對產品的評價，跟親友的推薦看得一樣重。根據某個國家所做的一項調查，大約有六六・三%的消費者表示，他們在做採購決定時，「相當」仰賴網友的評價和推薦。[75]二〇一二年進行的當地消費者評論調查（Local Consumer Review Survey）顯示：「七二%的消費者表示，他們相信網路評論，就像相信個人推薦一樣。」[76]另一項調查發現，八七%的消費者表示網路上一篇產品好評，就能讓他們決定購買某項產品。[77]更驚人的是，六五%的消費者相信網友的評價，而不相信廣告業者提供的資料。[78]人們在決定要光顧當地哪些店家時，消費者評論就更為重要，有五二%的消費者表示網路好評會影響他們的決定。[79]

評論網站在網路上處處可見，目前讓消費者造訪查看其他消費者對物品與服務的好惡體驗，這類評論網站多達好幾百個，比方說Yelp、Angie’s List、Citysearch、TripAdvisor、Travelocity、Judy’s Book和Local。現在，消費者在實體商店選購產品時，還能以智慧型手機應用程式查詢網友評價。消費者評價（Consumer Reviews）就是這類應用程式，利用手機就能直接取得特定產品評價。使用者只要用手機掃描產品上的條碼，馬上就能取得產品評價。有些新應用程式甚至還能設定消費者本身的道德價值偏好。GoodGuide這個手機應用程式就能讓消費者掃描產品條碼，在手機螢幕上瀏覽評價，看看其他人對於這項產品在安全、健康、道德考量和永續性的評價。[80]手機應用程式的使用日漸增加，也讓消費者能即時上網貼文，分享自己對產品和服務的評價，並讓消費者能在使用產品或服務的幾秒內就將意見上傳。

在由SurveyMonkey進行的一項調查中，受訪者被問到為何比較相信網友意見，而不相信廣告業者提供的資料時表示，在比較消費者和廣告業者的可信度時，他們認為消費者的意見比較公正，也不涉及既得利益。受訪者的反應大都是這樣：「因為大多數產品製造商在產品說明上，通常只是寫一些推銷詞，而消費者不會從產品銷售獲取既得利益，所以消費者的評價本來就比較可信。」因此他們比較相信顧客評價，而不相信廣告業者提供的資料。[81]

雖然企業可能利用匿名貼文對自家產品與服務做出有利評價，或對競爭對手做出不利評價藉此打擊對方，但是這種事會被排除在外。評論網站正日漸提升本身的監控檢查設備，並使用更精良的演算法去除不實貼文，保障自己在消費者心中的好名聲。[82]

現在，傳統廣告在各個方面都受到重擊。就拿報章雜誌的分類廣告、也就是廣告的主要支柱之一來說，克瑞格·紐馬克（Craig Newmark）在一九九五年時創辦分類廣告網站Craigslist，把當地分類廣告和論壇列到網站上，而且這項服務多半是免費。目前Craigslist網站還是比較傾向於非營利網站，而不是營利網站，這也反映出該組織所說的這段話：「本質相當非商業性，以公眾服務為使命，不具企業文化。」每個月美國就有超過六千萬人造訪Craigslist網站，全球七十個國家則有幾百萬人也使用這個網站。Craigslist網站有十三種語言版本，讓網友找工作、找房子、找約會對象及搜尋各種產品與服務。Craigslist使用者每個月張貼一百萬則分類廣告，網站論壇吸引二千萬人造訪。網站整個營運由二十八種行業的求職廣告與仲介紐約市公寓等小額費用資助。[83]

免費共享經濟，企業廣告能提供什麼附加價值？

據估計，光是Craigslist網站每年就讓平面刊物的分類廣告營收少掉一百億美元，而Craigslist網站每年的營收為一億美元。跟長久仰賴分類廣告維生的報章雜誌相比，該網站的營運成本簡直微不足道。[84] Craigslist的全球線上布告欄，就只由舊金山辦公室的三十名員工負責管理。[85]

IBM全球企業諮詢服務部（Global Business Services）在二〇一二年，進行名為「我們都知道廣告的末日到了」（The End of Advertising as We Know It）的調查。這項調查透露，網路社群共有資源，讓目前傳統內容配銷商和內容整合業者的營收基礎岌岌可危。[86]廣告業主面臨的問題是，他們的經營模式就是贊助報章雜誌及電視與廣播節目的內容遞送。內容是由專業記者、電視製作人、作家、表演者和藝術家來產生。以往，被動消費者為了取得廣告業主贊助的內容，願意忍受廣告轟炸。但是隨著網路的出現，有愈來愈多內容是由使用者自己產生，並在YouTube、Flickr、臉書等網站上和幾百萬人免費分享。當消費者變成產消合一者，在共享經濟中彼此免費交流內容時，企業廣告能提供什麼附加價值？廣告業主可以決定贊助線上專業內容的遞送，但是這樣做也有可能失敗，因為網路這個媒體的特質就是參與，正因為如此才吸引幾百萬人上網發表意見。畢竟，網路是在點對點互動參與的社會經濟中運作的一個共有資源。

雖然電視的被動使用者可能不會因為節目定時進廣告而大發脾氣，但是網路上積極參與的網友們，卻愈來愈無法容忍電腦螢幕上突然跳出廣告，打斷原本進行的活動。網友會認為這種彈跳式廣告既無禮又侵犯人，而且網友也愈來愈不信任網站搜尋引擎。網站搜尋業者向廣告業主推銷，在使用者搜尋特定資源或服務時，廣告贊助商就能優先出現在搜尋結果的最前面。

點對點媒體上的企業廣告根本奇怪到不得其所，不只讓人分心、惹人討厭，更被當成一種干擾物。賓州大學華頓商學院經營暨資訊管理教授艾瑞克・克雷蒙斯（Eric Clemons）表示，網路的社交特質讓其擺脫商業剝削。克雷蒙斯說明，網路是一種參與，就像大家在營火晚會時輪流講故事，或參加文藝復興節一樣。這裡指的不是像電影或傳統電視和廣播那樣，單方面推出內容被迫閱聽眾接受。[87]

網路不是正在取代廣告，而是正在毀滅廣告

所以，當我們接受這個附帶條件：網路大多數使用者不相信廣告訊息，寧可把網友對產品的評價當成該買什麼的最可靠資訊來源，而且網路上大多數內容是由網友自行產生，不是廣告業主提供；那麼，我們實在很難想像，廣告業能在轉變到點對點通訊媒體的情況下繼續生存，除非廣告業扮演的角色變得微不足道。克雷蒙斯認為，基於上述種種原因，付費廣告將無法成為大多數網站的主要營收來源。他的結論是：「網路不是正在取代廣告，而是正在毀滅廣告。」[88]就連《經濟學人》也勉強同意這種說法，以一篇名為〈免費午餐沒了〉（The End of the Free Lunch）、言詞中肯的社論，質疑這項有瑕疵的假設：如果社群媒體網站能藉由提供免費內容而集結數百萬名使用者，那麼廣告業者就會迫切想在這類媒體上刊登目標式廣告，希望能掌握住這個「長尾市場」的一%。但是，如果網路使用者不聽不看，而是尋求同儕的產品推薦和評價，情況會怎樣呢？《經濟學人》做出推論：「到最後，能靠網路廣告的營收維持生存的企業家數，會遠比許多人所想的還少得多，而且矽谷似乎正在邁入另一個萬物蕭條的『核子寒冬』。」[89]

廣告營收正開始反映出這股悲觀氣氛。二〇一二年時，網路廣告金額達三百六十六億美元，先前提過同期美國廣告營收為一千五百三十億美元，因此網路廣告大約只占美國廣告市場的二四%。[90]不過，網路廣告支出的成長似乎開始趨緩，顯示出廣告業主為獲利導向社群媒體網站的所有免費內容買單，這股初期熱潮已經開始減退。網路廣告成長率從二〇一〇年到二〇一一年的二三%，到二〇一一年至二〇一二年已下滑到只剩一四%。[91]通用汽車就在二〇一二年決定，不再在臉書上登廣告，並表示那樣做對消費者選購汽車根本沒有什麼影響，這項舉動反映出某些企業開始質疑網路廣告的真正價值。

當幾百萬名使用者從原本以電腦上網，改用行動裝置上網，網路廣告營收的成長率可能繼續下滑。網

路廣告營收龍頭Google已經開始在這場轉變中，發現廣告營收日漸銳減。雖然在二〇一三年第三季，使用筆電和桌上型電腦在Google網站的點擊數沒有太大變化，但是同期內使用手機的點擊數卻成長為二倍，使用平板電腦的點擊數則成長六三%。[92]問題是，行動裝置廣告的成本只有桌機畫面廣告的二分之一到三分之二，更糟的是，廣告點擊率轉換為產品與服務的購買，只有桌機畫面廣告轉換率的四分之一到三分之一，而且目前沒有跡象顯示這種狀況會出現重大改變。事實是，Google的主要營收來源正在減弱。《紐約時報》報導指出：

> 使用者在Google網站上點擊廣告，廣告業主必須支付Google點擊費用，這項費用已連續八季下滑，從去年這個時期以來已下跌八%，主要是因為行動裝置廣告成本比桌機畫面廣告成本更低。[93]

隨著人們迅速改用行動裝置上網，網路廣告營收的成長率很可能持續趨緩。在各大營利社群媒體企業高階主管辦公室裡被問到的重要問題就是，這股現象會對公司未來成長潛力造成什麼衝擊。

就像資本主義市場的其他區隔一樣，廣告不會隨著協同共有資源的興起而徹底消失，而是會進行調整，最後在邁向成熟的社會經濟中成為一個利基。資本主義市場重新調整以因應社會經濟，這是一個新現象，而且在長久以來以市場力量為主、社會經濟只是勢力薄弱附屬物的世界裡，這個新現象實在讓人難以接受。在某些情況下，市場和共有資源會找出潛在的綜效，甚至享受一種互相提攜的共生關係。在其他狀況下，廣告業的主要目標則和社群共有資源的協同合作、點對點特質格格不入，因此業者努力找出調適之道，很可能就像是硬把合不來的油水混合，最後只是白費力氣。

共享經濟的第一好處是：省錢

先前提到的各種企業都具有協同特質，以共享為設計宗旨，並利用分散式、橫向擴展的資訊技術基礎架構。有些行業像沙發衝浪網站是以餽贈這種方式來共享。有些則是結合餽贈和某種形式的補償交易，還有一些則是像eBay這種純營利導向的企業。如果我們把協同經濟當成是餽贈和有／無補償的重新分配與回收，那麼每個人都被這種經濟體制涵蓋在內。

近期的調查突顯出，協同共有資源的經濟潛力相當龐大。位於美國明尼亞波里斯的廣告公司Campbell Mithun在二〇一二年跟市調公司Carbonview Research共同進行一項調查發現，六二%的X世代和千禧世代對於在協同共有資源上共享物品、服務與體驗很感興趣。這二個世代跟嬰兒潮世代和二次大戰世代相當不同，他們比較支持使用權勝過所有權。在被要求列出共享經濟的好處時，這項調查的受試者把省錢列為第一項好處，接著是環境衝擊、彈性生活方式、共享符合實際以及容易取用物品與服務。至於共享經濟對情感上所帶來的好處，受試者則把慷慨大方列為首要好處，接著是有成為社群重要分子的感受，再來則是覺得自己很聰明、更負責任、是某項運動的一分子。[94]

這項公眾意見調查顯示出，較年輕世代對於經濟活動本質的看法出現徹底的改變。如同我在二〇〇〇年出版的著作《付費體驗的時代》中率先指出，所有權到使用權這項轉變，現在已經顯而易見，同時也在生活各個層面中處處可見。點對點協同經濟活動已經相當健全，隨著物聯網的階段性發展，這股趨勢只會愈來愈明顯。

協同消費是即將改變世界的十大構想之一

協同經濟瓦解傳統經營模式的可能性有多高？根據顧問公司Latitude Research於二〇一〇年進行的一項意見調查顯示：「七五％的受試者預測，在未來五年內他們要共享的實體物品和空間會增加……七八％的受試者覺得自己跟網友的互動，讓他們更容易接受與陌生人共享這種構想。」而且，「八五％的受試者認為，日後網路技術與行動技術將在打造大規模共享社群時，扮演一個關鍵角色。」[95]許多產業分析師認同這些樂觀的預測。二〇一一年時，《時代》（*Time*）雜誌宣布，協同消費為即將改變世界的十大構想之一。[96]

由於這一〇％的影響，協同共有資源有潛力比許多經濟學家所預期，在更短的時間內大大破壞傳統資本主義市場。《新資本主義宣言》（*The New Capitalist Manifesto*）作者暨《哈佛商業評論》（*Harvard Business Review*）撰稿人烏邁爾・哈克（Umair Haque）認為，協同經濟因為本身有能力在許多行業中，把原本就已經很低的利潤再殺得更低，因此具有一種比一般預期低得多的認同接受門檻，所以會產生一種「極具威脅的破壞性衝擊」。

> 如果消費者開始減少一〇％的消費，增加一〇％的共享，對傳統企業的利潤不是產生一〇％的影響，而是產生影響極大……這表示某些產業必須脫胎換骨，否則就只能準備被埋進歷史的流沙中。[97]

低門檻效應已經大量毀滅音樂界、報紙出版和實體書店。在出版業，電子書占美國二〇一二年出版書籍的二二・六％。[98]製作與遞送電子書的邊際成本持續下降，已經讓零售價銳減，迫使規模較小的出版商和許多零售書商紛紛歇業。就連價格較便宜的電子書也正面臨免費或幾近免費的盜版傳播之激烈競爭。

我們在第五章談到再生能源的破壞性衝擊時，就觀察到德國有同樣的低門檻效應。在德國，綠色電力雖然只占二二%，卻已經讓電力與公用事業公司認為，興建備用化石燃料電廠的成本過高而望之卻步。[99] 由於幾百名產消合一者將太陽能發電和風力發電的電力上傳到輸電網，讓這些電廠的使用時數變得更少，業者從營收彌補固定成本的回收時間過長，又無法預期建造電廠的初期投資成本一定拿得回來。

現在事態逐漸明朗化，各行各業有愈來愈多資本主義企業巨頭開始面臨利潤暴跌的窘境，在物品和服務之生產與遞送的邊際成本趨近於零的這波新興浪潮下，這些大企業將無法存活太久。雖然目前在全球商務上呼風喚雨、數目約在一千家左右且高度整合垂直擴展的超大型企業，看似氣勢宏偉、天下無敵。但事實上，他們根本無力招架協同經濟，而後者正迅速侵蝕他們原本岌岌可危的低利潤。

我們可以合理預期，當協同共有資源在任何行業的經濟活動占有一〇%到三〇%的比例時，第二次工業革命的垂直整合全球企業將會大量倒閉。至少，我們可以這樣說：在日後幾年，當幾近零邊際成本促使更多比例的經濟活動改採協同共有資源模式時，傳統資本主義市場將在全球商務與貿易上，逐漸失去本身的主導地位。

第十四章

群眾募資、社會資本、貨幣民主化與重新定義的工作

全球金融體系在二〇〇八年時幾近瓦解，也嚇壞幾百萬人。當時資金凍結，美國政府不得不金援國內最大金融機構，理由是這些機構「大到不能倒」。此舉引發美國大眾群情激憤，銀行業者本身在金融業務上的輕率，政府卻拿七千億美元稅收出面金援，而幾百萬名美國人卻因為本身「小到無關緊要」，只好眼睜睜看著自己的房子被查封。[1]

點對點社群借貸

在這波銀行體系幾近瓦解的事件後，網路上出現一種名為點對點借貸（peer-to-peer lending）或社群募資（social lending）的新借貸機構。像Zopa、Lending Club和Prosper等線上銀行平台，把錢直接借給個人和計畫。這些線上金融機制去除掉中間商和大型金融機構的高額固定成本（以較高的借款利率轉嫁給借

款人），因此正逐漸取代傳統銀行，成為受歡迎的借貸工具。

金融業務透過網路促成而擴大規模，讓借款者的借貸邊際成本趨近於零，所以能以較低的借款利率和費用借到錢。英國第一家點對點借貸業者Zopa已處理超過四億一千四百萬英鎊的放款金額。[2] 二〇一二年年底時，點對點社群借貸業者從貸款收取的仲介費高達十八億美元，讓大型銀行不得不開始注意這股勢力。[3]

群眾募資是點對點社群借貸的最新分枝。全球知名群眾募資平台Kickstarter在二〇〇九年四月上線，運作方式是避開傳統投資工具，在網路上跟一般大眾籌募資金。計畫發起人可以把想要推動的計畫放在網站上，選定所需資金的募資截止期限。如果沒有在截止期限內達成募款目標，就無法取得資金。這項規定確保計畫有足夠資金，至少能讓投資事業開始運作。捐款者給的錢就透過第三方單位亞馬遜網站付款。Kickstarter收取募款金額的五%作為費用，亞馬遜網站則收取三%到五%的費用。[4] 跟傳統借貸業者不同，Kickstarter沒有入股這些投資事業，只是擔任促成者的角色。

到二〇一三年十一月時，Kickstarter已經促成五萬一千個計畫，成功率達四四%，計畫募款金額超過八億七千一百萬美元。Kickstarter將募款計畫類別限制在這十三個類別：藝術、舞蹈、設計、時尚、電影與影片、美食、遊戲、音樂、攝影、出版、科技與戲劇。[5]

不同群眾募資平台提供不同形式的報酬。捐款者可以把捐款當成饋贈，或是一旦計畫順利推動則向借款者取得等值的物品或服務，或是取得利息收入，或投資計畫換取股權。

群眾募資的驚人力量，二十四小時募得目標資金

雖然目前群眾募資在金融業中只是小咖角色，但是在物聯網基礎架構上，許多新創事業的成立，群眾

募資卻扮演一個重要的支援角色。先前提到的新創事業Mosaic公司，就是利用群眾募資為十二項太陽能計畫募得一千一百萬美元的款項。Mosaic當初刊登第一項太陽能投資計畫時，提供投資者四・五％的投資報酬率，而且最低投資金額只要二十五美元。該公司創辦人比利・派瑞許（Billy Parish）原本預計如果事情進展順利，就能在一個月內募到三十一萬三千美元的初期投資款項。不過，讓他訝異的是，透過群眾募資竟然讓他在不到二十四小時內，獲得四百三十五名投資者的青睞並達成募款目標。二〇一三年時，Mosaic有一萬名投資者出資，讓該公司推動進行太陽能計畫。[6]

Mosaic的太陽能系統中，有一個系統是部分由群眾募款資助，部分由政府與私人投資資金資助，這套系統已經由非營利機構青年就業合作機構（Youth Employment Partnership，YEP），安裝在加州奧克蘭地區一棟面積為二萬六千平方呎的大樓。這套太陽能系統耗資二十六萬五千美元，Mosaic將這套系統租給青年就業合作機構，讓該機構的電費減少八五％，省下大量成本得以將資金投入推行重要計畫。而且，這項構想更誘人之處在於，青年就業合作機構在十年後可以跟Mosaic買下這套系統，以後等於就有幾近免費的電力可用。[7]

預計在未來十年內，太陽能科技的需求將激增。彭博新能源金融公司（Bloomberg New Energy Finance）預估，這方面需要的融資金額將超過六百二十億美元。根據預期有部分金額將由社群借貸、尤其是群眾募資取得，讓幾百萬名個人參與者取得資金，資助彼此的微型電力設備，這就是點對點協同之橫向電力的另一個實例。[8]

為免有人質疑幾百萬名個人參與者是否能透過橫向協同合作，逐步推廣能源革命，請大家想想第八章提到的實例做佐證。以德國這個全球再生能源領導者為例，該國已安裝的再生能源有五一％由小企業和個人所有，大型公用事業擁有的綠色能源生產只占七％。[9]

美國在二〇一二年通過《新創企業啟動法案》（*Jumpstart Our Business Start Ups Act*），讓小企業每年能夠過群眾募資平台向一般大眾募得高達一百萬美元的投資金額，因此Indiegogo、Early Shares、Crowdfunder、Fundable和Crowdcube這些群眾募資平台，在網路上處處可見。[10]

群眾募資支持者強調，錢不是重點，他們享受協助他人追求夢想的那種親密參與感，也認為自己的小貢獻能發揮影響力，並且確實對推動計畫進行有幫助。根據市調機構顧能集團（Garter Group）估計，到二〇一三年年底時，點對點金融借貸的金額將超過五十億美元。[11]

不管以哪種方式呈現，共享經濟都是結合市場經濟與社會經濟的一種混合體。市場經濟是由法令和資本主義體制的固有規則來管理，而社會經濟中的共有資源則遵照一種不同的管理方式。雖然其中有些監督和規範是由政府主導，但是其他大都是屬於自治規範，也就是由數百萬名參與者同意，在參與共有資源時自願遵守協議規範。

聲譽評價與共有資源貨幣

社會經濟的準則是社會信任，而非「買家自負風險」。而且，跟較傳統的共有資源一樣，新出現的協同共有資源已經利用一連串的協議進行實驗，維持所需的高程度社會信任，以確保有足夠的社會資本來建立協同的社會精神。這些協議包括：懲罰、甚至將坐享其成者和破壞者除名的制裁條款。事實上，各大協同社群網路都已制定聲譽評價制度，為所屬會員的可信賴度進行評分。和市場經濟中評分個人信用價值的傳統信用評等系統不同，聲譽評價系統的設計宗旨是針對個人在共有資源中的社會資本進行評價。

二手物品交換網站ThredUP就依據本身稱為「ThredUP黃金法則」進行運作，要求所屬會員針對交換衣物的「物品品質」做評分。ThredUP把每位會員的物品「品質」，依據四顆星的評分系統評分。第二種評分制度稱為「款式分數」（style points）是零到十分，依據物品「款式」打分數。最後一種評分制度則是評量會員貨品運送的「準時性」。

線上協同寄售商店就制定一個零容忍政策，嚴格禁止家長寄送磨損或破舊的衣物寄售。首次違規者會被加註記號，但是再度違規者就直接除名。[12] 持續獲得高評價的會員就互相交換物品，藉此鼓勵所有會員提高本身寄售物品的品質。

跟市場經濟中的信用評等服務類似，網路共有資源上的聲譽評價服務，是確保成員遵守協議規範及建立社會信任的一項重要機制。TrustCloud就是提供這類聲譽評價服務的新企業之一。TrustCloud評量你在網路上的道德行為與交易，再將其轉換成一個可攜式信任分數（TrustScore），讓你能在共享經濟中的任何地方使用。每位會員的信任分數範圍從一到一千（分數愈高愈好）。[13] 這項評分制度依據個人以往在網路上進行的活動，將個人持續性、慷慨度和透明度列入考量。TrustCloud的演算法搜尋像回應度及使用年資等行為，草擬個人可信賴度的檔案，會員可以免費取得TrustCloud的標誌和評分。

沙發衝浪網站有自己的評價系統。開放自己的住家讓陌生人免費入住，感覺有點可怕。那麼，如果再考慮到屋主和訪客要彼此社交、文化交流，不就更令人不安。所以，沙發客每次造訪，屋主和訪客就互相評價，提供其他會員一個參考。沙發衝浪網站的評分準則就是所謂的「擔保」（vouching）。會員可以為其他會員作擔保，條件是已經有三位沙發客見過他們，並為他們擔保。[14]

社會資本評等的重要性，如同資本主義的信用評等

在共享經濟價值估計將超過一千億美元並將出現跳躍式成長，而社會經濟在人們日常生活中的角色日

益重要之際，我們可以預期社會資本評等對協同共有資源數百萬名參與者的重要性，就會像信用評等對資本主義市場中的消費者那般重要。[15]

協同經濟這股勢力愈來愈強大。就在我撰寫這部分書稿時，剛好看到《經濟學人》這週封面報導就是共享經濟，編輯群和撰稿人大力頌揚共享經濟的優點，爭論共享經濟可能對傳統市場經濟造成什麼衝擊。目前，許多觀察正好奇根深蒂固的資本主義體制和後起新秀協同共有資源會如何互相調適。協同經濟制定新類型的交易貨幣，讓人們在共有資源中以不同於市場交易的方式做生意，我們或許可以從中發現一個誘人的線索。

社會用於讓成員彼此交易物品服務的貨幣，就是彰顯社群本身所秉持之重要價值觀的一大象徵。十九世紀社會學家喬治・齊美爾（George Simmel）在其大作《貨幣哲學》（*The Philosophy of Money*）中提醒我們，貨幣在歷史上扮演的重要角色，延伸並深入到人們的社交互動中。齊美爾指出貨幣就是本票，是由一群陌生人未明說的集體信任所支持，保證在日後某個日期，原先交易取得的憑證能在後續交易中受到第三方的承兌。

沒有社會信任，貨幣就毫無價值可言

雖然貨幣一直由各種貴重金屬鑄造以利保值，但是經年累月下來最受歡迎的貴重金屬就是白銀與黃金，人類學家發現這些資產背後潛在一種更深層的資產就是「社會信任」，沒有社會信任，貨幣這個交易媒介就毫無價值可言。以新幾內亞的特羅布里恩群島（Trobiand Islanders）為例，當地就以貝殼作為貨幣，因此貝殼隨著人們搭乘獨木舟長途拔涉而在當地流通，也作為建立彼此互信的一種連結關係。這種社會貨幣的交易建立足夠的社會資本，讓交易得以繁榮發展。

大多數人都以為世界貨幣制度就算偶爾出現波動，最後還是穩固可靠，直到二〇〇八年全球經濟危機曝露出全球金融體系內部運作失效、功能不彰，甚至充滿犯罪情事。而且，就算貨幣出問題，我們都認定政府會保障我們的銀行存款，美國政府就保障存款人在銀行營運困難時，至少能拿回二十五萬美元的存款金額。[16]至少，聯準會（Federal Reserve System）這個銀行靠山會出面紓困，保住存戶的存款。直到經濟學家開始提醒大家，要是貨幣體制瓦解，我們還是可以從無底洞中脫困，因為美國財政部會印更多鈔票流通市面，這時幾百萬人才開始震驚不已。我們開始領悟到，在這所有規定、法規和防火牆後面其實存在極大的分歧。

全球金融風暴突顯出長久以來的這項迷思：商務交易是首要制度。但是史上並無前例顯示，人們在創造文化前，先創造商務市場與交易。我們誤以為商務先出現，才讓文化得以發展，但事實剛好相反。如同第一章所述，文化是我們彼此社交的領域，是我們創造社會故事讓彼此提供同理感受，並凝聚在一個社會大家庭裡。社會信任就是靠我們彼此的認同感而建立，也讓我們累積足夠的社會資本，讓社會得以整體運作。這種認同感也讓我們創造出各式各樣作為本票的象徵憑證，讓我們可以安心信任彼此，兌現以往的商務承諾和日後的交易。

但是，我們太容易忘記，商務的存在其實是文化的延伸。商務餵養社會，讓後者累積社會資本。回顧歷史，當商務制度（尤其是金融制度）讓社會信任受到連累，耗盡社會資本，就像二〇〇八年金融風暴那樣時，人們當然會開始擔心貨幣機制，也開始尋求替代方案。

二〇〇八年時，幾百萬人開始轉抱黃金資產，將金價推上史上新高紀錄，人們希望黃金能在不確定的時代裡提供某種程度的保障。有些人開始質疑不管基於各種意圖和用途，持有實體黃金究竟有什麼價值，畢竟黃金只是另一種象徵憑證，其價值不是由金屬本身價值來衡量，而是由迅速耗盡社會資本與互信、讓人們無法信任傳統貨幣而產生的妄想和恐懼來衡量。

無法信任傳統貨幣，社群貨幣再度興起

愈來愈多人開始以一種不同類型的貨幣進行實驗，這種貨幣以深入的協同合作為基礎，並由新層面的社會資本支持。替代貨幣通常被稱為社群貨幣、在地交換與貿易制度（Local Exchange Trading Systems，LETS）或稱為微型貨幣，在二〇〇八年金融風暴後，這類貨幣開始在世界各地穩住陣腳。雖然這類貨幣先前早就在一些地方行之有年，尤其是在大蕭條時期最為人所知，但是所發揮的影響力卻極其有限。不過，這次替代貨幣的再度興起，卻可能對社會產生更深遠的影響，因為這次時機巧合，社會經濟的勢力也日漸抬頭，幾億人每天花更多時間在社群或經濟的協同共有資源上，參與協同活動。

所謂替代貨幣就是名符其實的社群貨幣，促使共有資源中協同交換物品與服務的蓬勃發展。跟協同經濟的其他領域一樣，人們正避開中間商、大型金融機構的經常費用、加價和信用卡公司加諸的高利率，改以本身的工時彼此交換。但是，這種做法跟以往一對一服務交換的不同點在於，網路應用程式提供個人一種機制來儲存並使用代表工時的點數，讓個人在社會經濟與市場經濟中交換各種物品服務。

目前在世界各地流通的微型貨幣超過四千種，[17]其中許多都是依據個人提供他人製作物品、修理物品或執行服務的工時為基準。工時就儲存在時間銀行（time bank），就像現金一樣，能被拿來交換物品與服務的其他工時。哥倫比亞特區大學（University of the District of Columbia）法學教授艾德加・卡恩（Edgar Cahn）在一九八〇年率先提出時間銀行這個概念，並表示是受到人們捐血到血液銀行的做法獲得靈感。時間銀行這個構念是以社會經濟的這項核心原則為基礎：互惠。就像鄰居彼此協助，期望日後能獲得報答。

時間銀行，用工時交換各種物品與服務

卡恩提出的時間銀行並沒有區分不同工時，也就是說汽車技工的工時就跟醫生的工時等值。這項概念認為每個人的時間應該被當成一樣寶貴，不應該依據專業技術或技術技能的層級而有所不同。不過，其他時間銀行允許依照技能計算累計工時，稅務會計師比洗車工換到更多工時。目前，世界各地都有時間銀行運作。[18]

以美國緬因州的波特蘭工時交換機構（Hour Exchange Portland）為例，這個機構協助人們以工時支付健保。非營利健康診所TrueNorth跟波特蘭工時交換機構達成一項協議，病人在社群裡提供他人服務所累積的時間貨幣，可用來支付診所醫生的診療費用。[19]醫生可以透過時間銀行使用這些時間貨幣，取得他人的服務。

其他以在地交換與貿易制度運作的社群貨幣，都是以促進物品交換作為設計宗旨。瑞士境內通行的替代貨幣WIR，就讓會員以物品交換的方式代為償付。當賣家賣出某項物品就取得信用，可用於向WIR其他會員購買其他物品。[20]

社群貨幣有部分功能在於，避免社群財富外流。以美國麻州的波克夏爾（BerkShares）為例，這是波克夏地區社群貨幣之一，其宗旨是要鼓勵當地購買。會員從當地六家銀行以兌換美元的同樣匯率購買波克夏爾，並且能得到一點額外優惠。如果會員存了九十五美元，就能從銀行換得等同一百美元的波克夏爾，讓會員從這項交易中取得淨利。[21]然後，會員可以使用波克夏爾在當地商店購買產品服務，確保這些錢繼續在當地經濟中流通。藉由使用非營利銀行作為媒介，會員就能規避使用信用卡或商業支票時產生的額外費用。[22]波克夏爾於二〇〇六年推出，在後續五年內有超過三百萬波克夏爾在市面上流通，成為活絡

當地經濟的一筆龐大資金。[23]

歐洲在大衰退期間最受重創的一些區域，替代貨幣就如雨後春筍般出現。在希臘和西班牙，社群貨幣網路正在激增中。[24]在失業率高的地區，非營利機構紛紛設立網站，為有技能者跟有需求者進行媒合，在運作日漸失常的高度集中市場經濟裡，建立一個分散、協同、橫向擴展的微型社會經濟。微型貨幣已經成為交易的新機制，這種機制至少讓一些工作者重回職場。

比特幣能兌換其他世界貨幣，不需手續費

當地方性的社群貨幣激增之際，規避國界的全球替代貨幣也正在網路上擴大規模。比特幣（Bitcoin）就是一種點對點貨幣網路，目前有幾百萬比特幣在市面上流通，而且比特幣能兌換其他世界貨幣，以二〇一三年十一月的幣值來說，匯率就是四百美元兌換一比特幣。[25]比特幣創始人埃米爾・塔吉（Amir Taaki）和唐納・諾曼（Donald Norman）表示，他們是在阿姆斯特丹時想到這個構想。當時一位英國友人請他匯一點錢應急，他們只能選擇西聯匯款（Western Union）或速匯金（MoneyGram），而且匯款手續費都高得嚇人，是匯款金額的二〇%到二五%。後來，他們就創辦比特幣這種網路貨幣規避手續費。[26]

全球知名銀行交易標準顧問暨未來學家海瑟・席勒格（Heather Schelgel）不認為網路貨幣會取代傳統貨幣，但他補充說道：「當社群開始明白透過貨幣表達自己的可能性，我預期人們將會看到幾百種像比特幣這種貨幣、或是我們目前還沒想到的某種東西紛紛出現。」[27]

其他人對此甚至抱持更樂觀的看法。美國線上公司法國分公司共同創辦人尚—法蘭索瓦・努貝爾（Jean-Francois Noubel）相信，如果人們認為讓eBay、臉書、亞馬遜網站、Etsy和數千家其他投資事業崛起，那股由分散、協同、橫向擴展網路引發的破壞力，不會大舉進軍金融領域，那就太見識淺薄了。努貝

爾表示，他預期未來幾年內就有幾百種自由貨幣在網路上流通，而且透過手機就能進行交易。[28]

社會企業家精神

現在，隨著新的募款工具和社群貨幣的出現，新經營模式開始崛起，以調適這兩種截然不同經濟結構的必要條件——在市場中運作的資本主義，以及在共有資源中運作的社會經濟。新經營模式正試圖在這兩種經濟的共生關係中找出價值。先前我們已經討論過合作社這種經營模式。從結構設計與運作協議的角色來看，合作社確實是橋接這兩種經濟結構及在潛在綜效出現時找出價值的最佳做法。

在美國，「福利企業」（benefit corporation）是一種有趣的新經營模式，這種經營模式嘗試改造傳統資本主義企業，使其在市場與共有資源共存的世界裡能更敏捷地應變與調度。位於加州的全球體育服飾業者Patagonia，年營業額約在五億四千萬美元，就是目前轉型為福利企業的最顯著代表。[29]

目前美國十八個州已經立法通過福利企業為合法實體，福利企業提供企業家一種合法保障，避免外部投資人強迫企業為了換取資金挹注，而放棄本身對社會或環境的承諾。[30]雖然福利企業以資本主義企業的方式運作並對股東負責，但是這種新的法律身分使其能以社會和環境要務為優先考量，不必擔心這樣做會讓只對擴大股東價值有興趣的投資人暴跳如雷。

福利企業其實是社會企業家精神這股規模較大、但定義鬆散趨勢的一部分。現在，世界各地商學院畢業的年輕世代都對這股趨勢懷抱夢想。社會企業家精神處處可見，從共有資源主力支柱的非營利組織，到在市場中呼風喚雨的傳統股份公司都可以看到這股趨勢。非營利組織與營利導向企業這兩種模式不只在社會經濟與市場經濟的交會處相互影響，也利用彼此的某些特質，模糊兩者之間的差異。在社會企業家精神這個口號下，營利世界與非營利世界得以創造出各種新的商業協議與規範，以容納由市場經濟與協同共有資源組織構成的雙層商務場域。

社會企業家精神在非營利社群中行之有年。美國、英國與其他地方在一九八〇年代和一九九〇年代時的削減社會福利，為營利領域帶來一個危機與轉機。政府計畫對於貧困者的補助日漸減少，讓弱勢社群陷入困境。私人慈善機構試著藉由資助非營利提案來彌補這個大洞，但是在政府開始退場時，社群的可用收入和因此損失的收入來源相比，簡直相形見絀。

在社會負擔漸重，收入日漸無法支付社群重要需求時，非營利組織開始尋求能符合組織使命又能提供額外營收來源，讓組織得以持續運作並擴大服務的新經營模式。現在，有無數非營利組織以一種論量計酬（fee for service）的要素作為運作規範。非營利組織的主管以往擅長尋求政府補助及向慈善基金會取得捐款，推動從藝術娛樂到食物廚房和健康診所等諸多計畫，現在這些主管們開始招募一群支持社會企業家精神、努力運用本身技能提升所服務社群之社會福利的新類型領袖。

新創事業的加入，既做公益，又能賺錢

在政府參與度日漸降低之際，以營利為導向的新創事業也開始注意社群領域未來商機可觀，他們從市場面切入，填補這塊大洞。管理大師彼得・杜拉克（Peter Drucker）就談過「既做公益，又能賺錢」這個構想。杜拉克提出主張認為，長期貧窮、教育不足、環境惡化和許多社會弊病的問題，就能由發揮企業家精神這股創意力量獲得最好的解決。學校、日間托兒所、低收入戶住宅計畫和其他許多原本由政府方面負責的活動與服務，就成為商業開發的公平競爭。

而且，如同第七章所述，在高中與大學時期了解服務學習的美國新世代，是在一九九〇年代期間進

入社會。服務學習在創造新社會企業家精神思維所扮演的核心角色，一直都沒有被徹底承認或肯定。年輕人參與並致力於非營利組織針對受困社群推動的計畫與提案，也讓他們了解到除了市場提供的純商業機會外，還有一種新方式能讓他們找到意義與自我價值。他們的熱忱轉變為一種新的事業生涯途徑，至少對少數年輕人來說確實是這樣。社會企業家精神也就在這種情況下誕生。

定義社會企業家精神可能是一件棘手的事，當營利企業強調約翰・艾金頓（John Elkington）於一九九四年提出的「人類、地球與獲利」這三重底線時，非營利組織寧可強調：「人類與地球應優先考量，獲利為其次。」[31] 針對營利與非營利領域的八十位社會企業家所做的一項深入調查突顯出，這兩種領域的社會企業家在面對同樣困境時所採取的做法有些微的不同。首先，營利社會企業家受到商業機會前景所激勵，而非營利社會企業家則比較著重解決未被滿足的社會需求。其次，這兩種企業家都是風險承擔者，但卻分屬不同類型，前者是以投資報酬來計算風險，後者則很少讓本身的資金承受風險。對他們來說，風險就和本身在所屬社群中的社會「聲譽」密不可分。再者，雖然營利與非營利社會企業家都相信本身角色的向心力，但是這項調查發現，非營利社會企業家，更有必要把功勞和志工與受益人一起分享。[32]

低獲利有限公司法，讓非營利組織可以追求「低獲利」

不管兩者有何差異，觀察千禧世代中營利與非營利社會企業家透過各種方式逐漸靠攏，確實是一件很有趣的事。千禧世代正努力找出將營利與非營利領域長期特質結合的新經營模式。《經濟學人》在名為〈有良心的資本市場〉（Capital Markets with a Conscience）的社論中，說明社會企業家精神的演變：

社會資本市場這個概念可能看似不一致，因為它讓極為不同的群體和制度結合在一起。不過，這當中其實是有一種連貫性，將原本分屬兩端的純粹慈善資本與營利資本，透過不同風險、報酬與社會影響的權衡取捨將兩者連結。預期日後將有更多討論探討這種連續性，並基於特定社會目標，了解何種社會資本或不同資本組合最可能成功。[33]

舉例來說，雖然福利企業是修正資本主義企業營利導向，向社會共有資源中的非營利企業之社會與環境要務靠攏的一種嘗試，但是非營利組織現在也正自我調整，向資本企業的營利導向靠攏。美國伊利諾州、緬因州、羅德島、密西根州、路易斯安納州、懷俄明州、北卡萊納州、佛蒙特州和猶他州這九個州，已經通過低獲利有限公司法（Low-profit, limited-liability corporations laws，簡稱L3C法）。這些法條是管理有限責任公司法令的不同條款，讓以社會目標為首要目的之非營利組織，得以追求「低獲利」。低獲利有限公司法為非營利組織提供一個取得資金的合法手段。在這類組織維持本身慈善機構的身分，逐漸以社會企業投資事業為導向之際，這項手段就變得更加重要。[34]

現在，社會企業家精神已經在全球各地許多大學裡成為炙手可熱的課題。哈佛大學就開設「管理社會企業」和「社會企業家精神入門」等課程。[35]哈佛大學社會學系也設立一個企業家精神「協同實驗室」，讓學生能深入解新社會經濟的社會面向。哈佛大學創新實驗室還舉辦「校長的挑戰」（The President's Challenge）創業競賽，以十五萬美元的獎金，激勵學生團隊參與學術研究及實地研究，針對從教育到醫療到潔淨水與空氣等全球問題，找出解決方案。[36]

像社會創業家育成組織阿育王基金會（Ashoka）、史考爾基金會（Skoll Foundation）、聰明人基金會（Acumen Fund）、杜克大學的社會企業家精神促進中心（Center for the Advancement of Social Entrepreneurship）等全球網路，就扮演推升全球社會企業家精神的智庫、同業公會和贊助機關。社會企業家運動代表人物比爾・德雷頓（Bill Drayton）是阿育王基金會創辦人。該組織舉辦的競賽吸引世界各地的社會企業家，針對從人口販賣到衝突解決等議題協同合作。該基金會也鼓勵社會企業家在其變革推動者網站（Changemakers）上張貼自己的計畫，讓其他人可以登入，協同改善他們的提案。目前，阿育王基金會已經資助來自七十幾個國家的三千多位社會企業家。[37]

史考爾基金會創立於一九九九年，是社會企業家這個領域另一位重要參與者，該基金會已經頒發超過三億五千八百萬美元的補助，給推動社會企業家精神、遍布五大洲的八十個組織和九十七位社會企業家。[38]

美國、英國、澳洲的社會企業數目成長驚人

社會企業家的成功主要是以對所屬社群福利的改善做衡量，而不是以投資報酬做衡量。社會資本是關鍵資產，也反映出社會企業與其社群之間協同合夥關係下建立的團結力量與信任。從這方面來看，由於非營利社會企業家的首要動機是「做公益」，而非「賺大錢」，所以通常會比營利社會企業家更具有優勢，只不過情況未必總是如此。

以美國來說，目前有數十萬家社會企業，雇用人數超過一千萬人，年營收達五千億美元。二〇一二年時，這些企業約占美國國內生產毛額的三・五%。美國的社會企業中，約有三五%為非營利組織，三一%為企業或有限責任公司。社會企業已經經歷一段相當驚人的成長曲線。美國的社會企業中，有六〇%是在二〇〇六年以後成立的，而且有二九%是在二〇一一年到二〇一二年間成立。[39]

英國在二〇一〇年時，有六萬二千家社會企業，雇用八十萬人，對英國經濟做出二百四十億英鎊的貢獻。英國社會企業聯盟（Social Enterprise Coalition，SEC）執行長彼德・侯布克（Peter Holbrook）預測，到二〇二〇年時，社會企業對英國GDP的貢獻將增加三倍。現在，社會企業聯盟正向政府遊說，正

式承認社會企業行業為跟志工組織與私人企業不同的法律實體，並提供稅務誘因和其他支援。[40]

澳洲在二〇一〇年時，約有兩萬家社會企業。在非營利的社會企業中，有二九％的組織有投資事業，五八％的組織提供論量計酬的服務。[41]

現在，營利與非營利的社會企業比例約各占一半。當內建於協同共有資源的社會經濟繼續在資本主義市場中有所進展，未來這幾十年內可能有更多社會企業向非營利事業靠攏。

物聯網創造出新型態就業

在勞動人口中，開始規避資本主義市場經濟，轉而投入協同共有資源的人，不只是社會企業家而已，有幾百萬人已經這樣做。如同第八章的討論，在資本主義市場中，由於資訊技術、巨量資料、先進分析、人工智慧和機器人取代製造與服務業及知識與娛樂產業幾百萬名工作者的工作，因此勞力的邊際成本正趨近於零。

事實上，物聯網既是工作殺手，也是就業來源。長遠來說，智慧物聯網基礎設施，也就是通訊網路、能源網路和物流網路的組合，正利用人數更少的管理與專業工作團隊，落實文明社會中的大多數經濟活動。但是短期來說，物聯網基礎設施在全球各地的龐大附加設備，正讓支領工資與薪資的勞動市場，掀起最後一波人力需求的高潮，而且這股需求將持續四十年，橫跨二個世代。全球能源制度從化石燃料與核能轉變到再生能源，就是極度勞力密集的工作，需要幾百萬名工作者的投入，也會讓幾千個新事業應運而生。將目前幾億棟大樓翻新，轉變成綠色微型電廠，及興建幾百萬棟新的微型電廠，同樣需要幾千萬名工作者的投入，也為節能企業（Energy-Saving Companies，ESCOs）、智慧綠建築營建業者和綠能電器用品廠商，開啟新的創業商機。

在整個經濟基礎架構中裝置氫能電池和其他儲存技術，以管理綠色電力的流量，也會產生同樣龐大的就業機會和新事業商機。全球電網重新改為能源網路，就能產生幾百萬個安裝工作，也讓幾千家跟潔淨能源有關的網路應用程式新創事業應運而生。最後，將運輸業從使用內燃機交通工具，改為使用電力與燃料電池之交通工具，就需要翻新道路系統和燃料基礎設施。光是在道路旁和各個公園安裝幾百萬個電動汽車充電站，就是相當勞力密集的工作，讓為數可觀的勞動人口獲得雇用。

以中長期來說，日後將有更多就業機會從市場類別轉進共有資源。在市場經濟中生產物品與服務所需的人力逐漸減少之際，機器代理人在共有資源扮演的角色卻沒那麼重要，因為事實證明，共有資源本質上就是一種需要人們參與的企業，必須透過深入的社群參與來累積社會資本。以為有一天機器可能創造社會資本，這種想法就連最死忠的科技迷也不會認同。

在許多先進工業國家，非營利領域已經是就業人口迅速成長的行業。撇開幾百萬名免費提供個人時間的志工不談，另外還有幾百萬人積極從事這個行業。約翰霍普金斯大學公民社會研究中心（Center for Civil Studies）針對四十二國進行的一項調查顯示，目前非營利事業雇用五千六百萬名全職工作者。在某些國家，非營利事業的雇用人數占總勞動人口的一〇%以上。非營利社會企業的雇用人數占就業人口的比例，荷蘭是一五・九%、比利時一三・一%、英國一一%、愛爾蘭一〇・九%、美國九・二%、加拿大一二・三%。在未來這幾十年內，隨著就業人口從高度自動化市場經濟轉移到高度勞力密集的社會經濟，這些比例可能會穩定上升。[42]

儘管共有資源就業人口的成長曲線急遽攀升，許多經濟學家卻抱持懷疑態度檢視這種情況，他們認為非營利事業類別並不是一股獨立的經濟勢力，而是大幅仰賴政府採購合約和私人慈善機構補助。不過，我們當然也可以這麼說，政府同樣提供民營企業龐大的採購、補助和誘因。但是撇開此事不談，約翰霍普金斯大學針對四十二國進行調查所透露的結果，正好跟經濟學家的看法相反。在共有資源上運作的非營利事業，約有五〇％的營收來自論量計酬的服務，而政府資助只占營收的三六％，私人慈善機構的補助只占營收的一四％。[43]

未來大多數人都投身非營利事業，推動社會經濟

我預期最慢在本世紀中期時，世界各地大多數就業人口，將是由協同共有資源的非營利事業類別所雇用，大家忙於參與推動社會經濟，但也會在傳統市場中購買一些物品與服務。傳統資本主義經濟將由少數專業及技術勞動人口利用智慧科技進行管理。

第一章提到約翰・梅納德・凱因斯在八十幾年前寫給孫子的那篇未來主義論文，就預告出未來世界的景象。凱因斯談到，機器將讓人類不必在市場裡做苦差事，轉而參與共有資源的文化活動，追求更崇高更超凡的目標。事實證明，凱因斯的這篇論文可能是他做出最精準的經濟預測。

人類當前的要務是維持既有勞動人口，並提供學生進入勞動市場的適當技能發展，讓物聯網在全球各地興建龐大附加設施之際，企業與人們都能順利轉型到新型態的工作與商機。在此同時，學校必須教導學生新的專業技能，以便善用協同共有資源開放的工作機會。雖然這項工作需要投注龐大的心力，但是人類過去已經證明自己有這種能力，我們從一八九〇年到一九四〇年這段期間，人類迅速從農業生活轉型到工業生活就能獲得佐證。

我們可以理解，在市場要務與資本主義奧秘如此深入人心的社會裡，湧入協同共有資源的許多新經濟提案和制度協議，還是被當成只是主流經濟的附屬品，至於政府補助的計畫那就更不用說了。很少人提到

邊際成本趨近於零的腳步加快，正開始衝擊媒體、娛樂和出版業；也很少人看出再生能源、3D列印製造產品，以及開放來源線上高等教育這些變異版本，根本無法安於現行經濟典範架構。

而且，更少人有遠見發現人工智慧和自動化技術將取代全球勞動人口，所有權轉變為取用權，市場轉型為網路，以及共享經濟的出現，這一切正代表對體制本身的徹底攻擊。即使在面臨群眾募資、貨幣民主化和社會企業家精神迅速散播的情況下，也很少人擔心這些事情會對資本主義造成任何重大威脅。不過，人們不得不訝異，這些新模式如何讓我們和過去二百年來安排經濟生活的標準方式徹底偏離。

這些新做法在本身的主要論述和運作假定上，都跟現行經濟典範架構截然不同，我們很難想像這些做法如何合併到現行制度裡。比較可能的情況是，這些偏離傳統的各種做法互相協調，開始彼此餵養，如此就可能比資本主義發展得更快，到某個時間點就突破現行典範架構，讓新經濟制度應運而生。而且，這個新制度的命脈跟市場資本主義截然不同，因為中世紀的封建制度就是這個新經濟制度的起源。

第五部

未來的富足經濟

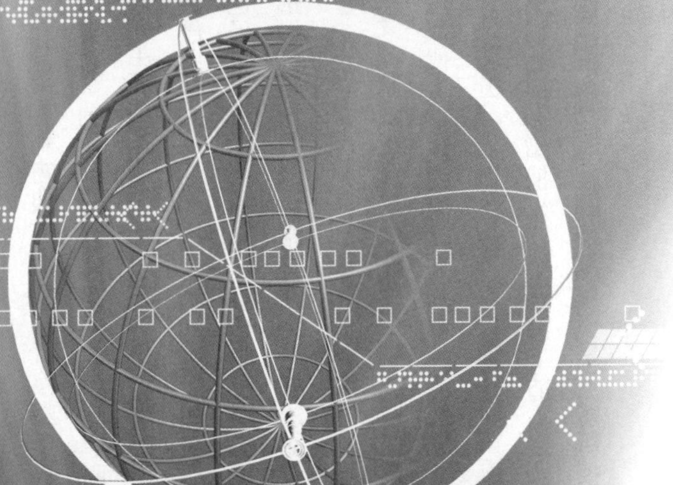

第十五章
重拾永續價值

當社會的生產經濟活動趨近於零邊際成本時，古典經濟和新古典經濟理論就沒戲可唱。當邊際成本銳減到趨近於零時，由於物品服務不再受到市場價格所束縛，因此獲利就此消失。物品與服務基本上可說是免費的。當大多數物品幾近不受控制時，資本主義作為生產與配送物品與服務之籌劃機制的整個運作依據，就變得毫無意義可言。那是因為資本主義的動力論餵養稀少性。如果資源、物品和服務都稀少，如此就有交換價值，能在市場上以超出成本的價格出售。但是當生產那些物品與服務的邊際成本趨近於零時，物品與服務的價格就不受控制，資本主義制度就無法透過稀少性取得一席之地，也無法從他人對物品與服務的依賴而獲利。

這裡說的不受控制（free）是指兩個層面：價格不受控制及不受稀少性所控制。當生產額外單位的物品或服務的邊際成本趨近於零，就表示稀少性已被富足取代。交換價值就失效，因為大家不必付錢就能取得自己需要的大部分東西。這時，產品與服務有使用價值和分享價值，卻不再具備交換價值。

依據富足、使用價值和分享價值，而不是依據稀少性和交換價值來安排經濟生活，這個構想跟我們從經濟理論與實務中得知的做法大相逕庭，讓我們很難想像那會是怎樣的情況。但是，當新技術讓效率與生產力日漸提高，把生產額外單位的物品與服務的成本去除掉，意即企業無需初期投資與經常費用，這就是經濟各領域正開始出現的狀況。

為富足下定義

富足（abundance）是一個不太明確的字詞。傳統上，這個字詞表示有足夠資源得以取用，能確保生活安穩無虞。生物學家告訴我們，人類每天平均需要二千到二千五百卡的熱量維持本身的健康。[1]現在，有超過二十億人每天熱量攝取不足，其中有十億人被歸類為營養不良。[2]根據預期，隨著人口到二〇五〇年將增加三五％（意即增加二十五億人），聯合國糧農組織（Food and Agriculture Organization）表示，為了提供「足夠的」營養確保每個人的健康，食物產量就必須增加七〇％。[3]

相較之下，美國人平均每天要消耗三千七百四十七卡的熱量。[4]如果目前地球上七十億人全都和美國人一樣，要消耗相同熱量才能「維持」生存，那就需要四到五個地球才能提供足夠的資源。人類不管貧富，正吞噬相當於一．五個地球的資源。換句話說，地球需花一年半的時間，才能把我們一年消耗的資源重新產生出來。聯合國預估，如果人口成長與消費趨勢持續下去，即使窮人生活品質沒有出現可觀的改變，到二〇三〇年時，我們將需要等同於二個地球的資源，才能支持我們對資源的耗用。[5]

雖然富足因人而異，但是地球的永續能力卻不是這樣。如同第六章所述，在講到協調富足與永續性時，甘地的這項見解仍舊是這方面的最高準則：「地球提供足夠資源滿足每個人的需求，而非滿足每個人的貪婪。」[6]

甘地對於永續性有一種本能的理解。不過現在，我們可以利用先進的評量方法來衡量永續性，這種方法稱為生態足跡（ecological footprint）。永續性被定義為一種相對穩定狀態，意指用於維持人口生存的資源，沒有超過大自然回收廢棄物及補充庫存的能力。生態足跡直接衡量人類活動對生物圈加諸的需求。更確切地說，生態足跡直接衡量在利用主要技術與資源管理實務的情況下，生產個人或人口消耗及吸收附帶生成廢棄物所需之資源，需要多少生物生產土地面積與水。生態足跡可以和生物承載力（biological capacity，亦稱biocapacity）做對照，意指足以生產這些資源與吸收這些廢棄物的生產面積數量。[7]

生態足跡過高，超過了每個人可用的生物承載力

過去這半個世紀以來，人類的生態足跡出現前所未有的擴大幅度。一九六一年時，人類的生態足跡約為地球生物承載力之半，也就是說以生態會計的觀點來看，我們還在挪用生態利息，沒把老本吃掉。但是到了二〇〇八年，當時地球六十七億人口的生態足跡相當於一百八十二億全球公頃（global hectare，一公頃等於二・四七英畝）。每人平均生態足跡為二・七公頃，但是地球可用的生物承載力只有一百二十億全球公頃，意即每個人可用的生物承載力只有一・八公頃。換句話說，我們消耗地球生物承載力的速度，比地球回收及補充資源的速度更快。單就美國來看，美國人口只占全球人口的四％，卻用掉地球可用生物承載力的二一％，而且平均每位美國人的生態足跡竟高達十公頃生物承載力。[8]

如果我們把世上高所得人口跟低所得人口相比，生態足跡的相關統計資料就變得更加顯著。世上最富有的十億消費者，人均國民所得毛額在一萬二千一百九十六美元以上，這群人每人正用掉三・〇六公頃的生物承載力，相較之下世上最窮的十三億人，人均國民所得毛額不到九百九十五美元，每人用掉的生物承載力則是一・〇八公頃。[9]

如果富足跟永續性有關，而且只是以仰賴地球生物承載力的利息過活、而非靠本金過活來衡量，那麼

問題是有多少人可以在不破壞生物承載力的情況下，讓地球繼續補足維持個人與人類全體健康與福祉所需的生態資源？

飲食習慣決定了全球資源的耗用多寡

世界觀察研究所（World Watch Institute）長期追蹤人類對全球資源造成的衝擊，其創辦人雷斯特・布朗（Lester Brown）表示，關於上面這個問題，答案就取決於我們選擇的飲食。如果我們以美國的飲食為基準，每人每年平均消耗八百公斤（一公斤約為二・二磅）的糧食，世上每個人都消耗這麼多糧食時，地球每年收成的二十億公噸糧食，只夠餵飽二十五億人。不過，如果以義大利或地中海飲食為基準，每人每年約消耗四百公斤的糧食，那麼地球每年收成的糧食就能餵飽五十億人。最後，如果我們以印度的飲食為基準，每人每年平均消耗二百公斤的糧食，那麼地球每年收成的糧食最多能餵飽一百億人。

布朗提出重點，營養過剩或不足者都沒有比營養均衡者長壽。營養過剩者比較容易罹患糖尿病、癌症、心臟病和中風，而營養不足者則容易因為貧疾喪命，像是罹患軟骨病、壞血病、腳氣病、糙皮病、貧血和乾眼症。研究再三指出，食用肉類、魚類、乳酪和蔬菜的地中海飲食者比較健康長壽。[10]

為了讓人口消耗的資源符合地球的生物承載力，讓我們的社會從稀少性轉變為具有永續力的富足，我們就必須處理貧富之間在生態足跡上的重大懸殊，同時讓全球人口得以減少。

什麼能讓我們快樂？

當生態足跡的概念提供一個強大的科學衡量方法，提醒世人減少對生物圈承載力的衝擊時，近年來有許多針對讓人們快樂的研究和調查，提供同樣說服力十足的社會與心理論據，要把生物足跡均一化。

事實上，以快樂為主題的每項科學調查都指出，快樂曲線就像典型的鐘形曲線一樣先升後降。目前，全球有超過四〇%的貧窮人口每天的生活費不到兩美元，他們就這樣日復一日勉強過活，當然極度不快樂。[11]缺乏生活必需品，又無法讓子女溫飽和、有地方遮風避雨，他們生活在依賴狀態，生活逐漸失去活力與希望。當窮人能脫離貧窮，就會開始體驗到什麼是快樂。所得、財富和安全感的提升，讓他們更快樂。

但是，令人驚訝的是，當個人所得水準到達能提供生活基本舒適與安全時，人們的快樂程度開始停止上升。額外增加的財富與消費反而讓整體快樂的邊際報酬遞減，直到某個時間點，整個曲線開始反轉，財富和消費的增加反而讓人更不快樂。研究顯示，財富的累積變成一種沉重的負擔，揮霍消費能帶來的心理報酬變得愈來愈少，也愈來愈短暫。人們擁有物品，最後反而被物品支配。

更進一步審視為何人們在取得舒適生活後，財富的增加反而讓人抑鬱絕望的原因就發現，人際關係受到身分地位的影響，大家比來比去就會產生羨慕與忌妒。個人表示，人際關係變得很膚淺，大家變得很勢利，只在意從關係的利弊得失。

踏上享樂跑步機，有錢不見得會讓你更快樂

不過，就算自己愈來愈不快樂，物欲主義者卻更可能加速對物質利益的追求，因為他們相信問題不在於追求財富，而在於財富不夠多。他們認為，唯有在物質上更為成功，提升身分地位，就能獲得別人的欣羨，也能從大肆消費中得到樂趣。心理學家把這種現象稱為「享樂跑步機」（hedonistic treadmill）。消費就像站上跑步機上跑步一樣，一旦開始就沒完沒了，一旦過量只會讓人更不開心，陷入成癮的惡性循環中

而無法脫身，直到人們步下消費這台享樂跑步機，用另一種方式追求快樂，情況才可能有所改觀。

世界各地進行的調查顯示，物質價值觀跟憂鬱和物質成癮之間有一種更密切的關係。物質主義者比較喜歡展現自己擁有什麼，也比較不大方，不輕易相信別人，而且比較無法克制衝動，容易侵犯別人。《物質主義的高代價》（*The High Price of Materialism*）作者暨心理學教授提姆・卡瑟（Tim Kasser）以下面這段話，摘要多年來針對物質主義行為累積的驚人證據。卡瑟表示，其實每項調查都顯示：

> 相當重視追求財富和物質的人，反而沒有對這些目標較不關心的人來得快樂……在我們的生活中，愈重視物質價值觀的人，生活品質就愈差。[12]

幾年前，我有機會拜訪英國經濟學家理查・萊亞德（Richard Layard），他的著作《快樂經濟學》（*Happiness: Lessons from a New Science*）曾在經濟學家之間引起不少騷動。萊亞德是邀請我去倫敦經濟學院開講的主辦人之一，他帶我回他的辦公室，和我分享他多年來收集有關社會財富漸增與人們幸福感受的一些有趣資料。我很有興趣看看美國在這方面的資料，結果我從資料中得知，雖然美國人目前所得是一九五七年時的三倍，但是美國人口中認為自己「很快樂」的比例卻從一九五七年的三五％降到三〇％。[13]

平均年所得兩萬美元時最快樂，之後開始遞減

而且，這種情況不只發生在美國。針對其他工業國進行的研究也顯示同樣的狀況。萊亞德的研究顯示，個人幸福感在個人平均年所得為兩萬美元時達到頂點，這是舒適生活最起碼的水準，之後所得的增加對於幸福感的程度就出現報酬遞減的現象。[14]

研究也顯示，社會幸福感的水準跟社會人口所得差異密切相關。美國在一九六〇年時自豪擁有最強大的中產階級，但在之後五十年內，由於最有錢的一%人口變得更有錢，讓中產階級的人數銳減，窮人人數大增，社會幸福感當然隨之降低。二〇一二年時，美國在經濟合作暨發展組織三十個會員國中，淪為所得差異懸殊第三大國家，情況只比墨西哥和土耳其好些。[15]

其實這項結果並不令人訝異，所得懸殊日漸擴大，會導致社會整體幸福感下降。幸福感研究顯示，貧富差距最小的國家，整體快樂與幸福感分數愈高。有部分原因是這項事實：窮人愈多，社會當然就愈不快樂。但同樣重要的是，貧富之間的差距就是醞釀不信任的溫床，讓富人有心理防備，擔心大批窮人會群起報復，所以他們就更加保護自己的財產和所有物。

我記得將近二十年前，我們夫妻在墨西哥市的一段經歷。當時，我受邀去那裡跟當地傑出商界領袖發表一場晚宴演說，地點就在某位大富豪的豪宅。離開時還派了裝甲汽車護送我們。晚宴主人是一生致力於改善墨西哥貧困問題的知名社會改革者，他就坐在裝甲汽車前座駕駛旁邊的位子。車子駛離墨西哥市某些狀況最糟的貧民區後，進入由保全保護像堡壘似的富人社區時，幾乎每個角落都有警察。那位主人指出這種情況實在很諷刺，他說墨西哥這個國家的有錢人和窮人隔閡愈來愈大，互相擔心彼此的意圖，彼此也愈來愈不信任。美國的情況跟墨西哥愈來愈像，所以貧富之間愈來愈不信任。一九六〇年代時，五六%的美國人表示大多數人都能信任，但現在只有三分之一的美國人這麼認為。[16]

物質主義行為和缺乏同理心有密切關係

讓物質主義變成如此禍害的原因是，它剝奪了激勵人類的原始動機，也就是說，我們個人的同理心被剝奪掉了。我們從演化生物學家和神經科學家那裡得知，人類的天性跟過去幾百年普羅大眾的認知不同。

人類剛步入現代社會時，啟蒙哲學家告訴我們，人類天生就有理性、追求私利、講究物質和功利主義、並受自主性驅使的本性，這一切預示出人類傾向於累積更多財產，並讓個人成為一座孤島。但是，科學方面的新研究告訴我們截然不同的發現。人類是最社交化的生物，我們渴望有同伴，也迫切需要社會鑲嵌（social embeddedness）。那種社會性大多跟我們的神經迴路有關，是天性使然，也會因為我們的文明化而受到助長或消滅。

一九九〇年代時，科學家突然發現人類的鏡像神經元，也被稱為同理心神經元。我們的一些靈長類近親和大象也有同理心神經元，但我們目前還不確定其他物種是否有同理心神經元。鏡像神經元跟我們神經組合的其他部分，讓我們體驗到別人的感受，覺得感同身受，這種感受不只是智力方面，也包括生理與情緒方面。舉例來說，如果我看到有蜘蛛爬到另一個人的手臂上，我的神經迴路裡可能覺得毛骨悚然，好像蜘蛛爬在我身上一樣。我們把這些日常感受視為理所當然，不過也開始理解就是這種感同身受的生理能力，讓我們了解別人的喜怒哀樂與恐懼，也造就我們成為社會性的動物。同理感受讓我們回應彼此，把彼此當成自身的延伸，融入更密切整合的社會。當我們聽說有人一點同理心也沒有，表現出對別人毫不關心的行徑，我們就會認為這種人沒人性。反社會人士就被認為最沒有同理心。

研究再三顯示，物質主義行為跟抑制或消滅同理心之間有一種密切關係。在冷漠霸道、殘酷成性又不關心小孩的雙親教養下，小孩就經歷情緒虐待和體罰，長大後通常會變得更有攻擊性和掠奪性，不然就是比較畏縮孤僻。這種人的同理心遭到粉碎，被恐懼、不信任和一種被拋棄感取而代之。相較之下，雙親若是溫柔親切並關愛小孩，提供鼓勵小孩自我發展的安全環境，小孩在成長過程中就會產生社會信任，這就是發展同理心所不可或缺的要素。

在成長過程中從未體驗過同理心的孩童，長大後比較無法表達同理心，無法和同儕做最基本的情感連結，只考慮自身意圖和目的，也比較不合群。他們用物質主義來取代失落感，以對物質的依附來代替對人的依附。他們對於物質成功、名聲和受到肯定的著迷，變為贏得社會認可的一種手段。

當他們用物質主義來界定自己的生活，同時也形塑自己跟他人的關係。在以物質成功為導向的世界裡，每個關係變成實現物質成功的一種手段。其他事情就不被重視，全都淪為累積更多財富的工具。當物質主義的世界被分為「我的東西」跟「你的東西」這種二分領域，追求人性溫暖與情感就變得更不可捉摸。在查爾斯・狄更斯（Charles Dicken）的短篇小說《小氣財神》（*A Christmas Carol*）中，小氣鬼克魯奇（Ebenezer Scrooge）既受到鄙視也令人同情，是人們眼中被社會遺棄的人。

物質主義的文化中，財產是個人性格的延伸

對物質主義者來說，廣告成為餵養物質成癮的強效藥品。廣告針對人們的不足感和寂寞下手，向人們保證產品和服務能提升個人品格與身分，讓人變得更有魅力、有吸引力、人緣更好。德國哲學家喬治・弗里德里希・黑格爾（Georg Friedrich Hegel）為資本主義剛出現時的新物質主義者做出定義。他認為財產除了本身的功用與物質價值外，財產也是個人性格的一種表達，是個人意志的外在展現。個人透過財產向世界投射出自己獨特的性格，在同儕之間營造自己的存在感。所以，個人的性格就展現在個人聲稱自己擁有的所有物品上。於是，我們的財產就和我們的性格劃上等號。我的每樣東西就擴大我的獨特存在和影響領域，也成為別人認識我的方法。

哲學家威廉・詹姆斯（William James）對於消費者性格的描述，則讓生活在高度物質主義文化的我們不得不勉強認同。他寫道：

顯然，個人在所謂的「我」跟「我的東西」之間，存在一個難以劃分的界限。我們對於某些東西的感受和表現，就跟我們對自己的感受和表現一樣。對我們來說，我們的名聲、我們的小孩、我們所做的工作，可能就跟我們的身體一樣寶貴，如果這些東西受到攻擊時，就會引發同樣的感受和報復行徑……不過，最大的可能性是，個人的自我就是所有他能稱為「他的東西」的總和，不只包括他的身體和精神力量，也包括他的衣物和房子、老婆和小孩、祖先和朋友、名聲和工作、土地和馬匹、快艇和銀行帳戶。這一切都給他同樣的感受，這些東西的增加，讓他覺得自己很成功，這些東西的減少就讓他覺得沮喪……我們對於自己的物品有如此強烈的感受，主要是因為這些東西在日常生活中跟我們息息相關，所以我們對這些東西的感受更為徹底深入。[17]

廣告善用財產是衡量個人的一種方式，並大力鼓吹產品和服務是創造個人身分所不可或缺之物。二十世紀大多數時間內，廣告大力倡導這個構想「財產是個人性格的延伸」，這種想法在後續幾個世代的腦中扎根，帶領大家進入物質主義的文化。波士頓學院社會學家茱莉葉・修爾（Juliet Schor）指出，到一九九〇年代時，孩童花同樣的時間在購物和遊覽，但購物的時間卻是閱讀或上教堂時間的二倍，是戶外活動的五倍。[18]更令人擔心的是，年輕人表示寧可花時間買東西，也不想做其他事，而且超過半數的年輕人認為長大後，愈有錢就愈快樂。[19]

這些調查是在十五年前進行的，在後續這段期間，千禧世代開始成年，但事實證明，千禧世代跟其他世代年輕人在這個問題上出現矛盾：「在從同理心到物質主義這整個範圍裡，年輕人處於哪個位置上。」心理學家、社會學家、政治學家和人類學家正陸續發表報告和研究，但是這些報告和研究的發現與結果都大不相同。

千禧世代信任網路協同合作者，更勝於相信政府和專家

密西根大學社會研究學院（Institute for Social Research）在一九七九年到二〇〇九年間，針對一萬四千名大學生進行一項大規模研究，結論是：「依據標準人格特質測驗，跟二十年或三十年前的大學生相比，現在大學生的同理心降低約四〇%。」[20]密西根大學研究人員莎拉・康拉斯（Sarah Konrath）進行後設分析研究，結合三十年來針對美國大學生所做的七十二項調查結果。康拉斯表示，現在的大學生比較不可能認同這些說法：「我偶爾會用朋友的觀點去看事情，藉此更了解我的朋友」，以及「通常我會體貼關心比我不幸的人」。[21]

不過，針對千禧世代進行的其他研究似乎顯示相反的趨勢。跟X世代不同，千禧世代更可能在所屬群體中對他人表現出同理心，也會設法了解每個人的看法。[22]研究也顯示，千禧世代更可能重視同儕團體成員的意見，喜歡協同合作並尋求團體共識，這一切都需要同理心才能做到。

至於在信任別人（也就是培養同理心的必要條件）這個問題上，雖然千禧世代更不信任政府、商業社群和各種專家，但是同前所述，他們更信任網路上的協同合作者，更願意信任同儕及結合群體智慧提供的意見、評論與評價。

研究也指出，千禧世代是史上最沒有偏見也最有同理心的世代，他們支持讓先前人們口中被邊緣化的族群有合法權利和社會權利，包括女性、有色人種、同性戀者和殘障人士。而且，他們也比較不仇視異國人士。美國大學生約有二三%的比例曾出國唸書，七三%的千禧世代支持自由遷移政策，但是其他成人人口支持這項政策的比例只有三九%到五七%。[23]

有意義的事業生涯比起家財萬貫更重要

我的看法是，千禧世代不是一個龐然大物，而是一堆矛盾的組合。雖然有證據顯示他們很自戀又很物質主義，但也有證據指出他們很有同理心。我推測在大衰退後這幾年，千禧世代的自戀跟物質主義傾向可能逐漸減少。《紐約時報》在二〇一三年十二月，在「週日評論」（Sunday Review）版登出一篇專題報導，透露研究人員的新發現暗示，深受大衰退和全球經濟停滯不前所影響的千禧世代，已經開始把他們內心的優先要務，從物質成功轉移到活得有意義。

由就業輔導委員會（Career Advisory Board）委託進行的一份報告發現，二十一歲到三十一歲的千禧世代認為，有意義的事業生涯比賺很多錢更重要。根據史丹佛大學商學研究所行銷學教授珍妮佛・艾克（Jennifer L. Aaker）跟同事進行的一項長期調查，對幾百名美國人進行維持一個月的追蹤，評估對受試者來說什麼是「有意義的」。他們發現說自己的人生有意義的年輕千禧世代，「認為自己比較他人取向」，比較傾向於是「給予者」。重視為他人做事的那種人，就認為「自己的人生更有意義」。[24]

美國優秀高中生協會（National Society of High School Scholars）在二〇一三年針對九千名高中高材生進行的一項調查，結果更為顯著。受試學生被問及在二百多個企業中，選出最想為哪些企業工作。結果，健康照護、醫院和政府機構就在前二十五名最想任職企業中，占了十四個名額。其中，聖猶大兒童研究醫院（St. Jude Children's Research Hospital）是美國高中生最想進入的職場。美國優秀高中生協會會長詹姆斯・路易斯（James W. Lewis）為這項調查做出摘要，他表示：「千禧世代最在意的是，自己能不能協助他人。」[25]

同前所述，比較沒有同理心的人，就比較注重物質。如果千禧世代比先前世代更有同理心，那麼我們應該會在過去幾十年內，看到他們對物質主義改觀的這股趨勢。這種情況正開始發生。二〇一三年夏天發表於《社會心理學與性格科學》（*Social Psychological and Personality Science*）期刊的一篇研究，研究人員檢視過去將近四十年針對幾十萬名高三學生進行的態度調查發現，在二〇〇八年大衰退開始時，價值觀就出現驚人的反轉。雖然過去年復一年，不同年輕世代對他人的同理心持續降低，對物質主義的偏好持續增加，但就在二〇〇八年後這股趨勢突然逆轉，年輕千禧世代表示他們更關心別人，對追求物質更沒有興趣。[26]這些新研究發現，千禧世代對於趕上物質潮流比較沒興趣，也比較不會消費成癮，把消費當成一種生活方式。

共享經濟講究同理心，而非物質主義

這些發現跟協同消費與共享經濟的崛起不謀而合。現在，世界各地的年輕世代正在共用自行車、汽車、住家、衣物和其他無數物品，他們決定選擇使用權，而非所有權。愈來愈多千禧世代正避開設計師品牌，支持原因導向的大眾品牌，也更關心物質的使用價值，而非交換價值或身分地位。本質上，協同產消合一者的共享經濟就比較講究同理心，比較不注重物質主義。

人們對於永續性與環境管理的努力，也反映出物質主義精神的消退。物質主義者不但對同儕比較沒有同理心，也比較不懂得愛惜其他生物和大自然環境，這一點並不令人意外。物質主義者把大自然當成可利用的資源，純粹是達成目的之工具，沒有想過大自然是要好好保護的社群。對他們來說，環境就和他們的人際關係一樣，純粹以功用和市場價值來衡量，絕對不是以本身固有價值來衡量。

羅徹斯特大學研究人員對八十名學生進行測試，想查明物質主義價值如何影響學生選用自然資源。受試學生被分類為高度物質主義或非物質主義，然後受試學生扮演一家木材公司老闆，跟其他公司競標二百公頃的國家森林林地。每位學生可以競標到每年最多砍伐十公頃林地，並被告知剩餘林地每年以一〇%的比率復育。如果受試學生選擇只砍伐幾公頃的林地，獲利就不高。但是，如果他們選擇砍伐相當多公頃的林地，獲利雖高，森林林地就會在短期內被砍伐殆盡。

可想而知，跟非物質主義者相比，物質主義者當然競標要砍伐更多林地，想趕快賺取獲利，代價就是森林資源迅速耗盡。他們都只關心短期財務獲得，而把長期保育實務放一邊。長遠下來，非物質主義者因為讓森林資源長久維持下去，反而獲利更多。[27]

環保是優先要務，經濟成長趨緩也在所不惜

這項實驗中顯示的價值導向，正在現實世界中出現。跟年長世代相比，千禧世代不只比較不傾向物質主義，也更支持環境管理。根據位於美國華府特區的智庫美國進步中心（Center for American Progress）在二〇〇九年進行的一項調查顯示，七五%的千禧世代支持改用再生能源取代化石燃料，比其他成年世代高出許多。[28]幾年前一項蓋洛普（Gallup）民調的發現甚至更為驚人。十八歲到二十九歲的年輕人中，有五八%的比例表示，環境保護應該是美國全國優先要務，就算這樣做會讓經濟成長趨緩也在所不惜。[29]

所以，這些實驗、研究和調查究竟告訴我們什麼？首先，我們得知金錢買不到快樂。雖然貧窮讓人絕望，但財富一旦增加到讓人生活舒適無虞後，一樣會讓人開始感到絕望。其次，揮霍無度的物質主義一點也不會讓人們更快樂，而是讓人們更疏離、擔心、懷疑和孤寂。

再者，驅使人類的首要動機並非像經濟學家要我們相信的那種永不滿足的物質需求，而是對社會性的追求。當個人在物質舒適度上獲得起碼的要求，讓我們快樂的事情就是情感與友誼。我們尋求歸屬，而不是擁有和貪得無厭，這一切讓經濟學的這兩大假設受到質疑：我們生活中最想要的東西都很稀少，可是我

們想要的東西卻多得數不清。實際上，我們最想要的東西並不稀少，而是無限富足，那就是愛、接受與對個人人性的肯定。即便經濟學家不懂，但廣告業者卻清楚得很。每年廠商花幾千億美元大打廣告，就是以一種瘋狂的方式訴求這些深層動機，廣告向人們洗腦，告訴人們藉由購買、累積和消耗更多物質事物，最能滿足我們的心靈需求。其實，廣告業者心知肚明，其實這些杜撰出來的欲求只是讓我們和想要追求的社群感離得更遠。想像一下，要是廣告業突然從我們日常生活中消失，人類行為會多快發生改變。對物質主義的迷戀會很快消退，讓我們有餘力重新發現我們渴望的是彼此，而非物質。

但是，我們聽聽這種持不同觀點的論調：在近零邊際成本社會裡，大家想要的東西幾乎都要得到，而且是在想要時就能以幾乎免費的方式取得，人類可能會更快吞噬地球剩餘的資源，最後導致地球毀滅？答案是：不可能會這樣。助長過度消費的元兇是稀少性，而不是富足。在大家的物質需求都獲得滿足的世界裡，人們不必擔心缺少什麼東西。對於累積物品和過度沉迷物質追求，這種貪得無厭的需求就會大大失勢。個人能從他人奪取什麼，這種需求也會跟著消失。而且，在每個人的需求或多或少都能得到滿足的世界裡，依據物質地位區分社會身分，這種做法就變得沒有意義。社會不再只是依據「我的東西和你的東西」這種方式來做劃分，個人價值也不是由個人擁有什麼來做決定。

確保人類在地球上永續發展的唯一有效途徑

這樣講並不表示富足的時代把人類帶往烏托邦，沒有人會天真地以為人性的黑暗面會突然從我們的文化DNA中消失。只是說，當富足取代稀少，人類就比較可能消耗更少資源，沒有持續的動機要未雨綢繆而必須擁有更多。雖然乍看之下，「以富足經濟取代稀少經濟」這個概念可能會讓人想起地球剩餘資源因為消費失控而消耗殆盡的可能性。其實，基於先前提到的所有原因，這可能是確保人類在地球上永續發展的唯一有效途徑。

至少，在由分散、協同、點對點網路支配的新世界中長大的部分年輕世代，現正開始擺脫資本主義時代經濟生活的特質，也就是物質主義的種種症狀。他們正在創造一種共享經濟，比較不物質主義，同時也比較有永續性，能有效解決問題，並展現更多同理心。他們的生活更貼近全球共有資源，也更偏離資本主義市場。在先進工業國家，共享這種新社會精神正開始對年輕世代的生態足跡造成重大影響。

從物質主義到注重永續生活這種轉變，開啟地球上最富裕人士生態足跡大幅降低的可能性，也讓地球有更多的資源可供運用，這樣地球上最貧窮人口就能脫離貧窮，提高生活水準，並享受生活基本需求獲得滿足、可舒適過活的快樂。但是，這兩股勢力是否能攜手合作讓世人都能舒適生活，以考量生物承載力的方式善用地球生態資源，這個問題就還有待商榷。

我相信許多讀者看到這裡不免想問，有可能嗎？地球資源夠用嗎？如果世上最窮的四〇％人口數量增加並擴大本身的生態足跡，就算世上最富裕的四〇％人口縮小本身的生態足跡也於事無補。我同意這個看法。如果我們打算享受地球資源豐饒所提供的成果，我們不但必須縮小富人的生態足跡，也必須設法阻止窮人人口的大幅激增。

只要人們還是深陷在貧困狀態中，那麼發放保險套和宣導家庭節育這種做法就徒勞無功。我們知道在世上最貧窮的國家，家庭人口數多就被當成一種保障，要是有小孩早夭，多生幾個就能多些幫手做事。在開發中國家的貧困社區，女性和孩童被當成什麼事都要做的苦力，尤其是他們必須想盡辦法利用稀少資源讓家人得以餬口。所以，在這種情況下，我們倡導家庭節育，怎麼可能有用？

電力普及化，減緩貧窮國家人口激增現象

現在，我們開始明白，有電力可用是讓地球人口趨於穩定的關鍵。這就是為什麼聯合國秘書長潘基文（Ban Ki-moon）將電力使用作為其負責經濟發展議程的核心要務。

在二十世紀時，是電力解放歐美與其他國家的女性。電力讓女性不必被家事所困，不必再像佣人一樣被困在家裡忙個不停。電力讓年輕女孩能和男孩一樣，有足夠時間上學受教育，讓自己的生活過得更好。當女性更獨立自主並能負擔生計，就能讓自己生活無虞，生育數也大幅下降。目前，除了少數特例外，工業國家生育率已經下滑到每位女性生育二・一個小孩，而且婦女生育人數還逐代銳減。全球最富裕國家的人口都出現驚人的銳減。[30]

然而，目前全球有超過二〇%的人口沒有電力可用，另外二〇%的人口只有少量電力可用，而且電力供應不穩定。這些人口散布在人口成長最快的國家。聯合國工業發展組織（United Nations Industrial Development Organization，ＵＮＩＤＯ）做出一項承諾，建造第三次工業革命基礎設施，協助當地人口取得電力，讓十五億貧困人口有綠色電力可用。

二〇一一年時，我跟聯合國工業發展組織總幹事暨聯合國能源小組主席坎德赫・雲蓋拉（Kandeh Yumkella）博士聯手，在該組織舉辦的全球國際大會上，支持在開發中國家興建第三次工業革命基礎設施。雲蓋拉博士發表聲明指出：「我們相信，我們正為第三次工業革命揭開序幕，我希望聯合國工業發展組織的所有成員國都聽到這個訊息，我也要向所有成員國提出這個問題：『我們如何參與這次革命？』」[31] 這項艱鉅任務的目標是，在二〇三〇年以前，讓電力全面普及化。地球上的每個社群都有電可用，就能讓窮人脫離貧困，有機會過舒適的生活，讓每個人都維持不錯的生活品質。

隨著電力全面普及化這股運動的展開，最貧窮國家的人口激增現象就可能趨緩，因為跟其他國家一樣，電力化會讓人脫離貧窮。到本世紀中期，世界各地逐年下降的生育率可能趨近每位婦女生育二・一個小孩，也讓全球人口首度邁入緩慢減少的趨勢，最後人口將會減少到五十億人，這個數字也能確保我們不會將地球資源坐吃山空，並能享有富足經濟。

末日的兩張王牌

減少富人的生態足跡，讓四〇%的人口脫離貧困，並穩定全球人口，讓全球人口開始減少，好讓人類配合生態承載力，不會耗盡地球資源。這項工作雖然極具挑戰，卻並非不可能。不過，這些工作在兩張王牌的影響下卻變得更為棘手。這兩張王牌可能暗中破壞我們讓地球補充資源、以富足取代稀少所做的努力。

現在，產業引起的氣候變遷正讓我們的生態系統付出代價，危及到人類和其他物種的生存。如果你認為這問題不算什麼，那我告訴你，讓人類得以共享富足經濟的資訊科技與網路技術，正日漸被網路恐怖分子用於在逐漸成形的物聯網基礎設施上製造大破壞，而且這些破壞有可能造成災難性的衝擊，讓現代文明瓦解，讓幾億人因此喪命。

地球暖化，生態環境丕變

氣候科學家指出，地球大氣層中的二氧化碳濃度在過去六十五萬年內的變動範圍，在一百八十ppm到三百ppm（ppm即百萬分之一）。但是在工業時代初期到二〇一三年，這個數字卻從二百八十ppm激增到四百ppm。[32]大氣層中的甲烷和氧化亞氮（另外二個影響全球暖化的主要氣體）的濃度也正顯現同樣的走勢。[33]

二〇〇九年十二月在哥本哈根舉辦的全球氣候高峰會中，歐盟提議世界各國在二〇五〇年時，二氧化碳排放量不得超過四百五十ppm，希望人類若能做到這樣，或許就能將地球溫度升高範圍限制在華氏三・五度（攝氏二度）以內。不過，即使地球溫度升高華氏三・五度，其實就等於讓地球回到幾百萬年前，也就是上新世的狀態，對生態系統和人類生活都會造成毀滅性的後果。[34]

歐盟的這項提議並未受到重視。現在，也就是那次全球高峰會的四年後，碳基燃料的大量使用已經讓大氣層中二氧化碳濃度迅速超過先前模型的預測，讓地球溫度可能迅速升高華氏三・五度，到二一〇〇年時就升高華氏八・一度（攝氏四・五度）或更高，這種溫度是地球這幾百萬年來從未出現的狀況[35]（記住，以現代人（地球最年輕的物種）的身體結構來說，現代人大約只在地球居住十七萬五千年左右）。

地球溫度急遽升高會讓人如此驚恐的原因是，溫度急遽上升會改變地球的水文循環（hydrological cycle）。地球是一顆多水的星球，地球的多元生態系統經過地質年代的演變，這些演變就跟降雨模式直接相關。地球溫度每上升攝氏一度，就會讓大氣層保水量增加七％，讓水分分布方式出現大幅改變，降雨量變得更密集，但是持續期間和頻率反而減少。[36]現在，世界各地已經感受到生態系統遭致這種後果。我們在冬天經歷更嚴酷的雪災，春天有暴風雨和洪水肆虐，夏天則有漫長的乾旱和野火延燒，三到五級的颶風接踵而至，大山脈的冰帽則紛紛融解，讓海平面跟著上升。

溫度上升六度，地球上將有半數物種慘遭滅絕

地球生態系統無法即時調整地球水循環出現如此破壞性的改變，因此生態系統面臨的壓力愈來愈大，有些地區的生態系統甚至瀕臨瓦解。現在，全球生態系統動力的不穩定，已經迫使生物圈進入地球四億五千萬年來的第六次大滅絕。在前五次大滅絕中，地球的氣候達到關鍵臨界點，讓生態系統進入一個正向反饋循環，導致地球的生物多樣性被迅速摧毀。平均來說，地球需要連續一千萬年的時間，才能把失去的生物多樣性補救回來。生物學家告訴我們，在二十一世紀結束時，我們可能會看到地球上有半數物種滅絕，許多地方會變成不毛之地，情況持續幾百萬年都無法改善。[37]

美國太空總署戈達德太空研究所（Goddard Institute for Space Studies）暨美國政府首席氣候學家詹姆斯・韓森（James Hansen）預測，從現在起到二十一世紀結束時，地球溫度將上升攝氏六度，我們將會領悟到這是人類文明的末日。根據韓森表示，唯一的希望是將大氣層中二氧化碳濃度從三百八十五ppm，降低到三百五十ppm或更低，但是到目前為止，並沒有任何國家提議這樣做，就連歐盟也不例外。[38]

在此，導致世界末日的一張王牌是，氣候變遷與水文循環改變可能對農業生產和基礎設施造成衝擊。海燕颱風是史上最強烈颱風之一，這個颱風在二〇一三年十一月、也就是稻米栽種季節開始時侵襲菲律賓，破壞幾十萬公頃的稻田，大量破壞菲律賓的稻米產量。就在海燕颱風肆虐的一個月前，特強熱帶氣旋費林就以同樣強大的破壞力襲捲印度東部。光是在奧狄沙省和比哈省等地，估計農作物損失就高達四百五十億美元。[39]二〇一三年六月，中歐地區也因為暴雨成災，導致河水暴漲潰堤，農田都被洪水淹沒。在德國帕紹，也就是多瑙河、茵河和伊爾茨河交會處，洪水竟然高達四二・三英呎，刷新當地自一五〇一年來最可怕的洪水紀錄。[40]當時我正從法蘭克福機場前往威瑪古城，親眼目睹了洪水肆虐的景象。沿

途農地全都泡在水中，估計農作物損失超過一百六十五億美元。[41]

天災發生的機率是一百年前的兩倍

德國基爾黑姆霍茲（Helmholtz Center for Ocean Research）海洋研究中心氣候科學家莫吉伯・拉提夫（Mojib Latif）提醒大家，隨著氣候變遷、降雨密集造成地球溫度升高，歐洲在二〇〇二年和二〇一三年經歷的強烈暴風雨和洪水，日後將更會成為一種新常態，天災破壞程度也更大。拉提夫指出：「像我們目前看到的強烈暴風雨和洪水，現在的發生機率是一百年前的兩倍。」[42]

世界各地的乾旱現象也在激增中，讓農作物產量跟著銳減。過去幾年美國西部乾旱頻傳，已經讓美國農業產出大幅減少。占美國農場淨所得四〇%的西部十七州，在未來幾十年內可能因為氣候變遷的衝擊，從世上最富足農耕區域轉變成沙漠地帶。二〇一二年時，美國有超過一萬五千個郡（已超過美國總郡數之半）經歷嚴重乾旱，並宣布成為沙漠地區。這些農業地區有長達幾年的時間，一直經歷比長期平均溫度高出華氏十到二十度的旱災。二〇一三年時，這些地區的溫度更高達華氏一百零五度，等於比大多數溫帶作物的臨界溫度高出十度。美國西部正迅速流失耕地和地下水，必須從國內其他地區抽水補給，導致原本居高不下的能源成本更加高漲。[43] 根據美國國家大氣研究中心（U.S.National Center for Atmospheric Research）在二〇一一年的一項研究顯示，氣候變遷可能在美國引發更嚴重的乾旱，災情將比一九三〇年代的沙塵暴要更為慘重。[44]

氣候變遷引發的乾旱也在世界各地激增，讓農作物產量因此銳減。一項近期研究預測，二十一世紀中期時，全球乾旱頻率將增加為兩倍，到本世紀結束時，則增加到三倍。[45]

食物產量減少，營養不良孩童人數激增

二〇〇九年時，國際糧食政策研究所（International Food Policy Research Institute）的一份報告指出，氣候變遷對開發中國家農業產生重大衝擊，但事實上情況會更加嚴重，因為這份報告是以先前地球溫度只升高攝氏三度為預測基準。到二〇五〇年時，由於氣候變遷讓南亞可能遭受最嚴重的衝擊，預估小麥產量將不到二〇〇〇年之半，稻米產出減少一七％，玉米產量也減少六％。東亞和太平洋地區到二〇五〇年時，稻米產出將減少二〇％，黃豆產量減少一三％，小麥產量減少一六％，玉米產量減少四％。同期內因為氣候變遷的關係，人類平均可用熱量預計將暴跌一五％，穀物消耗量減少二四％。南亞地區的營養不良孩童人數預計將激增到五千九百萬人，而東亞和太平洋地區的營養不良孩童人數則激增到一千四百萬人。[46]

由於農業大量依賴降雨灌溉，讓原本已經是世上最貧窮區域的撒哈拉以南非洲地區，預計在糧食生產上面臨同樣的銳減慘況。到了二〇五〇年時，平均稻米產量將減少一四％，小麥產量減少二二％，玉米產量減少五％。在營養不良情況已經很嚴重的非洲次大陸，各項預測指出由於氣候變遷，到二〇五〇年時每人每日平均攝取熱量將減少五百卡，也就是每人糧食消耗量將減少二一％。未來三十八年內，營養不良孩童人數預計將從三千三百萬人增加到四千二百萬人。若把氣候變遷的因素考慮在內，營養不良孩童人數將增加到五千二百萬人。[47]

未來四十年，氣候變遷對中東和北非等地的農業衝擊也同樣令人擔憂。到二〇五〇年時，稻米產量將減少三〇％，玉米產量減少四七％，小麥產量減少二〇％。跟撒哈拉以南非洲地區一樣，每人每日攝取熱量將減少五百卡，營養不良孩童人數將超過二百萬人。[48]

拉丁美洲和加勒比海地區的情況稍微好些，到二〇五〇年時，稻米產量減少六・四％，玉米產量

減少三%，黃豆產量減少四%，小麥產量減少六%。每人每日攝取熱量減少三百卡，或說整體熱量減少一二%，營養不良孩童人數將超過六百四十萬人。[49]北美工業國家的農業產出也會因為氣候變遷受到不利衝擊。美國到本世紀結束時，低碳排放量情境下，玉米和黃豆產量預計將減少三〇%到四六%，在高碳排放量的情況下，玉米和黃豆產量更是銳減六三%到八二%。根據新的科學資料顯示，高排放量的可能性日漸升高。美國的玉米和黃豆產量甚至可能大減八〇%以上，引發災難性的後果，況且美國是世界穀物主要出口國，對全球糧食供應的影響之大可想而知。[50]

除非我們可以讓溫室氣體排放量大量降低到韓森和其他氣候學家所說、能將氣候變遷趨緩所需的水準，否則在這個世紀、數個世紀、甚至一千年內，我們都不可能創造富足經濟，尤其是不可能有足夠的糧食餵養全球人口。

颶風、海嘯、乾旱等氣候變遷，讓人類基礎建設遭受重創

在二十一世紀，氣候變遷同樣會對人類基礎設施產生重大的衝擊。級別三到五的颶風和熱帶氣旋，正以驚人的速率造成猛烈的洪水和河水氾濫，對基礎設施造成破壞性的衝擊。級別三的卡崔娜（Katrina）颶風在二〇〇五年重創紐奧良和墨西哥灣沿岸，造成當地基礎設施和經濟損失金額高達一千四百八十億美元，並讓一千八百三十三人因此喪生。這個颶風至少摧毀十二萬六千棟民宅，還損壞一百二十萬間住宅。美國八個州有三百萬人沒有電力可用，有些地區還停電長達數週的時間，六十萬個家庭無家可歸，有些家庭甚至好幾個月都沒有下榻之處。[51]

同為級別三的颶風桑迪（Sandy）在二〇一二年侵襲美國東岸，讓紐澤西、紐約到新英格蘭等地的基礎設施受到嚴重破壞。雖然破壞力不像卡崔娜颶風那般嚴重，但其所造成的損害也要費時幾年才能修復完

成。桑迪颶風大約造成八百五十一萬人無電可用，三十萬五千個住家受損或毀損，紐約市的大眾運輸幾乎停擺。據估計，光是紐約和紐澤西等地的損失就超過七百一十億美元。[52]

世界各地的輸電網、運輸幹線、通訊、供水及地下水系統當初在設計時，根本沒有設想到會遭遇這種失控水文循環的衝擊，因此在遭受這種天災時都受到重創。能源基礎設施特別脆弱，且靠近河流和海岸線的發電站通常在暴風雨來襲時無力抵抗。二〇一一年侵襲日本東岸的海嘯，讓福島核能電廠設備失靈，造成六個核子反應爐中有四個核芯熔毀，導致方圓六十二平方哩內在未來幾十年、甚至幾百年內淪為禁止居住區。[53]洪水也讓離岸鑽油平台無法運作，導致鑽油平台關閉和原油外溢。陸地石油管線也因為極端氣候相關事件受到不利影響。[54]

乾旱對於發電站冷卻水的供應日漸造成威脅。在法國，每年有四三％的淡水用於冷卻核子反應爐。在這個過程中排放出的熱能，會讓已經受乾旱破壞的生態系統更加枯乾，讓農作物收成受到影響。以前端作業來說，當水溫因為氣候變遷引發的極熱狀態而變得過熱，就不再能用於冷卻核子反應爐，迫使核電廠必須停工或關閉。二〇〇九年夏天，法國受到熱浪侵襲，導致冷卻水短缺，迫使該國三分之一的核電廠關廠。[55]根據預測，由於核能占歐盟電力供應的二八％，氣候變遷導致地球溫度日漸升高，未來幾年歐洲電力的生成勢必會遭到重大破壞。[56]

超強暴風雨也讓電線和傳輸線受損，讓電力服務經常中斷，部分停電和停電的次數一再刷新紀錄。由於維持通訊、淨水廠、抽水站、資通訊科技設備、加油站等的運作都需要電力，電力損失也會對其他基礎設施造成骨牌效應。

暴雨和洪水也會毀損道路，讓貨運和通勤交通停擺，對經濟產生嚴重的衝擊。鐵路運輸也會因為鐵道被暴雨沖刷受損而受到影響，地鐵更無法承受洪水侵襲。桑迪颶風襲擊紐約時，地鐵隧道都淹水，曼哈頓下城也一片汪洋，部分地區的地鐵服務暫停好幾天，甚至長達好幾週。[57]

暴風雨也讓愈來愈多機場關閉，讓跨區空中交通受阻。由於洪水、乾旱和濃霧狀況頻傳，海港和內陸水道也同樣需要暫停運作。

利用再生能源延緩氣候變遷，才是根本解決之道

在水文循環出現改變時，供水基礎設施最不堪一擊。降雨模式的改變會產生多重影響，包括讓水庫可用水銳減的乾旱在內。另外，排水系統也因此承受龐大壓力，造成阻塞和洪水。平均水溫升高也對生物處理程序和飲用水的品質造成不利影響。[58]

單就美國來說，每年用於基礎設施的總支出就超過三千億美元。[59]預計在未來幾十年內，由於極端氣候事件損害基礎設施，這項數字將急劇上揚。有些經濟學家甚至開始暗示，維持人類文明所要付出的代價會相當高，迫使人類進入一個難以想像的新世界。

只要工業社會繼續將大量二氧化碳排放到大氣層，就算我們強化現有化石燃料基本設施，使其經得起極端氣候的衝擊，到最後這些努力也可能徒勞無功。以為我們可以臨時修補碳基制度，就能超前極端氣候的腳步，有效阻止極端氣候日漸升高的襲擊，這種想法根本愚蠢至極。

其實，我們反而應該把首要重點放在如何脫離高碳經濟結構。物聯網的基礎設施提供一個切合實際的希望，讓我們利用再生能源，迅速取代化石燃料能源，並讓氣候變遷的腳步趨緩。問題是，這種新基礎設施是否能在全球迅速部署，在氣候變遷大幅破壞地球水文循環系統，導致無法收拾的後果前，大幅減少二氧化碳和其他溫室氣體的排放量。

無所不在的網路恐怖分子

引發世界末日的第二張王牌就是網路恐怖主義，網路恐怖主義會暗中破壞我們想要過渡到永續富足經濟所做的努力。世界各地的政府和企業正開始提高警覺，網路恐怖分子逐漸以基礎設施為攻擊目標，各國政府和企業紛紛發聲對此表達關切，認為網路恐怖攻擊可能讓維持社會所需的許多重要服務因此受損、甚至停擺，導致一場高科技世界末日大決鬥和文明的瓦解。

二〇〇九年時，北韓的駭客就順利關閉美國財政部、聯邦特勤局（Secret Service）和聯邦貿易委員會（Federal Trade Commission）的網站。同年也發現，駭客已經在美國輸電網中安裝先進軟體，讓他們能夠選擇日後要在哪一天破壞電力系統。[60]

此後，針對政府、企業和基礎設施的其他網路攻擊一直激增中，而且駭客的破壞能力更強，造成的損害也更大。駭客行為已經從惡作劇轉變為恐怖主義活動，其所製造的新一波恐懼，和二十世紀後半期的核武威脅並無不同。

恐怖主義運用軟體程式，對虛擬空間和實體空間都造成損害。美國戰略暨國際研究中心（Center for Strategic and International Studies）將網路恐怖主義（cyberterror）定義為：「運用電腦網路工具，關閉國家重要基礎設施（例如能源、運輸、政府運作），或是迫使、威嚇政府或平民百姓。」[61]

二〇一三年三月，美國運通公司（American Express）持卡人個資遭到駭客攻擊，當時持卡人要登入線上帳戶卻發現螢幕一片空白，導致美國運通公司的網站關閉超過二小時。而且這次事件只是六個月以來精心策劃的一連串駭客事件的其中一項，全球知名金融機構包括美國銀行（Bank of America）、摩根大通銀行和富國銀行（Wells Fargo）都深受其害，只好暫時關閉網站。當時，自稱為伊茲丁・哈桑網路戰士

（Izz ad-Din al-Qassam Cyber Fighters）的團體聲稱，這些攻擊都是他們所為，還說這樣做的目的是抗議YouTube上的反伊斯蘭影片。據懷疑，這個團體可能只是代為認罪，伊朗政府才是幕後首腦。美國和以色列以其人之道還制其人，運用網路駭客攻擊，讓伊朗秘密建造的許多核子燃料濃縮工廠無法運作。伊朗揚言要報復，宣布由國家推動「網路軍團」（Cyber Corps）計畫，展開報復行動。[62]

輸電網若遭攻擊，社會將無法正常運作

人們對網路攻擊的憂心四起，也帶動網路安全產業的蓬勃發展。在二〇一二年時，網路安全產業的市值已有六百一十一億美元，根據摩根・史坦利集團進行的一項研究顯示，預計到二〇三〇年時，網路安全產業的市值將超過一千億美元。[63]政府最擔心輸電網遭受攻擊，美國政府委託進行的一份報告指出：

> 電力網是支持其他關鍵基礎設施運作所不可或缺之物，包括水、食物、燃料、通訊、運輸、金融交易、緊急服務、政府服務的供給與分配，以及其他支援國家經濟與福利的所有基礎設施。[64]

如果某項網路攻擊以輸電網的關鍵要素為目標，目的是要讓輸電網無法運作，國家可能就會長達幾個月、甚至一年或幾年的時間無電可用。沒有電，就等於現代社會中的每樣事情都停擺，供水系統、石油管線、污水處理、運輸、暖氣與照明全都無法正常運作。研究顯示，只要大停電幾週，社會就會陷入混亂。幾百萬人會因為缺乏食物、水和其他基本服務而喪命。政府停止運作，軍隊也無力介入重新恢復秩序，倖存者也必須逃往鄉間，設法勉強餬口存活，人類就再度回到工業革命前無電可用的時代。

這份委託報告推斷：「萬一電力基礎設施的重要部分失去功能一段時間……就可能引起毀滅性的後

果，最後人口密集的都會區和市郊社區，有許多人可能因為缺乏維生的基本物資與服務而喪命。」

國家電力輸送網如此不堪一擊？

美國有二千多個特製變壓器，負責將大量輸送的高壓電降壓，再將電力配送給最終使用者。如果網路攻擊以讓這些變壓器失效為目標，就會產生破壞性極大的後果，因為這些變壓器大多是在美國境外製造。[66]打造二千個變壓器再運往美國並安裝好，可能要花一年左右的時間，而且這是假定網路攻擊只以美國的變壓器為目標，沒有把歐洲或其他地方的變壓器算進去。想像一下，要是美國整個社會一整年沒有電力可用，政府基本運作和企業服務全都停擺一年。如我們所知，不用到一年，美國就不存在了。

二〇一二年六月，美國一些知名國安專家，包括前任國土安全部部長麥克・契爾托夫（Michael Chertoff）和前任國家安全局局長麥克・海登（Michael Hayden）將軍，要求參議院通過一項網路安全法案，保護美國不堪一擊的基礎設施。他們指出，當初要是更妥善利用現有情報，或許能避免掉九一一恐怖攻擊事件，兩人也告誡大家：「我們可不希望在『網路出現類似九一一恐怖攻擊』時，陷入同樣的困境。」他們提醒大家，「問題不是這種情況『是否』會發生，而是這種情況『何時』會發生。」[67]

美國國家科學院（U.S. National Academy of Sciences）在二〇一二年時以一份詳盡報告，說明網路攻擊可能對美國電力網造成怎樣的威脅，並特別注意到變壓器的不堪一擊。二〇一二年三月，技術人員進行一項緊急應變演習，把三部變壓器從聖路易運送到休士頓並安裝好，藉此評估美國變壓器受到網路攻擊後的迅速應變能力。[68]美國電力研究所李察・洛登（Richard J. Lordan）表示，美國電力業正開始提出這個問題：美國必須儲備多少變壓器，美國電力網同時遭受網路攻擊後，要運送並部署變壓器到受災區，用怎樣的方式最好。[69]

美國國會、美國電力研究所、國家科學院、政府委外單位和私人產業團體紛紛關切網路攻擊威脅層級，這樣做雖然值得嘉許，但是他們卻沒有提出什麼實際做法。他們提出各種「要是怎麼樣」的情境，假設電力網正常運作是仰賴化石燃料和核能來發電，並且只透過集中管理的電力站，經由電線配電給幾百萬名最終使用者。如果集中管理的智慧電網開始運作，那麼這種電網遭到網路攻擊時，後果就更不堪設想。

分散式智慧電網，有效減輕網路攻擊災害範圍

遺憾的是，美國正支持集中管理的智慧電網，這樣做等於正中下懷，讓網路恐怖主義者樂得開心。相較之下，歐盟和其他政府正在部署一種分散式智慧電網（或稱為能源網路），減輕大規模網路攻擊可能造成的威脅和損害。在全面運作的能源網路是透過全國各地區的運作，即使某些變壓器燒毀了，當地社群可以脫離智慧電網，繼續產生綠色電力，在微型電網上跟鄰居和企業共享電力，持續供應電力並讓照明設備正常運作，至少能維持社會正常運作一段時間。

有趣的是，有關美國通訊網路安全的類似關切，正是促使網路出現的部分原因。一九六〇年代時，蘭德公司（Rand Corporation）的保羅•巴蘭（Paul Baran）和其他研究人員開始思考這個問題：在遭受核武攻擊時，如何確保美國通訊網路持續運作。巴蘭跟同事開始設想一個沒有中央接線總機的分散式主機網路，就算核武攻擊破壞美國部分通訊系統，分散式主機網路還是能持續運作。這個構想就是要建造一個讓資料可以透過幾個不同路徑到達目的地的通訊系統，這樣一來系統各部分就不是完全依賴其他部分才能運作。當時由美國國防部先進研究計畫署資助的一個實驗網路，稱為ARPAnet。APRAnet連結知名大學的一些電腦，最後發展成網路。[70]

能源網路的分散式基礎設施也內建能經得起網路攻擊的類似能力。問題是在許多地區，不只是美國也包括歐盟和其他地方，以太陽能設備、風力等形式興建微型電廠就會受到主要電網的束縛，迫使地方產生的電力只能往較大系統輸送。當主要系統故障時，微型電廠也跟著停止運作，反而無法實地運作。原因就出在，當初這樣做是為了讓電力業者和公用事業業者能管控電網中的電力配送。他們擔心當每個微型電廠都有變動電價監控電錶可用，提醒業主不同時段的電價變動，那麼微型電廠可能設定好系統，只在電價高時傳送電力銷售，在其他時段就自行選擇脫離主要電網，改用本身的電力。

桑迪颶風來襲後，長島和紐澤西沿岸城鎮都停電了，這個情況更加突顯出這種系統的缺點。許多在屋頂上安裝太陽能板的住家和辦公室，卻無法運用本身的電力。住在紐約皇后區的屋主艾德・安東尼奧（Ed Antonio）花了七萬美元安裝太陽能系統，架設四十二片太陽能板，在颶風過後卻無法使用，跟當地其他綠色微型電力系統的情況一樣。像安東尼奧這類家庭透過一個變流器，將屋頂太陽能板收集到的電力傳送到配電板，再把多餘的電力送往主要電網。[71]但是，在停電時，電力公司工作人員正忙著修補電線，變流器就會自動關閉，確保電力不會上傳到主要電網。

不過，現在已經有新系統可用，讓微型電廠在電力傳輸線受損時，還能持續運作。只要安裝不同配電板和更先進的變流器，將電力只供自家使用，這樣至少還能維持必要電器、照明和暖氣的運作，甚至能有電動交通工具可用。

針對網路攻擊，微型電網技術因應而生

美國軍方正率先進行微型電網技術的大多數研究、發展與部署。由於擔心大規模停電會讓美國軍隊無計可施，美國國防部和能源部耗資三千萬美元，推動「能源可靠度與安全之智慧電力基礎設施示範計畫」

（Smart Power Infrastructure Demonstration for Energy Reliability and Security，SPIDERS）。這個綠色微型電網基礎設施就安裝在這三個軍事基地——夏威夷H. M.史密斯軍營（Camp H.M.Smith）、科羅拉多州卡森堡基地（Fort Carson）和夏威夷珍珠港—希卡姆聯合基地（Joint Base Peral Harbor-Hickam）。這項計畫讓這三個軍事基地在網路攻擊導致主要電網無法運作時，可以仰賴當地產生的綠色電力，讓所有重要工作持續運作。[72]

在全球暖化對農業和基礎設施造成衝擊之際，各國政府必須加緊腳步，在地球溫度急遽升高，對生態系統造成災難性後果前，迅速部署一種協同式的物聯網基礎設施，讓社會擺脫碳基經濟結構。同樣地，政府在面臨網路恐怖主義者日漸升高的威脅下，也要快馬加鞭支持分散式電力生成這種做法。問題是，能源網路是否能迅速上線運作，讓幾億個當地微型電廠在必要時能脫離主要電網，好讓當地經濟持續運作，有效對抗以國家輸電系統為目標的網路攻擊。

在氣候變遷與網路恐怖主義這兩張末日王牌的影響下，人類的安全正面臨可怕的威脅，同樣地，這也提供我們一個極具挑戰性的機會，讓我們邁入一個更注重永續發展的後碳時代。不過，要把這個威脅轉變成機會，光靠一個切實可行的經濟計畫是不夠的。我們已經具備那項計畫的基礎架構，以及落實計畫所需的技術專業知識。但是，如果人們的意識觀念沒有徹底改變，那兩樣東西根本無法發揮作用。我們必須擺脫以往自掃門前雪的狹隘觀念，開始把地球這個共同生物圈當成一個大家庭。現在，人類最緊急的要務就是，如果想要繼續存活並繁榮發展，就必須找出一種新的方式在地球上生活。

第十六章

打造全新的生物圈社群

目前，大多數經濟學家還是確信，就算日漸崛起的物聯網讓經濟加快腳步，讓邊際成本更趨近於零，也讓協同共有資源迅速崛起，但是物聯網釋放出來的額外生產力，最後來是會被資本主義制度吸納。不過，事實正好相反，也就是說，這兩種經濟結構其實會以一個混合關係，彼此互相調適運作。到了二十一世紀中期，協同共有資源日漸成為主流，資本主義經濟開始適應本身扮演的輔助角色。

我的看法是只要有堅定的信念和一點點運氣，這個新經濟典範就能達成，而且人類不必為此付出高昂的代價或經歷挫敗。我這麼說不是單憑直覺或一廂情願的想法，而是基於歷史比較和現行發展軌道。歐美各國在第一次和第二次工業革命初期時打造的基礎架構，在三十年內陸續建置完成，又經歷二十年趨近成熟。

現在，第三次工業革命遵照一個更快的時程。全球資訊網在一九九〇年正式上線，到二〇一四年趨近成熟，以近零邊際成本的運作方式，透過一個通訊媒介把大多數人連結在一起。讓這個通訊網路能在不到二十五年的時間建造完成的同樣指數型曲線，目前正以類似時程推動能源網路，預期在二十五年內讓許多國家的綠色電力普及化，並以近零邊際成本運作。至於物流網路雖然才在發展初期，卻可能迅速發展。而3D列印則已經歷和通訊網路類似的發展階段，只是發展速度更為驚人。

我們也看到當物聯網上的產消合一者激增，同儕生產大幅加速，共有資源上社會經濟如何出現戲劇化的加速發展，降低生產、行銷和配送物品服務的成本。現在，產消合一者跟社會企業家精神企業正從經濟活動中，奪取相當可觀的比例，讓第二次工業革命企業原本就很微薄的利潤逐漸萎縮，迫使許多企業歇業倒閉。

我愈來愈抱持希望，近零邊際成本社會能帶領人類，在二十一世紀從以稀少性為依據的經濟結構邁向永續富足。我這樣希望不單只考量到技術，也以人類敘事史為依據。原因如下。

發揮同理心

人類史上最大的經濟典範轉移，不但以一種效力十足的新結構，結合通訊革命與能源機制，改變社會經濟生活的通訊革命。而且，通訊與能源的種種新組合也藉由將同理動機延伸到更廣大的時間和空間，讓人類結合成一個更大的家庭和更相互依存的社會，讓人類意識因此出現改變。

在早期的覓食／狩獵的社會，能源的來源就是人的身體，當時人類還不懂得畜養動物作為能源載體，也不懂得利用風力和水流。每個覓食／狩獵社會都創造出某種形式的口語，好能協調覓食／狩獵活動，讓社會生活持續進行。而且，每個覓食／狩獵社會（即使是少數維持至今的這類社會）都有「神話意識」（mythological consciouness）。在覓食／狩獵社會裡，人們只會對血親和部落成員產生同理心。有關覓食／狩獵社會的研究發現，能維持社群凝聚力的社會單位，很少超過五百人，也就是由血親延伸的大家庭成員人數不會超過五百人。[1]因為人數不多，就能利用某種親戚關係，定期維持社交關係並取得社會信任。偶爾侵犯部落遷徙區的其他部落，就不被當人看，甚至被視為惡魔。

人類文明跟河流的關係重大，河流文明的出現帶來一種新的通訊／能源組合。河流文明出現的時間點分別是：中東約在西元前三千五百年，中國長江文明在西元前三千九百五十年，南亞印度河文明在西元前二千五百年。建造並維持一個集中管理、渠道灌溉的農業系統，需要大量勞力和技術性技能。[2]能源機制（儲存穀物）讓都市生活隨之出現，許多穀倉、道路系統、貨幣、市場和長途貿易也紛紛出現。官方管理機構跟著設立，管理穀物的生產、儲存與配送。不過，等到「書寫」這種新形式的溝通出現後，這些遍布極廣的水力企業之集中管理才成為可能。

書寫與農業灌溉生產讓人類的心靈從神話意識，轉變為「神學意識」（theological consciousness）。在軸心時代（Axial Age）這段期間，也就是西元前八百年到西元一百年，世上幾個主要宗教開始形成：猶太教和基督教在中東出現，佛教在印度出現，而儒教（一種靈性追求）則在中國出現。

同理心從血親擴大到教友、全國同胞到同好社群

從神話意識到神學意識這種轉變，讓人們的同理心從血親擴大到依據宗教認同形成的虛擬家庭。猶太人雖然沒有血親關係，卻開始將彼此視為家人；佛教徒也一樣。在西元一世紀時，羅馬的基督徒會親吻彼此的臉頰，並以弟兄和姐妹相稱，對於之前只把血親當家人的世代來說，這種觀念實在讓他們無法接受。

軸心時代出現的這些宗教全都傳播這個黃金法則：「己所不欲，勿施於人。」依據宗教聯繫將同理心延伸到教友，讓許多人擴大社交範圍，建立社交關係，結合書寫和農業灌溉生產的新文明也應運而生。

十九世紀時，燃煤蒸氣印刷和新燃煤動力工廠與鐵路運輸系統，讓「意識型態意識」（ideological consciousness）隨之崛起。新通訊／能源組合讓商務與貿易得以從當地市場，擴大到全國市場，也鞏固民族國家為管理新經濟典範的治理模式。個人開始把自己當成公民，也把其他公民當成同胞。每個國家創造自己的歷史敘事（內容大多虛構），輔以說明重大事件、歷史鬥爭、集體紀念節和國家慶典，這一切全都

是為了讓個人把同理心擴大到血親、教友之外的本國同胞。法國男性和女性開始把彼此當成兄弟姐妹，大家透過構成法國工業社會的通訊／能源組合，跨越新的時空接觸到國內市場和國家政治疆界，讓同理心擴及全國同胞這個大家庭。德國人、義大利人、英國人、美國人和其他民族也這樣做，大家都把同理心擴及本國同胞。

在二十世紀，國家推動電氣化、石油和汽車運輸的同時出現，加上大眾消費者社會的興起，象徵著另一個認知轉變，也就是從意識型態轉變為「心理意識」（psychological consciousness）。我們很習慣反省自己，同時審視內在世界與外在世界，持續想方設法讓我們跟別人互動並繼續過活，因此我們忘記曾祖父母那一輩和他們之前的世代根本無法進行這種心理思考，也就是說，先前世代能進行這種心理思考的人，史上只有少數知名例外可尋。我的祖父母可以就意識型態、神學觀點、甚至是神話觀點去思考，但卻無法以心理學的觀點來思考。

心理意識讓人們超越政治疆界，把同理心擴及到人際關係。在通訊／能源組合和市場逐漸全球化之際，人們開始依據專業和技術聯繫、文化偏好和一系列超越國界延伸社會信任界限的其他屬性，對規模更大的虛擬家庭發揮同理心。

新的通訊／能源組合和隨之出現的經濟典範，並沒有把先前時期的意識和同理心延伸給拋棄掉。那些意識和同理心延伸都還保留著，只不過被納入規模更大的同理心領域中。神話意識、神學意識、意識型態意識和心理意識都還存在，而且在每個人心靈中都占有一席之地，只是在每個文化中所占的比例和程度並不一樣。現在，世界上仍有極少部分地區是以神話意識為主的覓食／狩獵社會，也有一些社會只受到神話意識的束縛。不過，其他社會則都轉移到意識型態意識，現在甚至邁入心理意識。

意識轉變的進行並非機械化和呈現直線發展。在一種意識被徹底消除和遺忘前，總會有一段黑暗期和逆行期，而被遺忘的意識只有等待日後重建光明。義大利文藝復興和北方文藝復興就是將以往的意識形式恢復的好例子。

儘管如此，人類演化有一種模式可尋：人類意識出現清楚無疑的轉變，以及人類同理心隨即擴展到規模更大的虛擬家庭。而這一切，都將在更複雜且互相依存的通訊／能源組合與經濟典範中如實呈現。

如果這場旅程看似一篇啟示錄，那只是因為史學家把打斷人類冒險故事的大部分病態事件都記載下來，比方說社會大變動、戰爭、種族滅絕、天災、權力鬥爭、改正社會不公等諸如此類的事件。史學家專注在人類旅程的黑暗面，這是可以理解的。這些異常的例外事件引起我們的注意，在我們集體記憶裡留下難以抹滅的印記，只因為這類事件太非比尋常，也動搖我們的日常生活。

但是，如果人類史大多是由病態事件和動亂所組成，那麼人類這個物種的真正本質就是掠奪成性、暴力傾向、逞兇好鬥、反覆無常、甚至行徑可惡。如果真是這樣，人類這個物種可能早就滅絕了。

我想起三十幾年前看過德國哲學家黑格爾針對人類史特質所做的評論，那段評論讓我深受影響與啟發，而寫出《有同理心的文明》（*The Empathic Civilization*）的部分論述。黑格爾認為「充滿幸福的時代，在歷史記錄上都是一片空白」，因為幸福時代都是「社會和諧時期」。[3]

文明，就是發揮同理心

其實，人類史的故事還有另外一面，也就是人類意識的演變，以及人類將同理心擴及到規模更大、包含更廣的領域。人類史這個未被記述的一面包含著幸福與和諧的時期，這一切是因為人類有本能衝動要持續超越自我，在更進化的社會結構中尋求認同。這些社會結構成為我們創造社會資本、探討人類旅程有何意義，以及找出個人社會定位的工具。發揮同理心，就是文明；文明，就是發揮同理心。其實，兩者是密不可分的。

人類旅程史暗示出，幸福無法從物質主義中發現，而會在同理投入（empathic engegement）中找到。當我們在晚年時回顧自己的一生，我們想到的很少是物質收穫、名聲或財富。真正打動我們的是發揮同理心的一些回憶，那種感同身受、超越自我去徹底體驗他人為成長發展而奮鬥的感受。

通常，人們會把同理心意識跟烏托邦主義混為一談，但事實正好相反。當你我對另一個人或生物產生同理心時，這個對象歷經的生死、喜怒哀樂、希望與恐懼都讓你我感同身受。這種狀況總是提醒我，每個生命有多麼寶貴。同理其他人（或生物）就是認同其他人（或生物）的生命跟我的生命一樣可貴，也是了解其他人（或生物）經歷的每個當下，都跟我經歷的每個當下一樣，既無法逆轉也無法重來一遍。不管生存在文明社會或原始社會的人類，生命都是脆弱不完美又有挑戰性。當我發揮同理心時，我感受到另一個實體的脆弱和無常的特質。同理他人（他物）就是支持他人（他物）成長發展，並充分體驗他人（他物）的短暫狀態。同情心是我們慶祝他人（他物）存在、認同彼此同為地球過客的一種方式。

在天堂裡，就沒有必須發揮同理心，在烏托邦那種理想世界，更沒有同理心的立足之地，因為在這些超脫塵俗的境界裡，既沒有痛苦和苦難，也沒有脆弱和瑕疵，只有完美和永生。跟同儕們一起在有同理心的文明裡生活，就是透過同情心互相扶持，繼續為彼此在不完美世界為成長發展奮戰而歡呼，並肯定我們短暫存在的這項事實。有沒有人懷疑過，為何幸福時刻總是我們將同理心發揮至極的那些時刻呢？

生物圈意識

這一切讓我們回歸到這個問題：如何促進我們個人與集體的幸福。有些人對人類未來前景不抱希望，甚至認為人類這個物種沒有能力繼續倖存，更別提人類可能獲得某種程度的集體幸福。對於這些人，我想請教他們這個問題：人類旅程已經帶領我們進入同理投入和集體管理這種涵蓋更廣的領域，我們何必在此停滯不前，讓旅程就此結束？如果我們已經從神話意識轉變到神學意識，再歷經意識型態意識和心理意識，也已經將同理心從血親擴大到教友、同胞和同好社群，那麼人類旅程的下一次大躍進可能是跨進生物圈意識，把同理心擴及到所有人類這個大家庭，也把地球上的所有生物當成我們演化家族的延伸，這種情況會很難想像嗎？

由彼此互動的通訊、能源與物流網路所組成的一種新型態智慧基礎設施，正開始透過節點迅速普及，像無線通訊Wi-Fi就從地區到地區，跨越各大洲把廣大的全球神經網路連結成一個社會。把每樣東西都連上網路的物聯網，則是人類史上的一大重要轉變，讓人類這個物種首度在歷史上能讓個人把同理心延伸到人類這個大家庭，並跟其他成員交流。年輕世代正透過Skype在全球教室裡學習，在臉書上跟世界各地的同好交流，在推特上跟幾億個同儕八卦閒聊；在通訊網路上跟大家共用住宅、衣物和任何物品；透過能源網路上將綠色電力跟大家共享；在逐漸發展的物流網路上共用汽車、自行車和大眾運輸。在這個過程中，將人類旅程從對物質的無止盡追求，轉變為致力於讓地球永續生存的經濟發展。伴隨這種轉變出現的是，人類心靈產生一種變化：大舉躍向生物圈意識和協同時代。

協同感受是一種認定，認為個人生活跟群體密不可分，個人的幸福也由所屬社群的幸福決定。現在，這種協同精神正擴展到生物圈。世界各地的孩童正在了解自己的「生態足跡」，也開始明白人類和其他物種所做的一切，都會留下生態足跡，對地球生物圈其他部分的人類或生物造成影響。世界各地的孩童也正在理清頭緒，開始領悟到生物圈裡的每種生物，在整個生態系統裡彼此有數不清的共生關係與協同關係，整個系統運作妥當就要仰賴每個部分把這些關係持續下去。年輕世代漸漸明白生物圈是我們的星球社群，生物圈的健康與幸福跟我們個人健康幸福息息相關。

現在的年輕人在虛擬空間和實體空間互相交流，把長久以來由私有財產關係、市場交易和國家疆界居中調節的資本主義系統裡，讓人們習慣區分「我的東西」跟「你的東西」這種意識型態、文化藩籬和商業界限迅速去除掉。「開放來源」已被年輕世代奉為圭臬，他們對權力關係的看法跟父執輩和年長世代截然不同。在地緣政治的世界裡，人們的交談內容不外乎黨派色彩，支持資本主義或社會主義。千禧世代很少講到黨派色彩或資本主義與社會主義的比較，他們在判斷政治行為時，腦子裡有一種很不一樣的政治思維。他們會問，不管是政府、政黨、企業或教育體系，機構行為是集中化、由上而下、家長式管理、封閉與獨占，或是分散、協同、開放、點對點和橫向力量的展現。雖然年輕人繼續使用資本主義市場，但卻開始跨出這個市場，他們在網路協同共有資源上，自在地進行個人大多數經濟生活，同時在社會經濟跟市場經濟中交流互動。

他們新發現的開放性，正把長久以來藉由性別、階級、種族、民族和性別取向來劃分人們的各種藩籬拆除掉。在全球網路將每個人連結在一起時，同理感受也正以同樣的速度迅速往橫向擴展。當同理心成為真正民主社會的最後試金石，幾億人（我推測甚至是幾十億人）開始體驗到把「別人」當成「自己」看待。雖然目前情況不太明顯，但是已經有幾百萬人、尤其是年輕人，開始把同理心擴大到跟我們同樣居住在地球上的生物，從在北極漂流的企鵝和北極熊，到其他存在於極少數殘存原始野生生態系統中的瀕臨滅絕物種。年輕人正開始瞥見這個機會：在生物圈社群裡，打造一個有同理心的文明。在這個階段，這個宏願主要是希望多過於實質期待。不過，我們可以明顯感受到這個宏願有可能成真。

後記

更公平、更人性、更能永續發展的全球經濟

我對資本主義時代的消逝有一種複雜的情結。我對協同共有資源的出現懷抱希望，也確信協同共有資源能提供療癒地球和促進永續富足經濟的最佳工具。不過，雖然資本主義體制有讓我厭惡之處，卻也有一些特質讓我十分欣賞（我猜不只近距離經歷過資本主義制度的創意動力學和具破壞性的揮霍無度，而受其控制的男男女女會這麼想，許多人也都這樣認為）。

我在企業家家庭裡長大，家父密爾頓・里夫金（Milton Rifkin）這輩子以企業家為職志。他在一九二〇年代後期好萊塢電影工業萌芽階段時拍過電影，但是短暫的演藝生涯走得並不順遂，後來就轉行自己做生意，之後就一直當老闆。這也沒什麼好奇怪的，從許多方面來說，企業家是市場藝術家，持續找出有創意又能吸引觀眾的新商業故事，以說服力十足的敘述，帶領人們進入他們創造的世界，蘋果創辦人史蒂夫・賈伯斯（Steve Jobs）就是這樣。從湯瑪斯・愛迪生（Thomas Edison）到Google共同創辦人塞吉・布林和賴利・佩吉（Larry Page），這些企業家都以改變人們日常生活的創新發明，而讓大眾興奮不已。

家父是塑膠革命的初期先驅，大家可別笑，我告訴你們，在電影《畢業生》（*The Graduate*）中，麥圭爾先生小聲跟年輕小伙子班傑明說了一個字：「塑膠」，當時我在電影院裡聽到這段對白時，我畏畏縮

縮地坐在椅子上，覺得既好笑又難為情，感覺好像是我爸在對我耳語。多年來，家父一直苦心誘導我，想盡辦法要我接手家族塑膠事業，告訴我塑膠這個神奇材質有著美好前景，因為塑膠將是人類社會各種商品的主要包裝材料。

我記得，家父是在一九五〇年代初期，最先利用聚乙烯製成塑膠袋的製造商之一。雖然現在的年輕人可能無法理解沒有塑膠製品的世界，但是在早年時，塑膠可是一項新奇物品，因為以往都是用紙袋、紙板、粗麻布或金屬、玻璃和木製容器來包裝商品。

我記得家父每天晚上要家人們一起坐在小餐桌旁，跟我們講起人們可能如何使用塑膠袋等新奇構想。何不用塑膠袋來裝雜貨、乾洗衣物、百貨公司的商品？我家可能是第一個用塑膠把所有家具包起來的家庭，我還記得某個酷熱的夏天，我穿著短褲坐到沙發上，接觸到塑膠那種黏黏的感覺。

家父對塑膠的熱情極具感染力，他的故事吸引到潛在買家，而這些人也成為引領塑膠製品改變世界的教化者和參與者。

家父從事塑膠產業將近二十五年這段期間內，我從未聽他談到自己的工作賺多少錢。雖然我確信他心裡一定盤算過這問題，但他更關心的是創業做生意這件事。他用一種比較創意的觀點來看待自己努力的成果，也認為創業是一門藝術，所以比較少用產業的觀點去看待。他希望藉由提供自己的某樣東西，能讓人們的生活過得好一點，讓人們的生活有所不同。雖然跟一些創造資本主義經濟的偉大企業巨擘相比，他的努力成果實在微不足道，但是從其他發明家和創新者的傳記記述來看，創業歷程其實大同小異。

這並不表示，金錢利益沒有發揮作用，而是說多年來我遇到的許多企業家更加受到創意行為所驅使，而不是受到萬能的金錢所支配。通常，當企業運作成熟穩健成為上市公司，要向重視投資報酬的股東負責時，企業家才會開始迷戀金錢。有無數的企業家故事訴說著，企業家引進專業團隊，將企業從重視創意績效，轉型為「對財務負責」的審慎事業，也就是更注重利潤的委婉說法。

家父在早年時當然從沒想像過，他賣掉的幾百萬個塑膠袋，最後丟到垃圾場裡會對環境造成汙染。他也無法預知，用來製造聚乙烯的石化製品會排放二氧化碳，成為改變地球氣候的元凶之一。

回想家父的事業生涯，我清楚地知道，二百三十七年前亞當・斯密在《國富論》中所暗示的那隻看不見的手，其實並不是那麼無法看見。家父跟數不清的企業家都受到企業家精神所驅使，不斷地創新、降低邊際成本、在市場中推出更便宜的產品與服務，刺激經濟成長。現在，這種企業家精神正帶領我們邁向近零邊際成本，進入歷史上的一個新經濟時代，在協同共有資源上將有更多物品與服務以幾近免費的方式讓大家共用。

針對市場供需「看不見的手」的四個警告

對「市場供需由一隻看不見的手控制」這種假說一直抱持懷疑的人來說，近零邊際成本社會這種做法（最適效率狀態），就是斯密率先說明的那種體制確實奏效的「可見」證明，只不過我會再以這四個警告做補充。第一個警告是，通常因為各行各業裡獨占勢力的集中，持續阻撓創新，而讓市場這隻看不見的手長久以來影響力受阻，甚至完全無法運作。

第二個警告是，這隻看不見的手無法確保生產力與獲利的增加，能和創造大多數生產力與獲利的工作團隊共享。在這個旅程的每個階段，工作者必須自行籌組工會及政治遊說團體，以確保本身的勞力獲得公平的報酬。

第三個警告是，雖然資本主義大幅改善體制內所有人的生活，卻讓人力資源經常受到無情的剝削，好讓資本家受惠，不管理由再怎麼正當，這種對利潤的追求都很駭人聽聞。

第四個警告則是，市場供需這隻看不見的手的運作邏輯，從未延伸到市場機制本身的範圍外，因此根本無法為資本主義對於本身取得原物料與傾倒廢棄物的較大環境所造成的衝擊與損害負起責任。

不過，事實證明，斯密提出的這隻看不見的手是一股巨大的社會力量，但原因並不是他提出的哲學論據。斯密的理論主軸是：在市場經濟中，每個人追求一己私利，以取得和交換財產，沒有人意圖促進公眾利益，而且這樣做，「不小心」也讓社會整體福利跟著提升。

斯密的原文如下：

每個人必然竭盡全力使社會的年收入盡量擴大。其實，個人通常既沒有打算促進公眾利益，也不知道自己對公眾利益做了多少貢獻……個人只是盤算自己的利益。在這些情況和其他許多情況下，經由一隻看不見的手引導，個人同時也促進原先無意達成的目標。就算這樣做並非出自本意，未必就對社會有害。藉由追求個人利益，往往也使個人更有效地促進社會利益，反而比真正打算促進社會利益時的效果更好。我從來沒有聽說過有多少好事，是由那些假裝要增進公眾利益，實際是想干預貿易的人所達成的。[1]

奇怪的是，藉由暗示每個人沒把他人的利益放在心上，斯密誤解了支持古典經濟理論的重要動態之一，也就是賣家持續尋找新的創新以增加生產力，進而降低運作成本和產品與服務的價格，以便取得潛在買家的青睞，改善利潤並增加市場占有率。但是不知何故，斯密完全忽略讓買賣雙方建立互惠關係，讓這隻看不見的手得以運作的這項關鍵要素。賣方的角色就是持續以更低的價格，提供更優良的產品與服務，來關心買方的個人福利。藉由持續關切買方的需要、渴望和欲望並提供服務，資本主義企業家就能因此成功。沒有考慮到潛在顧客福利的企業家或企業，就不可能在商場中存活太久。

企業家的雙重角色，兼顧顧客福利和一己私利

換句話說，企業家若想成功，敏銳觀察他人福祉也對本身利益有幫助。汽車鉅子亨利・福特就明白這一點，也以提供平價耐用的汽車為畢生職志，讓幾百萬勞動人口有車可開，可以過更舒適便利的生活。賈伯斯也清楚這一點，他畢生的熱情就投入為人們提供最先進的通訊科技，滿足全球高度移動又時時上網者的需求與渴望。企業家扮演著雙重角色，在市場中促進他人福利的同時，也讓企業家追求一己私利。就是這種雙重角色，帶領我們邁向近零邊際成本社會。

有趣的是，邁向近零邊際成本及幾近免費的物品與服務，這個進展不但部分證實這隻看不見的手的運作邏輯，也證實大衛・休謨、傑瑞米・邊沁和其他為市場資本主義辯護者所提出的功利主義論點。休謨和邊沁主張，市場中交換的私有財產只是人類的一種慣例，沒有自然法為依據，而因為這樣做是促進大眾福利的最佳機制，所以才合情合理。他們說的對嗎？

既然這種市場機制已經協助帶領我們邁向近零邊際成本和實現幾近免費的物品與服務，也就是促進大眾福利的最適效率狀態。所以，事實證明休謨和邊沁的主張──「市場中交換的私人財產是促進大眾福利的最佳手段」確實有其功利價值。諷刺的是，在達到近零邊際成本時，物品和服務幾近免費，利潤跟著消失，市場中交換的私人財產就失去存在的理由。在依據富足經濟安排、物品與服務幾近免費的世界裡，市場機制漸漸變得多餘，資本主義就萎縮為一個利基經濟領域。

透過協同方式分享網路共有資源，爲大衆謀求最大福利

所以，我們必須說，休謨和邊沁提出這種結合資本主義市場中私人財產的交換與累積的功利主義，根

本沒想過會成為一個永恆的真理，只是想對十九世紀和二十世紀第一次與第二次工業革命期間運作的特殊經濟勢力做出具體說明。十九世紀功利主義經濟學家及其在二十世紀的追隨者要是知道，他們提出的理論最後順其自然發展成這樣，當然會大感訝異。這股新經濟秩序的景象將是：在發展中的社會經濟裡，透過協同方式在廣大的網路共有資源上運作，就能為大眾謀求最大的福利。

無疑地，依據稀少性和獲利來安排的經濟制度可能邁向物品與服務幾近免費的富足經濟，這種想法當然很違反直覺，讓人難以接受。儘管如此，這就是我們正在目睹的景象。

散播資本主義制度末日將至這種評論，當然不是一件容易的事。資本主義市場不像本身死忠支持者說的那樣是救世主，也不是毒舌批判者聲稱的魔鬼的化身。而是當代籌組經濟最敏捷也最有效率的一種機制，資本主義善用能源／通訊的組合並結合產業，將金融資本大量集中以支持產業垂直整合與規模經濟。

所以，雖然我為驅使家父及許多企業家的企業家精神歌頌，但我對於資本主義的消逝並不感到惋惜。對內嵌於共有資源上協同網路的世代產生激勵的新社會企業家精神，雖然跟內嵌於市場的商業企業家精神同樣受到愛戴，兩者卻截然不同。這股新精神比較不是自主性，而偏向互動性；比較不在意追求金錢利益，而致力於提高生活品質；少花時間累積市場資本，花較多時間累積社會資本；較不沉迷於擁有物品，而更在意取用與共享；少剝削地球資源，更努力維持地球生態的永續發展與管理。新社會企業家比較不受那隻看不見的手所驅使，他們更喜歡伸出援手，也比較不功利，對他人更有同理心。

企業家和有遠見的幕後功臣，聯手打造幾近零邊際成本社會

雖然資本主義那隻看不見的手本身的邏輯和市場機制，協助我們走到幾近零邊際成本社會這個重要岔路，也讓人類旅程有可能從稀少性經濟轉變為可永續發展的富足經濟。但是我們必須指出，這件事並不是

靠企業家自己完成的，想在共有資源中發展社會經濟的遠見之士也是一大功臣。拜全球企業所賜，電腦運算速度呈指數曲線成長，協助讓生產與傳送資訊的邊際成本趨近於零。從另一方面來看，網路是由政府科學家和大學學者所發明，而全球資訊網則是由一位想提倡共有資源的電腦科學家所創立。衛星定位系統、觸控式螢幕和個人語音助理（例如Siri），這些讓iphone變得「有智慧」的關鍵技術，就是政府資助研究的成果。Linux、維基百科和巨型開放式線上課程的靈感大多來自社群經濟，臉書和推特則是仰賴打造社會共有資源、期能取得財務收益的商業投資事業。再生能源方面的突破則來自政府與大學實驗室，以及在市場運作的私人企業。同樣地，3D列印革命則是由非營利機構數位製造實驗室和商業開發者全力推動。

問題是，當市場企業家精神正協助驅使經濟邁向零邊際成本，並讓物品與服務幾近免費時，同時也讓政府、共有資源上的社會經濟以及市場這三股勢力產生創意內容，打造出一個實用的基礎設施。這三方勢力的貢獻暗示出，新的經濟典範可能照樣是由政府、市場和共有資源所組合的投資事業，只不過到二十一世紀中期，協同共有資源可能是定義社會大多數經濟生活的主要勢力。

最後，對於那些支持資本主義制度，擔心近零邊際成本社會將自取滅亡的人，我想跟他們說說我的看法。經濟情況絕非停止不變，而是持續演變，偶爾變形成截然不同的新形式。同樣地，企業也會隨著經濟變動而消失或出現。麻省理工學院史隆管理學院教授彼得・聖吉（Peter Senge）指出，《財富》五百大企業的平均壽命只有三十年左右。事實上，一九五五年時的《財富》五百大企業，到二〇一二年時只有七十一家企業仍在榜上。[2]

並不是說我們哪一天起床後，突然發現原本運作的舊有經濟制度消失了，改由新制度取而代之。想想第二次工業革命的情況，第二次工業革命在一八九〇年代出現，當時第一次工業革命正全速發展，兩者並行長達半世紀，直到第二次工業革命成為主要經濟勢力。在這麼長的過渡期間，許多第一次工業革命產業和企業慢慢凋零滅亡，但並不是所有產業和企業都是如此。那些倖存的企業和產業在過渡期間改造自己，找出適當的平衡讓自己能同時存在兩種工業時代，並審慎撤離舊有模式，小心地移入新模式。許多新創事業則抓準第二次工業革命創造的新商機，迅速填補市場空缺。

同樣地，現在許多第二次工業革命的企業正面臨一個跟之前可媲美的機會和選擇。有些企業已經大舉躍入第三次工業革命，把新的經營模式與服務納入既有投資組合中，發展過渡策略以配合典範轉移的步調，進入由協同共有資源與傳統資本主義市場組成的一種混合經濟。

由幾近零邊際成本社會釋放出的這類強大社會力量，既具破壞力也大膽解放，而且這類力量不可能被削弱或逆轉。從資本主義時代到協同時代的過渡，正在世界各地逐漸取得勢力，希望這股勢力能及時療癒生物圈，並在二十一世紀上半時期，為地球上的每個人創造一個更公平、更有人性、更能永續發展的全球經濟。

「本書參考資料詳見http://goo.gl/oF3bjr，或以手機掃瞄左列QRcode碼」

國家圖書館出版品預行編目資料

物聯網革命 / 傑瑞米.里夫金（Jeremy Rifkin）著；陳儀, 陳琇玲譯. -- 初版. -- 臺北市：商周出版：家庭傳媒城邦分公司發行, 2014.12　面；　公分. --（新商業周刊叢書；BW0553）
譯自：The Zero Marginal Cost Society：the Internet of Things, the Collaborative Commons, and the Eclipse of Capitalism

ISBN　978-986-272-703-4（平裝）

1. 資本主義

550.187　　103022572

新商業周刊叢書　BW0553

物聯網革命

原文書名／The Zero Marginal Cost Society: The Internet of Things, the Collaborative Commons, and the Eclipse of Capitalism
作　　者／傑瑞米・里夫金（Jeremy Rifkin）
譯　　者／陳儀、陳琇玲
企畫選書／黃鈺雯
責任編輯／黃鈺雯
編輯協力／張語寧
版　　權／黃淑敏
行銷業務／莊英傑、周佑潔、黃崇華、王瑜

總 編 輯／陳美靜
總 經 理／彭之琬
事業群總經理／黃淑貞
發 行 人／何飛鵬
法律顧問／台英國際商務法律事務所　羅明通律師
出　　版／商周出版　城邦文化事業股份有限公司
台北市104民生東路二段141號9樓
電話：(02) 25007008　傳真：(02)25007759
E-mail：bwp.service@cite.com.tw
發　　行／英屬蓋曼群島商家庭傳媒股份有限公司　城邦分公司
台北市中山區民生東路二段141號2樓
電話：(02)2500-0888　傳真：(02)2500-1938
讀者服務專線：0800-020-299　24小時傳真服務：(02)2517-0999
讀者服務信箱：service@readingclub.com.tw
劃撥帳號：19833503
戶名：英屬蓋曼群島商家庭傳媒股份有限公司城邦分公司
香港發行所／城邦（香港）出版集團有限公司
香港灣仔駱克道193號東超商業中心1樓
電話：(825)2508-6231　傳真：(852)2578-9337
E-mail：hkcite@biznetvigator.com
馬新發行所／城邦（馬新）出版集團【Cite (M) Sdn Bhd】
Cite (M) Sdn Bhd
41, Jalan Radin Anum, Bandar Baru Sri Petaling,
57000 Kuala Lumpur, Malaysia.
電話：(603)9057-8822　傳真：(603)9057-6622　email: cite@cite.com.my

封面設計／黃聖文　　內文設計排版／唯翔工作室
印　　刷／鴻霖印刷傳媒股份有限公司
經 銷 商／聯合發行股份有限公司　電話：(02)2917-8022　傳真：(02)2911-0053
地址：新北市231新店區寶橋路235巷6弄6號2樓

■ 2014年（民103）12月初版
■ 2020年（民109）5月7日初版31.5刷
Printed in Taiwan

定價／460元

城邦讀書花園
www.cite.com.tw

　ISBN　978-986-272-703-4